LES FRONTIÈRES RELIGIEUSES EN EUROPE
DU XVe AU XVIIe SIÈCLE

DE PÉTRARQUE À DESCARTES
Fondateur : PIERRE MESNARD
Directeur : JEAN-CLAUDE MARGOLIN

—————————————— LV ——————————————

LES FRONTIÈRES RELIGIEUSES EN EUROPE

DU XVe AU XVIIe SIÈCLE

*Actes du XXXIe colloque international d'études humanistes
sous la direction d'Alain DUCELLIER, Janine GARRISSON, Robert SAUZET
(Université de Tours, Centre d'Etudes Supérieures de la Renaissance).*

Etudes réunies par Robert SAUZET

*Ouvrage publié avec le Concours du
Centre National de la Recherche Scientifique*

PARIS
LIBRAIRIE PHILOSOPHIQUE J. VRIN
6, Place de la Sorbonne, Ve

—

1992

AVANT-PROPOS

Le projet de ce colloque est issu de recherches convergentes menées d'abord à l'université de Toulouse le Mirail par Alain Ducellier et Janine Garrisson. Cette idée languedocienne a germé en terre tourangelle où deux semaines de travaux passionnants et de débats animés ont apporté des éclairages extrêmement divers sur l'extrême complexité du problème des frontières religieuses. Sur trois siècles, la frontière linéaire, interne ou intériorisée est théâtre d'affrontements mais également lieu de connaissance et d'acceptation des différences. Aussi – non sans un inévitable arbitraire car la plupart des communications ressortissent en fait à plusieurs thèmes – avons-nous regroupé les exposés en trois rubriques :
— nommer l'autre,
— refuser l'autre,
— vivre avec l'autre.

Ce 31e colloque international du Centre d'Etudes Supérieures de la Renaissance coïncidait avec le 25e anniversaire de celui organisé en 1963 par Pierre Mesnard sur l'*éveil de l'Europe orientale aux XVe et XVIes*. De nombreux chercheurs hongrois avaient participé à cette rencontre qui fut le point de départ d'une coopération fructueuse entre l'Institut de la Renaissance de Budapest et le Centre de Tours. Le thème de notre rencontre concernait particulièrement la Hongrie, pays de coexistence religieuse entre Eglises Chrétiennes et de contacts avec l'Islam conquérant. Aussi, huit chercheurs hongrois dont le directeur de l'Institut de la Renaissance de Budapest, Tibor Klaniczay ont-ils participé à nos travaux et nous avons été heureux de pouvoir célébrer ensemble ce quart de siècle d'amicale collaboration scientifique matérialisé par la remise de la médaille de la ville de Tours au prestigieux institut magyar.

Robert SAUZET
Directeur du C.E.S.R.

LECON INAUGURALE

Le terme frontière est chargé d'une connotation à caractère ambivalent. Ce mot entre dans notre langue au début du XIIe siècle avec une acception militaire ; il procède de « front », le front des troupes et signifie dès lors le point extrême de l'avance d'une armée, puis par la suite la ligne du territoire occupé. C'est au XVe siècle seulement que la définition moderne s'impose, à savoir la limite d'un territoire qui en détermine l'étendue, définition en parfait parallélisme avec celle des nations naissantes de ce dernier siècle médiéval.

Au sens primordial, frontière se réfère ainsi à des valeurs militaires puis politiques, sens conservé de nos jours encore.

Depuis ce chemin parcouru, ce vocable couvre un sens plus large. Dans l'acception politique entre en ligne de compte la frontière artificielle créée de toutes pièces par les hommes, l'on peut penser aux frontières coloniales de l'Afrique. Ou encore aux fameuses frontières naturelles ; on sait que pour la France, l'idée grandit en même temps que s'accroît la monarchie autoritaire qui réclame des limites inscrites de toute éternité par la juste nature. Or l'on sait par expérience et par bon sens, et nos collègues géographes plus encore, que rarement obstacle naturel, fleuve, montagne ou faille constitue barrière tant elle n'est jamais incontournable. L'idée même de frontière naturelle est une invention humaine à visée politique, voire agressive ; elle justifie les actions d'une monarchie, celle de Louis XIII dont la guerre assure le bon fonctionnement interne.

Mais il existe d'autres notions de frontière qui sont plus souriantes. Le terme implique *a contrario* le fait du passage et celui du passeport, c'est-à-dire l'idée du voyage, de la rencontre de la différence de l'autre, même s'il s'agit d'une rencontre controlée, limitée, parfois réservée à quelques-uns, rencontre légale toutefois. En d'autres occasions, la frontière toujours inséparable de la notion de conquête devient un phénomène idéologique capable de pousser les individus au dépassement, quelle que soit la carotte proposée. Au XIXe siècle, la frontière des Américains ressort d'un mécanisme interne qui conduit les Blancs d'un océan à l'autre. De nos jours, pour définir les stratégies commerciales, industrielles, et même humanitaires, on parle volontiers de nouvelles frontières, reprenant ainsi le terme mobilisateur des pionniers américains du siècle dernier. A bon escient, semble-t-il, puisqu'il s'agit, une fois encore, davantage de conquêtes matérielles que de progrès humanistes.

Notre siècle, le plus terrible de tous a durci singulièrement ces notions nationales et militaires qui pouvaient être dans le passé support d'héroïsme, de rêve, d'idéalisme. Les barbelés appartiennent certes à la légende du Far-West, mais ils évoquent surtout la limite de ces camps où l'on a parqué et l'on parque encore les non-conformes à l'idéologie dominante, les Autres, ceux qu'il convient d'exclure pour qu'ils ne contaminent pas le troupeau sain. Juifs, communistes, tziganes, slaves en Allemagne nazie, anti-staliniens ou qualifiés tels en U.R.S.S.... Ces frontières à l'intérieur des pays, matérialisées par ces fils barbelés qui déchirent et lacèrent celui qui voudrait fuir, aller ailleurs, symbolisent la folie humaine qui est celle de l'exclusion; elles signifient le temps où une nation par une sorte de folie collective branchée sur la soi-disant pureté de race ou d'adhésion politique, pourquoi pas de lâcheté politique? suit par la peur ou l'enthousiasme un chef charismatique. De nos jours encore le phénomène du camp renouvelle ces moments tragiques de l'histoire.

Non pas que ces frontières internes, frontières dans la frontière aient été inconnues jusqu'au XXe siècle. Le ghetto existe depuis toujours, quartier réservé à une minorité tolérée mais marginalisée; de tout temps le ghetto a protégé autant qu'il a désigné, de tout temps aussi le pogrom, pulsion de violence contre l'autre, violence organisée, pour ne pas dire commanditée s'est porté sur ce lieu dessiné à grands traits. Rien de comparable cependant avec le ghetto de Varsovie car en temps normal, les limites du ghetto s'apparentaient aux frontières artificielles ou naturelles des Etats, elles étaient poreuses, perméables et laissaient, devaient laisser filtrer le contact, la rencontre, dès lors que l''Autre' était bien défini.

Car le terme frontière couvre des notions plus vagues, plus humaines, plus souples. Quand frontière ne recouvre pas les substrats de nationalité, de conquête, d'exclusion et même de séparation des races, des fonctions sociales ou politiques – je pense ici aux quartiers réservés, aux rues corporatistes, aux périmètres du pouvoir, palais ou résidences – elle apparaît davantage comme un rivage indolent, aux contours peu affirmés, territoire de tous les possibles, frontières de la mémoire ou de la conscience... Frontière devient alors son contraire, zone souple, champ d'expériences nouvelles, province de l'étrange. C'est alors plus un frôlement mystérieux et indécis, aux frontières de la vie et de la mort. C'est encore un glissement silencieux, individuel, celui qui sépare le bien du mal, le possible de l'impossible, le connu de l'inconnu; en ce sens, le savoir semble bien un pays aux limites vraies, mais aux limites extensibles. A tel point qu'en ce sens, le mot frontière s'apparente au mot liberté: il évoque la marche lente des nomades, l'errance dédaigneuse des idées... pourtant le même terme de frontière assèche les peuples nomades comme il assassine dans l'œuf les idées et les mots qui les portent.

Tout ceci paraît très éloigné de l'objet de notre rencontre, les frontières religieuses. Pas autant qu'on pourrait le croire cependant. Car dans quel sens devons-nous entendre ce mot frontière? Au sens premier du terme, c'est-à-dire une conception militaire et politique, le mot religieux semble dès lors antinomique avec le substantif, car le religieux, la croyance, la spiritualité, le dépassement humain vers une transcendance peut-il se trancher au cordeau, se partager comme l'on partage une tarte ou que l'on coupe une bûche en deux? L'idée paraît insupportable tant elle représente pour les croyants d'enfermement et de blocage.

Ou alors prendrons-nous le sens de frontière dans celui américain de *frontier* ou contemporain de «nouvelles frontières»? Celui-ci, on le sait, contient la notion de conquête mais aussi celui plus éthique de dépassement de soi, de but à atteindre, de progression ininterrompue? La notion, ici, s'apparente déjà au religieux par l'implication individuelle de l'être humain, entraîné dans une dynamique valorisante ou rassurante. Inclurons-nous encore le fait religieux dans le sens totalitaire évoqué précédemment, les barbelés, les murs du ghetto, quoique les deux phénomènes, nous l'avons vu, ne se recoupent pas comme ne se recoupent pas davantage les notions d'exclusion et de marginalisation.

Existe enfin cet espace suspendu où la liberté peut flotter, ces zones frontalières, ces provinces limitrophes dans lesquelles hommes et idées se croisent et s'entrecroisent avec une belle souplesse.

Pourtant en ce domaine religieux comme en celui du politique, demeure un noyau dur, inattaquable, je parle de la conscience individuelle. Celle-ci échappera toujours ou presque à la patte gourmande de l'historien ou à celle du sociologue, tant demeurent secrètes les frontières naturelles ou acquises qui sillonnent cette partie cachée de soi et de l'autre.

En définitive qu'entendons-nous par frontières religieuses?

Celles qui suivent les contours des Etats ou des principautés, celles qui s'établissent en Europe au XVIe et XVIIe siècle apparaissent suivre la définition souple et classique du mot frontière, celle du dictionnaire *Robert* en particulier. Le cas se présente dans l'Empire allemand, dans les Pays-Bas espagnols où, au contraire de l'Allemagne, c'est, en apparence du moins, la religion qui s'apprête à fonder et à justifier la présence de deux Etats. En Suisse, la religion autant que la politique et l'histoire fabrique des villes et des plats-pays aux contours fixes qui s'apparentent en modèle réduit à l'Etat-nation. L'Ecosse durcie autour du calvinisme de Knox ajoute ainsi un nouveau ciment à ses traditions et à sa forme spécifique d'organisation politico-sociale; l'Irlande se vit indépendante à travers la religion contraire à celle du souverain anglais.

Il y a le cas de la France du XVIe et du XVIIe siècle. Original, certes, par le fait de la présence de deux religions et même de trois si l'on inclut, à tort pour une large période chronologique, l'Alsace. Ici, la minorité protestante est suffisamment armée pour défendre les armes à la main ses droits ou ce qu'elle pense être ses droits; la monarchie/Etat hésite donc entre sa dissolution ou son acceptation forcée. Les périodes de semi-tolérance succèdent aux périodes barbelées de répression, plus tard après 1559, les édits de pacification, actes politiques de la part de l'un et de l'autre des partis en présence mettent un terme aussi inefficace que provisoire aux affrontements guerriers. Où passe la frontière religieuse ici, et existe-t-il seulement une frontière? Oui, certes, et à mon avis elle est même feuilletée, multiple, si l'on veut. Elle est politique dans la mesure où nombre de villes et de bourgs campés sur des libertés communales, traditions vivantes de l'ancienne France ont passé avec armes et bagages la frontière de la catholicité pour devenir, à l'exemple suisse de petites Genèves, non pas que Genève soit en Suisse ou encore à l'exemple des cités ou des Etats germaniques. Mais les conditions favorables à une telle autonomie politico-religieuse ne se symbolisent pas plus par les murailles urbaines; la minorité existe cependant, à la fois constituée, isolée et désignée par son évaluation du sacré, sa pratique religieuse, son comportement quotidien, différents de la majorité, toutes choses qui élèvent d'invisibles murs. Ceux d'un ghetto peut-être? Après l'édit de grâce d'Alès, en 1629, les autonomies protestantes s'effacent, gommées par la main vigoureuse et logique avec elle-même de Richelieu, de Louis XIII; demeurent les autres barrières qui signalent le groupe étrange, étranger peut-être?

Existe-t-il dans ce monde chrétien et musulman des XVIe et XVIIe siècles la frontière religieuse que peuvent symboliser les barbelés, cette exclusion totale et barbare du groupe? On pense certes à l'exclusion des marranes ou des morisques, mais l'exil même autoritairement imposé n'est pas la dissolution lente d'un groupe dont on veut nettoyer la terre; sans doute la Révocation de l'Edit de Nantes se rapprocherait-elle plus de la politique totalitaire d'un Pinochet, d'un Hitler, d'un Staline par la brutalité des mesures répressives du gouvernement de Louis XIV, par l'obligation absolue de la conversion puisque l'exutoire de l'exil est interdit aux huguenots du royaume. Mais aux yeux de cette monarchie inique, un protestant converti redevient un sujet à part entière, on ne lui impute plus son passé pour torturer son présent, du moins dans les textes officiels.

C'est au niveau des pulsions collectives qu'il faut chercher la violence visant à l'arrasement de l'autre. Elles sont puissantes au XVIe siècle, irraisonnées chez les uns, plus logiques chez les autres, mais totalement destructrices des deux côtés de cette frontière d'intolérance au sens premier, c'est-à-dire physique du terme. L'iconoclastie inséparable de la Réforme jette contre les catholiques les lieux et les objets symboliques de la religion à la fois crainte et haïe, les milieux populaires des Pays-Bas et en France des milieux plus nuancés socialement. La Michelade de Nîmes s'apparente, et pas seulement par la similitude de date, aux ravages des «casseurs» de l'été 1567 aux Pays-Bas espagnols, violence forcenée s'attaquant aux représentations sacrées de l'autre croyance. De l'autre côté, les massacres répétés de protestants en France, ceux de 1562, ceux de 1572 s'apparentent aux pogroms plus qu'à la solution finale.

Mais il est d'autres frontières religieuses plus souples, plus dynamiques qui évoquent sans doute la *frontier* de type américain, je pense notamment aux phénomènes des missions d'évangélisation catholiques ou protestantes. La notion d'espace nouveau, le désir d'aller porter la «vraie» religion aux païens et donc de conquérir (ou de sauver, mais n'est-ce pas souvent le même sens?) des âmes, cet ensemble de motivations complexe où les hommes se dépassent en imposant à d'autres une sorte d'enfermement; serait-il possible en ce cas de comparer les *reductiones* des Jésuites du Paraguay aux réserves des Indiens de l'Ouest américain? L'idée de ghetto avec son caractère ambigu s'impose dès lors.

Où diable allons-nous trouver cette notion de frontière, espace plus que ligne que je viens d'évoquer? A-t-elle sa place dans le domaine religieux? Dans notre siècle, la liberté de pensée et donc la liberté religieuse semblerait devoir exister, mais il y a les formidables et tragiques phénomènes que nous avons considérés qui pèsent lourdement sur nos consciences et nos débats; la montée de l'intégrisme représente-t-il une menace ou une revanche? Peut-on parler dans les pays occidentalisés d'une véritable liberté de penser avec le bruit assourdissant des médias?

Sans doute peut-on, en remontant l'histoire, apercevoir çà et là de ces zones limitrophes où ponctuellement règne une tolérance de fait: dans les brèves années, une vingtaine à peine, de l'Europe des humanistes, dans les Provinces-Unies de l'Europe moderne, et encore sont-elles troublées par d'intenses conflits politico-religieux, peut-être aussi dans certaines provinces de l'Empire byzantin ou turc, l'inventaire pourrait sans doute être allongé; il comportera toujours des mais, des quoique, des néanmoins. L'homme sûrement est ainsi fait que cette notion philosophique élémentaire, brute, comme l'on dit du diamant, n'existe pas, ou à l'état impur, contenant des crapauds pour reprendre la métaphore du diamant.

Et nous-mêmes, organisateurs du colloque, sommes-nous impliqués dans cette imperfection humaine? En bonnes créatures s'estimant tolérantes, nous avons construit une grille d'approche des frontières religieuses dans une perspective que nous souhaitions large et humaniste, susceptible de laisser poindre des îlots privilégiés dans cette mer houleuse du monde religieux aux siècles choisis. Et qu'avons-nous fait? Nous avons suggéré un ordre thématique dans la succession des conférences. Il serait apparu ainsi – je dis *serait* parce que des contingences personnelles de nombre de conférenciers l'ont quelque peu bouleversé – en première partie, A, si vous le voulez bien, un thème intitulé «nommer l'autre», en seconde partie, B, une séquence que l'on peut intituler «accepter l'autre» ou encore «vivre avec l'autre». Enfin en dernière partie, en C, la logique du sujet général amènerait «l'idée de refus de l'autre, de son exclusion».

Or dès les prémices, nous n'avons jamais pensé, consciemment ou inconsciemment, que la tolérance pouvait exister à l'état naturel, brut comme un corps simple, et le premier grand thème général s'intitule comme vous le savez, «nommer l'autre». Il s'agit là d'une démarche volontariste, individuelle ou collective qui établit déjà une frontière; nommer l'autre, le désigner, le distinguer donc l'isoler, le séparer, le couper de soi car si la tolérance existait vraiment, même comme un état culturel acquis, à quoi servirait de nommer l'autre? Cette attitude semble commune à la majorité d'entre nous. A regarder les communications et à les classer dans les cases A, B, ou C de la grille suggérée, émergent 27 conférences sur les 34 que propose le programme du colloque. Or sur ces 27, 10 intervienent en B, prouvant que la tolérance peut être un état acquis, et encore quelques-unes complexes traitent-elles d'un état, d'une situation en évolution passant d'une tolérance relative à un affrontement idéologique violent. Surtout 17 de ces interventions s'apprêtent à évoquer, de la fin du Moyen-Age à l'époque moderne, une intolérance généralisée dans une aire géographique considérable. Il y a là comme une preuve par neuf, la confirmation que la tolérance à l'état naturel n'existe pas. Les frontières religieuses, notion aberrante si l'on pense dur comme fer que la spiritualité ou le domaine des idées sont des phénomènes insécables en soi, existent vraiment. Du moins sont-elles restituées ainsi par les approches intellectuelles de ceux qui les distinguent et par leur lisibilité dans le cours rarement paisible de l'histoire.

Janine GARRISSON

PREMIÈRE PARTIE

NOMMER L'AUTRE

NOMMER L'HÉRÉTIQUE EN PROVENCE AU XVIᵉ SIÈCLE

« Stat rosa pristina nomine
nomina nuda tenemus »
(Bernard de Morlaix, *De contemptu
mundi*, XIIᵉ s.)

Donner un nom – à un mal, un animal, un phénomène naturel ou non, un enfant, un homme – c'est identifier. C'est déjà appréhender la réalité, au double sens de ce terme : comprendre mais aussi maîtriser, voire posséder ou du moins tenter de le faire. L'Ecole nominaliste médiévale – à laquelle se rattache l'adage mis en exergue ci-dessus et récemment découvert par le grand public [1] – avait compris l'importance du nom, au point de l'exagérer sans doute. De récentes études sur les injures et les blasphèmes, autant que d'autres portant sur les prénoms, ont montré la valeur attachée à la nomination. Les bouleversements survenus à la fin du Moyen Age et du XVIᵉ siècle eurent leurs inévitables prolongements dans le vocabulaire. Les outrances verbales se multiplièrent au temps de la Réforme car se trouvait mis en cause ce qui touchait au cœur de l'existence de ces hommes profondément religieux qu'étaient nos ancêtres du XVIᵉ s.

La Provence constitue un intéressant terrain d'approche pour apprécier comment les divers dissidents de la foi étaient perçus et nommés par leur entourage orthodoxe. D'abord cette province – traditionnellement réputée fidèle catholique – se trouvait soumise à la fois aux influences romaines de l'Italie toute proche via le Comtat Venaissin et aux idées nouvelles venues d'Allemagne puis de Suisse. Ensuite s'y côtoyèrent dans un premier temps, s'y mêlèrent ensuite, deux courants dissidents distincts : les vaudois et les Réformés. A partir du fonds du parlement d'Aix-en-Provence, des registres des communautés et des sources inquisitoriales nous pouvons tenter une démarche de définition onomastique de l'« hérétique » par les autorités qui les pourchassaient, les ennemis qui les dénonçaient, les voisins qui les supportaient. Une fois encore nous constaterons la permanence de la longue tradition médiévale de la lutte verbale contre l'hérésie mais aussi l'invention dont firent preuve les hommes du XVIᵉ siècle pour qualifier – et disqualifier – l'altérité religieuse.

UNE TRADITION RENOUVELÉE

Depuis que l'hérésie existe, depuis le Moyen Age, une longue tradition s'est instaurée quant au mode de désignation des dévoyés de la foi. Elle consiste en une pratique – le catalogue – et deux tendances : la dénomination éponyme et la métaphore zoologique.

Dans un esprit juridique bien connu, où la crainte du vide amène à une pointilleuse énumération visant à l'exhaustivité, décrets conciliaires ainsi que manuels et traités des inquisiteurs désignent à l'envi les diverses espèces d'hérésie. Le *Manuel des inquisiteurs* de Nicolas Eymerich, daté de 1376, récapitule tous les hérétiques nommés jusqu'alors dans les droits civil et canon ; il parvient ainsi à 96 catégories, des plus connues aux plus étranges. Cette préoccupation continue au XVIᵉ siècle, où elle atteint sans doute son paroxysme. Ainsi le dominicain Bernard de Luxembourg, dans son *Catalogus haereticorum* de 1522, s'en prend à 432 sortes d'hérétiques passés ou présents auxquelles il ajoute, par excès de scrupule professionnel, 26 autres non étiquetées[2]. Il ne fait guère de doute que ce souci d'énumération, poussé jusqu'à la monomanie, relève à la fois de la préoccupation policière, d'un sentiment d'insécurité chronique, d'une obsession maladive à l'égard de la division religieuse, d'une volonté de lutte par l'exclusion. D'où ces noms ségrégatifs et péjoratifs imposés par la majorité aux dissidents de tout acabit[3].

Si quelques noms paraissent relativement « objectifs », tels *antitrinitaires* ou *anabaptistes*, exprimant seulement et simplement la position fondamentale qui marque la rupture avec Rome, la plupart des appellations comportent une connotation nettement péjorative. Deux termes, à valeur générique, reviennent constamment sous la plume de leurs détracteurs : les dissidents constituent des *sectes* et leurs doctrines sont des *nouveautés*. Taxer un groupement de secte est une accusation grave : c'est le soupçonner de vouloir diviser l'Eglise, déchirer la tunique du Christ sans couture. Enseigner une nouveauté est tout aussi épouvantable ; cela revient à s'éloigner de la doctrine du Christ et de l'Eglise, prêcher l'erreur, se condamner soi et les autres à la damnation.

D'où le permanent souci des inquisiteurs à démontrer que l'hérésie est une « secte nouvelle », tandis que les dissidents s'évertuent à prouver qu'ils se rattachent directement au plus ancien texte, l'Evangile, et à des prédécesseurs lointains vivant, si possible, aux temps apostoliques.

La façon la plus claire et la plus répandue d'indiquer qu'un groupe constitue à la fois une secte et une nouveauté est de le rattacher explicitement à un fondateur, en tirant de ce dernier l'appellation de la dissidence. Une longue tradition témoigne de cette pratique, à commencer d'ailleurs – mais ne l'avait-on pas oublié ? – par le terme de *chrétiens* que leurs adversaires attribuèrent aux disciples de Christ. Il serait fastidieux d'énumérer les hérésies que N. Eymerich nomme suivant cette méthode. Contentons-nous d'un échantillon : ménandrins, nicolaïtes, simoniaques, basilidiens, carpocratiens, cérinthiens, valentiniens, appellites, cerdoniens... manichéens, ariens, joséphites, arnaldistes, dolciniens, tous vocables formés sur le nom d'un facteur d'hérésie, d'un « hérésiarque »[4]. Désigner un chrétien par un de ces noms revenait ainsi à l'identifier, le classer, l'exclure. Sous une désignation apparemment anodine c'était l'accuser de vouloir rompre l'unité de l'Eglise en s'éloignant de la pure doctrine pour adhérer à des «nouveautés». En effet tous les fondateurs se trouvent précisément datés, tous ou presque postérieurs au Christ, tous novateurs donc. Aussi une telle dénomination, péjorative, vint-elle toujours de la hiérarchie romaine : un tel nom sonnait comme une accusation, voire une condamnation, en tout cas était ressentie comme une insulte. De la classification «scientifique» à l'injure, la marge était étroite, et même nulle.

Les comparaisons malveillantes n'ont guère tardé à fleurir dans la bouche des prédicateurs comme sous la plume des polémistes. Le domaine auquel sont empruntées le plus souvent ces images appartient au monde animal, ce qui s'explique aisément. Les diverses espèces, auxquelles une vision anthropologique multiséculaire attribuait volonté et intention, fournissaient une variété particulièrement riche pour incarner les principaux vices des hérétiques sectaires. Cette démarche, ne l'oublions pas, s'inscrit dans une mentalité magique à laquelle l'Evangile lui-même et, plus largement, la Bible n'échappent pas. Le règne animal, on le sait, est largement représenté dans l'Ecriture. Trois animaux, aux connotations particulièrement sombres, ressortent de cet ensemble. D'abord le plus dangereux de tous, antique divinité chthonienne, l'animal rampant. «Le serpent était le plus rusé de tous les animaux des champs» (Genèse 3, 1), par lui le mal entra dans la création. Et Jésus de lancer à l'encontre des pharisiens : «Serpents, engeance de vipères...» (Mat. 23, 33). En filouterie et en ruse, le renard le dispute au serpent. A propos d'Hérode, Jésus proclame : «Allez dire à ce renard : voici que je chasse les démons» (Luc 13, 32). Le loup enfin, symbole de la férocité et de la sauvagerie : «Voici que je vous envoie comme des brebis au milieu des loups» (Mat. 10, 16) déclare Jésus en envoyant ses disciples en mission et l'on retrouve cette opposition brebis/loup dans la parabole du bon pasteur (Jo 10, 1-18).

Nombreux furent, dans les siècles suivants, les auteurs à suivre un si bon exemple. Bernard de Luxembourg, déjà cité, parle des hérétiques comme d'animaux impurs et trompeurs et il les compare à des loups. C'est sous cette forme également que sont décrits les Réformés dans une poésie satirique composée pour le carnaval de Rouen en 1542 :

> «Soubs umbre de religion
> Règnent, ce jour, papelardise
> Et scisme, en mainte région
> Contre Dieu, la Foy et l'Eglise,
> Loups ravissans d'estrange guise,
> Soubs l'habit de simplicité,
> Font que l'Escrit Saint on desguise
> A l'ombre de grand saincteté»[5].

Au XVIIᵉ siècle encore dure cette faveur zoologique. Florimond de Raemond décrit dans son *Histoire de la naissance, progrès et décadence de l'hérésie de ce siècle*, parue en 1605, l'Eglise attaquée par des «lions rugissants, loups ravissants, dragons monstrueux et mordantes vipères» [6]. Sur ce chapitre la palme revient sans doute au licencié en théologie espagnol Pedro Aznar Cardona qui écrit en 1612, trois ans après leur expulsion et à leur propos: «Ils étaient le poison et la gale et les mauvaises herbes dans le champ de l'Espagne, les zorilles dévorantes, les serpents, les scorpions, les crapauds, les araignées, les vipères venimeuses dont la morsure cruelle blessait et tuait beaucoup de monde. Ils étaient les éperviers brigands et les oiseaux de proie qui vivent en donnant la mort. Ils étaient les loups parmi les brebis, les faux-bourdons dans la ruche, les corbeaux parmi les colombes, les chiens dans l'église, les gitans parmi les israélites et finalement les hérétiques parmi les catholiques» [7]. Telle était l'attitude traditionnelle de désignation de l'hérétique. Tradition dans laquelle chaque époque, chaque auteur puisait le thème pour en développer des variations particulières. Voyons ce que cela devient dans un contexte plus circonscrit: la Provence du XVIe siècle.

VISION DES AUTORITÉS PROVENÇALES

L'originalité provençale à l'aube des Temps Modernes réside dans l'existence de deux réseaux dissidents. Le premier, chronologiquement, est celui des vaudois. Le terme lui-même se situe dans le mode traditionnel de désignation de l'hérésie. Ecoutons l'inquisiteur Bernard Gui: «La secte ou hérésie des vaudois ou pauvres de Lyon prit naissance vers l'an du Seigneur 1170. Elle eut pour auteur responsable un habitant de Lyon, Valdès ou Valdo: d'où le nom de ses sectateurs». Ce que reprend fidèlement N. Eymerich: «Les vaudois ou pauvres de Lyon... reçoivent leur nom de leur fondateur, un lyonnais nommé Valdès» [8]. Il est significatif de remarquer que si inquisiteurs et juges royaux parlent sans cesse de vaudois, les disciples de Valdès, eux, refusaient ce terme pour se nommer entre eux «Pauvres de Lyon», «Pauvres du Christ» ou, tout simplement, «Frères». Par ailleurs courait chez eux une tradition faisant remonter leur origine au pape Sylvestre (314-335) et même aux apôtres.

En outre, plus que pour d'autres noms issus d'un fondateur, ce terme de vaudois recélait un passif particulièrement lourd. En effet, au XVe siècle, notamment dans les Flandres et en Piémont, ce mot servit aussi à désigner les sorciers. En témoigne encore, dans ses *Mémoires*, Claude Haton qui écrit pour l'année 1567: «A la suite desditz huguenotz y avoit moult de vaudois et sorciers», et encore à propos du miracle de l'épine survenu au cimetière des Saints-Innocents de Paris en 1572, au lendemain de la Saint-Barthélemy: «Icelle espine fut par toutes personnes touchée et visitée en son escorce, boys, feuilles et fleurs, pour veoir si c'estoit point ung abus qui eust esté faict par art magicque ou enchantement d'enchanteurs, sorciers ou vaudois...» [9]. Cette accusation de sorcellerie, parfaitement fantaisiste, contribuait à noircir plus encore, si possible, l'image des Pauvres de Lyon.

L'autre dissidence provençale, comme dans bien des régions de l'Europe de ce temps, était la Réforme. Ici, comme ailleurs, très vite la désignation retenue – sur le modèle traditionnel – fut: «luthériens». Pour la Provence, l'origine se trouve, semble-t-il, dans les documents de la chancellerie royale tandis que, depuis Rome, les sources pontificales, elles, emploient plutôt l'expression: «hérésie vaudoise». A l'instigation royale, les autorités locales partirent à la recherche de *luthériens*. Ils trouvèrent surtout des *vaudois*, installés depuis parfois un demi-siècle dans le Luberon. Il en résulta une certaine confusion dans les esprits pour nommer le crime d'hérésie, ce que l'on peut constater à la lecture des registres du parlement d'Aix-en-Provence dépouillés entre 1532 (premier de la série) et 1559. Sur environ 2 200 chefs d'accusation pour hérésie, 22% parlent de «crime de lèse majesté divine et humaine» et 56% d'«hérésie» seulement. Si l'on considère le lot restant d'inculpations où se trouve une précision quelconque – 489 soit 22% – nous voyons que 58% indiquent «vaudois», 21%: «luthériens» et, plus intéressant encore, 16%: «vaudois et luthériens», même à propos d'un seul inculpé.

Cette confusion s'explique d'autant mieux que, si les Pauvres de Lyon n'ont pas voulu s'assimiler aux Réformés, ceux-ci, dans la préoccupation déjà signalée de vouloir remonter le plus haut possible dans le temps pour se trouver des ancêtres prestigieux et une légitimité, n'hésitaient pas à considérer les vaudois comme des précurseurs de la Réforme. De leur côté les polémistes catholiques, dans le souci de réduire la Réforme à une hérésie déjà cataloguée et condamnée, participaient de la même démarche. Bernard de Luxembourg écrivait ainsi en 1522: «Luther renouvelle quasi toutes les erreurs des vaudois». Ce qui autorisait un siècle plus tard Gabriel Martin, abbé de Clauson en Dauphiné, vu que les vaudois étaient des sorciers, à écrire dans *La religion enseignée par les Démons aux vaudois sorciers desquels ceux de la R.P.R. se disent entre estre descendus* (Paris, 1641): «Pourquoi ne dirons nous pas et ne crirons nous pas partout que la doctrine de la Religion Prétendue Réformée est la doctrine des Diables?» La logique de l'argument était imparable[10]. Que restait-il de tout cela dans les mentalités communes?

Nous pouvons tenter de le vérifier pour la Provence. Nous devons à la plume d'un dominicain, Jean de Roma, inquisiteur actif dans la région d'Apt entre 1528 et 1532, un traité contre les vaudois, manuscrit qu'il adressa en 1533 au parlement de Provence pour l'alerter de l'imminent danger qui menaçait le Midi. Voici les termes qui reviennent le plus souvent: malheureuse secte, secte damnée, pervers, hérétiques, luthériens, séducteurs, rebelles ainsi que l'image de la saleté, des immondices qu'il convient de nettoyer, d'expurger, de purifier. Nous retrouvons également chez lui les thèmes abordés ci-dessus: «La secte des vaudois ne diffère en rien de la secte des luthériens d'où je pense que Luther et ses disciples doivent plutôt être appelés vaudois que luthériens car ils sont fils des vaudois» et, un peu plus loin: «La dite secte a persévéré et, à l'instar du serpent qui serpente caché, elle s'est étendue et, à la manière du renard qui se tapit en sa tanière, elle s'est perpétuée en se cachant»[11].

La particularité de cet inquisiteur est d'avoir décelé le caractère d'immigrés des vaudois de Provence. Il avait solennellement prévenu le Parlement, dont les commissaires royaux avaient adopté ses vues écrivant au roi: «Il est sans doute que la dite secte anciennement dampnée estant par la plupart des pays de Savoye, Daulphiné et Piedmont tant en la val Putte, val Loyse que val Luserne, Pratgelle

que austres s'estre estandue et espanchée au pays de Prouvence en plusieurs lieux
depuys trente voyre quarante ans par le moyen de ce que du temps passé qu'ilz
ont esté chasséz des dits pays de Savoye, Daulphiné et Piedmont se sont retiréz au
dit pays de Prouvence...»[12]. De fait le dominicain avait parfaitement repéré et
établi que les vaudois du Luberon étaient issus de villages alpins également
vaudois et connus pour tels depuis au moins le XIVᵉ siècle. Il avait écrit dans son
traité, à propos du Piémont et du diocèse de Turin, que «le dit pays a été et est
mal famé et que ses habitants ainsi que ceux qui tirent leur origine de ce pays sont
entachés du dit crime d'hérésie»[13].

Jean de Roma, véritablement hanté par cette obsession de l'origine piémon-
taise, en vint à considérer que tout Piémontais établi en Luberon était hérétique.
Ainsi, par exemple, après avoir fait arrêter Poncet Martin de Roussillon, il
l'interrogea : «D'où es-tu ? Et quand il respondit qu'il estoit de Piémont, le dict
de Roma dict qu'il estoit vaudois». Oubliant même la présomption d'innocence
de tout prévenu, il renverse la règle du droit. Lorsque Suffren Carbonel de
Bonnieux, prisonnier à Apt, demande sa libération, l'inquisiteur «respondit que
si luy vouloit donner caution que ne fut party de Piémont il l'eslargiroit par la
ville d'Apt». Voilà que c'était à l'accusé de faire la preuve de son innocence[14].

Le mérite de l'inquisiteur, si l'on peut dire, est d'avoir attiré l'attention sur le
Piémont quand tous les regards se portaient sur l'Allemagne. Suspecter un pays
entier, le procédé est connu; ancien et simpliste il s'était déjà révélé efficace avec
le Languedoc cathare du XIIIᵉ siècle, la Bohême hussite du XVᵉ, l'Allemagne
luthérienne et bientôt la Genève calvinienne au XVIᵉ siècle. On peut suivre
l'évolution de cette sensibilité géographique de l'Allemagne à Genève dans les
textes officiels, royaux ou parlementaires : l'Allemagne domine dans les années
1530; Genève triomphe à partir du milieu du siècle. Ainsi l'édit du 27 juin 1551,
dans plusieurs de ses articles, attire la vigilance à l'égard de tout ce qui fraye avec
Genève. La relation de suspicion est dès lors établie. Le 20 octobre le parlement
d'Aix convoqua le procureur général du roi pour qu'il expose les mesures prises
en application de «l'édit des luthériens». L'officier royal, dans sa réponse,
signale que «il a entendu qu'il y en a qui envoie ses enfants à Genève». Ceux qui
entretiennent des relations avec la ville du Léman sont évidemment «luthériens». Ainsi en 1557 une procédure est ouverte contre des habitants d'Apt
«retiréz à Genève». Le terme de *huguenot* n'apparaît pas avant les guerres
civiles que l'on appelle «de religion»[15].

REGARDS POPULAIRES

Si nous quittons la sphère des autorités (court de justice, chancellerie,
inquisition) pour aborder les milieux populaires, nous constatons que les
Provençaux, tout autant que leurs guides spirituels et temporels, utilisent le plus
souvent le terme *luthérien* pour désigner l'hérétique. Le bourgeois marseillais
Honorat de Valbelle tint son journal de 1498 à 1539. Ayant appris le 20 octobre
1534 la mort du pape Clément VII, il émet ce jour des vœux pour son
successeur : «Dieu nous l'envoie qui soit capable de pacifier le monde qui est

bien troublé, ne fût-ce que par cette secte luthérienne qui s'est répandue en Allemagne. *Non est mirum*, car c'est d'Allemagne qu'est sortie l'hérésie et elle apparaît à tous les conciles tel le dernier de Bâle où l'on brûla un hérétique du nom de Jérôme et un autre nommé Jean Hus. Voilà pourquoi je dis *non est mirum*. C'est de cette bande qu'est toujours venue la tempête ; j'espère que Dieu y pourvoira comme besoin est ». Si Valbelle confond les conciles de Constance (1415) et de Bâle (1431), il est par ailleurs bien informé. Il mentionne le 21 janvier 1535 la grande procession d'expiation faite à Paris, à l'issue de laquelle « le roi lui-même fit un beau sermon contre cette folle erreur luthérienne... Cela fait, il fit exécuter 6 hommes et 2 femmes luthériennes qui furent brûlés publiquement »[16].

Même à propos du massacre des vaudois de 1545, c'est de *luthériens* que l'on parle dans le pays. Le notaire d'Orange, Jean Perrat, a noté dans son journal qu'il fut « mené aux galères plus de 300 luthériens... et emmené Le Marro, principal luthérien, prisonnier en Avignon ». Des années plus tard on continue à désigner ainsi l'événement de mai 1545 : « Au temps de la défaite des luthériens ». Le coseigneur de Goult, Pierre de Sade, se souvient : « Il y a asteure troys ans que la desconfiture fust faicte de ses maudits luthériens... »[17].

Dans un tel contexte, rien d'étonnant à ce que *luthérien* soit utilisé comme une injure. Le procureur du roi à Aix se trouve tout autant embarrassé que l'avocat royal au siège d'Arles devant le cas d'un « prisonnier savoysien qui a mesdit grandement du roy l'appelant luthérien ». La cour ordonne le 11 mars 1539, par mesure conservatoire, de le transférer dans les prisons de la conciergerie d'Aix[18]. Quant au terme *vaudois* on ne le trouve guère, en fin de compte, que dans la zone du Luberon, celle dans laquelle les Pauvres de Lyon venus des Alpes s'étaient installés. Le qualificatif de *luthérien* n'y est pas pour autant ignoré. Le livre de comptes de Pertuis signale en 1533 « lo prevos Meyrani passant en esta villa a causa dels luterians » (le prévôt Mayran passant en cette ville à cause des luthériens) et le registre des délibérations d'Apt stigmatise en mai 1544 certaines personnes « gens mal vivans et luterians »[19]. C'est cependant le mot *vaudois* qui semble venir spontanément à la bouche de ceux qui dénoncent leurs voisins hérétiques. Le conseil de ville d'Apt, en mars 1542, délibère des actions entreprises « contre les vaudois ». Dix ans auparavant, en mai 1532, un habitant d'Apt dénonçait à l'inquisiteur une femme en ces termes : « nous avons une vesine maulvese vauldese »[20].

Pourtant, plus que dans les documents très officiels, c'est au détour d'une phrase, quand le greffier a laissé fuser la déclaration et qu'il couche par écrit l'apostrophe, que l'on peut saisir le mieux l'expression spontanée de l'injure. *Luthérien* et *vaudois*, dans le registre du religieux, reviennent sans cesse, mais aussi *gabelin*, c'est-à-dire partisan de l'empereur contre le pape (par référence à la médiévale lutte des guelfes et des gibelins). Plus originale apparaît l'injure proférée par les frères mineurs d'Apt à l'adresse d'un artisan de la ville venu livrer un bénitier qui n'avait pas l'heur de plaire aux religieux. Il se voit traité de *luthérien* et de *truffatu*r, ce qu'il faut rapprocher du latin *trufa* (fraude), du provençal *trufa* (tromper) et de l'italien *truffatore* (escroc), terme que l'on ne saurait traduire par un seul substantif français. Il rejoint le répertoire dont le thème majeur est que les hérétiques abusent les vrais chrétiens[21].

Enfin l'étroite relation établie par l'inquisiteur Jean de Roma entre les vaudois et le Piémont, confortée ensuite par les liaisons des luthériens avec l'Allemagne puis avec Genève, semble avoir facilement convaincu la population provençale – comme nationale d'ailleurs – que l'hérésie venait d'ailleurs, quelle ne pouvait pas être endogène. Quelle assurance, quel confort spirituel cela ne donnait-il pas! Dans le même mouvement, à la faveur des difficultés économiques apparues au tournant des années 1520-1530, se trouvaient tout désignés les responsables. Les hérétiques, vaudois et luthériens, étaient des étrangers. L'appréciation était certes sommaire car les vaudois en étaient déjà à la troisième génération en Luberon souvent, quant aux luthériens, ils étaient natifs du pays. Qu'importe, pour être rapide le jugement n'en était pas moins efficace. En juillet 1532, un habitant d'Apt, Jean Boyer, «interrogé s'il connoit des gens mal famés d'hérésie, dict que non, touteffoys le bruyt est grand contre ceulx qui sont venus habiter en ceste terre et en ce pays, soy disans Lombardz», c'est-à-dire d'outre-monts[22]. Et en 1545 un soldat déclare: «Les vaudois sont mauvais Français et pires que les Espagnols»[23]. Les vrais Provençaux peuvent se rassurer: les hérétiques ne sont pas du pays. Dans une période où l'invasion étrangère (1524, 1536) accélère le processus de nationalisation, l'argument était de poids.

Le «profil type» de l'hérétique se dégage ainsi assez nettement. *Vaudois* ou *luthériens*, peu importe, les contemporains ne font guère la différence. C'est un sectaire, disciple d'un hérésiarque qui a répandu des nouveautés. Rusé et malveillant, il se cache pour mieux nuire. De mèche avec l'ennemi du royaume, étranger lui-même, il vise à détruire l'Eglise et l'Etat. A cet égard la population du XVIe siècle a hérité de la hantise ancestrale de l'hérétique. Nicolas Eymerich l'exprimait clairement: «Tout peuple, toute nation qui laisse éclore l'hérésie en son sein, qui la cultive, qui ne l'extirpe pas aussitôt, se pervertit, court à la subversion, peut même disparaître»[24]. Au temps de la Réforme, l'Eglise est une «Jérusalem assiégée». Se développent des peurs apocalyptiques, une ambiance eschatologique. L'hérésie traduit le déchaînement de Satan, un prélude à l'avènement de l'Antéchrist.

Cette mentalité obsidionale se manifeste évidemment d'abord dans le domaine verbal. Dans l'environnement culturel du temps, la parole est affectée d'une efficacité très puissante. S'y traduit la volonté d'atteindre l'ennemi par la parole, par le nom, pour le blesser, pour lutter contre le mal qu'il incarne. De fait ceux qui sont ainsi visés se sentent atteints et se débattent: ils refusent les noms qu'on leur attribue par malveillance tout en y répondant par d'autres injures. Ainsi les vaudois assiégés dans Cabrières-d'Avignon en 1545 crient aux assaillants: «Idolâtres; adorateurs de pierres; papistes; bottes et pantoufles du pape»[25]. Valeur du verbe dans cette civilisation du sermon, de la veillée, de la magie, du sacrement et du miracle. A la limite, ce qui compte, ce qui existe, plus que le fait, plus que la chose, c'est son nom. Bien des attitudes actuelles sont héritées de cette mentalité. Dire: «mauvaise maladie» plutôt que «cancer», n'est-ce pas éviter le mal? Qu'importe le *fait* pourvu qu'il n'y ait pas le *dit*. Dans cette perspective le dicton, dans sa simplicité et sa force, dit bien ce qu'il veut dire quand on «ne veut pas que ce soit le dit».

Gabriel AUDISIO
(Univiversité Blaise Pascal)

NOTES

1. Umberto ECO, *Le nom de la rose*, Paris, Grasset, 1982. L'auteur termine son roman par cette sentence (p. 505).
2. Cités dans J. DELUMEAU, *La peur en Occident*, Paris, 1978, respectivement p. 390 et 394.
3. Il aurait été utile ici de consulter la communication de J. LE GOFF, «Comment devenait-on hérétique dans l'Occident médiéval? Les processus d'exclusion». Mais, de l'avis de l'auteur-même, son texte n'a pas été publié dans les actes du colloque d'Haïfa de 1978: *Non conformisme et modernité en France du Moyen Age à nos jours*.
4. N. EYMERICH – F. PENA, *Le manuel des inquisiteurs*, par Louis Sala-Molins, Paris, 1973, p. 56-60.
5. *Les triomphes de l'abbaye des Conards*, éd. Marc de Montifaud, Paris, 1874, p. 40, cité par H. HELLER, *The conquest of Poverty*, Leiden, Brill, 1986, p. 6.
6. Cité par B. DOMPNIER, *Le venin de l'hérésie*, Paris, 1985, p. 36.
7. Cité par J. DELUMEAU, *op. cit.*, p. 392.
8. B. GUI, *Manuel de l'inquisiteur*, par G. Mollat, Paris, 1964, t. 1, p. 35. N. EYMERICH – F. PENA, *op. cit.*, p. 137.
9. C. HATON, *Mémoires (1553-1582)*, par F. BOURQUELOT, 2 vol.; Paris, 1857, t. 1, p. 495 et t. 2, p. 681-682.
10. BERNARD DE LUXEMBOURG, *Catalogue des hérétiques*, édit. 1922, Cologne et Erfurt, cité par M.-H. Vicaire, «Les Albigeois ancêtres des protestants», *Cahiers de Fanjeaux*, n°14 (1979), p. 23-46, ici p. 26-27.
Gabriel Martin, cité par R. MANDROU, *Magistrats et sorciers en France au XVIIᵉ siècle*, Paris, 2ème édit., 1980, p. 123-124.
11. Archives Nationales, Paris, J 851, n°2, f° 2v°-3, 3.
12. G. AUDISIO, Le rapport des commissaires du roi sur les vaudois (Aix-en-Provence, 1533), *I valdesi e l'Europa*, Torre Pellice, 1982, p. 137-150, ici p. 148.
13. G. AUDISIO , *Le barbe et l'inquisiteur*, Aix-en-Provence, 1979, p. 90-91.
14. G. AUDISIO, *Les vaudois du Luberon. Une minorité en Provence (1460-1560)*, Mérindol, 1989, p. 89.
15. Arch. départ. des Bouches-du-Rhône, B 3641 (20 octobre 1551); B. 3647 (3 novembre 1557).
16. Honorat DE VALBELLE, *Histoire journalière*, par V.L. Bourrilly, R. Duchêne, L. Gaillard, Ch. Rostaing, Aix-en-Provence, 1985, 2 vol., ici t. 1, p. 265 et p. 266.
17. G. AUDISIO, *Les vaudois du Luberon*, *op. cit.*, p. 378 et 399.
18. Arch. départ. des Bouches-du-Rhône, B 3640 (11 mars 1539).
19. G. AUDISIO, *Les vaudois du Luberon*, *op. cit.*, p. 81 et Arch. com. d'Apt, BB 22, f° 59v°.

20. Arch. com. Apt, BB 21, f° 268. Musée Arbaud, Aix-en-Provence, MQ 755, f° 36.

21. Musée Arbaud, *ibid.*, f° 35.

22. G. AUDISIO, *Les vaudois du Luberon*, *op. cit.*, p. 89 et 94.

23. *Ibid.*, p. 95.

24. N. EYMERICH – F. PENA, *op. cit.*, p. 48.

25. G. AUDISIO, *Les vaudois du Luberon*, *op. cit.*, p. 362.

L'IMAGE DU PROTESTANT
CHEZ LES MISSIONNAIRES DE L'INTÉRIEUR
(PREMIÈRE MOITIÉ DU XVIIe SIÈCLE)

Parmi les analyses du protestantisme formulées au XVIIe siècle du côté catholique, celle des missionnaires mérite de retenir l'attention à plus d'un titre. De nombreux missionnaires, appartenant principalement à des Ordres religieux, se firent les champions de la reconquête religieuse des régions françaises où la Réforme s'était solidement établie; leur discours est donc, plus que d'autres, marqué par le contact direct qu'ils ont eu avec les protestants; s'il n'est pas exempt de tous les a-priori de l'orthodoxie sur l'hérésie, il illustre, nuance, voire corrige ceux-ci par l'expérience vécue. Par ailleurs, l'analyse missionnaire est fondée sur une préoccupation pastorale: il ne s'agit pas tant de dénoncer les erreurs et les méfaits de la doctrine protestante que de rechercher – ou justifier – des méthodes d'apostolat, de préparer aussi de futurs missionnaires à la tâche. Par là même, ce sontt davantage les fidèles protestants que l'entité « protestantisme » qui sont au cœur du propos.

La source privilégiée pour une telle étude est constituée par les relations de missions. Mais d'autres documents, manuscrits ou imprimés, peuvent apporter des compléments d'information: récits insérés dans les *Annales* des Ordres religieux, opuscules écrits par des missionnaires ou biographies de certains d'entre eux publiées après leur décès par des disciples ou compagnons. Pour la première moitié du XVIIe siècle, toutes ces sources reflètent une conception originale de la question des frontières religieuses.

* *
*

Il n'est guère étonnant que les missionnaires, hommes de terrain, soulignent assez souvent les difficultés de leur apostolat parmi les protestants. Evidemment, une telle insistance a une fonction rhétorique: les « fruits » de la mission que sont les conversions n'apparaissent que plus merveilleux au lecteur informé de l'hostilité du milieu sur lequel les missionnaires ont décidé d'agir; le baroque – et la relation de mission est une forme de cet art – sait parfaitement jouer sur les contrastes. Mais, à vrai dire, il y a aussi dans ce discours davantage que de l'art oratoire: la société protestante se défend contre l'intrusion que représente l'arrivée des missionnaires, avec une violence multiforme. Le biographe de Christophe Authier écrit à partir des relations de ses missions en Dauphiné:

«Les Heretiques le regardoient comme le fleau de leur fausse doctrine. Ils
l'attendirent diverses fois, pour le tuer, et susciterent jusques à leurs enfans,
pour le poursuivre à coups de pierre, et l'assommer; ils n'epargnerent ni le
poison, ni tout ce qu'une passion aveugle peut suggerer, pour le perdre; ...
après avoir inutilement emploïé la rage et la fureur des femmes, les
emportemens desquelles allerent jusques à l'excez, ils se tournerent du côté
des injures»[1].

La volonté homicide des huguenots est indiscutable pour nos missionnaires.
Les *Annales* des Capucins de Lyon rapportent pour leur part que le Père
Chérubin de Maurienne, l'intrépide apôtre du Chablais[2], fut frappé d'une
«estrange maladie en laquelle il tumba soudainement, pratiquée et procurée
comme l'on tient par la malice des heretiques qui en un convoy luy firent manger
quelque espece de poison»[3]. Le même document relate longuement le martyre
de Jérôme de Condrieu, religieux présent aux côtés des troupes royales au siège
de Privas et surpris par de «malheureux heretiques rebelles» tandis qu'il
retournait à son couvent de Valence[4]. Le déchainement de la violence lié à la
reprise des guerres religieuses – et dont est victime Jérôme de Condrieu – ne
serait en quelque sorte que la manifestation paroxystique d'un comportement
permanent des protestants.

Mais, pour les missionnaires, cette violence n'a rien de spontané : les protestants sont fanatisés par leurs pasteurs, qui en font des rebelles à l'Eglise et au roi.
Michel-Ange de Châlon, auteur des *Annales* des Capucins, apporte à ce propos
son témoignage personnel. Ayant assisté au siège de Privas, il avait entendu les
déclarations des prisonniers et condamnés protestants :

> «il faut que ie vous die icy une confession publique a la condemnation de
> ceste rebelle Religion, que tous ces pauvres miserables faisoient ou sur
> l'echelle, ou en prison ou bien estans dans l'extremité, dans lesquels acces-
> soires on ne parle ordinairement qu'avec verité, ils crioient, dis ie, tout haut
> et confessoient hardiment que leurs perfides Ministres estoient la cause
> principale de leur revolte et de leur mort, veu que ils ne preschoient au
> peuple que la sedition et rebellion contre le Roy et contre les Papistes»[5].

A l'égard des missionnaires, le rôle des pasteurs n'est pas moindre : ce sont
eux qui poussent à l'agressivité les fidèles protestants, avec des paroles «pesti-
lentielles» selon la relation de la mission de Christophe Authier à Etoile. Là, le
pasteur, mû par un «zèle mensonger», présente les missionnaires comme les
«émissaires de l'Antéchrist»[6]. La population protestante est entretenue dans
l'hostilité aux représentants du catholicisme; le rejet qu'elle manifeste à leur
égard n'est – pensent-ils – que le fruit d'une coercition interne. Ainsi, les
quelques conversions opérées par Authier et ses compagnons à Saint-Jean-en-
Royans provoquent la colère du ministre qui menace d'excommunication ceux
qui s'entretiendraient avec ces «rusés ravisseurs d'âmes» ou se rendraient à
leurs prédications[7]. A Crest, c'est le consistoire qui veille à empêcher tout
contact avec les missionnaires, députant certains de ses membres aux portes de
l'église pour guetter qui se rend aux prédications[8].

Les missionnaires ne doutent pas que cette fermeture du groupe à leur venue reflète sa fragilité. Sûrs d'être porteurs de la vérité religieuse, ils sont persuadés que les pasteurs ont conscience que leurs propres fidèles peuvent leur être facilement arrachés. D'ailleurs, le refus du débat, si souvent opposé par les pasteurs, est interprété comme une preuve du succès des thèses catholiques qui couronnerait toute confrontation. Christophe Authier qui voudrait une dispute avec le pasteur de Saillans «pour rendre évidente l'erreur du peuple» ne parvient à l'obtenir et ne peut ainsi entamer «la résistance de pierre» du groupe protestant du lieu [9].

Totalement soumis aux pasteurs, le peuple protestant vit dans la prison de l'erreur. Il s'agit «d'esprits aveugles» qu'il faut «illuminer», selon la même relation de mission. Les victimes de l'hérésie sont finalement plus nombreuses que ses fauteurs. Depuis les origines de la Réforme, deux méthodes ont assuré sa progression. La première est la violence, qui a par exemple permis le triomphe du protestantisme dans le Diois au XVIe siècle : menaces et coups conduisaient aux «rassemblements hérétiques» tandis que les églises étaient pillées, les biens ecclésiastiques saisis, les monastères fermés. La seconde est la séduction : les pasteurs ont toujours été experts dans «l'étalage d'artifices, mensonges et vaine doctrine» [10]; ce sont de redoutables «pipeurs», capables de donner à l'erreur des apparences de vérité [11].

L'hérésie a donc envahi les contrées qu'elle occupe. Dans le langage missionnaire, qui recourt volontiers à la métaphore, elle est une armée étrangère qui a pris possession d'un territoire; le missionnaire est le soldat qui doit le reconquérir au Christ. La doctrine protestante est aussi une ivraie disséminée pour étouffer le bon grain. Dans le Diois du XVIe siècle, rapporte une relation des Jésuites, «on envoya ceux qui répandaient les dogmes calvinistes; ils les répandirent et on vit bientôt cette inique semence répandue dans les âmes procurer une ample moisson» [12]. Poursuivant dans le même registre métaphorique, les religieux présentent leurs missionnaires comme des cultivateurs venus rendre les terres à la culture; la fondation de la mission de Corbigny est pour l'auteur des *Annales* des Capucins l'installation «d'ouvriers pour travailler dans cette Vigne toute en friche par les mauvaises herbes de l'heresie qui presque avoit tout a faict estouffé les bons fruicts de l'Eglise Catholique» [13].

Finalement, les fidèles protestants ne sont que superficiellement acquis à la Réforme, «plutôt errantz qu'hérétiques pour la pluspart» selon Charles de Genève, chroniqueur des missions capucines de Savoie [14]; pour lui aussi, tout le mal provenait des pasteurs, qui «étoyent des loups ravissants et des trompeurs quy décevoyent ces pauvres brebis» [15]. Chez beaucoup d'adeptes de la Réforme, il n'y a donc pas de véritable conviction intérieure, mais seulement une adhésion plus ou moins formelle, née de la contrainte ou de la tromperie des pasteurs.

*   *
*

Pour tous les missionnaires, le développement et le maintien du protestantisme s'expliquent en grande partie par les carences de l'encadrement ecclésiastique des fidèles. Les prêtres sont en nombre insuffisant dans beaucoup de régions, tel le Diois ; c'est ce que souligne la relation de mission de Christophe Authier, qui explique cette situation par le petit nombre de catholiques, et donc l'insuffisance des moyens de subsistance des curés[16]. Le vice-légat d'Avignon avait déjà abordé cette question, de manière plus approfondie, dans un rapport de 1627 destiné à obtenir un accroissement de la mission jésuite de Die : à la faiblesse des ressources des curés, il ajoutait comme raison de leur petit nombre l'absence de recrutement local (dans une société en grande partie protestante) et la crainte des prêtres extérieurs à la région de venir s'installer parmi les hérétiques. Surtout, il soulignait que les curés étaient souvent nommés par les fermiers protestants des collateurs, qui recherchaient des hommes « qu'ils puissent entretenir à vil prix » ; les rares curés étaient, de ce fait, incompétents[17].

Mais il y a encore plus important pour les missionnaires : l'indignité de beaucoup d'ecclésiastiques a favorisé le développement du protestantisme au XVIᵉ siècle. Pour la même région du Diois, les Jésuites évoquent ainsi « la licence des mœurs qui, de son souffle pestilentiel, avait infecté la pureté du clergé lui-même »[18]. Et ce mal n'a pas pris fin au XVIIᵉ siècle : le Père Victor de Beaucaire, supérieur de la mission capucine d'Aigues-Mortes, dénonce vigoureusement en 1635, dans une lettre adressée à la Congrégation *de Propaganda Fide* , le comportement de certains ecclésiastiques de la cité :

> « les mauvaises vies de plusieurs prestres et chanoines de ceste ville en destruict plus dans un Mois que nan scaurions aedifier dans dix ans... Ils vivent dans un si fort libertinage que leur vie débordée sert de scandale a toute la ville et porte les heretiques a tel point qu'ils disent se vouloir convertir n'estoit l'infame vie des prestres et chanoines, les Ministres en font leur risées et reproches en chère »[19].

Pour mieux convaincre le dicastère romain, le Père Victor illustre son propos avec précision : il évoque les ecclésiastiques menant « les fames soubs le bras aux bals et a la pourmenade » ou circulant « la nuict par les rues les flatguons du vin en main a la sortie des tavernes apres la desbauche », les chanoines habitant « dans des maisons honteuses, et avec des fames de mauvaise vie »...

L'idée d'un abandon des fidèles par le clergé, voire d'un contre-témoignage de ce dernier, présente dans de nombreux textes de missionnaires, est développée de manière plus systématique par l'un des plus célèbres d'entre eux, François Véron. Dans un opuscule publié en 1624 et intitulé *L'Establissement de la Congrégation de la Propagation de la Foy...*[20], Véron propose les moyens qui devraient permettre de ruiner totalement le protestantisme. Au-delà du secours extraordinaire que représenteraient des missions organisées méthodiquement, il ne voit de salut que dans la formation d'un clergé digne et compétent, prenant soin de ses ouailles. Pour lui, le clergé rural porte une lourde responsabilité :

> « tous les Ministres par toutes les campagnes sont communement plus doctes et capables que les Curez des mesmes lieux, et souvent encore plus reglez en leurs desportements exterieurs »[21].

Pour Véron, le mal a sa racine dans l'ignorance des curés, qui « cause l'oysiveté, et ceste cy le vice ». Et le système bénéficial est loin d'y porter remède :

«Parmi nous, les Cures sont donnees communement par faveur plus que par merite ; et les Esleus apres leur promotion iouyssent esgalement de leur revenu faisant bien ou mal ; pour estre privez de leurs Benefices, ou du revenu, il faut qu'ils commettent quelque grand forfaict, et la iustice Ecclesiastique est trop lente en son proceder» [22].

Du coup, poursuit le célèbre controversiste, comment s'étonner des succès de la Réforme ? Pour lui aussi, le peuple huguenot est trompé, l'inconsistance du clergé catholique laissant libre cours à l'action des pasteurs :

«ce mesme peuple n'est de ceste Religion que pensant bien faire et que sa revolte contre l'Eglise soit une vraye reformation ; je ne dis pas que le libertinage n'y contribuë quelque chose, mais peu ; s'ils pensoient mal faire ils s'en retireroient» [23].

Dans la mesure où les fidèles protestants n'ont l'occasion d'entendre parler du catholicisme que par les pasteurs, plus crédibles que les curés, «ce seroit un miracle s'ils se convertissoient» [24].

Plusieurs raisons nous invitaient à accorder une attention particulière aux propos de François Véron. Ceux-ci, tout d'abord, tranchent avec l'image trop souvent retenue de leur auteur, généralement présenté comme un polémiste aussi brouillon que bouillant : les méthodes utilisées par Véron reposent sur une analyse lucide et informée de la situation religieuse de bien des régions. D'autre part, Véron présente de manière synthétique des thèmes que l'on retrouve de manière allusive sous la plume de nombreux missionnaires : tous ces ecclésiastiques, réguliers ou séculiers, qui s'engagent dans l'apostolat itinérant ont en commun la conscience d'une responsabilité collective du clergé dans la dégradation de la situation religieuse et les progrès de l'hérésie. L'ignorance du clergé est pour eux cause de damnation de beaucoup trop d'âmes. Aussi n'est-il pas étonnant que plusieurs congrégations se soient adonnées conjointement aux missions et à la formation du clergé. Cet état d'esprit est par exemple présent dans l'éloge de Bourdoise que fait Vincent de Paul devant les Lazaristes le 18 juillet 1655 :

«M. Vincent raconta aussi que M. Bourdoise lui disait que c'était une grande œuvre que de travailler à l'instruction des pauvres gens, mais qu'il était encore plus important d'instruire les ecclésiastiques, puisque, s'ils sont ignorants, il faut par nécessité que les peuples qu'ils conduisent le soient aussi» [25].

Enfin, ces diverses analyses confirment que pour le clergé épris de renouveau religieux les laïcs – qu'il s'agisse des fidèles protestants ou catholiques – ne peuvent avoir une véritable vie de piété sans un encadrement solide. Fortement imprégnés de la conception tridentine d'une médiation ecclésiale nécessaire entre Dieu et les hommes, ces clercs ne conçoivent la masse chrétienne que comme le terrain et l'enjeu d'un combat entre des Eglises et des «clergés» opposés. Là où les prêtres de la véritable religion ne sont pas à la hauteur de leur tâche, les porte-parole de l'erreur peuvent à leur guise travailler à la ruine des âmes. Leur image du protestant ne saurait être dissociée d'une conception plus globale de la religion.

* * *

L'adhésion à la Réforme trouve largement sa source dans le défaut d'instruction des fidèles consécutif à l'ignorance du clergé lui-même. Mais l'abandon du troupeau par ses pasteurs donne aussi libre cours aux vices qui, à leur tour, poussent à l'hérésie. L'auteur des relations des missions des Capucins de Savoie, Charles de Genève, insiste à plusieurs reprises sur le lien entre ces divers maux : au temps du développement du protestantisme, on vit selon lui «le vice et l'hérésie ornés de force et de malice, ligués ensembles fort étroitement, s'acharner à la proye et à la ruyne des âmes, fayre du pire, chacun pour sa part et tous deux pour le tout et menacer d'une derniere désolation»[26]. Ailleurs, évoquant la situation religieuse de villages où les Pères vont prêcher dans les années 1640, Charles de Genève déplore que le catéchisme n'y ait pas été enseigné :

> «on ne verroit pas croître si abondamment l'yvroye des vices et péchés, ny par conséquent de l'hérésie et infidélité, et multiplier les pêcheurs, pour êtr' un jour liés ensemble et jettés dans les flammes éternelles»[27].

Tous les missionnaires ne suivent sans doute pas ce Capucin lorsqu'il explique que le «menu peuple» a choisi la doctrine réformée «comme étant un chemin large et spacieux, où l'on ne souffre point les épines de la pénitence et mortification volontaire des sens, tant intérieure qu'extérieure»[28]. Mais, en revanche, tous s'accordent pour affirmer que l'adhésion à la Réforme a bien comme conséquence un total abandon au péché. Le refus protestant d'accorder une place aux œuvres dans sa doctrine du salut est pour eux à la racine de cette étroite alliance entre l'hérésie et le péché. Charles de Genève est ici encore le plus explicite : le protestantisme donne «assurance au pécheur, quelle vie qu'il mène, du salut éternel, abbusant de la miséricorde de Dieu et des mérites de J.-C., pour autoriser la vie libertine»[29].

Retrouvant sur ce dernier point la plupart des controversistes catholiques, les missionnaires sont plus originaux lorsqu'ils soulignent les effets du voisinage de ces hérétiques dépravés sur les fidèles qui sont demeurés dans le catholicisme. Ces derniers, non moins ignorants que ceux qui ont choisi le protestantisme, sont toujours victimes de la coexistence. Parfois, comme à Serres lorsque les Capucins viennent y fonder une maison de mission en 1646, «les Catholiques en petit nombre ignorans, indevots et infectés du venin des heretiques» sont «obligés de cedder et d'obéir par necessité et par interest temporel» aux réformés[30]. Mais, la plupart du temps, c'est sans violence que le protestantisme impose sa loi, tant les catholiques sont inconscients du danger religieux et moral qu'ils courent en vivant au contact des huguenots. Le missionnaire doit, selon la relation de la mission de Christophe Authier à Crest, les tirer d'un «sommeil léthargique»[31]. Ne vont-ils pas jusqu'à penser que les protestants peuvent faire leur salut dans leur religion pourvu qu'ils en observent les préceptes[32] ?

Du fait de cette fréquentation quotidienne, les catholiques, dépourvus par ailleurs d'un clergé instruit, ont perdu tout repère religieux ; ils n'ont plus, comme l'écrit Honoré de Paris au Père Joseph en 1620, «qu'un barbarisme de religion»[33]. Leur situation ne nécessite pas moins de secours que celle de leurs compatriotes protestants. La mission cherche donc à s'adresser aux uns et aux autres parce que, fondamentalement, même si les adhésions confessionnelles sont formellement différentes, tous sont en péril de damnation. Le biographe de Christophe Authier ne prend même plus la peine, dans son récit de l'apostolat de ce missionnaire, de distinguer deux catégories de fidèles ; seules importent les âmes à sauver :

> «Le tems de son séjour n'étoit point limité, parce qu'il se conformoit en tout au besoin des ames : mais le moins qu'il s'arrêtât en chaque lieu étoit deux ou trois mois, et il n'en sortoit point qu'il ne les eût ramenées au chemin du Ciel, et retirées de l'ignorance de nos saints Misteres, où elles croupissoient. L'Heresie, qui infectoit presque tout ce Païs les avoit reduites en un état si pitoïable pour leur salut, qu'elles êtoient dignes de compassion et il y en avoit tres-peu, qui n'eussent besoin qu'on les éclairât pour les aider à sortir du danger où elles se trouvoient de leur perte» [34].

Charles de Genève ne raisonne pas différemment, lorsqu'il évoque par exemple la mission de Colonges de 1642 :

> «Cette parroisse n'est pas seulement environnée de tous côtés des hérétiques, mais encor de toutes parts mélangée parmy eux. C'est pourquoy il eût été difficile de discerner en quoy ils étoyent plus détraqués, en la foy ou és mœurs» [35].

De même qu'ils considèrent que l'instruction du clergé est un remède indispensable pour mettre en échec le protestantisme, beaucoup de missionnaires pensent aussi que la transformation des mœurs des fidèles constitue le meilleur rempart contre la diffusion des idées réformées. Dans sa *Vie du R. Père César de Bus*, publiée à Lyon en 1619, Jacques Marcel consacre un chapitre à «l'esprit de traicter avec les Heretiques» du fondateur des Pères de la Doctrine chrétienne [36]. L'auteur y justifie les méthodes pastorales du Père de Bus par des considérations sur la nature de l'hérésie :

> «Qu'est-elle aussi autre chose, qu'un monstre qui naist et subsiste par nos vices ? combattre doncques les vices, qu'est-ce que combattre l'heresie mesme ? ... Si les Chrestiens sortoient de l'infame bourbier de leurs peches, c'est chose tres-veritable que ceste faction se dissoudroit d'elle mesme, sans aucun autre combat» [37].

Dans une telle conception, le combat doit d'abord être mené dans le domaine des mœurs :

> «L'intention... du Pere du Bus estoit d'arracher de l'ame des heretiques, premierement les vices, que les opinions erronées, parce qu'en arrachant les vices, il arrachoit bien souvent telles opinions ensemble avec eux» [38].

La priorité que les missionnaires accordent à la transformation des mœurs se retrouve dans les règles de comportement qu'ils se fixent : le mode de vie, est-il toujours indiqué, n'a pas moins d'importance que la prédication. Par lui est contrebalancé le mauvais exemple donné par les clercs indignes ; par lui aussi, les cœurs sont conduits à la conversion, beaucoup plus sûrement que par l'énoncé savant de vérités. Vie exemplaire et enseignement des rudiments sont les deux clés du succès de l'apostolat populaire, d'après le discours missionnaire.

En définitive, à partir d'un encadrement ecclésiastique défaillant, l'ignorance, les vices et l'hérésie se sont développés. Le protestant n'est qu'une figure particulière de ce peuple abandonné par ses légitimes pasteurs, tandis que le protestantisme – en tant que doctrine – enferme dans l'ignorance et le péché et écarte du contact avec l'enseignement de la vérité. Pour rompre cet enchainement funeste, il faut combattre les fauteurs de l'erreur – les pasteurs – et ramener à une vie chrétienne les brebis égarées, qu'elles se réclament ou non de la Réforme.

*
* *

Dans l'analyse que font les acteurs du renouveau catholique de la première moitié du XVIIᵉ siècle, les protestants n'apparaissent donc nullement comme un bloc homogène. La véritable frontière religieuse ne se situe pas pour les missionnaires au niveau d'une appartenance avouée à l'une ou l'autre des confessions, mais elle est interne à celles-ci. C'est l'ensemble du peuple des campagnes qui doit être protégé de l'erreur et du péché, que favorise son ignorance.

Cette conception de la situation religieuse mérite sans doute de retenir l'attention. Elle reflète certes d'abord une vision de l'Eglise où le fidèle est dans la dépendance d'un clergé médiateur ; mais tous ces hommes de la théologie tridentine, bérulliens pour certains, pouvaient-ils penser différemment et imaginer une religion sans clergé au-dessus des fidèles ? Cette vision suggère aussi que les hommes de terrain qu'étaient les missionnaires percevaient – avec effarement – que la vie quotidienne des ruraux ne s'organisait pas en fonction de barrières confessionnelles et que l'appartenance religieuse pouvait relever de la tradition, voire du hasard, plus que de la conviction personnelle.

Il apparaît en tout cas, à travers les propos de ces ecclésiastiques, qu'ils ne conçurent pas leur tâche comme relevant d'une Contre-Réforme, mais beaucoup plus d'une ample Réforme catholique, alliant formation du clergé et transformation de la vie religieuse des fidèles. En ce sens, les missionnaires représentent une sensibilité différente de celle des controversistes de cabinet, attachés à la mise en pièces des doctrines protestantes et moins originaux dans leur conception des frontières religieuses.

Bernard DOMPNIER

NOTES

1. N. BORELY, *La vie de messire Christophle d'Authier de Sisgau, évêque de Bethléem...*, Lyon, 1703, p. 80-81.

2. Sur Chérubin de Maurienne, on consultera toujours l'ouvrage de l'abbé TRUCHET, *Vie du Père Chérubin de Maurienne*, Chambéry, 1880.

3. *Annales Capitulaires des Frères Mineurs Capucins de la Province de Lyon... par le Frère Michelange de Châlon*, t. I, p. 63. Ce manuscrit, conservé aux archives provinciales des Capucins de Lyon, traite de l'histoire de la province des origines à 1659. Son auteur, entré dans l'Ordre en 1606 et mort en 1660, travailla en partie sur

des chroniques des origines de la province aujourd'hui disparues (nous abrégeons désormais ce titre en A.C.).

4. A.C., I, p.484.

5. *Ibid.*, p. 481.

6. A.C.P.F. (Archives de la Congrégation romaine *de Propaganda Fide*), S.O.C.G. *(Scritture Originali riferite nelle Congregazioni Generali)*, vol. 199, f° 355.

7. *Ibid.*, f° 367 v.

8. *Ibid.*, f° 383 v.

9. A.C.P.F., *Scritture riferite nei Congressi, Francia*, vol. 1, f° 88 v.

10. S.O.C.G., vol. 199, f° 375.

11. B. DOMPNIER, *Le venin de l'hérésie. Image du protestantisme et combat catholique au XVIIᵉ siècle*, Paris, 1985, p. 95-99 et 103-106.

12. A.R.S.I. *(Archivum Romanum Societatis Iesu)*, Lugd. 37, f° 300.

13. A.C.,I, p. 639.

14. CHARLES DE GENÈVE, *Les Trophées sacrés ou missions des Capucins en Savoie, dans l'Ain, la Suisse romande et la vallée d'Aoste*, éd. F. TISSERAND, Lausanne, 1976, I, p. 111. L'expression est reprise au t. II, p. 130 où l'auteur en explique le sens :

> «Je dy ces peuples pour la pluspart plustôt errantz qu'hérétiques, parce qu'étans nés et élevés en cette secte calvinienne ou religion prétendue réformée, ils croyent estre en bon état, croyans la volonté de Dieu être telle qu'ils professent la loy quy leur a été donnée pour vraye et divine. Mais la preuve de leur innocence en ce cas se void manifestement en l'avidité qu'ils ont à concourir et ouyr attentivement les prédications catholiques et les discours familliers des choses de Dieu et de la religion».

15. *Ibid.*, I, p. 83-84

16. A.C.P.F., S.O.C.G., vol. 199, f° 375 v.

17. S.O.C.G., vol. 129, f° 103.

18. A.R.S.I., *Lugd.* 37, f° 300.

19. A.C.P.F., S.O.C.G., vol. 135, f° 67. Sur les collégiales du diocèse de Nîmes, R. SAUZET, *Contre-Réforme et Réforme catholique en Bas-Languedoc. Le diocèse de Nîmes au XVIIᵉ siècle*, Bruxelles-Louvain-Paris, 1979, p. 123-129.

20. F. VERON, *L'Establissement de la Congregation de la Propagation de la Foy...*, Paris, 1624, 32 p.

21. *Ibid.*, p. 6.

22. *Ibid.*, p. 8.

23. *Ibid.*, p. 5.

24. *Ibid.*, p. 7.

25. VINCENT DE PAUL, *Entretiens spirituels aux missionnaires*, éd. A. DODIN, Paris, 1960, p. 151-152.

26. CHARLES DE GENÈVE, *Trophées sacrés*, I, p. 69.

27. *Ibid.*, III, p. 197.

28. *Ibid.*, II, p. 85.

29. *Ibid.*, I, p. 274-275.

30. *Annales des Capucins de Provence* (manuscrit de la Bibliothèque Franciscaine Provinciale de Paris), II, p. 1056.

31. A.C.P.F., S.O.C.G., vol. 199, f° 382.

32. *Ibid.*, f° 376.

33. Cité in F. MAZELIN, *Histoire du vénérable serviteur de Dieu le P. Honoré de Paris*, Paris, 1882, p. 244.

34. BORELY, *La vie...*, p. 77-78.

35. CHARLES DE GENEVE, *Trophées sacrés*, III, p. 170.

36. J. MARCEL, *La vie du R. Père Cesar de Bus, fondateur de la Congrégation de la Doctrine Chrestienne...*, Lyon, 1619, livre III, chap. 2.

37. *Ibid.*, p. 152.

38. *Ibid.*, p. 153.

LA DÉTERMINATION DES FRONTIÈRES SYMBOLIQUES :
NOMMER ET DÉFINIR LES GROUPES HÉRÉTIQUES

« Le plus grand malheur qui puisse advenir en une République, c'est lors que soit par fortune, soit par discours, l'on voit un peuple se bigarrer en noms de partialitez ». En signalant dans ses *Recherches de la France*[1] que la floraison onomastique est le signe de la décomposition et de l'agression réciproque, Etienne Pasquier anticipait sur des considérations actuellement entreprises par la linguistique et la pragmatique. Le nom, posé sur les choses, ni essentiellement lié à elles, ni arbitraire, est le produit d'un regard, d'un jugement, d'une relation, que le « nomothète » concrétise en désignant, dans le flou des situations vécues, une sensation, une conduite, un groupe humain, en face duquel il se situe.

Il n'est de frontière religieuse qu'autant qu'à l'origine quelqu'un ou quelque institution a voulu poser une séparation, découper deux entités, découpage matérialisé par l'imposition d'un nom nouveau qui désigne la « nouvelleté », la différence d'une croyance ou d'un groupe. Nomination qui est d'essence polémique, offensive ou défensive, c'est à voir, mais fondamentalement porteuse d'agression. La définition ultérieurement donnée au nouveau nom objective en principe son contenu séparant, justifie la différence de nom par la différence de croyance (ou de comportement) avant de procéder à l'inverse en usant de la différence des noms pour prouver la différence des fois.

Le travail effectué ici sur les termes désignant l'hérésie moderne, le protestantisme, ne peut être qu'un fragment : d'une part parce que les travaux de repérage de termes s'avèrent sans fin visible, d'autre part par limitation volontaire du champ d'observation dans le temps et dans un type d'ouvrage précis. Limitation dans le temps entre 1520 et 1570 ; limitation au type d'ouvrage des Dictionnaires sur les hérétiques, dont la composition, quoique non homogène, répond à un même souci d'enregistrement de termes et à une même conséquence de consécration de ces termes comme reconnus et intelligibles avec une définition notoire. La période concernée comprend trois ouvrages en latin :

— le *Catalogus haereticorum* de Bernard de Luxembourg (1521), dont j'ai consulté la troisième édition, de 1524,

— l'*Adversus haereses* d'Alphonse de Castro, dont j'ai consulté les éditions de 1534 et 1543,

— le *De vitis, sectis et dogmatibus omnium haereticorum* de Gabriel du Préau, dont j'ai consulté les éditions de 1569 et 1605.

La confrontation systématique des différentes éditions, en particulier des éditions ultérieures de Castro, reste à faire.

Ces trois textes représentent emblématiquement trois étapes de la prise de conscience catholique en face de l'hérésie moderne, comme un bilan aussi de l'onomastique dans son développement frénétique. Ce sont aussi trois textes catholiques : la constance initiale des critères de déviance est une commodité temporaire ; le bilan onomastique et définitionnel se modifierait forcément à faire intervenir des ouvrages protestants.

Présentons d'abord la stratégie globale de nos trois ouvrages.

Le *Catalogus haereticorum* de Bernard de Lutzemburg (Luxembourg) date de 1522[2]. Un abondant discours accompagne le *Catalogue* qui n'est que le centre de l'ouvrage : 17 feuillets analysent les causes de l'hérésie et la nature des hérétiques, le traitement à leur faire subir ; 58 feuillets comprennent le catalogue de tous les déviants depuis les origines du christianisme ; le dernier «livre» de 11 feuillets décrit spécifiquement les luthériens et les erreurs du luthéranisme. Le zèle de Bernard de Luxembourg, Docteur en théologie de Cologne, prieur et inquisiteur, l'emporte sur la rigueur scientifique de son ouvrage : au rang des hérétiques, quelques noms curieux (noms de peuples, gagnés il est vrai par l'arianisme, comme les Goths, ou noms de schismatiques, les Grecs, et, bien peu à leur place, les musulmans et les juifs). Et il ne note qu'un seul responsable d'hérésie «moderne» : Luther, «quidam Martinus Lutherus», mais dont le groupe porte encore deux noms, *Martinistae et Lutherani*. Cette hérésie moderne est largement réfutée, et par là même exposée, un peu en désordre, mais sous divers aspects.

L'ouvrage d'Alphonse de Castro, *Adversus Haereses*[3], est globalement un dictionnaire, mais classé par «sujet susceptible d'être traité de façon erronée» ; un index alphabétique initial répertorie les noms d'hérétiques et de groupes hérétiques, avec l'indication des entrées et des propositions où leur nom se trouvera mentionné, et un fragment de leur discours réfuté. Prenons par exemple l'entrée *Ioannes Oecolampadius*; elle se présente comme suit :

> «Ioannes Oecolampadius, ti. (titulus) de adoratione, hae. (haeresis : proposition hérétique) 2. (secunda) et ti. de bello, h. 1. et ti. de Eucharistia, h. 4. et titu. de libertate arbitrii, h. 1. et titu. de Sanctis, hae. 1.»

C'est donc un catalogue des erreurs, plus qu'une recherche des déviants, qui s'inscrit dans une démarche polémique réfutative particulièrement lucide. Contrairement à Bernard, il définit par son but (prévenir le public croyant de se garder de certaines assertions d'où qu'elles viennent) une stratégie de rédaction. Il veut éviter le nominalisme et la curiosité archéologique : il écarte les noms rares. La connaissance du nom, dit-il, importe d'autant moins en pratique qu'aucun hérétique ne se présente sous ce nom mais sous celui de bon chrétien ; il faut le reconnaître à ses dits. Pour que le croyant (et non le théologien) repère la proposition hérétique, il faut lui présenter les faits en termes intelligibles, et dans des catégories pratiques d'application. Pas d'entrée à *Transsubstantiation*, mais une entrée à *Sacrements, Eucharistie*; des entrées concrètes : *jeûne, indulgences, femmes, mariage, pape, saints, guerre, nudité, travail.* 23 pages initiales présentent l'hérésie et la distinguent soigneusement des autres formes d'erreurs religieuses ; 200 pages sont donc consacrées à l'exposé des faits et à leur réfutation, proposition par proposition. Ainsi jamais une doctrine hérétique n'est-elle exposée continuement et pour elle-même, jamais l'ensemble des propositions soutenues par un groupe n'apparaît, sauf si le lecteur (curieux) le reconstitue à partir de l'index initial. Ni l'hérésiarque ni le groupe ne sont ainsi valorisés, ni conçus autrement que comme porte-parole occasionnels, et les noms de groupes dérivant de noms propres ne forment pas une entrée, bien qu'ils soient employés dans le texte. Alphonse de Castro ne répertorie que peu de modernes : Anabaptistes (et Balthazar Pacimontanus leur initiateur), Carolstadt, Luther, Melanchthon, Oecolampade. L'ouvrage est donc original dans sa présentation et sa lucidité d'action ; la personnalité de son auteur s'y marque. Alphonse de Castro, des Frères Mineurs de l'Observance, est en grande estime auprès de Charles Quint et de Philippe II ; il représente l'Empereur au Concile de Trente, et sa notoriété est européenne. La nature des déviances indiquées chez Castro est variée, et ces déviances peuvent, ne l'oublions pas, être contradictoires les unes aux autres. Les plus fréquentes sont les déviances théologiques, proportion rassurante vu l'objet du débat, avec une dominante sur la Trinité et les sacrements. Puis viennent les variantes sur le pouvoir et l'organisation ecclésiale ; puis les variantes civiques (problèmes du serment, de la liberté), familiales (sexualité, partage des biens), comportementales (se cacher). La nomination déforme ces proportions, nous le verrons.

Dans ce système, la notion de frontière religieuse est vite repérée, mais selon une vision très fragmentée. Dès lors qu'on bouge un élément au moins du système des «dogmèmes», on franchit le seuil théorique qui sépare l'orthodoxie de l'hérésie : exemple surprenant, la présence du cardinal Caïétan dans tous nos dictionnaires, pour une variante dans la doctrine mariale, bien que pour tout le reste il soit un bon catholique ! Castro donne donc une représentation très stricte de la notion d'orthodoxie, qui ne tient aucun compte ni de l'historicité des croyances, ni des différences d'expression qui pourraient engendrer des variantes explicables (par exemple l'évolution des notions de signe et de symbole), ni du fait que personne, sauf Saint Thomas, n'actualise tous les traits de l'orthodoxie dans sa croyance, ni même dans son expression (pourrait-on être déviant par omission ?). Mais en même temps, sa définition de l'hérésie est nuancée : l'erreur est toujours réparable, l'hérésie résidant dans l'opiniâtreté ; la frontière est toujours franchissable à l'homme de bonne volonté.

Gabriel du Preau, avec un titre tonitruant inspiré de Diogène Laerce, *De vitis, sectis et dogmatibus omnium haereticorum*[4], s'inscrirait plutôt dans les ouvrages historiques que dans l'apologétique, fût-elle polémique. Il cède souvent à la curiosité et à l'ivresse archéologique, reprenant toutes les absurdités de Bernard de Luxembourg. Mais sur ses 500 entrées, plus de 160 sont consacrées aux hérétiques et hérésies du XVIe siècle : on voit qu'en 50 ans on est passé de 2 termes, puis 6, à un nombre impressionnant, qui va nécessiter définitions et classements. Peu explicatif, c'est un Dictionnaire en ordre alphabétique des noms propres ou des groupes (ordre qui semble garantir l'objectivité), avec des tables initiales chronologiques et des tableaux de regroupement. Ce n'est pas l'ouvrage le plus original : il avoue ses sources, qu'il utilise encore plus qu'il ne l'avoue ; pieux recopiage, qui parfois reprend la même phrase pour caractériser deux groupes différents... En particulier, il pille trois ouvrages qui lui apportent descriptions et classifications toutes faites, qu'il juxtapose. Le *De Martini Lutheri et aliorum sectariorum doctrinae varietate et discordia* de Frédéric Staphylus[5] n'a pas eu de traduction en français ; mais le *De sectis* de Stanislas Hozius[6] est, lui, traduit en 1561 : Hozius, évêque polonais, ambassadeur, délégué au Concile de Trente, légat du Pape et Grand Pénitencier, est bien placé pour juger des dissidences de l'Europe de l'est. Plus marquant, le *Dubitantius*[7] de Guillaume Lindanus, évêque de Ruremonde, est traduit en 1566 par René Benoit. Ces trois auteurs apportent une abondante documentation et un goût peut-être immodéré pour la découverte de sectes et de déviations, qu'il n'y a plus qu'à mettre en ordre alphabétique. Cette compilation, où Claude de Sainctes et Claude d'Espence s'ajoutent pour la description des troubles français, a une réputation qu'attestent ses rééditions et le pillage dont il est à son tour l'objet : il passe par exemple tout droit dans *l'Histoire de l'Hérésie* de Florimond de Raemond. Du Préau ajoute spécifiquement au travail de ses prédécesseurs une dimension politique, l'exposé de la Guerre des Paysans, des premières guerres françaises ; il est d'ailleurs globalement sensible au récit, plus qu'à l'exposé religieux. Mais surtout, par sa constitution de Dictionnaire, il montre que les noms d'hérétiques sont devenus des instruments primordiaux : c'est par eux qu'on entre désormais dans l'ouvrage.

Hors de ces trois ouvrages et après eux, la nomination ne s'arrête pas, même si elle se ralentit considérablement ; mais nous nous limiterons à ces trois textes qui enregistrent une vision institutionnelle dans sa précision et sa confusion onomastique.

La constitution des Dictionnaires d'hérésies témoigne d'un triple passage institutionnalisant : passage de l'hérétique à l'hérésiarque, passage du nom propre ou de l'insulte au nom de groupe, passage du terme usuel à l'entrée du dictionnaire. Etudions les causes et les effets de cette triple métamorphose.

Tout hérétique notoire n'est pas chef de secte, et tout théologien qui se signale par un ouvrage n'a pas derrière lui des troupes constituées. Il existe une définition officielle de « l'hérésiarque », bien fixée chez Bernard de Luxembourg : « Haeresiarcha, ut dicit Johannes Nider in III. Libro Formicarii, est qui primo falsam de fide opinionem gignit, ut Arius, Wicliff et consimiles »[8]. D'où généralement une certaine surenchère dans la recherche du « premier qui a dit... », très sensible par exemple chez Hozius, et qui amène dans les définitions des articles à insister sur la responsabilité de Luther, promu Premier absolu de toutes les manifestations de l'hérésie moderne, mais simultanément sur les nouvelletés proférées par chacun des autres ; ceci aux dépens bien sûr de toute idée de consensus, ou de sources simultanées mais non identiques des mouvements spirituels.

Divers procédés trahissent la contradiction entre la recherche de la « première fois » et le souci de montrer des continuités depuis Luther. L'invention de catégories de classement, par exemple : à côté des Luthériens, les regroupements en « semiluthériens » et « antiluthériens » inventés par Staphylus distinguent ceux qui ajoutent « ne sçay quel fatras à la doctrine de Luther » de ceux qui se séparent de la doctrine de l'Eglise à l'occasion du mouvement de Luther mais suivent des dogmes contraires aux siens.

On peut aussi recourir aux métaphores génétiques : le père engendre, mais un être nouveau surgit. Contrepoint parodique à la généalogie du Christ, l'engendrement des hérétiques réserve bien des surprises : preuve par la présentation du classement de Staphylus :

> « Isthaec est ergo Martini Lutheri quinti Evangelistae Genealogia seu posteritas [...] Hanc rursus Staphylus [...] in tres immundos spiritus seu bufones partitur [...] Primus itaque (inquit) spiritus immundus seu bufo, est Bernardus Rothmannus, laicus quidem ille et indoctus, filius tamen Lutheri et pater Anabaptistarum » [9].

La même métaphore d'engendrement fait de Servet le fils de Calvin...

Tout hérétique n'a pas non plus vocation à devenir chef de secte ; les dictionnaires hésitent sur ce point. Luther a d'emblée les honneurs douteux d'entrer à la fois à son nom propre et au nom du groupe des Luthériens. Mais Castro sépare bien dans ses entrées le groupe mal défini en termes théologiques des Anabaptistes, et les entrées nominatives des hérétiques définis théologiquement (Carolstadt, Oecolampade, Luther, Melanchthon) ; les noms de groupes (*Lutherani*, etc.) apparaissent seulement, et de façon discrète, au fil de son texte. Chez Du Préau, les deux techniques de présentation coexistent ; les critères ne sont pas homogènes. On pourrait penser au premier abord à un vedettariat, opposant l'entrée par nom collectif (*Amsdorfiani*, par exemple) visant les groupes à « créateur » de second rang, à l'entrée nominale destinée aux « vedettes » ; mais il n'en est rien : l'entrée *luthérien, calviniste*, coexiste avec de petits groupes, les vedettes (Œcolampade, Zwingli) coexistent avec les obscurs. Le vrai critère d'importance reste la longueur de la notice consacrée à chacun ; et là, les hiérarchies sont ostensibles : 28 pages pour les Luthériens, dont une liste des erreurs en 54 articles et 5 pages, le récit de la Guerre des Paysans et la liste des fléaux déclenchés par la guerre, la peste et les Turcs ; 10 pages seulement pour Calvin...

Seconde métamorphose, la création du nom de groupe. Le nom d'hérétique a un statut ambigu. Linguistiquement parlant, on le surprend parfois à sa naissance à n'être qu'un qualificatif dont le statut dans la phrase est adjectival et non nominal. C'est peut-être ainsi que naissent les « noms » par lesquels les groupes sont dits se désigner eux-mêmes : *Purs, cathares, évangéliques*, etc. L'adjectif étant transformé en nom du groupe, ce qui était qualité devient essence désignative : « nous sommes purs », « vous êtes polygames », deux phrases qui sont la base d'existence (fragile) de deux noms de groupes.

Si son existence linguistique est évolutive, le statut du nom d'hérésie est pragmatiquement clair : c'est un terme d'insulte, ce qu'on dépiste à plusieurs symptômes. D'abord le caractère interchangeable de l'insulte ouverte et des noms dans conversations et controverses. Bernard Vogler en cite des exemples éloquents [10] : si les luthériens traitent les calvinistes de Calvinistes, zwingliens, Sacramentaires, Turcs, Musulmans, anabaptistes, poisons, maudits, horribles et Spiritualistes, les calvinistes leur retournent Ubiquistes, Semi-Papistes, buveurs de sang, Cyclopes, Pélagiens, Epicuriens, chiens, etc.; la précision théologique est douteuse, mais l'intention diffamatoire est claire ! Preuve en sens inverse, la réaction du récepteur qui non seulement se défend, mais encore réagit aux premières nominations, et fait ensuite d'ignominie gloire : Raemond signale ces deux étapes en glosant le terme *luthérienne* : «nom qu'ils prennent à honneur, tant s'en faut qu'ils s'en offensent, comme font les Français quand on les appelle Calvinistes» [11]. Le terme *Papiste* fonctionne de la même façon, insulte acceptée ensuite comme un programme, ou le terme *Gueux*, prononcé par mépris et assumé comme étendard de révolte.

Il en va d'un tout autre usage de transformer le terme diffamatoire et le qualificatif en terme de sociologie désignant un groupe, dont l'existence se trouve ainsi objectivée et différenciée. Rien ne paraît moins assuré que l'existence effective et séparée de groupes correspondant à l'ensemble des termes ainsi recensés; mais la constitution du dictionnaire, en figeant un état linguististique, fige aussi une certaine représentation du partage du monde. Si chaque texte, dans sa véhémence particulière, donne aux termes employés contenus et connotations propres, le dictionnaire, en en faisant des instruments cognitifs, les soustrait à leurs significations contextuelles pour donner l'illusion qu'ils sont usuels, intelligibles, plaqués sur un référent précis, susceptible d'une définition univoque.

Les dictionnaires représentent des types de livres nouveaux qui vont prendre place dans la panoplie des ouvrages de combat, par rapport auxquels nous pouvons mieux juger de leur angle d'attaque. Contre Luther, Jean Eck écrit un traité de réfutation qui a le plan des *Loci communes theologici* : efficace pour un théologien, illisible par un profane, adapté dès lors qu'on a affaire à un *seul* théologien hérétique. Plus tard, les controverses créeront des répertoires des divers points en litige : tels les ouvrages de Bellarmin, qui centrent sur des points précis, mais ne visent qu'une théologie elle-même cohérente, «calviniste» ou «luthérienne». Mais dès lors qu'on veut dire la *multiplicité* des déviances, ce type d'ouvrage n'est pas pertinent; d'où le recours au modèle ancien du discours, *Contre les hérésies* de St Irénée, à la fois discours et liste commentée, où la réfutation se fait au fur et à mesure et inclut la liste descriptive : c'est la stratégie de Bernard de Luxembourg, celle de Hozius, de Lindanus; dans ce type d'ouvrage, comme dans les traités de théologie, on discute encore la déviance. Mais l'invention du dictionnaire rompt avec cet aspect essentiel; les séparés sont d'autant plus nettement isolés qu'on ne réfute plus leurs erreurs : on se contente de les décrire (au même titre que des objets). Les termes soustraits au discours connu le sont aussi au discours réfutatif ou incitatif; on ne prend même plus la peine d'argumenter : la frontière est posée entre ces gens et le lecteur qui communie avec les jugements (non argumentés) de l'auteur.

L'étude de l'ensemble des termes désignant des groupes représentés chez Du Préau est instructive sur les méthodes de désignation et leur lisibilité. Sur 137 termes, 47 dérivent du nom d'un hérésiarque, 47 désignent une attitude dogmatique, 14 sont des mixtes et désignent des « médiateurs », 14 désignent des comportements, 4 situent le groupe par rapport à un acte officiel régissant son statut, 3 seulement désignent le modèle de vie choisi par le groupe, 3 un lieu, les 5 derniers, dont *Huguenot*, sont obscurs ou controversés.

La dérivation à partir d'un nom de personne engendre d'abord une multitude de variantes suffixales avant de se fixer : *Luthéristes* ou *Luthériens* ou *Martiniens*, *Muntzerici* ou *Muntzerani*, etc. La formation se fait surtout sur le nom de famille (30 cas simples)[12]; mais aussi sur le prénom, ce qui est normal là où le nom de famille n'existe pas dans les mémoires (4 cas : *Aegidiani*, *Ambrosiani*, *Augustiniani*, *Loïstae*), mais aussi en présence de ce nom (4 cas : *Adamiani*, *Martyriani*, *Memmonitae*, *Valentinistae*), voire en concurrence avec lui, d'où des doublets (*Martinistae/Lutherani*, *Melchioritae/Hoffmaniani*, *Davidgeorgiani/Georgiodavidici*, cas le plus curieux où nom et prénom restent associés); deux cas de surnoms désignent l'origine de l'hérésiarque : *Illyricani*, *Ryssvicani*.

Dans tous les cas, l'étymologie de dérivation est toujours indiquée comme telle (*dicuntur a...*), bien sûr sans indiquer qui est le nomothète, si le groupe se nomme volontairement ainsi, ni si l'« hérésiarque » est d'accord sur l'appellation. Le type d'article engendré par une entrée dérivant d'un nom propre est construit sur une structure de base du type :

> NOM – Classement dans les ensembles
> Etymologie et nom du « créateur »
> Sa biographie (quand il est peu connu) - Date d'apparition
> Sa doctrine – Zone d'expansion de la doctrine

Seul le terme *Lutherani* fait exception, puisqu'il est en outre un terme hiérarchisant, susceptible de recouvrir un ensemble d'autres sectes.

L'enjeu de la nomination à partir du nom propre d'un théologien est multiple. Elle efface partiellement les contenus théologiques du débat, en ne signalant que le séparatisme; elle montre que l'hérésie est un des phénomènes directement liés à l'*amor sui*, à l'orgueil, qu'elle privilégie un individu qui se fait rival de Dieu. Dans cette hypothèse, l'invention de l'hérésiarque originel est tentante, comme en témoignent quelques groupes de nature indécise au créateur inconnu (*Augustiniani*, *Tibbae*?); dans le meilleur des cas, cela porte à l'invention mythique : saluons la Providence qui fournit au groupe des *Adamiani* (ne pas confondre avec les *Adamitae*!) qui retourne à la pauvreté, un « leader » du nom d'Adam Pastor[13].

La série des noms qui se réfèrent à la théologie est des plus énigmatiques. Ils sont nombreux, mais les explications n'en sont presque jamais données, même sous la forme redondante où nous l'avons vu fonctionner pour les noms de groupes issus de noms de personnes : 5 explications pour 47 termes, c'est peu, et elles sont plates (anabaptistes, parce qu'ils rebaptisent...)[14]. Le lecteur doit inférer les possibles explications du texte qui suit, qui comporte d'une part les noms des hérétiques notoires qui sont de cette opinion (retour à la structure précédente), d'autre part l'énoncé de leur opinion. Un mot, un type de raisonnement sont alors repérables comme la source du nom, parfois par des aspects anecdotiques : les *Iscariotistae* croient que Judas n'a pas reçu à la Cène le corps du Christ; façon de dire que le sacrement dépend de celui qui le reçoit. Les termes de base sont en quelque sorte des extraits de controverses, et sont à entendre surtout comme des opinions soutenues, dit-on, par le groupe, et non des opinions attaquées par le groupe (5 cas exceptés : *Antidiaphoristae, Antimariani, Antinomi, Poenitentiarii, Trinitarii*).

Les termes ainsi construits par « prélèvement de controverse » concernent essentiellement les sacrements, soit à propos du nombre de sacrements reconnus (3 cas : *Bi-, Tri, Quadrisacramentales*), soit sur le baptême (*Anabaptistae, Frontones*), soit sur la Cène (12 termes)[15] : les termes désignent alors soit les modes de présence de Dieu, soit les attitudes mentales d'interprétation (*Significativi, Tropistae*).

Hors du problème des sacrements, les termes se dispersent en fragments où les tentatives de regroupement logique sont assez vaines[16]. Les termes *Libertini, Deistae,* promis à un bel avenir après un passé flou, donnent lieu à d'intéressantes notices très véhémentes. On repère aussi la série des « inspirés » : *Cathari, Cathariani, Liberi, Pneumatici, Spirituales, Orantes, Euchytes, Ecstatici, Enthusiastae*. Mais surtout, il faut noter que le nom ne correspond qu'à *un* aspect doctrinal, et ne dit pas a priori si le groupe possède plusieurs idées déviantes.

La double série des termes visant les relations d'hostilité[17] et la relation de « médiation » entre groupes ne marque que ces relations, et jamais leur contenu, que le lecteur déduira de la lecture des opinions décrites dans l'article; ce qui nous vaut des termes vagues (anticalvinistes, c'est presque tout le monde !) qui visent en fait des catégories bien délimités (anticalvinistes, c'est Westphal).

Les « médiateurs »[18] ont des noms « chimériques » opérés par montage : on voit tout de suite que le nomothète appartient à l'un des intégrismes ! l'accouplement de deux noms propres (*Lutherosiandriani*) ou la marque de la tiédeur (*Semi-catholici*) sont autant d'infâmies. La glose interne des articles signale justement qu'ils sont mal avec tous les partis, en particulier les deux catégories des *Neutrales* et des *Syncretizantes*, qui doivent être de doux réformistes... peut-être bien catholiques. C'est dans cette catégorie par contre que Du Préau marque le plus nettement qui appelle qui de ces noms offensants.

Les comportements originaux sont surtout à l'origine de la nomination des groupes anabaptistes : caractéristiques sociales (polygamie, communauté des biens, pacifisme, pauvreté) ou risques fantasmés (*Pastoricidae, Sanguinarii*!) montrent là une déviance qui s'inscrit dans les attitudes quotidiennes, même si elles sont soutenues par d'authentiques controverses théologiques.

Quatre termes désignent des groupes qui se situent par rapport à un acte officiel : *Confessionnistae* (reconnaissant la Confession d'Augsbourg), *Interimistae* (reconnaissant les Interims d'Augsbourg et de Leipzig), *Mansfeldenses* (reconnaissant la confession de Mansfeld), trois termes qui servent d'entrée chez Du Préau; le quatrième, *Protestantes* (qui est en quelque sorte le plus « officiel ») n'est présent dans nos ouvrages que dans un article très subsidiaire de Du Préau : il est vrai qu'il ne désigne pas une hérésie, mais une rebellion.

C'est dire que l'aspect pourtant le plus maîtrisable, l'essai d'organisation en déclarations publiques et politiques, n'a presque pas de prise sur la perception qu'on a des phénomènes religieux. En fait, dans le détail du texte, ces termes se confondent presque avec des noms tirés des lieux : *Ienenses, Lipsenses, Wittembergenses*, dont on ne sait souvent s'ils désignent les habitants du lieu, les tenants d'un acte officiel, les théologiens qui enseignent à l'Université, ou les théologiens attachés au suzerain des lieux : *Ienenses*, entrée du dictionnaire, est d'abord défini par «ceux qui suivent la confession du duc de Weimar». La présence des forces politiques derrière les forces de la Réforme, pour être très occultées dans nos textes, n'en affleure pas moins dans ces menues confusions.

Confusion, certes, car une approche spécifiquement géographique des groupes n'est pas tentée : hors des cas signalés plus haut, seuls les *Monasterienses* (hérétiques de Münster) renvoient à une vraie localisation. En revanche, un essai de localisation des groupes principaux occupe une page de l'article *Sectarii*[19].

La question capitale des nomothètes ne sera pas abordée ici autrement que par des réflexions d'orientation, en attente d'un recensement précis sur les emplois des termes, leur source et leur date indiscutables, pour lequel il nous faudrait d'ailleurs faire intervenir largement la controverse interne au protestantisme. Question capitale pourtant en raison de la valeur même qu'y attache le XVIe siècle : le nom désigne bien la qualité intrinsèque de la chose nommée, dès lors que le nomothète est reconnu ; nomothète parfait, le Christ impose le seul nom parfait sur ses baptisés ; nomothètes moins parfaits, mais qui ont avantage à se présenter comme qualifiés, voire mandatés, tous ceux qui jaugent l'ennemi ; nomothètes disqualifiables, ceux qui vous nomment...

Les dictionnaires n'indiquent que très rarement l'origine des termes. Le plus souvent, ils indiquent la motivation du nom, mais non sa source. Peu de termes font apparaître une nomination volontaire (et nous voyons qu'il s'agit là d'une dérive lexicale, qui passe du qualificatif à un usage sociologique) : 7 chez Du Préau (*Apostolici, Evangelici, Cathari, Gnostici, Scripturarii, Spirituales, Pacifici*), dont la plupart sont de surcroît des termes «rénovés» de l'antique pour de nouveaux groupes (et bien distingués des groupes anciens). Après l'immense indécision de l'ensemble, on peut soupçonner Du Préau de malignité lorsqu'il ajoute au contraire cette précision, qui est alors empruntée toujours à la controverse interne du protestantisme. *Pseudevangelistae* vient d'Erasme, mais *Campanistae, Novi Sacramentarii* (les calvinistes) viennent de la Confession de Mansfeld ; *Lutheropapistae* vient de Laski (pour Westphal) et de Hessusius (pour les théologiens de Wittemberg) ; *Luthérozwinglien* vient de Hessusius (pour Melanchthon) et de Brenz (pour Amsdorf) ; Flaccius Illyricus invente *Antinomi* (pour Musculus) et *Adiaphoristae*. L'occasion, il est vrai, est trop belle à la fois d'ajouter un terme, preuve de pullulement des sectes, et de dénoncer le désaccord des hérétiques, lui-même preuve de leur fausseté.

Tous les termes servant à désigner des hérétiques ne sont pas consignés dans nos dictionnaires ; mais déjà, nous l'avons vu, l'inflation verbale crée des ravages. Une des causes en est précisément la juxtaposition sans définition critique de termes issus d'ouvrages différents et de régions différentes : entre les listes que Du Préau hérite de Staphylus et de Lindanus, seuls 15 termes sont communs, qui pourraient constituer un fonds commun de représentation[20].

La première impression de multiplicité des groupes (et donc de désordre issu de la dissidence) est compensée à la lecture par des regroupements notionnels de diverses qualités. On dépiste ainsi des groupes qui portent deux noms, l'un représentant leur opinion, l'autre leur «leader» : *antistancariens* et *Musculains*, *Arrebonaires* et *Stancariens*, *Luthérosiandriens* et *Brentiens*. On dépiste aussi aux exemples donnés dans les groupes «d'opinion» qu'un même croyant (et qu'un même hérésiarque) pourrait sans difficulté entrer dans plusieurs catégories différentes d'extension variable : ainsi un calviniste français «standard» est à la fois et au moins *Evangélique, semi-luthérien, sacramentaire, nouveau sacramentaire, calviniste, Bézien, Energique, bisacramental*, et peut-être *Tropiste, Iscariotiste* et *Justificatorien* (sans compter les hérésies anciennes qu'il renouvelle, bien sûr : il a toutes les chances d'être *bérengarien, Aerien, Eunomien, iconomaque*, etc.). Chaque terme ayant la propriété de ne noter qu'une variante, toute théologie qui comprend plusieurs propositions se trouve condamnée à de multiples baptêmes... Mais ces rapprochements ne sont pas réversibles et ne peuvent créer une simplification du dictionnaire : tout sacramentaire n'est pas calviniste, non plus que tout justificatorien, etc. Le lecteur y remarque surtout que le seul terme qu'il comprend bien (*calviniste*) est chargé d'une quantité d'erreurs d'autant plus graves que les noms en restent peu intelligibles; non seulement les dix pages consacrées à cette entrée comportent une liste appréciable de condamnations, mais l'occurence des noms de Calvin et de calvinistes dans les autres articles multiplie l'erreur, même si, à bien lire, il s'agit toujours des mêmes points différemment formulés.

Les tentatives de classements n'arrivent pas à maîtriser le disparate des origines. Du Préau hérite de ses sources deux classifications, dont nous ne développerons pas ici les implications. Elles sont les seuls essais de remise en ordre du fatras et, bien honnêtement, Du Préau commence ses articles en restituant les termes dans les classifications initiales[21]. Ces grands classements essaient de regrouper des axes principaux.

Celui de Staphylus, second reproduit, mais premier écrit, est surtout génétique :

(Notons que ce niveau de classement est encore fort souvent utilisé par nous). Luther y est Père universel, et le classement ignore délibérément le caractère autonome de la prédication anabaptiste; la composition des listes des *Confessionnistes* est assez trouble.

Le classement de Lindanus est dans sa première articulation plus logique en ce qu'il admet un fonds commun Evangélique qui ne soit pas créé par Luther; mais ensuite il nomme les groupes par rapport à leur conformité à la norme luthérienne, anabaptistes compris :

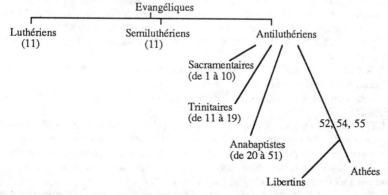

Là encore, les listes incluses sont peu utilisables.

In cauda venenum : à la fin des classifications, Du Préau indique quelques termes, «vulgares appellationes» : «Hae porro sectae, generali appellatione, his nomenclaturis vulgo nuncupantur : *Hugonistae, Evangelici, Sacramentarii, Sectarii, Idolatrae haeretici, Cacangeli, Satanistae, Falsi prophetae,* seu *Pseudapostoli*», tous termes qui font l'objet d'entrées auxquelles il ajoute, de la même veine, *Antichristi*. Ces appellations communes (et non «populaires», me semble-t-il, pour traduire «vulgo») sonnent évidemment le glas de toute tentative analytique sérieuse, ne manifestant qu'un rejet qu'indiquent clairement les marques de fausseté et de diabolisme. Les articles qui leur sont consacrés sont d'ailleurs particulièrement confusionnistes et amalgamants : tout mal finit par entrer sous quelque étiquette que ce soit, en fonction d'une équivalence d'ensemble d'opposition au Christ et au Vrai. Si tant est que l'ambition d'un dictionnaire soit de définir ses termes, ceux-là sont des indéfinitions et, partant, abolissent les différences posées par les autres termes.

On mesure le chemin parcouru de 1520 à 1569... et quelle part désespérée d'utopie contient la Harangue de Michel de l'Hospital à Poissy : «Ostons ces mots diaboliques, Luthériens, Huguenots, Papistes; ne changeons le nom de Chrestiens». A cette date, l'unité nominale de la chrétienté s'est dissoute. Le Nom unique, comme la langue originelle d'avant Babel, appartient dorénavant à l'univers mythique irréversiblement perdu.

M-M. FRAGONARD

NOTES

1. Etienne PASQUIER, *Recherches de la France*, livre VIII, chap. 55, Paris 1665, p. 731.

2. Bernard de LUXEMBOURG, *Catalogus haereticorum, omnium paene, qui ad haec usque tempora passim litterarum monumentis proditi sunt, illorum nomina, errores et tempora quibus vixerunt ostendens*, a F. Bernardo Lutzenburgio sacrarum Litterarum professore, Ordinis Praedicatorii conscriptus, ed. tertia, Paris, J. Petit, 1524, in f°.

3. Alphonse de CASTRO, *Adversus omnes haereses lib. XIII, in quibus recensentur et revincuntur omnes haereses quarum memoria exstat, quae ab apostolorum tempore ad hoc usque seculum in Ecclesia ortae sunt*, Paris, A. Girault, 1543, in f°.

4. Gabriel DU PREAU, *De vitis, sectis et dogmatibus omnium haereticorum, qui ab orbe condito, ad nostra usque tempora et veterum et recentium authorum monimentis proditi sunt Elenchus alphabeticus, cum eorundem haereticorum origine, institutis et temporibus, quibus suis praestigiis mundo imposuerunt, et Ecclesiam Dei insultarunt*, Cologne, G. Calenius, 1569, in f°.

5. Frédéric STAPHYLUS, *De Martini Lutheri et aliorum sectariorum doctrinae varietate et discordia opuscula*, Cologne, 1579, reprenant les tables de la *Defensio confutationis tri membris theologiciae*, Paris, Guillard, 1561.

6. Stanislas HOZIUS, *Des sectes et heresies de nostre temps, traicté composé premierement en latin... dedié au Roi de Pouloigne, et nouvellement mis en François*, Paris, Vascosan, 1561.

7. *Discours en forme de dialogue, ou Histoire tragique en laquelle est nayvement despainte et descrite la source, origine, cause et progres des troubles, partialitez et differents, qui durent encore aujourd'huy, meuz par Luther, Calvin et leurs conjurez et partizans contre l'Eglise Catholique*, traduit par René Benoist Angevin, Paris, G. Chaudière, 1566, in 8°.

8. *Op.cit.*, f° 19.

9. *Op.cit.*, tables initiales.

10. Bernard VOGLER, *La vie religieuse dans les Pays Rhénans*, éd. Lille III, p. 1190.

11. Florimond de RAEMOND, *Histoire de l'Hérésie*, livre V, chap. I, éd. 1610, p. 574.

12. En voici la liste : Alascani ou Laskiani, Amsdorfiani, Batemburgiani, Belliani, Bezani ou Bezanitae, Boedekeriani, Boquini, Brentiani, Buceriani, Calvinistae, Campanistae, Carolstadiani, Farellistae, Hamstediani, Heshussii, Hutitae, Majorani ou Majoristae, Melanchtonici, Muntzerani ou Muntzerici, Musculani, Oecolampadiani, Osiandriani, Pfeffingeriani, Postelliani, Quintinistae, Richerii, Servetiani, Stancariani, Schvencfeldiani, Zwingliani.

13. Voir biographie et portrait dans *Apocalypsis insignium aliquot Haeresiarchum, qua visiones et insomnia ipsis per somnia patefactae, blasphemias puta inauditas, ac deliramenta Enthysiastica revelantur, unaque opera vitae ac mortes Caelo Latino donantur*, interprete H.S.F.D.M.D., Leyde, Henri de Haestens, 1608, in 12° (Ars. 8° H 22 193).

14. Elles concernent : Anabaptistes, spirituels, libertins, démoniaques, antinomes.

15. En voici la liste : Adessenarii, Arrebonarii, Calicularii, Energici, Iscariotistae, Metamorphistae, Neutrales Sacramentarii, Pastillarii, Sacramentarii, Significativi, Tropistae, Ubiqueti.

16. En voici la liste : Justificatorii, Invisibiles, Sabbatarii, Antidaemoniaci,
Daemonicolae, Demoniaci, Adiaphori, Adiaphoristae, Biblistae, Manu impositori,
Paulini Scripturarii.

17. Anticalviniani, Antilutherani, Antistancariani, Antischvencfeldiani, Antio-
siandriani, Semilutherani.

18. Lutherocalviniani,Lutherosiandriani, Lutheropapistae, Lutherozwingliani,
Neutrales, Semicatholici, Semiosiandriani, Syncretizantes.

19. DU PREAU, *op. cit.*, livre XVII, chap. 20.

20. Adamistae, Adiaphoristae, Anabaptistae, Antinomi, Clancularii, David-
georgiani, Interimistae, Illyricani, Maiorani, Manifestarii, Memnonitae, Muntzerici,
Osiandriani, Sacramentarii, Stancariani. S'y ajoute bien sûr le terme globalisant de
Luterani.

21. *Op.cit.*, tables initiales.

LA FRONTIÈRE INTÉRIORISÉE

IDENTITÉS ET FRONTIÈRES CONFESSIONNELLES
DANS L'ALLEMAGNE DE LA SECONDE MOITIÉ DU XVIIe SIÈCLE

Comme toute autre frontière, la frontière religieuse est justiciable de deux approches différentes et complémentaires. La première l'envisagera dans sa dimension extérieure, objective et localisable, comme une réalité institutionnelle ; la seconde, à l'inverse, l'envisagera dans sa dimension intérieure et subjective, comme une réalité vécue où, pour reprendre une expression allemande, comme « horizon d'expérience » (« Erfahrungshorizont »). Ce sont ces deux approches que je voudrais successivement appliquer aux frontières religieuses de l'Allemagne de la seconde moitié du XVIIe siècle, en un essai volontairement succinct qui, dans un double jeu de miroirs, confrontera le passé au présent, mais aussi la saisie globale à l'observation monographique.

*
* *

Que l'Allemagne issue des traités de Westphalie soit, comme l'Allemagne d'aujourd'hui, terre par excellence de frontières intérieures, et que les frontières confessionnelles de la seconde moitié du XVIIe soient, comme la frontière interallemande d'aujourd'hui, à la fois politiques, culturelles et idéologiques, est trop évident pour qu'il soit besoin de s'y attarder davantage. Mais par contraste avec la relative simplicité du cours de la frontière interallemande de nos jours, les frontières confessionnelles de l'Empire frappent, elles, par leur complexité - non seulement parce qu'en plus de la frontière séparant catholiques et protestants, il faut aussi tenir compte des frontières internes au protestantisme (entre luthériens et réformés), mais surtout en raison de la ressemblance avec un « manteau d'Arlequin » de la carte confessionnelle de l'Empire. Entre les grandes masses homogènes représentées au Nord-Est par les terres protestantes et au Sud par les terres catholiques, s'intercale en effet une « tierce Allemagne » du morcellement et de l'imbrication qui s'étend du cours inférieur de la vallée du Rhin à la Franconie et à la Silésie et qui multiplie comme à plaisir enchevêtrements et entrelacs. De nos jours, une grande part de l'actualité mais aussi de la complexité de la question allemande tient à l'existence de l'enclave de Berlin-Ouest en plein coeur de la R.D.A. ; or dans l'Allemagne du XVIIe siècle, il existait des dizaines de Berlin, telles les villes libres protestantes (Memmingen, Lindau, Kempten etc.) qui piquettent l'Allemagne méridionale catholique ou à l'inverse l'enclave catholique de l'Eichsfeld au milieu de l'Allemagne centrale protestante – pour ne pas parler des villes mixtes, telles Augsbourg ou Ratisbonne, où protestants et catholiques coexistaient sur un pied d'égalité, des villes commerçantes accordant une tolérance plus ou moins étendue aux «hétérodoxes» (protestants dans la catholique Cologne, calvinistes et catholiques dans les luthériennes Francfort et Hambourg etc.), ou du cas, plus bizarre encore, de l'évêché d'Osnabrück où la paix prévoyait l'alternance sur le siège épiscopal d'un évêque catholique et d'un évêque protestant! Si bien que dans une large partie de l'Allemagne (probablement majoritaire), l'«autre» est moins l'étranger inconnu, inaccessible et fantasmatique, que le voisin proche, fréquenté et égal, bien que différent.

L'arbitraire de leur origine est un autre élément invitant à comparer entre elles les frontières confessionnelles d'après 1648 à la frontière inter-allemande d'aujourd'hui : dans un cas comme dans l'autre, en effet, il est évident que la ou les frontières ne correspondent à aucune nécessité objective, et sont bien plus tôt la pérennisation de lignes de cessez-le-feu correspondant à l'incapacité d'une partie de l'emporter sur l'autre, et donc l'expression d'un rapport de force momentané et largement aléatoire – qu'il s'agisse, comme après 1648, de la fixation de la carte confessionnelle de l'Empire à son état au 1er janvier 1624 (l'«année normale» des traités de Westphalie), ou, trois siècles exactement plus tard, en 1948, de la transformation d'une simple ligne de démarcation entre zones d'occupation en une véritable frontière inter-étatique.

L'évolution de la réalité de la frontière est un dernier élément de comparaison entre la seconde moitié du XVIIe siècle et la seconde moitié du nôtre. Si depuis 1948 la réalité de la frontière entre les deux Allemagne a profondément changé, faisant alterner les phrases de fermeture quasi-complète et les phases de semi-ouverture, il n'en reste pas moins que depuis 1961 au plus tard, le tracé et la matérialisation de cette frontière sont restés identiques, comme si, en ce domaine, la continuité l'emportait sur le changement. Après 1648, en revanche, il n'en va pas de même et la réalité des frontières confessionnelles me paraît sujette à des évolutions bien plus sensibles. Elle est en effet constamment redéfinie (dans sa portée concrète plus que dans son tracé) par le jeu d'une double dynamique, complémentaire et contradictoire à la fois, de renforcement et de dissolution - renforcement de la part notamment des principautés catholiques (à commencer par les Etats de la maison de Habsbourg) qui alors seulement sont en mesure d'obtenir une relative correspondance entre les définitions théoriques et la réalité concrète, dissolution à l'inverse dans les principautés qui pour des raisons diverses qu'il serait trop long de détailler ici, institutionnalisent des formes variées de pluralisme confessionnel (Electorats de Brandebourg puis du Palatinat, mais aussi toutes ces principautés et autres villes libres qui tirent parti de l'intolérance des autres pour attirer chez eux, au nom d'une tolérance intéressée, les minorités religieuses persécutées, tels les huguenots français après 1685).

On le voit : rien n'est moins simple, malgré les apparences, que de saisir la réalité extérieure de frontières qui paraissent au contraire changeantes, incertaines et fluctuantes. Est-ce à dire pour autant qu'après 1648, les frontières confessionnelles, largement dépolitisées, perdent de leur réalité? Pour répondre à cette question, il faut quitter la première perspective, extérieure, pour retrouver ce qu'était la réalité vécue des frontières confessionnelles.

* * *

Qu'en était-il donc de la frontière vécue? Pour voir plus clair dans cette question essentielle, j'ai d'abord choisi un site d'observation qui me paraissait résumer et concentrer les caractéristiques de l'Empire, en l'occurrence la ville d'Augsbourg, ville d'environ 20.000 habitants au sortir d'une guerre qui l'avait particulièrement ravagée, où catholiques et protestants (luthériens) formaient deux communautés d'importance comparable et vivaient mêlés les uns aux autres (pas la moindre trace de quartiers confessionnels), sur un pied de parfaite égalité (y compris politique). J'ai ensuite appliqué au microcosme augsbourgeois l'indicateur le plus expressif de la réalité vécue d'une frontière, cet indicateur que Tocqueville recommandait déjà pour mesurer le degré de fusion des élites de la France post-révolutionnaire («Voulez-vous savoir si la caste, les idées, les habitudes, les barrières qu'elle avait crées chez un peuple y sont définitivement anéanties? Considérez les mariages. Là surtout vous trouverez le trait décisif qui vous manque. Même de nos jours en France, après soixante ans de démocratie, vous l'y chercheriez en vain. Les familles anciennes et les nouvelles, qui semblent confondues en toutes choses, y évitent le plus qu'elles peuvent de se mêler par le mariage»), cet indicateur qu'ont utilisé ensuite R. Sauzet pour Nimes, E. Labrousse pour Mauvezin ou G. Audisio pour le Lubéron, je veux parler des mariages mixtes, qu'on appelait dans la France moderne les «unions bigarrées» et à Augsbourg les «unions inégales» («ungleiche Ehen»).

La réponse apportée par cet indicateur pour la période postérieure à la guerre de Trente Ans est aussi explicite que surprenante, compte-tenu de l'exceptionnelle situation de cohabitation confessionnelle caractérisant Augsbourg: banales encore à la fin du XVIe siècle – Montaigne qui resta une semaine à Augsbourg, à l'occasion de son voyage en Allemagne et en Italie, le souligne, non sans étonnement, dans son *Journal*: «les mariages des catholiques aux luthériens se font ordinairement, et le plus désireux subit les lois de l'autre; il y a mille tels mariages: notre hôte était catholique, sa femme luthérienne» –, les «unions inégales» se font ensuite aussi rares que difficiles à repérer: entre 1774 et 1799, où un meilleur état de la documentation m'a permis de faire des comptages fiables, je n'en dénombre que 77 sur un total de 7.775 unions, soit tout juste 1%.

Les unions inégales ne sont pas seulement rares: elles représentent aussi autant d'aventures multipliant les risques: risques de conflits avec la parenté, risques de conflits entre époux surdéterminés par la différence confessionnelle, et plus encore risques presqu'impossibles à écarter au moment de la naissance des enfants, car à ce moment là, la frontière confessionnelle abolie voire niée par le mariage mixte, prend en quelque sorte sa revanche à la génération suivante, d'où d'innombrables conflits autour du baptême et de l'éducation des enfants qui conduisent en 1727 les autorités municipales à faire obligation aux époux de confession différente de préciser par écrit au moment de leur mariage, sous forme de contrat les engageant irrévocablement, leurs intentions relatives au devenir de leurs enfants à naître. Les cas comme celui de l'ouvrier textile luthérien Georg Friedrich Drehler marié à une catholique et dont les deux jumeaux furent baptisés en 1788 l'un luthérien parce que c'était un garçon, et l'autre catholique parce que c'était une fille, font par comparaison presque figure d'exception.

Pour singulier – et peut-être paroxystique – qu'il soit, le microcosme augsbourgeois n'en est pas moins représentatif du macrocosme allemand : dans d'autres sites de mixité confessionnelle, les «unions inégales» au XVIIe siècle sont presque aussi rares (2,3% à Strasbourg entre 1774 et 1784, 4,7% dans la petite ville palatine d'Oppenheim entre 1775 et 1798). Plus frappant encore : dans la Prusse du XIXe siècle dont la population compte en gros deux protestants pour un catholique, le pourcentage de mariages mixtes est constamment inférieur à 10% (4,1% en 1840/44, 6,9% en 1871/72, 10,8% en 1911/12), et le déchaînement des passions déclenché dans les années 1840 par l'intervention du pouvoir politique dans la législation des mariages mixtes (ce qu'on appelle le «Mischehenstreit») montre assez à quel point les populations considéraient alors ce sujet comme sensible et essentiel, faisant un véritable tabou de l'interdit du mariage mixte.

Indice de poids en faveur de la thèse de l'intériorisation des identités confessionnelles, la simple constatation de l'extrême rareté des «unions inégales» ne saurait cependant être considérée comme preuve suffisante. Deux objections majeures viennent à l'esprit : si les mariages mixtes sont si rares, ce peut être aussi soit parce que la force des pressions extérieures les a fait échouer avant terme, soit parce qu'ils sont masqués par de fréquentes conversions. Pour en avoir le coeur net, j'ai donc étudié plus spécialement ces deux aspects, m'intéressant d'abord aux unions interdites et aux amours tragiques. Le seul indice sériel utilisable en ce domaine est celui des naissances illégitimes dans lesquels les deux parents sont de confession différente. Or, pour les années 1700-1729, je n'en dénombre que 43, soit 7% du total des naissances illégitimes de la même période, et seulement 0,15% de l'ensemble des naissances consignées dans les registres paroissiaux – signe de l'efficacité des barrages et des mécanismes dissuasifs pré-matrimoniaux, comme si, dès leur enfance, catholiques et luthériens d'Augsbourg étaient à ce point verrouillés dans leur confession qu'il leur devenait presqu'impossible de tomber amoureux par-dessus la frontière confessionnelle.

Les observations relatives aux conversions vont exactement dans le même sens : elles aussi très rares, alors même qu'aucun obstacle institutionnel ne vient leur faire entrave (je les estime à 25 à 30 par an dans la seconde moitié du XVIIe siècle – on est loin de 900 conversions que Pierre Canisius se vantait d'avoir effectuées de l'été 1559 à Pâques 1560!), ces conversions concernent avant tout des célibataires, des personnes jeunes, dépendantes et déracinées; nombre d'entre elles sont des conversions de défi d'adolescents en révolte contre leur famille; elles sont enfin – et surtout – souvent difficiles et fragiles : sur un échantillon d'environ 320 conversions dont j'ai pu suivre le devenir, une sur quatre a nécessité l'intervention des autorités municipales pour protéger la liberté de choix du converti et protéger ses droits, une sur cinq a échoué, les cas les plus révélateurs étant ceux de ces femmes qui, converties avant leur mariage, retournent à leur confession d'origine une fois devenues veuves et, selon la formule en usage, déclarent vouloir « vivre et mourir dans la confession où elles sont nées ». Confortant les interprétations suggérées par l'extrême rareté des « unions inégales », ces deux contre-épreuves sont bien la preuve du durcissement mais aussi de l'intériorisation des identités confessionnelles : dans l'Augsbourg de la seconde moitié du XVIIe siècle, catholiques et protestants sont, pour reprendre l'expression de Rimbaud, « prisonniers dans leur baptême », l'intériorisation de l'appartenance confessionnelle est si profonde et si précoce qu'elle en devient une sorte de seconde nature, constitutive de leur identité individuelle, semblable à une ombre dont on ne peut se séparer et au-dessus de laquelle on ne peut sauter.

D'autres observations – évoquées ici seulement de manière allusive – apportent un complément de démonstration à la thèse de l'intériorisation des identités confessionnelles. La première est celle du chassé-croisé des pédagogies identitaires institutionnelles et cléricales d'une part, et des pédagogies familiales de l'autre : à Augsbourg comme dans le reste de l'Empire, les années 1650-1730 (date rondes) voient l'apogée des initiatives prises par les clergés et les autorités politiques (jubilés luthériens, sermons et publications de controverse, missions catholiques etc.) pour renforcer chez leurs fidèles respectifs la conscience d'appartenance à l'une ou l'autre confession et ancrer en eux la hantise de la conversion ; après 1730, en revanche, l'effort se relâche, et tout l'arsenal d'endoctrinement s'épuise et s'affadit. Or c'est précisément au moment où la rivalité confessionnelle paraît s'apaiser, que les familles sont les plus nombreuses à donner à leurs enfants des prénoms confessionnellement typés et éliminent autant que possible les prénoms indifférenciés, manifestant ainsi une volonté bien plus forte qu'auparavant de marquer de manière indélébile l'appartenance confessionnelle de leur descendance : en 1656, deux prénoms sur trois sont neutres ; mais en 1716, ce n'est plus le cas que de deux prénoms sur cinq, et en 1776 de moins d'un prénom sur cinq.

Seconde observation complémentaire : la marginalisation de l'indifférenciation confessionnelle. En 1598, David Altenstetter, orfèvre respecté (il avait à trois reprises appartenu au conseil de direction de la corporation), soupçonné de menées séditieuses est d'abord arrêté ; reconnu innocent par les autorités municipales, il est finalement relâché ; or, au cours de l'interrogatoire qui va décider de son sort, il n'éprouve aucune gêne à faire état de sa liberté religieuse, proclame ouvertement qu'il n'appartient à aucune confession, ayant sa religion à lui, faite d'éléments empruntés au catholicisme, au luthéranisme et à la doctrine réformée (zwinglienne) – et personne, finalement n'y trouve à redire. Un tel comportement, ouvertement avoué, est pratiquement impensable après 1650 ; sans disparaître totalement, l'indifférenciation confessionnelle est bien plus vigoureusement traquée par les autorités et surtout fait maintenant l'objet d'une réprobation presque unanime ; lorsqu'elle apparaît encore, c'est par la bande, liée à la marginalité la plus extrême, comme dans le cas de Sebald Scherer, père putatif d'un enfant illégitime baptisé en 1754, et que le registre paroissial décrit en ces termes : «conjugatus (ut mater ait), olim calvinista, catholicus mox, mox lutheranus, nunc item catholicus».

* * *

Des quelques remarques qui précèdent, plusieurs conclusions de portée plus générale peuvent être dégagées sur l'Allemagne «cohabitationniste» issue des traités de Westphalie. La première est celle de la réalité existentielle de la frontière confessionnelle. Loin d'être une superstructure extérieure sans prise sur la réalité quotidienne, elle s'inscrit au plus profond des sensibilités et des comportements de chacun et tire l'essentiel de sa force de l'homogénéité confessionnelle des familles et d'une superposition si parfaite des identités familiales et des identités confessionnelles, que, dans la langue de l'époque, c'est le même mot de «Verwandtschaft» qui sert aussi bien à désigner la parenté que la communauté confessionnelle.

Seconde conclusion : s'il est vrai que la frontière entre les confessions est d'abord une frontière «culturelle» définie par la manière dont chaque communauté se voit et voit l'autre, elle n'est pas – loin de là – pour autant dépourvue de réalité concrète et sociale, en raison principalement de la multiplicité des différences «profanes» au travers desquelles elle s'exprime, dans lesquelles les contemporains voient la manifestation de la différence religieuse et qu'ils interprètent comme la preuve évidente du contraste irréductible entre l'une et l'autre confession. En d'autres termes, la réalité concrète du protestantisme et du catholicisme à Augsbourg (comme ailleurs) déborde de beaucoup en complexité, en originalité et en profondeur vécue, les définitions des clercs et des théologiens : elle est faite de la rencontre d'éléments «universels» et d'éléments locaux, d'éléments religieux et d'éléments profanes, d'éléments nécessaires et d'éléments contingents se déterminant réciproquement et étroitement imbriqués les uns dans les autres, éléments que l'analyse historique peut partiellement décomposer, mais qui pour les contemporains étaient foncièrement indissociables.

Troisième conclusion : la différence entre luthériens et catholiques n'est ni figée, ni immobile ; l'originalité de la frontière séparant les deux communautés – sa force aussi – viennent au contraire de ce qu'elle est à la fois stable et changeante. D'un côté en effet, les deux éléments sur quoi repose en fin de compte sa réalité, le refus du mariage mixte d'un côté, le refus de la conversion de l'autre, semblent bien constituer les «masses de granit» de la frontière invisible. Pratiquement inchangés tout au long de la période considérée, ces deux «tabous» sont si profondément intériorisés qu'ils en sont devenus impossibles à transgresser (sinon marginalement) sur plusieurs générations. Mais à l'exception de ces deux éléments de base, tous les autres domaines constitutifs de la différence confessionnelle connaissent, eux, des changements souvent substantiels, si bien que, tous comptes faits, la frontière confessionnelle, selon l'angle sous lequel on l'envisage, apparaît soit comme une frontière immobile, soit au contraire comme une frontière en constant renouvellement. Cette ambivalence structurelle de la frontière, le fait qu'elle soit en même temps stable et mouvante, est cause et conséquence à la fois de son aptitude à durer et à se reproduire. Loin d'être une structure figée qui ne subsisterait plus que par la vitesse acquise, mue passivement par la seule force d'inertie, la frontière confessionnelle est au contraire une structure en constante réadaptation et ressemble, pour prendre une comparaison géologique, à une faille qui ne cesserait de jouer.

Dernière conclusion enfin : si variés et divers que soient les domaines de la réalité quotidienne affectés par la dynamique de différenciation confessionnelle, il est clair également qu'ils sont loin de s'étendre à la totalité du champ social. Des pans entiers de la réalité sociale échappent totalement à la confessionnalisation, qu'il s'agisse de la vie économique, des règles de la vie sociale ou des conceptions de la société. L'existence de ces plages massives d'indifférenciation (jusque et y compris là où on aurait attendu le contraire, ainsi, au moins du XVIIᵉ siècle, dans la fécondité) n'est pas à interpréter seulement en termes négatifs comme une forme de « résistance » des infrastructures économiques et sociales aux déterminations « culturelles » ; elle est tout autant la conséquence d'un consensus aussi large que discret sur une même volonté d'éviter que la différenciation confessionnelle n'aille trop loin et ne constitue un danger pour les complicités d'intérêt fondant la prospérité urbaine et la paix civile. Allons même plus loin : le souci de se différencier commun aux catholiques comme aux protestants, mais aussi la manière dont ils tentaient de se distinguer les uns les autres, contribuaient en fin de compte à rendre possible et paisible leur cohabitation, voire à créer entre eux une sorte de complicité secrète difficile à percevoir pour un étranger, en somme une manière de « vivre ensemble dans et malgré la division » (« Miteinander trotz und in der Trennung »), pour reprendre une expression utilisée par W. Brandt pour parler des rapports entre les deux Allemagne d'aujourd'hui.

N.B. : Les idées et exemples présentés dans cette communication sont empruntés pour l'essentiel à ma thèse de doctorat d'Etat (encore inédite) « La frontière invisible : luthériens et catholiques à Augsbourg, 1648-1806 » (Strasbourg, juin 1986) ; j'ai trouvé d'utiles compléments d'information dans la thèse d'habilitation, elle aussi inédite, de mon collègue et ami Bernd Roeck « Eine Stadt in Krieg und Frieden : Studien zur Geschichte der Reichsstadt Augsburg zwischen Kalenderstreit und Parität, 1584-1648 » (Augsbourg, 1987).

LA VISION DE L'AUTRE CHEZ LES AUTEURS AUTOBIOGRAPHIQUES ANGLAIS DU XVIIe SIÈCLE

Le problème que nous voudrions aborder avant tout dans cette communication est ce que les historiens anglais appellent le «providentialisme» du XVIIe siècle, c'est-à-dire la forme particulière que la croyance dans l'intervention divine prenait dans le quotidien. Les écrits autobiographiques sont une source particulièrement riche pour accéder à cette forme de croyance[1].

Le genre autobiographique s'est développé assez tardivement en Angleterre, mais s'épanouit vite à partir du dernier tiers du XVIe siècle, de sorte que nous connaissons aujourd'hui environ cent autobiographies et trois cent journaux intimes. Nous avons fait un choix dans ce matériau pour notre communication, qui donnera surtout la parole aux auteurs proches du puritanisme. Notre communication, par ailleurs, ressort d'une étude de cinquante autobiographies et journaux intimes plus étendue que la présente du point de vue des thèmes abordés[2]. C'est donc plutôt la conception du puritanisme que celle de l'ensemble du protestantisme du XVIIe siècle que vise ici notre analyse. Les puritains de l'époque (comme d'ailleurs la grande majorité des auteurs autobiographiques contemporains) se recrutaient en général parmi les couches moyennes et dirigeantes de la société anglaise. Nous n'avons donc pas l'intention de présenter une analyse qui se référait à l'ensemble de la société anglaise de jadis, d'autant plus que la majorité des auteurs examinés sont des hommes.

Il n'est guère possible de définir ce que représentait le puritanisme du XVIIe siècle à travers les seuls critères socio-économiques ou les formules théologiques formelles. Il vaut mieux essayer de comprendre le puritanisme comme l'expression d'un ensemble spécifique de doctrines et de croyances et comme le reflet d'un certain comportement, qui comprend, entr'autres, un biblicisme très prononcé, une très haute considération de la parole prêchée, la poursuite de la sanctification de soi-même ainsi que la tentative de mener à son terme la Réforme, considérée comme inachevée par l'établissement d'une «community of the godly», d'une communauté de dévots.

Dans les témoignages analysés, *l'autre* semble avoir beaucoup de visages : le pêché, le diable, l'incorrigibilité morale du voisin, la culture traditionnelle de la communauté, le catholicisme et la papauté. Ce sont les aspects que nous traiterons. Il ne s'agit, bien sûr, que d'un choix de quelques thèmes, puisqu'on pourrait tout aussi bien traiter de la vue de l'insolite[3], plutôt rare dans ce matériau, des références aux comètes[4], ou de l'influence de l'astrologie sur nos auteurs[5].

A cette liste on pourrait ajouter les tentatives entreprises pour communiquer avec les fées, les esprits et même les anges, comme nous les rencontrons dans les témoignages des mages Simon Forman et John Dee et de l'excentrique Goodwin Wharton[6]. Il faudrait aussi noter que la plupart des témoignages examinés révèlent plutôt des vues et des attitudes religieuses et moins les aspects pratiques de piété comme, par exemple, la charité. Soulignons, pourtant, que le choix de thèmes déjà mentionnés nous permettra d'aborder des aspects du puritanisme qui comptent, à notre avis, parmi les plus importants. Nous traiterons d'abord de la vision de l'autre telle qu'elle se présente à l'intérieur du protestantisme anglais, et nous analyserons ensuite les relations de ce dernier avec le catholicisme. Dans la première partie de notre communication nous nous concentrerons surtout sur des témoignages spirituelles d'origine puritaine.

Ce qui frappe de prim'abord, c'est le régime strict de «comptabilité spirituelle» qui caractérise ces documents, qui se maintient de la fin du XVIe siècle jusqu'à la fin du XVIIe. Les journaux intimes des pasteurs puritains Richard Rogers et Samuel Ward de la période 1587 à 1630, les premiers témoignages autobiographiques du genre spirituel anglais de la période post-réformatrice, s'en tiennent presque entièrement à cette forme de comptabilisation. Rogers, par exemple, se reproche fréquemment son manque d'intensité dans la prière ainsi que son penchant à dormir trop longtemps le matin[7]. Pour ces auteurs, cette sorte d'auto-contrôle vise à un double but : à se réconforter spirituellement face aux tentations et au pêché et, en même temps, à façonner d'une manière méthodique sa vie quotidienne par un emploi du temps systématique. Le pêché est donc cet autre qui est toujours menaçant, qu'il faut tâcher de surmonter ou, au moins, d'éviter. Ainsi, cela concerne très directement la sanctification du dimanche, si chère aux puritains, comme on peut le constater, par exemple, en lisant le journal intime de l'étudiant Sir Simonds d'Ewes datant des années 1620[8]. Dans ces pages, comme ailleurs, Satan est la personnification d'*un autre* très menaçant.

Mais les témoignages en question ne concernent pas seulement les couches cultivées de la société d'autrefois. On pourrait, par exemple, citer le cas du *Yeoman*, c'est-à-dire un grand fermier, du nom d'Adam Eyre, dont nous avons un fragment de journal intime qui date des années 1647/48. L'auteur se montre le comptable minutieux des vicissitudes de sa vie spirituelle. Il nous fait vivre notamment une querelle qui l'oppose à sa femme. Celle-ci tient non seulement à un différend d'ordre financier, mais aussi à la tentative d'obliger sa femme à se comporter de manière plus dévote[9]. Comme ce document, le journal intime de l'apprenti épicier Roger Lowe nous permet de pénétrer de façon remarquable dans la société villageoise de l'époque. Bien que Roger Lowe ne soit pas aussi stricte qu'Adam Eyre – il est surtout préoccupé à chercher une femme – il s'avère pourtant qu'il pratique fréquemment un auto-contrôle spirituel[10]. Cette forme d'auto-contrôle sera perfectionnée chez les auteurs de la deuxième moitié du XVIIe siècle, où les pasteurs presbytériens et les marchands se trouvent sur-représentés. Ici, le diable, en tant que personnification de cet *autre* menaçant, n'est jamais très éloigné, même s'il n'est pas toujours évident de reconnaître ses machinations comme telles, parce qu'elles sont «souvent trop compliquées pour que nous puissions nous en apercevoir et les comprendre», comme explique dans son autobiographie Alice Thornton, un membre du *gentry* anglican de Yorkshire qui nous a laissé un témoignage fort intéressant[11]. Le seul remède contre les machinations de Satan, selon les auteurs en question, est l'examen spirituel régulier. L'autobiographie du marchand Gervase Disney, composée juste avant la mort de l'auteur en 1691, nous en donne un résumé. Parmi les douze points établis par Disney à ce sujet, mentionnons seulement les plus caractéristiques : celui concernant l'obligation d'éviter la compagnie des gens profanes, un autre touchant le repentir ses péchés, et un dernier concernant l'observation du dimanche[12].

Il faut signaler cependant que la combat contre Satan et le péché trouve une forme différente dans les témoignages des *Quakers*, particulièrement nombreux dans la deuxième moitié du XVIIe siècle. Quant aux décennies après 1640 nous pouvons distinguer en principe deux traditions d'autobiographie spirituelle : l'autobiographie confessionelle – un remplacement fonctionnel, si l'on veut, de la confession catholique –, et le témoignage prophétique, dont se rapprochent les premières autobiographies et les premiers journaux intimes des *Quakers*. Ces documents font état d'un courant religieux fort important mais pourtant très minoritaire. C'est la raison pour laquelle nous avons choisi de nous concentrer avant tout sur les témoignages confessionnels.

Bien que l'examen spirituel soit surtout une caractéristique de l'autobiographie et du journal confessionnels, il y a pourtant un certain nombre de témoignages, surtout de la première moitié du XVIIe siècle, qui ne sont pas spécifiquement puritains, où la méditation et l'auto-contrôle religieux apparaissent assez fréquemment, comme, par exemple, dans l'autobiographie de Lady Ann Clifford, membre de la haute noblesse du pays[13]. Pour l'élite spirituelle, par contre, l'examen religieux de soi-même, que d'autres ne pratiquaient que d'une manière irrégulière, joue un rôle important dans la vie quotidienne. Ces examens avaient pour but de vivre la conversion qui, à son tour, imposait le devoir d'une auto-observation dorénavant encore plus intense et plus stricte.

A cet égard, il est très important de comprendre que ce que nous avons appelé le « providentialisme » des puritains, aussi bien celui des pasteurs comme celui des laïques, amène au cours du XVIIe siècle anglais à diminuer l'importance de la doctrine de la prédestination, au point que pour nos auteurs l'événement de la conversion perd son rôle d'élément central de la biographie. Ainsi des auteurs de la seconde moitié du siècle, comme les ecclésiastiques presbytériens, Richard Baxter et Oliver Heywood, peuvent renoncer à décrire précisément le moment de la conversion[14]. Cela signifie, en même temps, que Dieu représente de moins en moins cet autre radicalement différent et plutôt lointain du Calvinisme primitif et de l'orthodoxie réformée. Au contraire, dans de nombreux témoignages étudiés c'est fréquemment le rôle du père confesseur qui lui est attribué. Au sein de l'église officielle, où depuis la restauration de Charles II en 1660 s'établit peu à peu la théologie du latitudinarisme, amenant avec elle le libre arbitre, la doctrine de la prédestination n'avait plus du tout l'importance de naguère[15]. Mais cela représente un changement qui ne se limite pas seulement à l'église officielle. Au cours du XVIIe siècle, une forme nouvelle de croyance dans la providence divine se répand chez les puritains et chez leurs successeurs dans la deuxième moitié du siècle : celle-ci, contrairement aux intentions primitives de Jean Calvin, tâche de rendre visible la volonté divine ici bas[16]. La conviction inhérente à cette croyance, selon laquelle les moindres accidents ou maladies comme le bonheur privé ou le succès professionnel sont dus à des interventions divines spécifiques renforce à son tour la volonté individuelle de sanctification; il fallait en effet conserver la bonne grâce de Dieu non seulement pour l'au-delà mais aussi pour son bien être terrestre. Les autobiographies et journaux intimes attestent de la popularité indéniable de cette doctrine.

Pour ne pas dévier du chemin de la sanctification, il fallait absolument éviter les compagnies non dévotes, voire profanes. C'est ainsi que pendant les années 1640, même un puritain convaincu comme le Londonien Nehemiah Wallington, tourneur de son métier et autobiographe prolifique, peut s'imaginer que l'on peut se gagner le ciel simplement en ayant des compagnons dévots. Cela montre à quel point les nouvelles notions de sanctification personnelle, issues du «providentialisme» de l'époque, ont déjà porté un coup à l'emprise de la doctrine de la prédestination chez les puritains[17].

Un aide-mémoire de 1629 de John Winthrop, qui deviendra gouverneur de Massachusetts, nous donne l'impression que la croyance en l'imminence d'un jugement divin en raison des péchés commis par la nation anglaise aurait pu jouer sur la décision d'émigrer en Amérique non seulement de l'auteur lui-même, mais en plus d'un bon nombre de puritains de l'époque[18]. Cette peur du châtiment divin qui résulte de la forme spéciale du «providentialisme» rencontrée chez les puritains, aboutit cependant à un besoin impératif de la sanctification collective. Il est peut-être paradoxal, mais non moins significatif, de voir que cette peur ait pu aboutir en un véritable culte du jugement divin. Il en est pour preuve la popularité rencontrée par une collection de châtiments divins importants, composée par Thomas Beard, le futur maître d'Oliver Cromwell, portant le titre «Le théâtre des jugements divins» (The theatre of Gods Iudgements). Ce traité fut publié en 1597, réédité en 1612, 1632, et mis à jour en 1648. En suivant l'exemple donné par Beard, un bon nombre d'auteurs autobiographiques de l'époque se mettent à noter soigneusement dans leurs témoignages les jugements divins encourus par d'indéniables pécheurs[19]. Mais il s'avère que ceux-ci sont assez souvent des adversaires en matière religieuse. La providence divine devient donc mesurable. Le lecteur d'une de ces autobiographies, comme celle du pasteur presbytérien Henry Newcome, apprend vite qu'il est du sort de l'adversaire religieux d'être puni sévèrement par Dieu. Selon Newcome, il est dans la nature des choses qu'un pauvre meunier qui envoie au diable le pasteur ainsi que ses coreligionnaires, se fasse presque tuer peu après, lors d'une chute de son cheval[20]. Si l'on se réfère à une conception de l'histoire dans laquelle le fil des événements était essentiellement constitué d'interventions divines ici-bas, des épisodes comme celui du meunier représentaient des exempla fort importants[21]. Mais les Presbytériens se trouvent dépassés à cet égard par les Quakers. Le fondateur George Fox, ainsi que quelques-uns de ses successeurs font le récit en détail dans leurs journaux autobiographiques des punitions infligées par la providence divine à leurs nombreux adversaires. Chez les Quakers les communautés locales étaient tenues de présenter des rapports annuels concernant les jugements que la providence avait infligés à leurs adversaires. Cette obligation fut abolie seulement en 1701 [22].

Les exigences d'une sanctification collective, souvent soulignées par des références eschatologiques ou même millénaristes à l'imminence du dernier jugement, que prônent les puritains et les *Quakers*, animent ces derniers à s'opposer aux formes traditionnelles de la culture festive. Ainsi George Fox écrit dans son journal, relatant le début de sa mission en 1649 : « C'était à peu près à cette époque que je me suis senti obligé [...] d'avertir ceux qui avaient en charge les maisons publiques de divertissement de ne pas donner à boire aux gens plus que de raison, et de vilipender leurs kermesses ou fêtes, leurs jeux du mois de mai, leurs sports, théâtre et démonstrations de foire, qui entraînent les gens à des comportements vains et sans principes et diminuent leur peur de Dieu... » [23]. Cet esprit de mission fut partagée presque entièrement par les puritains et leurs héritiers spirituels à partir du milieu du XVIIe siècle, comme peut le constater le lecteur des témoignages des pasteurs presbytériens Adam Martindale et Henry Newcome [24]. Bien que nous n'ayons point le loisir, ici, d'aborder la question difficile et controversée des relations entre les revendications de réforme puritaines sur le plan national et les exigences de sanctification collective dans le cadre local, signalons au moins qu'il s'agit de phénomènes qui préoccupent les recherches récentes sur le puritanisme anglais. Nous nous contenterons de constater que la vision du péché comme *un autre* toujours très menaçant joue un rôle fondamental dans le développement du puritanisme anglais.

Une des raisons de l'échec socio-politique du puritanisme anglais se trouve sans doute dans le fait que son unité, si on peut parler ainsi, a commencé à se rompre à la suite de l'intronisation de Charles I en 1625, pour s'effondrer de manière définitive après 1640. Il est facile d'en trouver des traces dans l'œuvre de nos auteurs. Dans la personne de « Mr. Wordly-Wiseman » le baptiste John Bunyan nous donne dans son « Pilgrim's Progress », paru pour la première fois en 1678, une caricature du Latitudinariste [25]. Dans son autobiographie, par contre, il s'en prend à ce qu'il appelle les « erreurs » des *Quakers* [26]. Les Quakers primitifs, à leur tour, développent l'interruption du culte de l'église officielle comme une action quasi-programmatique [27]. Le presbytérien Henry Newcome craint en 1655, que Dieu pourrait en peu de temps faire des *Quakers* une véritable calamité et peste [28]. Si l'on cherche les racines de ce pluralisme, il faut reculer avant 1660, et même bien avant l'écroulement du monopole ecclésiastique de l'état, certes important, du début des années 1640. On retrouve plusieurs racines dans la période 1625 à 1640 quand William Laud, archevêque de Canterbury à partir de 1633, et ses partisans antagonisèrent une partie non négligeable de l'élite parlementaire du pays ainsi qu'un bon nombre de puritains qui ne voyaient dans les réformes ecclésiastiques des Laudiens qu'une tentative mal dissimulée de récatholisation [29]. La peur de la récatholisation : ce propos nous permet d'aborder la deuxième partie de notre communication. Elle sera plus courte que la première.

L'anticatholicisme a joué un rôle certain dans l'histoire anglaise depuis l'époque de la reine Marie Tudor (1552-58), au moment où, selon l'expression de Rose Hickman, auteur autobiographique de la fin du XVIe siècle, « les papistes

cruels persécutaient le peuple de Dieu »[30]. L'excommunication papale de la reine
Elisabeth en 1570 n'a servi qu'à la renforcer. A partir de ces années-là, « une
majorité d'Anglais », pour citer Claire Cross, « a perçu pendant des siècles le
catholicisme romain comme fondamentalement *un-English* »[31]. L'expédition de
l'Armada espagnole de 1588 intensifie de nouveau ce mélange d'anti-catholi-
cisme et de fierté jalouse de l'indépendance insulaire[32]. N'était-ce pas en cette
même année 1588 que Richard Rogers, auteur déjà rencontré, compare
l'Angleterre et Israël en soulignant que si Dieu n'avait pas pris le parti des
anglais, la nation « aurait été avalée »[33]. Et Lucy Hutchinson note, non sans
fierté, dans son autobiographie fragmentaire composée dans les années 1660 :
« Quiconque pense à l'Angleterre, trouvera que Dieu l'a favorisé d'une manière
certaine en le comptant parmi ses habitants, tant pour des raisons spirituelles que
pour d'autres »[34]. Le topos de la « nation privilégiée par Dieu » trouve son
origine dans le *« Livre des Martyres »* de John Foxe, souvent réédité. La
première édition est de 1563. Mis à part la Bible, c'est sans doute le livre le plus
populaire en Angleterre pendant plus de cent ans. Entre 1640 et 1642, l'effondrement du pouvoir de William Laud et de ses partisans, suite à la convocation du
Long Parlement, encourage de nouveaux espoirs en ce qui concerne une réforme
puritaine de l'église. Le nouvel optimisme des presbytériens, indépendants, et des
membres des groupes séparatistes combine l'autorité de John Foxe et un nouveau
climat millénariste. Il s'agissait, en fait, d'un millénarisme issu d'une incertitude
profonde due à la conviction, alors très répandue en Angleterre, que le protestantisme européen en général (et anglais en particulier) se voyait menacé dans sa
propre fondation – une conviction d'ailleurs renforcée à son tour par des récents
succès militaires du parti catholique en Europe continentale et par le bruit qui
courait une fois de plus concernant un complot catholique tout prêt à être
exécuté. Le déclenchement de la révolte en Irlande en 1641 intensifiait indirectement ce climat eschatologique et confessionnaliste qui devrait aggraver, à son
tour et d'une façon non négligeable les tensions politiques qui éclatèrent quelques
mois plus tard sous la forme d'une guerre civile[35].

　　Après la guerre : la désillusion. A partir de 1650 il n'y a plus que des
groupuscules qui étaient encore prêts à croire dans un cadre millénariste en une
mission spéciale de la nation anglaise. Des indices multiples nous indiquent que le
climat eschatologique et millénariste avait très nettement perdu de sa popularité
après 1649. Les spéculations sur la fin du monde se font dorénavant surtout dans
les cabinets des théologiens, philosophes et hommes de science, où elles survivent
jusqu'à la fin du XVIIe siècle[36].

　　Dès lors l'anticatholicisme, par contre, perdait ses aspects millénaristes, mais
subsistait cependant de façon très populaire. C'est ainsi qu'en 1666 il y a, un peu
partout en Angleterre, de nouvelles émeutes anticatholiques engendrées par de
nouvelles rumeurs concernant un massacre général secrètement envisagés par les
catholiques. Henry Newcome évoque à ce moment-là le souvenir de la Saint
Barthélemy[37]. Même dans les pages d'un journal d'un auteur relativement
sceptique à cet égard, comme dans celui de Samuel Pepys, on sent alors la
présence d'une peur certaine et il n'est donc pas surprenant du tout que Pepys,
comme le clergé anglican et la majorité des Londoniens de l'époque, ait attribué

le grand incendie de Londres de 1666, causé en fait par l'imprudence d'un boulanger, à un complot d'incendiaires catholiques[38]. Un autre auteur Londonien de la même génération, le baptiste et marchand aisé William Kiffin, fut persuadé que son deuxième fils, mort à Venise, avait été empoisonné par un prêtre catholique à la suite d'une dispute religieuse[39]. En 1663 il circulait à Londres le bruit, soigneusement noté par Samuel Pepys, que même Louis XIV, qui venait de se quereller avec le pape, avait été empoisonné[40].

Vers le début des années 1680 la ferveur anticatholique et l'ambiance eschatologique, et même millénariste, s'intensifient une fois de plus, surtout parmi les gens cultivés et les érudits du pays. Ceci est largement dû à la situation politique[41]. C'est ainsi qu'en janvier 1681 le pasteur presbytérien Oliver Heywood énumère dans ses écrits autobiographiques une vingtaine de raisons qui lui font croire que la prise de l'Angleterre par les «papistes» est imminente. D'une manière assez typique du caractère spéculatif de l'anticatholicisme de l'époque l'auteur surestime d'une façon totalement démesurée le nombre de missionnaires secrets catholiques qui se trouvent alors en Angleterre. Entre 1642 et la fin du siècle la mission catholique anglaise ne comptait pas plus de 750 prêtres, dont 150 à peu près, au début du XVIIIe siècle, étaient des Jésuites[42]. Heywood, par contre, parle de 18000 missionnaires[43]. Mais il sait pourtant se consoler puisqu'il est convaincu qu'à la fin des temps Dieu, sans aucun doute, détruira la papauté romaine ainsi que «toute hiérarchie antéchrétienne»[44]. Il faut souligner, cependant, qu'un pareil esprit eschatologique et, plus que rarement, millénariste, était alors assez répandu parmi les érudits, même s'il manquait souvent la tendance fortement confessionnaliste que l'on rencontre chez Heywood. Cet esprit occupe entr'autres Isaac Newton et son cercle d'amis et de disciples[45]. Sans l'existence de ce climat très particulier il serait d'ailleurs difficile d'expliquer pourquoi l'élite politique du pays se décida en l'été 1688 en faveur de la chute de leur roi catholique. Dans cette révolution conservatrice de 1688 même des membres de cette élite jugés très sobres, comme John Evelyn, auteur d'un journal fort volumineux, se sentaient agités par des pensées apocalyptiques, tandis que dans plusieurs villes l'anticatholicisme du peuple s'exprimait une fois de plus en émeutes confessionnalistes[46].

En 1688, c'est la dernière fois que la combinaison entre confessionnalisme et esprit eschatologique ou millénariste laisse des traces visibles dans l'histoire anglaise. Depuis la fin du XVIIe siècle, parmi les couches moyennes et dirigeantes du pays, les conceptions de la prochaine fin des temps perdent de leur attractivité parce qu'il y avait de moins en moins de gens qui croyaient encore aux interventions quotidiennes et directes de la providence divine ici-bas. Dans ces circonstances, les non-conformistes, en majorité héritiers des puritains, durent renoncer à la revitalisation de leurs anciennes prétentions de sanctification collective. La vision de l'autre était devenu quelque chose à caractère largement privé.

Kaspar von GRÉYERZ

NOTES

1. Cf. K. von GREYERZ, *Vorsehungsglaube und Kosmologie. Historische Studien zu englischen Selbstzeugnissen des 17. Jahrhunderts*, (Veröffentlichungen des Deutschen Historischen Instituts London, vol. 25), Göttingen, Zürich, 1990.

2. Cf. *ibid.*, ainsi que E. BOURCIER, *Les journaux intimes en Angleterre de 1600 à 1660* (=Université de Paris III, Sorbonne nouvelle, série Sorbonne 3), Paris 1976; Dean Ebner, *Autobiography in seventeenth-century England...*, La Haye et Paris 1971; P. DELANY, *British Autobiography in the seventeenth century*, Londres 1969; O.C. WATKINS, *The Puritan Experience*, Londres 1972.

3. Cf. par exemple, Richard Shanne, «Diary» (=chronique familiale), British Library, Add.Ms. 38599.

4. *The Diary of Samuel Pepys*, eds. R. Latham et W. Matthews, 11 vols., Londres 1970-83, vol. V, p. 346-56, et vol. VI, p. 48.

5. Cf. tout particulièrement *An astrological diary of the seventeenth century : Samuel Jeake of Rye, 1652-1699*, eds. M. Hunter et A. Gregory, Oxford 1988.

6. Simon FORMAN, «Diary», in : A.L. Rowse, *The Case Books of Simon Forman...*, Londres 1976, p. 272-83; *The Private Diary of John Dee*, ed. J.O. Halliwell (=Camden Soc. Publ., vol. 19), Londres 1842; Goodwin Wharton, «My Life», manuscrit en 2 vols., British Library, Add.ms.20006 et 20007.

7. Richard ROGERS, «Diary», in : *Two Elizabethan Puritan Diaries...*, ed. M.M.Knappen, Chicago 1933, p. 59.

8. *The Diary of Sir Simonds d'Ewes (1622-1624)*, ed. E. Bourcier (=Publ. de la Sorbonne, Littératures, vol.5), Paris 1974, p.122.

9. Adam EYRE, «A Dyurnall, or catalogue of all my accions and expences from the 1st of January 1646» [=1647], in : *Yorkshire Diaries and Autobiographies...*, ed. C.Jackson (= Surtees Soc.Publ., vols. 65 et 77), s.l. 1877-86, vol. 65, p. 1-118.

10. *The Diary of Roger Lowe of Ashton-in-Makerfield, Lancashire,1663-74*, ed. W.L. Sachse, Londres, New York et Toronto 1938.

11. *The Autobiography of Mrs. Alice Thornton...*, ed. C.Jackson (=Surtees Soc.Publ., vol.62), Londres 1875, p.4.

12. *Some Remarkable Passages in the Holy Life and Death of Gervase Disney, Esq. ...*, Londres 1692, p. 100-102.

13. *The Diary of the Lady Ann Clifford*, ed. V. Sackville-West, Londres 1923, par ex. p. 91.

14. *Reliquiae Baxterianae...*, ed. M. Sylvester, Londres 1696, part I, p.3; Oliver Heywood, *His Autobiography, Diaries, Anecdote and Event Books...*, ed. J. Horsfall-Turner, 4 vols., Brighouse 1881-82 et Bingley 1883-85, vol.1, p. 80 et 155.

15. Cf. *The Diary of Samuel Pepys*, op. cit., vol.2, p.211; *The Diary of Ralph Thoresby, F.R.S. ...*, ed. J. Hunter, 2 vols., Londres 1830, vol.1, p. 97.

16. R.J. van der MOLEN, «Providence as mystery, providence as revelation. Puritan and Anglican modifications of John Calvin's doctrine of providence», *Church History*, 47, 1978, p. 27-47.

17. P. SEAVER, *Wallington's World. A Puritan Artisan in seventeenth-century London*, Londres 1985, p. 103-104.

18. John WINTHROP, «Reasons to be considered for justifienge the... plantation in New England», in : *Settlements to Society, 1607-1763 : A Documentary History of Colonial America*, ed. J.P. Greene, New York 1975, p. 62-63. Je remercie M. Klaus Deppermann de m'avoir communiqué ce texte.

19. Cf. par exemple *Diary of Lady Margaret Hoby, 1599-1605*, ed. D.M. Meads, Londres 1930, p. 193; *Remarkable Passages in the Life of William Kiffin : written by himself*, ed. W. Orme, Londres 1823, p. 14-16.

20. *The Autobiography of Henry Newcome*, ed. R. Parkinson, 2 vols. (=Chetham Soc.Remains, vol.26), Manchester 1852, vol.2, p. 271; cf. aussi *ibid.*, vol.1, p. 86-88, 94-96.

21. P. SEAVER, *Wallington's World, op. cit.*, p. 46-48.

22. Cf. *The Journal of George Fox*, ed. J.L. Nickalls, Cambridge 1952, p. 96, 133-40, 178-80; K. THOMAS, *Religion and the Decline of Magic*, New York 1971, p. 108.

23. *Ibid.*, p. 37.

24. *The Life of Adam Martindale...*, ed. R. Parkinson (=Chetham Soc. Remains, vol. 4), Manchester 1845, p. 156-58; *The Autobiography of Henry Newcome, op. cit.*, vol.1, p. 120-21.

25. John BUNYAN, *The Pilgrim's Progress*, ed. R. Harrock, Harmondsworth 1965, p. 50 et 53.

26. Idem, *Grace Abounding and The Life and Death of Mr Badman*, ed. G.B. Harrison, Londres 1928, p. 39-40.

27. Cf. par exemple John BURNYEAT, « An Account of John Burnyeat's Convincement : Together with a Journal of his Travels», in *The Truth Exalted in the Writings of that Eminent Servant of Christ John Burnyeat...*, Londres 1691, p. 21-25.

28. *The Autobiography of Henry Newcome, op. cit.*, vol.1, p. 52.

29. N. TYACKE, *Anti-Calvinists. The Rise of English Arminianism, c.1590-1640*, Oxford 1987. Nous voudrions seconder les traits essentiels de l'interprétation donnée par Tyacke face à la critique à laquelle elle a été soumise notamment dans les pages de *Times Literary Supplement* et de *Past and Present*. Une importante mise au point a été founi par P. Lake, «Calvinism and the English Church, 1570-1635», *Past and Present*, 115, 1987, pp. 32-76.

30. M. DOWLING et J. SHAKESPEARE, éds., «Religion and politics in mid-Tudor England through the eyes of an English Protestant woman : The Recollections of Rose Hickam», *Bulletin of the Institute of Historical Research*, 55, 1982, p. 94-102.

31. C. CROSS, *Church and People, 1450-1660...*, Glasgow 1976, p. 143.

32. C.Z. WIENER, « The Beleaguered Isle. A study of Elizabethan and early Jacobean anti-Catholicism», *Past and Present*, 51, 1971, p. 27-62.

33. Richard ROGERS, «Diary», *op. cit.*, p. 81.

34. « The Life of Mrs. Lucy Hutchinson, written by herself : A Fragment», in : Lucy Hutchinson, *Memoirs of the Life of Colonel Hutchinson...*, ed. J. Hutchinson et C.H. Firth, Londres 1906, p.2.

35. Cf. entre autres, B. CAPP, «Godly Rule and English Millenarianism», in : *The Intellectual Revolution of the seventeenth century*, ed. C. Webster, Londres et Boston 1974, p. 393-96; P. CHRISTIANSON, *Reformers and Babylon. English apocalyptic visions from the Reformation to the eve of the Civil War*, Toronto, Buffalo et Londres 1978, p. 197-98, 241-43; R. CLIFTON, « The popular fear of Catholics during the English Revolution», in *Rebellion, Popular Protest and the Social Order in Early Modern England,*ed. P. Slack, Cambridge, 1984, p. 129-61; idem, «Fear of Popery», in The *Origins of the English Civil War*, ed. C. Russell, réimprimé Londres 1980, p. 144-67.

36. B. CAPP, *Astrology and the Popular Press. English Almanacs, 1500-1800*, Londres et Boston 1979, p. 178-79.

37. *The Autobiography of Henry Newcome*, *op. cit.*, vol.1, p. 159.

38. *The Diary of Samuel Pepys*, *op. cit.*, vol.7, p. 277-78, 342-43, 348-49, 360, 364-65.

39. *Remarkable Passages in the Life of William Kiffin*, *op. cit.*, p. 49-50.

40. *The Diary of Samuel Pepys*, *op. cit.*, vol.4, p. 156-57.

41. J. MILLER, *Popery and Politics in England. 1660-1688*, Cambridge 1973; B. CAP₁, *Astrology*, *op. cit.*, p. 175-76.

42. J. BOSSY, *The English Catholic Community, 1570-1850*, Londres 1975, p. 182-94, 203-28, 422 (figure 1).

43. Oliver HEYWOOD, *His Autobiography...*, *op. cit.*, vol.2, p. 216-20.

44. *Ibid.*, p. 220.

45. E.L. TUVESON, *Millenium and Utopia. A study in the background of the idea of progress*, Berkeley et Los Angeles 1949, p. 71 et sq.; M.C. JACOB, *The Newtonians and the English Revolution, 1689-1720*, Ithaca, N.Y., 1976; R.H. POPKIN, «Predicting, prophecying, divining and foretelling from Nostradamus to Hume», *History of European Ideas*, 5, 1984, p. 117-35; J. van den BERG, «Continuity within a changing ocntext : Henry More's millenarianism, seen against the background of the millenarian concepts of Joseph Mede», *Jahrbuch : Pietismus und Neuzeit*, 14, 1988, p. 186-203. Je remercie M. Klaus Deppermann de m'avoir fourni d'une copie de cet article sur un des maîtres principaux d'Isaac Newton.

46. M.C. JACOB, *The Newtonians*, *op. cit.*, p. 72-99; J. Stevenson, *Popular Disturbances in England, 1700-1870*, Londres 1979, p. 17-18. Contrairement à des interventions faites lors du colloque de Tours, je voudrais souligner qu'il ne peut plus être question aujourd'hui d'associer d'une manière causale l'œuvre philosophique de Thomas Hobbes et de John Locke avec le déclenchement de la révolution de 1688. Hobbes, que l'on croyait athée, était alors la bête noire d'une majorité de l'élite intellectuelle du pays : cf. entre autres, M.C. JACOB, *The Newtonians*, *op. cit.*, et M. HUNTER, *Science and Society in Restoration England*, Cambridge 1981, *passim*. En ce qui concerne Locke, il était assurément *le* philosophe de l'ère post-révolutionnaire. Un ouvrage récent le montre très mêlé à la politique du parti *Whig* du jour au jour des années 1680, mais il s'y avère une fois de plus que sa pensée philosophique n'a guère inspiré les auteurs de 1688. Cf. R. ASHCRAFT, *Revolutionary Politics and Locke's Two Treatises of Government*; Princeton 1986.

DEUXIÈME PARTIE

REFUSER L'AUTRE

FRONTIÈRES RELIGIEUSES ENTRE ISLAM ET CHRÉTIENTÉ : L'EXPÉRIENCE VÉCUE PAR LES « RENÉGATS »

Lorsque Jean «Esclavon», alias Ussain, se présenta en 1587 devant les juges du tribunal de Sassari, en Sardaigne, à l'âge de vingt et un ans, il leur tint, comme à l'habitude, le «discours de sa vie» : enlevé à sept ans par un raid «turc», conduit à Salonique, puis à La Valona, enfin à Alger, élevé dans le religion musulmane après avoir été baptisé, il expliqua à ses juges qu'il ne savait que croire : quand les «Turcs» lui parlaient de leur foi, il les croyait et voulait se sauver avec eux ; mais en d'autres occasions, les chrétiens captifs d'Alger lui parlaient de notre sainte foi, l'Esprit saint l'illuminait et il croyait ce qu'ils disaient[1].

L'histoire de Jean «Esclavon», je pourrais la répéter quelques dizaines de fois avec d'autres noms et d'autres mots. C'est celle de Marian Zalée, un Grec de Nègrepont, retrouvé à Palerme en 1589 ; de Zacarias Morganti, un Crétois, qui comparaît à Sassari en 1670 ; d'Ana Luisa, passée de la religion orthodoxe de sa Russie natale à la foi musulmane imposée à Constantinople, puis à la catholique romaine, fortement recommandée à Palerme. Comment Ana Luisa, quinze ans, aurait-elle pu vivre de certitudes ? A Constantinople, elle ne savait què croire et s'il en fut de même en Sicile, ce qui est probable, elle jugea plus prudent de n'en rien dire. Quant à Maria de Cola, devenue Cambise, une Ragusaine fille adoptive d'un «Turc» dont elle avait épousé un fils, mère de cinq enfants, elle priait en faisant glisser entre ses doigts les 133 grains de son rosaire, disant à chaque fois «Vizmila». Elle ne doutait pas que la loi de Mahomet était supérieure à celle des Chrétiens.

Car la frontière entre Islam et Chrétienté n'est pas seulement une frontière liquide qui, des Canaries et de l'Algarve au fin fond de la Mer Noire, court entre les sectateurs du Prophète et les fidèles du Christ, pas seulement une frontière terrestre mouvante au gré des allées et venues des armées ottomanes à travers l'Europe Balkanique et jusqu'au Moyen Danube. C'est aussi et surtout peut-être le drame d'hommes et de femmes déchirés, traversés par une «frontière existentielle», confrontés à un choix douloureux, voire impossible, renvoyés d'une servitude à l'autre, d'un chiourme à l'autre.

Il est vrai que la frontière était ambiguë. Elle signifiait d'abord le danger : la Corse, la Sardaigne, la Sicile, les Baléares, les Canaries, la Calabre, les côtes andalouses et l'Algarve et même la riviera gênoise, la Catalogne ou le Levant valencien, sans oublier l'Adriatique ou, bien sûr, l'archipel égeen, étaient exposés en permanence aux razzias barbaresques ou ottomanes et des centaines de personnes en un même lieu : hommes, femmes, enfants, risquaient d'un jour à l'autre de voir leur destin basculer, d'être réduits pour des années à l'esclavage, encore que, bien souvent, le rachat, le *rescate*, suive immédiatement la capture et se pratique «à la langue de l'eau», nous en avons bien des exemples, du moins dans le cas des adultes. Mais en même temps Andalous et Portugais, Calabrais, Siciliens ou Baléares, voire Gênois, Corses ou Catalans, ou Provençaux savaient qu'ils étaient des gens de la frontière, ils en avaient conscience et Fez, Alger ou Tunis n'étaient pas pour eux des cités mystérieuses et redoutables[2]. Ils y avaient tous quelque relation, un ami, un frère ou une sœur, un fils ou une fille, un cousin ou un beau-frère ; ils échangeaient des lettres, ils faisaient du commerce. Des marchands chrétiens achetaient à Naples, Messine, Malaga ou Palma de Majorque, sur les marchés d'esclaves de ces villes, quelques «turcs» pour aller les troquer à Tunis ou Alger contre des captifs chrétiens, non sans prélever un profit au passage. Sans doute, de ce monde musulman si proche, à la fois si semblable et si différent, pouvaient surgir la captivité ou la mort mais il pouvait aussi devenir occasion de richesse et de puissance. Beaucoup de ceux qui renièrent, même s'ils savaient que la loi des Chrétiens était contraire à celle des Mores, ne percevaient pas entre le Dieu du Christ et celui de Mahomet une immense différence. Hommes partagés, divisés contre eux-mêmes, ils prenaient souvent comme repères les pratiques différentielles auxquelles nos sources font constamment référence : la gestuelle des prières, le jeûne du Ramadan, la consommation de viande le vendredi, la circoncision, la coiffure et le vêtement... mais ils ne disaient rien des dogmes. Et si les adultes qui adhéraient à l'Islam essayaient le plus souvent d'échapper à la circoncision c'était surtout peut-être parce qu'elle était marque indélébile qui rendait difficile le nomadisme religieux.

Plusieurs d'entre eux, probablement, se sentaient chrétiens en Espagne ou en Italie, musulmans au Maghreb et faisaient confiance aux événements pour décider du parti à prendre. Voyez ce majorquin, Francisco Verdera, mort finalement en 1639 en combattant les Vénitiens en vue de La Valona à près de 60 ans et brûlé en effigie à Palma de Majorque en 1644 après un procès en contumace, que 25 témoins, dont la plupart longuement captifs à Alger, ont parfaitement connu. Bartolomé Armengual, marin majorquin, a même ramé dans la chiourme dont Verdera était contremaître.

Pris entre Ibiza et Valence en 1599, âgé alors de 18 ans, Verdera a renié à 20, s'est marié avec Fatima, une morisque fille d'Andalous expulsé en 1609, dont il a eu plusieurs enfants. Devenu Saïm, il a mené une carrière de corsaire à propos de laquelle les informations sont succinctes mais on évoque au moins, entre sept ou huit expéditions, un débarquement à Majorque, une razzia sur les côtes de France sans parler de la mortelle randonnée de 1639 dans l'Adriatique. Est ce à dire que cet homme, originaire de Lluch-mayor ou de Felatnix, n'a jamais songé à revenir dans son île? Rien n'est moins sûr. Car il a préparé un retour éventuel par plusieurs lettres à sa tante et, lors du procès en contumace, une cousine germaine, Catherine, remet aux inquisiteurs une de ces lettres dont nous avons copie.

Verdera prend bien soin de préciser qu'il a renié « de la bouche et non du cœur », pour échapper aux mauvais traitements « par force et après tant de coups de bâton qu'ils m'ont laissé pour mort... » Il se déclare en bonne santé « grâce à Notre Seigneur », se recommande à plusieurs personnes « pour l'amour de Dieu » et... confirme une commande de bonnets ! Il a eu d'autre part des prévenances ou des bontés à l'égard de captifs majorquins à Alger. Certes, Verdera n'est jamais revenu. Mais il s'était réservé la possibilité de le faire [3].

Je voudrais envisager ici le destin de ces hommes à travers trois cas exemplaires : d'abord celui du Sicilien Bartulo Marcelo que je traiterai rapidement car il est le plus simple. Marcelo n'a pas vécu la réalité de la frontière comme un drame mais comme une occasion de profits, de rapines et de transgressions sexuelles. Né à Marsala en 1550 ou 1551 puisque, lors de son procès devant le tribunal de Palerme en 1614, il avoue 63 ans, il semble qu'il a été enlevé une première fois par les « Turcs » lors d'une razzia alors qu'il avait seulement 13 ans. Ce fut le coup d'envoi d'une existence extraordinairement agitée dont il n'est pas possible de suivre le déroulement avec précision parce que les déclarations de Marcelo sont souvent contradictoires et toujours sujettes à caution. Ce qui est certain c'est qu'il n'a cessé de passer de pays musulman en terre chrétienne et vice-versa, de professer successivement la foi de Mahomet et celle du Christ, au moins publiquement, car il est vraisemblable que Marcelo était dépourvu de toute conviction religieuse. Il a pratiqué la course pour les uns ou les autres, ou plutôt pour lui-même, sous le signe de la Croix ou celui du Croissant, et il était d'ailleurs raïs d'un brigantin armé à Tunis quand il fut pris pour la dernière fois, lors d'une expédition manquée à Trapani.

Il prétend qu'après son premier reniement il s'enfuit en Corse à l'occasion d'une expédition, se présenta à l'évêque et fut réconcilié ce dont aucun document ne garde trace. Mais capturé dans le Levant et ramené à Tunis où il fut reconnu, pour y avoir vécu vingt ans plus tôt, et menacé de mort, il promit à son patron pour se faire pardonner de lui livrer en Sicile un couvent de capucins ! Il reconnut qu'après son premier reniement il avait cru pouvoir se sauver dans la foi musulmane et en pratiqua les cérémonies pendant trois ans : Jeûne du Ramadan, ablutions du guadoc, çala, prières à la mosquée... mais il était si jeune alors ! Il dut admettre qu'il s'était marié deux fois en terre chrétienne, la première en Sicile et la seconde à Naples alors que sa première épouse était toujours vivante et il dut convenir qu'il avait aussi femme et enfants en Berbérie. mais, dit-il, s'il a bien connu charnellement une renégate (entre autres) il ne l'a pas épousée car ce n'est pas nécessaire en pays musulman.

Lors de sa vie aventureuse Bartulo Marcelo avait acquis une connaissance profonde de la mer et des côtes, de toutes les criques de Sicile, de Berbérie, voire du Levant. En 1614, le tribunal de Palerme venait de le condamner à sept ans de galères et à cent coups de fouet (malgré son âge) lorsqu'un message fut apporté au tribunal de la part du vice-roi, le duc d'Osuna, qui menait alors une politique offensive contre Alger, Tunis et les Turcs, et développait une contre-course. Le vice-roi demandait la suspension du châtiment et la mise à sa disposition de Bartulo Marcelo « parce qu'il offrait de rendre un service très particulier à Sa Majesté » et le tribunal obtempéra « afin qu'on ne puisse pas dire que l'Inquisition mettait entrave au service du roi Notre Seigneur». Pour éviter les galères Marcelo mettait son expérience et ses talents au service du Vice-Roi. Une nouvelle fois, il changeait de camp, ce qu'il avait fait toute sa vie. Signe particulier : quoiqu'il ait passé de longues années en Islam il semble qu'il n'était pas circoncis[4].

J'insisterai davantage sur un destin plus ambigu, celui du Portugais Simon Gonçalves, ne serait-ce que parce que nous avons la chance de disposer à son sujet d'un procès entier déposé aux archives de Lisbonne.

Simon Gonçalves était l'homme de toutes les frontières. Mulâtre, né d'un père blanc et d'une mère noire, il était lui-même le fruit d'une rencontre entre l'Europe et l'Afrique. Né à Ceuta, où vivait son père Jacobo Gallego, il avait été élevé jusqu'à l'âge de quatorze ans à Lagos, en Algarve, où résidait sa mère, Ines Gonçalves. Il était bien un fils authentique de ce détroit qu'il devait franchir si souvent tout au long de sa vie, de ces parages dangereux où la frontière hésite, frontière géographique, militaire, religieuse entre Islam et Chrétienté.

Bâtard, il portait le nom de sa mère. Marié très jeune à une mulâtresse de Lagos qu'il avait épousée dans l'église de cette ville, alors qu'il n'avait guère plus de quinze ans, il avoua aux inquisiteurs qu'il avait connu charnellement beaucoup de femmes mores et qu'il avait projeté d'en épouser une «car en terre de mores il n'y avait point de mariage et l'on ne prononçait pas de paroles (sacramentelles), ils vivent plus en concubinage qu'en mariage car il les répudient chaque fois qu'ils le veulent et, de la sorte, il lui parut qu'il pourrait ensuite l'abandonner et s'en revenir (en chrétienté)». Simon, à ce qu'il semble, connut aussi des ébats amoureux d'un autre genre. Baltasar Fernandes, *caballero* et capitaine du Saint-Pierre, mais ancien renégat qui fut le compagnon de Simon à Velez, raconte : «Il était accompagné de deux garçons mores avec lesquels il couchait et ils se caressaient comme les mores ont coutume d'en user quand ils se livrent à leurs turpitudes». Une femme légitime, beaucoup d'autres femmes, des jeunes hommes, une sexualité exigeante, indifférente à la couleur, voire au genre du partenaire, et, faut-il le dire, au sacrement.

Chrétien de souche car sa mère, quoique noire, était née et avait été baptisée au Portugal, il avait lui aussi reçu le baptême à Ceuta, se souvenait de sa marraine, avait appris les prières de l'Eglise romaine et entendu la messe. Pris par les corsaires barbaresques entre Naples et Palerme treize ou quatorze ans auparavant, il avait renié sept ou huit ans plus tard (il disait neuf mais l'analyse soigneuse de la chronologie prouve qu'il exagérait). Quoiqu'il put dire ensuite pour sa défense ce reniement n'avait certainement pas pour but d'organiser sa fuite. Car, à Velez, si proche de l'Espagne, de Ceuta, de Melilla, il avait eu cent fois l'occasion de revenir en Chrétienté et n'avait jamais tenté ce retour.

Comme il finit par l'avouer à ses juges du tribunal de Lisbonne il avait cru qu'il pouvait faire son salut dans la loi du Prophète et, trois années durant, il observa le jeûne du Ramadan. Pourtant, en 1555, il affirmait sa volonté de redevenir chrétien et sans doute était il sincère. Confronté dès sa quinzième année à un quotidien impitoyable, acharné à survivre, Simon était prêt à se donner au Dieu du plus fort. N'était-il pas le même ce Dieu unique, adoré de part et d'autre du détroit, que l'on nommait et priait avec des mots différents ?

Lorsqu'il comparut devant les inquisiteurs de Lisbonne, en ce 2 mai 1555, Simon Gonzalves dut produire une forte impression. Ce mulâtre de haute stature, au corps puissant, à la barbe rare, couturé de cicatrices, affligé d'une claudication prononcée, racontait en silence la chiourme et le fouet, l'arquebuse et le couteau, toute la violence des hommes sur les espaces liquides de la Mer Intérieure.

Cause difficile, cause perdue. Car Simon n'était pas revenu de son plein gré « vivre et mourir en chrétien ». Bien au contraire ! Flagrant délit. Une expédition de course qui avait mal tourné de surcroît.

Le témoignage de Baltasar Fernandès accumulait les charges qui pesaient sur le mulâtre : d'abord une affaire que je laisserai de côté et à l'occasion de laquelle Simon Gonzalvès aurait fait échouer en partie une tentative d'évasion de captifs chrétiens. Mais Baltasar racontait aussi qu'un jour Simon était venu le voir au Péñon de Velez : il lui confia qu'il songeait à se faire « turc » ; il avait perdu tout espoir de rachat puisque son maître ne voulait pas y consentir et il ne supportait plus cette vie, la rame et le fouet. Nul mieux que Baltasar ne pouvait le comprendre puisqu'il s'était fait « turc » lui-même, était devenu contre-maître d'un vaisseau « barbaresque ». Alors, Baltasar lui fit jurer le secret sur les saints Evangiles et lui révéla qu'il s'apprêtait à s'enfuir en Chrétienté. Il lui conseilla de faire comme lui « car Dieu connaissait le secret des cœurs » et il apprit qu'à quelques jours de là Simon s'était fait « turc » : son maître l'avait aussitôt libéré, lui avait donné deux chrétiens comme esclaves et l'avait promu contremaître d'une galiote. Baltasar avait pu croire que le mulâtre appliquait sa méthode. mais Gonzalvès n'avait pas mis à profit les fréquentes occasions de s'enfuir jusqu'à Melilla ou Ceuta. Son patron l'expédiait souvent de jour avec quelques captifs chrétiens faire du bois sur la côte marocaine : aubaine qu'il avait ignorée, quatre ou cinq fois, peut-être davantage. Ce que précisément Baltasar avait réussi avec quatre chrétiens, et de nuit, beaucoup plus difficile. Lorsque Simon partait en course pour une razzia en terre d'Espagne il revenait toujours avec ses chrétiens prisonniers, comme les autres, et percevait sa part du butin. Il caressait les garçons, couchait avec une renégate valencienne mais n'osait l'épouser par amour de son maître. Fielleuse suggestion !

Situation scabreuse, on le voit, cas pendable ! Le reniement agrémenté de la circoncision, l'enracinement en terre d'islam (projet de mariage, pas de tentative d'évasion, même dans les cas les plus favorables, cérémonies musulmanes), enfin le pire peut-être les graves dommages causés aux chrétiens par la course et les razzias, pour conclure sa capture sur les côtes d'Algarve en situation de course. Le témoignage accablant d'un homme qui avait bien connu l'accusé.

Pourtant, les inquisiteurs de Lisbonne se sont acharnés, avec une extraordinaire patience, à obtenir la réconciliation au sein de l'Eglise de Simon Gonzalvès. Sans doute pensaient ils que sept ou huit ans de chiourme acceptés pour rester fidèle à la foi du baptême démontraient en même temps qu'une grande résistance à la souffrance et une réelle force morale un véritable attachement à la religion chrétienne.

Le grand débat entre les Inquisiteurs de Lisbonne et Simon Gonzalvès concerna *l'intention*. C'est lors de son entretien avec l'inquisiteur frère Jérôme d'Azambuja, le 17 décembre 1555, que Simon parla pour la première fois du «renégat» Mamoud qu'il rencontra après son reniement et qui le convertit réellement : il lui lisait des versets du Coran, lui affirmait que les hommes ne pouvaient faire leur salut hors la religion de Mahomet, lui racontait les miracles d'un marabout qui avait provoqué l'échec de Charles-Quint devant Alger en 1541, destinait les Juifs aux enfers, les chrétiens au purgatoire et les musulmans au paradis. Simon s'était laissé convaincre et avait tenu pour bonne la loi des mores pendant trois ans.

Mais son adhésion à l'Islam ne s'était pas accompagnée de beaucoup de cérémonies : il assurait, et semble-t-il avec raison, qu'au Maroc les corsaires étaient dispensés par leur genre de vie d'une pratique religieuse régulière ; ainsi, ils n'observaient la çala que le vendredi et encore pas toujours. Lui-même ne savait pas bien la faire mais il reconnaissait qu'il se serait acquitté de cette prière s'il l'avait connue. En revanche, il garda le jeûne du Ramadan pendant les années qui suivirent sa conversion et célébra la pâque de l'agneau. Il allait aux bains et faisait avec les autres mores les ablutions du guadoc, surtout lorsqu'il avait connu charnellement une femme. Il disait la *bizmillah*, c'est à dire *Au nom de Dieu* avant de manger et *Alhamdu lillah*, pour rendre grâces à Dieu après les repas. Il observait les vendredis comme les autres mores, mettait une chemise propre et cessait de travailler et, lors des grandes fêtes, s'habillait avec ses vêtements les plus beaux. Mais il n'était allé à la mosquée qu'une fois, lorsqu'il était à Fez. Gonzalvès remarquait qu'en «Turquie» les obligations religieuses étaient beaucoup plus strictes et tous les bons musulmans, corsaires compris, devaient faire la çala, aller à la mosquée, jeûner scrupuleusement, associer le *guadoc* aux prières.

Il est vrai qu'une grave blessure à la jambe et la crainte de la mort, les conversations avec des captifs chrétiens de Fez qui assuraient que le marabout thaumaturge n'était qu'un ivrogne qui s'accouplait avec des mules, la mémoire des entretiens avec son parrain et avec le père Joan Nuñez à Tétuan, avaient ensuite jeté le trouble dans le cœur du neo-musulman. Il ne savait plus : il revenait à la foi chrétienne, rachetait un esclave chrétien pour le libérer et faire ainsi une bonne œuvre, puis retournait à l'Islam ; au surplus, il était «ensorcelé» par la renégate valencienne avec qui il vivait depuis trois ans. Il voulait se confesser mais ne trouvait pas de confesseur. Il n'osait se découvrir à personne, sinon à son beau-frère mais celui-ci était captif à Fez.

Il ne s'agit certes pas d'un parcours édifiant. mais exemplaire sans nul doute. Homme déchiré, affronté dès l'adolescence à l'univers impitoyable de la frontière entre Islam et Chrétienté, meurtri dans sa chair, la peau tannée par le fouet, les reins brisés par la chiourme, boiteux, affichant sur le visage et les mains la mémoire de ses blessures et de ses combats. Longtemps fidèle et fruste, qui défiait l'Islam en mangeant du porc, mais devenu trop cher à son maître grâce à sa force, son énergie, ses qualités de marin, pour être rendu, fût ce contre argent, à sa communauté d'origine. Musulman par désespoir, il finit par se donner à ceux qui avaient reconnu en lui d'exceptionnelles qualités de guerrier, de chef et même d'administrateur. Turquie et Levant, Italie et Sicile, côtes d'Espagne et Baléares, Tunis et Fez, le détroit enfin, il avait presque tout connu de la

Méditerranée. Mais que pouvait il savoir de Dieu ? Allah l'unique, la Trinité des Chrétiens, Jésus-Christ, Mahomet, l'observance du vendredi, celle du dimanche, le Carême et le Ramadan, étrange ballet de la foi, exigences de la chair, permanence de la violence. Guerre sainte trop souvent ravalée à de sordides rapines d'hommes, d'enfants, de femmes et de biens, dont il ne pouvait être, en dépit de ses mérites, qu'un jouet.

Juan Caules, par qui je terminerai, est un cas passionnant où la frontière religieuse est à la fois intériorisée et niée par un homme dont elle détruit la vie. Originaire de Mahon, dans l'île de Minorque où il était né en 1597, il fut capturé déjà adulte, sur mer, à l'occasion d'un voyage à Valence et demeura trois ans et sept mois en captivité à Alger. Il ne renia pas sa foi et, racheté, vint s'établir à Palma de Majorque. mais pendant sa captivité il s'était beaucoup intéressé à la religion musulmane, avait longuement débattu avec des chrétiens renégats qui lui offraient de lui démontrer la supériorité de l'Islam, patente à les en croire lors de nombreuses controverses qui se déroulaient en Alger entre docteurs musulmans et religieux chrétiens. Racheté par ses parents, il revint volontairement et put démontrer pendant son procès, grâce à quatre témoins dont deux prêtres que, pendant son séjour algérois, il avait vécu « comme fidèle catholique chrétien, circulait en habit de chrétien, avait des relations avec les captifs chrétiens et allait avec eux à l'église et assistait aux cérémonies chrétiennes.

Mais, revenu aux Baléares, prolongeant sa méditation et ses réflexions, il en était arrivé à se forger une religion personnelle et, tel le Menocchio de Carlo Ginzburg, ne pouvait s'empêcher d'en parler autour de lui. A ceux qui lui disaient de se taire il répondait qu'il savait qu'il se perdait « en traitant de choses de mores mais qu'il ne pouvait s'abstenir ».

Selon les témoins, il y en eut treize à charge, son expérience d'Alger le conduisait a « douter de la meilleure loi, celle des chrétiens ou celle des mores, il était perplexe et ne savait pour qui prendre parti ». Plus important parce que plus personnel, il disait que « la loi des mores et celle des chrétiens étaient une même chose, ... que les prières étaient différentes mais qu'elles avaient la même substance... qu'il valait mieux croire que disputer ». Certaines propositions indiquaient, semble-t-il, une forte influence de l'Islam. Il disait que « Dieu est esprit et n'a pu mourir, que Christ est esprit et n'a pu mourir ». Il assurait que « les hommes ne peuvent faire des Dieux comme le font les toiles en peignant des images ». Il se déclarait hostile au culte des images car c'était grande irrévérence que de peindre des images saintes qui, une fois vieillies, couraient le risque d'être déchirées ou de servir à se torcher et louait le comportement des mores qui ramassent un papier sur le sol pour ne pas le fouler aux pieds au cas où y serait inscrit le nom de Dieu. Il pensait aussi que Notre Dame n'avait pu enfanter, étant vierge.

La malveillance s'en était mêlée. Il avait été arrêté et treize témoins maintinrent jusqu'au bout les accusations qui l'accablaient. Dans sa prison il rédigea un mémorial en cinq feuillets (20 pages) qui ne nous est malheureusement pas parvenu, alléguant des témoins dont certains furent entendus. On l'accusait d'avoir déclaré qu'il n'était revenu que pour sa mère et ses enfants ; sans eux il serait reparti pour Alger où il était heureux. On s'en prenait à ses mœurs : il voulait revenir en Berbérie par amour pour une more qui lui avait promis de l'épouser si son mari mourait ; mais en même temps il aurait commis le péché de sodomie avec son patron le raïs du vaisseau qui l'avait emmené en course : il n'allait pas entendre les sermons à Palma. Désespéré, il tenta de se suicider dans sa prison en tissant une corde avec des draps.

Pourtant, il nia tout sauf la tentative de suicide «parce qu'il avait perdu l'esprit». Mais, en 1629, les esprits n'étaient pas prêts à comprendre un homme qui envisageait les deux religions comme deux branches du même arbre. Il fut condamné à huit ans de galères, à la rame et à 200 coups de fouet. Sans doute converti «du cœur et non de la bouche», à l'inverse de tant d'autres, il payait durement l'intolérance et la haine nées des affrontements quotidiens de la frontière. [6]

Bartolomé BENNASSAR

NOTES

1. A.H.N., Madrid, Sec. Inquisicion, Lib. 782, fol. 399 verso
2. Voir notre article, La vida de los renegades españoles y portugueses en Fez (1580-1615), in *Relaciones de la peninsula iberica en el Maghreb (Sig XIII-XVI)*, y Instituto hispano-arabe de Cultura, Madrid, 1988.
3. AHN, Sec. Inquisicion, Trib. Mallorca
4. AHN, Sec. Inq, Trib. Sicilia, Lib. 899, fol. 463.
5. Arch. Torre do Tombo, Lisbonne, Sect. Inquisicaô n° 12058.
6. AHN, Sec. Inq, Trib. Mallorca, Lib. 861, fol. 439.

L'HÉRÉSIE SALVATRICE. LA PÉDAGOGIE INQUISITORIALE EN NOUVELLE CASTILLE AU XVIᵉ SIÈCLE.

L'Inquisition espagnole (fondée en 1480, abolie de fait en 1820) a eu une double fonction, maintenant bien connue des historiens : d'une part la répression de l'hérésie «formelle» (protestantisme) et de l'apostasie qui lui était assimilée (judaïsme, mahométisme), d'autre part comme instrument d'une éducation de masse du peuple chrétien au service de la contre-réforme, par la poursuite du blasphème et de petites erreurs sur la foi (certains des délits classés comme proposition), surtout dues à l'ignorance [1].

Il est impossible de séparer ces deux aspects. C'est parce qu'il était le marteau prestigieux des hérétiques et des nouveaux-chrétiens de juifs ou de maures qui refusaient un christianisme auquel eux-mêmes ou leurs ancêtres avaient été convertis le plus souvent de force, que le Saint-Office fut capable de jouer, sur un autre registre, son rôle dans la propagande tridentine. Il y a eu amalgame pédagogique entre l'hérésie formelle qu'il poursuivait dans le premier cas et l'ignorance, le refus, dans le pire des cas, des normes ecclésiastiques par des personnes tout à fait catholiques qu'il jugeait dans le second, pour créer un choc psychologique qui permette au message de la contre-réforme de se frayer un passage au sein de consciences qui lui opposaient une vive résistance.

Ce que nous dirons par la suite s'applique à la Castille, au centre de l'Espagne. Les régions périphériques posent des problèmes particuliers.

I. LE MARTEAU PRESTIGIEUX DES HÉRÉTIQUES

Au cours des soixante-dix premières années de son histoire, l'Office acquiert auprès des vieux-chrétiens une réputation flatteuse, car son action correspond aux conceptions religieuses du peuple. Entre 1555 et 1570, la répression du protestantisme le porte au pinacle.

a. Le christianisme populaire
en Castille dans la première moitié du XVIᵉ siècle.

Nous ne traiterons que des aspects qui intéressent directement notre propos. Il en est d'autres, aussi importants, dont il ne nous est pas possible de parler ici. Le christianisme populaire présente des éléments qui le rendent particulièrement réceptif au message de l'Inquisition. Il repose, tout d'abord, sur la certitude absolue du salut. «Aucune âme ne se perd, sauf celles qui désespèrent... Même les voleurs et les meurtriers se sauvent sans repentir», pour reprendre les mots d'un meunier, vers 1572[2]. «Cette nuit, je souperai avec le Christ», déclarait au Père Pedro de Léon, aumônier des prisons de Séville, un bandit qu'on s'apprêtait à pendre, au grand scandale de ce brave jésuite étonné du peu de repentir de cette brebis égarée d'autant, nous précise-t-il, que c'était une attitude courante parmi les condamnés[3]. C'est une certitude émouvante, que l'on retrouve sans cesse affirmée dans les causes de foi qu'il m'a été donné de lire.

Cette confiance s'appuie sur le souvenir de l'Incarnation et de la Passion du Christ. La religion du peuple, en ce qui concerne la doctrine du salut, est d'un christocentrisme absolu. Le Père n'apparaît guère, l'Esprit est inexistant. Lorsqu'on parle de Dieu, il s'agit systématiquement du Fils : le répertoire du blasphème, les «propositions» que juge l'Inquisition ne laissent aucun doute à ce propos. Le Christ, entendez le Dieu incarné, celui qui a assumé entièrement la condition humaine et qui l'a sanctifiée, celui qui, en mourant sur la croix, a racheté l'humanité d'une manière tellement surabondante que l'homme est presque incapable d'échapper au salut. Le clergé, d'ailleurs, partage cette opinion : j'ai retrouvé sur le sujet des sermons de toute beauté[4].

Impossibilité d'échapper au salut, à une condition toutefois : la fidélité. Le Christ est un maître, un chef, un leader, un porte-drapeau qu'il faut suivre. Le rejeter, ne plus le reconnaître, c'est se ranger, *ipso facto,* parmi les réprouvés, les damnés. Le reniement, le transfert d'allégeance à une autre puissance est pratiquement la seule chose qui puisse faire perdre le paradis. L'analyse du blasphème castillan est éloquente de ce point de vue : les expressions qui font allusion à la corporéité de la divinité en sont absentes ; l'idée de reniement, en revanche, y est omniprésente.

Un tel schéma a des conséquences de nature diverse. Il donne au fidèle, d'un côté, un sentiment très fort de sa dignité. Il implique, d'autre part, l'exclusion et le rejet de l'autre, car pour que prenne sa valeur la grâce immense que Dieu fait à ses féaux, il faut qu'il y ait des damnés. Le Castillan est convaincu que le salut est collectif. Tous les vieux-chrétiens espagnols iront au paradis, mais eux seuls, car eux seuls sont véritablement fidèles. Pour les autres catholiques, la chose reste possible, mais douteuse : les Français sont contaminés par l'hérésie, les Allemands et les Anglais, plus encore et l'on ne peut se fier aux Italiens. Pour les infidèles et les hérétiques, la condamnation est certaine : c'est un article de foi qui n'admet pas discussion. Quant aux morisques et aux nouveaux-chrétiens de juifs, quelques-uns, certes, se sauveront, mais la plupart, qui continuent à pratiquer, de fait, leur religion ancienne, se damneront. C'est une exigence inscrite au cœur du système, le revers de cette fierté, de ce sens de la dignité dont nous parlions ci-dessus.

Autre conséquence, le rôle effacé du clergé. Le clerc est un manipulateur du sacré, par la magie, sur laquelle il n'exerce, d'ailleurs, aucun monopole[5], qui lui permet d'agir directement dans la sphère matérielle, par la Consécration, surtout, qui lui permet de tenir entre ses mains chaque fois qu'il célèbre, le Christ physiquement présent au milieu de son peuple et de réactiver ainsi la promesse du salut. Pour le reste, on se passe fort bien de lui. Ou, plus exactement, on le consulte sur toute décision importante. Mais de là à en faire un oracle... Il suffit de lire les Relations Topographiques[6] pour se rendre compte que, dans la première moitié du XVIe siècle, les communautés villageoises gèrent encore de manière autonome une grande partie de leurs relations avec les forces surnaturelles : ce sont elles qui choisissent leurs protecteurs contre les parasites de la vigne ou les sauterelles, qui érigent des chapelles, qui décident des fêtes. Dans le domaine moral, enfin, nous y reviendrons, priment les lois de la société civile et non celles que tente d'imposer le clergé. Une bonne partie de l'effort des casuistes du XVIIe siècle consistera justement à récupérer cette morale laïque et à la faire rentrer, sans trop de déformations, dans un cadre théologique fixé par le clergé.

b. L'action du Saint-Office jusqu'au milieu du XVIe siècle.

Jusque vers 1560, l'action du Saint-Office renforce la bonne conscience des vieux-chrétiens. De 1480 à 1520, dans toute la région, les « judaïsants » constituent sa cible principale et représentent, à eux seuls, 90% de son activité. Par centaines il les brûle, par milliers il les réconcilie publiquement, en proclamant qu'infidèles à la foi du Christ, ils obéissent à la loi de Moïse. Or tous, à de très rares exception près, sont des nouveaux-chrétiens. L'Office proclame ainsi, implicitement, la supériorité du vieux-chrétien. Ces condamnations le confirment dans sa certitude du salut, puisqu'il échappe, lui, aux foudres du saint tribunal. Il en va de même des morisques, que l'Inquisition poursuit pour mahométisme dès que l'Etat lui lâche la bride, vers 1540[6bis].

De 1556 à 1580, dans toute la Castille, le protestantisme fait l'objet d'une répression féroce, dont l'impact psychologique est énorme. Le tribunal, en effet, organise autour des procès, qu'il orchestre à grand renfort de publicité, de prédications et d'autodafés solennels, une propagande massive et efficace. L'arrestation de quelques espagnols, des intellectuels, des membres du clergé, met en scène l'impensable : la trahison introduite au cœur même du peuple choisi par Dieu. Les réactions de rejet sont immédiates. L'arrestation de Bartolomé de Carranza, l'archevêque de Tolède, révèle à tous la puissance et la vigilance de l'Office. La condamnation de dizaines d'étrangers, beaucoup plus nombreux que les autochtones, désigne aux foules les responsables de tous les maux. En apparence, la répression confirme la règle : le peuple des vieux-chrétiens espagnol est sain, l'hérésie, chez ses membres, n'est que l'exception qui confirme la règle. Potentiellement, pourtant, cette affaire est lourde d'une idée qui, dans le clergé, va rapidement faire son chemin, mais que le peuple aura du mal à admettre : l'origine ethnico-religieuse ne suffit plus à garantir la fidélité ni le salut.

Vers 1560 donc, aux populations vieilles-chrétiennes de Castille, l'Inquisition ne fait pas peur, tout simplement parce qu'il leur semble évident qu'elle ne les concerne pas. Mieux, elle les renforce dans leur conviction de salut et, à ce titre, elle est populaire : on verra, peu avant 1560, un magistrat municipal réveiller en pleine nuit tout un village pour perquisitionner, à la recherche de « luthériens » en fuite. Ce n'est qu'à l'aube qu'il s'interrogera sur l'identité du pauvre diable, parfaitement inconnu, qui s'était présenté chez lui la veille au soir pour le sommer d'agir : il se rendra compte alors qu'il avait affaire à un illuminé[7]. Ce n'est pas que le tribunal ne poursuive les vieux-chrétiens. Ils sont même majoritaires parmi les accusés dès 1525. Mais on ne les traite pas comme hérétiques : les peines qu'on leur inflige sont très proches des condamnations que prononcent les tribunaux épiscopaux ordinaires et leurs délits sont de ceux que poursuivent tous les tribunaux et que tout le monde réprouve : blasphème, magie, bigamie, essentiellement. La procédure elle-même n'a souvent rien à voir avec la procédure inquisitoriale classique : elle se rapproche plutôt de la confession. Ces poursuites n'ont rien de choquant. Elles sont considérées comme naturelles. La seconde moitié du siècle voit un retournement radical.

II. LE SAINT-OFFICE CONTRE LES VIEUX-CHRÉTIENS

a. Les grandes campagnes inquisitoriales.

La plus notable concerne la « simple fornication ».

Inquisition de Tolède. Procès pour « simple fornication »[8].

Date	Nombre	% de l'activité totale en matière de foi
1556-1560	0	0
1561-1565	36	11,4
1566-1570	90	24,3
1571-1575	56	19,6
1576-1580	60	35,9
1571-1585	66	33,2
1586-1590	55	34,8
1591-1595	18	10,3
1596-1600	20	10,8
1601-1605	30	24,6
1606-1610	19	10,8
1611-1615	28	21,5
1616-1620	5	3,6
1621-1625	6	3,8
1626-1630	3	3,8

L'allure des courbes ne laisse aucun doute sur le fait qu'il s'agit d'une cible volontairement choisie par le tribunal, ni sur l'importance qu'il lui accorde. Ce que confirment les statistiques de toutes les autres inquisitions de Castille, qui présentent une allure semblable.

La « simple fornication », au sens inquisitorial, est un délit d'opinion. Il ne s'agit pas de poursuivre les clients des prostituées ou les jeunes qui content fleurette à leur belle le soir au coin du bois, mais de condamner ceux qui pensent et qui disent qu'il n'y a pas péché là mortel. L'Inquisition n'est d'ailleurs pas seule à s'intéresser à la question. Le clergé tout entier se mobilise : prédicateurs, dont l'écho des sermons perce à travers certains témoignages, confesseurs, auxquels les inquisiteurs font sans cesse référence dans les interrogatoires, imprimerie même, sont mis au service de la cause et Francisco Farfán, chanoine pénitencier de Salamanque, d'écrire un traité sur la question, les « Trois livres contre le péché de la simple fornication »[9].

Il y eut d'autres campagnes. Contre l'opinion dite « des états », qui voulait que l'état de mariage soit aussi méritant, aux yeux de Dieu, que le célibat ecclésiastique (1560-1610), qui n'eut jamais l'ampleur de la campagne sur la simple fornication ; contre la magie, à la suite de la publication de bulles pontificales sur le sujet (1615-1670). Dans tous les cas, la plupart des accusés sont des vieux-chrétiens espagnols.

b. L'hérésie mobilisée au service de la foi.

Le but final de cet effort, à en croire Farfán, qui prend la peine d'expliciter moyens et objectifs, consiste à éradiquer des opinions erronées, mais aussi, plus profondément, à faire comprendre aux fidèles la nécessité de bien connaître le catéchisme, c'est-à-dire les formulations de la foi telles que les produit le clergé. Il s'agit, en un mot, de prendre en main la foi des laïques et d'en finir avec l'autonomie dont ils jouissaient jusqu'alors. Les intéressés, sans atteindre un tel niveau de conscience, ont parfaitement senti les implications du problème. Les accusés insistent sur le hiatus qui sépare les normes ecclésiastiques des normes séculières en matière sexuelle : s'il est si grave de fréquenter les prostituées, pourquoi l'Etat et les municipalités autorisent-ils la prostitution ? La morale laïque interdit bien d'accéder aux femmes mariées, aux religieuses, aux jeunes vierges de bonne famille. Mais les autres, toutes celles qui font commerce de leur corps ou qui, tout simplement, se mettent en ménage ? Le péché, là, c'est de ne pas payer le service rendu, ou d'abandonner sans motif la concubine avec qui l'on partage la table et le lit. On a toujours fait ainsi et on ne voit pas pour quelle raison des conduites, hier encore admises, deviendraient subitement d'horribles péchés.

Le rôle dévolu au Saint-Office (Farfán ne s'en cache pas) est de briser ces résistances. Physiquement, si le besoin s'en fait sentir, par la coercition matérielle ; mais surtout psychologiquement, en créant un choc.

Car l'intervention du Saint-Office est sujet de scandale. Farfán en est conscient : c'est même ce qui l'a poussé, dit-il, à prendre la plume. L'Inquisition, en effet, traite, maintenant les coupables, en apparence, comme de véritables hérétiques. Les juges savent parfaitement qu'une erreur de ce type, dans la bouche d'un espagnol vieux-chrétien et ignorant n'est pas une hérésie ; il y manque une composante essentielle : le caractère volontaire de l'erreur. Les manuels de la pratique, comme celui d'Isidoro de San Vicente[10], ne laissent aucun doute à ce propos. D'ailleurs, presque tous les coupables renoncent facilement à leur opinion dès qu'ils apprennent, de science sûre, qu'elle est contraire à la doctrine catholique. De fait, les inquisiteurs ne procèdent pas comme à l'encontre de véritables hérétiques : jamais ils ne les condamnent au feu, jamais ils ne les condamnent à la réconciliation ou à l'abjuration *de vehementi*, mais se contentent d'abjurations *de levi*[11]. Ces subtilités échappent à la foule : ce qu'elle retient, c'est que la « simple fornication », une proposition d'« estados », la consultation d'un guérisseur, bref des choses que tout un chacun a coutume de faire, peuvent conduire à l'autodafé, où l'on comparaîtra en habit de pénitent, entre un luthérien et un «juif» ou un «maure», pour abjurer. L'assimilation est facile : l'un vaut l'autre. Les inquisiteurs se gardent bien de démentir. Tout au contraire, ils prennent soin, lorsqu'ils composent les listes de condamnés qui doivent participer à l'autodafé, de panacher hérésie formelle et délits mineurs. Ce ne saurait être par hasard.

Et l'Eglise entière n'est pas en reste pour maintenir cette subtile ambiguïté. Voici que traduisant le sixième commandement du Décalogue, «Non moechaberis», «Tu ne commettras pas l'adultère», elle lit : «No fornicar», «Tu ne forniqueras pas». C'est évidemment beaucoup plus clair, et cela évite de s'interroger sur les doutes des théologiens qui, au XVe siècle encore, hésitaient à voir un bien grave péché dans la copulation de deux personnes libres et consentantes de sexe opposé. Il n'en reste pas moins que c'est une falsification volontaire du texte sacré[12].

De tout cela, ce que retient le peuple, c'est qu'une opinion que beaucoup partagent et que la morale usuelle considère comme légitime, peut assimiler un vieux-chrétien qui ne se distingue en rien des autres aux exclus, aux réprouvés dont il est clair qu'ils se damnent. Le plus grave, c'est que la condamnation est prononcée par un tribunal qui, au cours des années précédentes, avait acquis une image, une réputation de garant de l'orthodoxie qui charge de sens le moindre de ses actes, quel que soit le discours verbal qu'il tienne par ailleurs. En ces domaines, après ce qui s'est passé à la fin du XVe siècle et au début du XVIe, un procès d'Inquisition vaut mieux que des dizaines de sermons. La réaction des témoins lorsqu'un imprudent laisse aller sa langue en témoigne : pour convaincre le malheureux de son erreur, rien de tel que de lui rappeler qu'au dernier autodafé on en vu fouettés pour avoir dit cela.

Tout se passe comme si l'enchaînement des faits obéissait au schéma suivant :

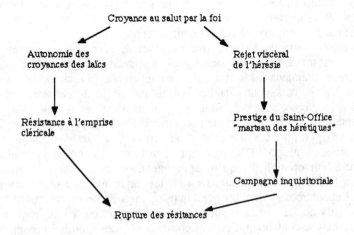

L'efficacité de ces campagnes, en tout cas, paraît avoir été notable, du moins en ce qui concerne la principale d'entre elles, contre la « simple fornication ». A partir de 1580, l'analyse des dénonciations démontre que le message est passé : dans le groupe des témoins, le coupable est de plus en plus isolé. Alors qu'au début il se défendait comme un beau diable, une simple allusion au rejet de l'Eglise et à l'Office, et le voici plus doux qu'un agneau.

CONCLUSION

« Il faut qu'il y ait des hérétiques », jamais adage n'a été plus vrai. Et s'il n'y en a pas, il faut en inventer. Il faut en inventer pour maintenir la cohésion du groupe. Le peuple espagnol a su trouver, à tous les moments de son histoire, un ennemi contre lequel lutter et face auquel se poser : le juif, le maure, le gitan, le franc-maçon, le communiste ont tour-à-tour servi de repoussoir. Il faut en inventer aussi pour briser des résistances au pouvoir. Il faut en inventer pour transformer en hérésie ce que l'on doit rejeter. Jeu classique, mais qui atteint ici un niveau de subtilité peu courant : dans le respect des formes du droit et de la rigueur théologique, qui interdisent de proclamer hérétique ce qui ne l'est pas, on va se contenter de laisser croire, d'indiquer des pistes dont on sait que le peuple s'y engouffrera. On manœuvre pour retourner contre elle-même ce qui était à la racine du « mal » : la conception traditionnelle du christianisme, la certitude du salut, la confiance absolue en Dieu, source à la fois de ce désir d'autonomie qu'il fallait briser et du prestige du tribunal qui allait être l'instrument de la lutte.

Jean-Pierre DEDIEU
CNRS, MPI Talence

NOTES

1. BENNASSAR (Bartolomé), *L'Inquisition espagnole – XVe-XIXe siècle*, Hachette, Paris, 1979 (réédition Marabout). Il faudrait y ajouter, mais cela ne nous concerne pas ici, une fonction de contrôle de la production théologique et intellectuelle, qui s'exerçait par la surveillance de la librairie, des milieux universitaires et de la prédication.

2. Archivo Histórico Nacional de Madrid (désormais AHN), Inquisición» (désormais INQ), legajo 210, expediente 40, Pedro Jiménez, 1572.

3. Pedro DE LÉON, *Grandeza y miseria de Andalucía. Testimonio de una encrucijada histórica (1578-1616)*, éd. Pedro Herrera Puga, Universidad de Granada, Grenade, 1981, p. 298 et p. 518.

4. Tel celui que prêcha le licencié Narvaez (un prêtre morisque, soit dit en passant), à Ucles (province actuelle de Cuenca), les jeudis saints de 1555 et 1556 (car le succès remporté lui fit reprendre le même texte l'année suivante) : Archivo Diocesano de Cuenca (désormais ADC), INQ, leg. 240, exp. 3318, Francisco Narvaez, 1558 ; ou celui, extrêmement émouvant même pour qui ne peut lire que le canevas qui en a été conservé dans un procès, du Frère Sebasti án de la Oliva, de

Requena (actuelle province de Valence), prêché dans cette ville vers 1580, où l'on voit le Christ effectuer devant son Père une danse sacrée dont les pas correspondent aux épisodes de sa vie terrestres, pour racheter l'humanité (ADC INQ, leg. 256, exp. 3491).

5. Je partage l'opinion de Keith Thomas lorsqu'il voit dans la religion catholique traditionnelle, entre autres choses, une série de techniques pour manipuler les forces invisibles et contrôler leur action en ce monde (Keith THOMAS, *Religion and the decline of Magic. Studies in popular beliefs in sixteenth and seventeenth century England*, Weidenfield and Nicholson, Londres, 1973, 716 p.)

6. Sous le nom de « Relations Topographiques » (désignation factice, choisie par leur premier éditeur), on désigne une enquête effectuée entre 1575 et 1580 en Nouvelle Castille, dans le centre de l'Espagne. Chaque village devait répondre à un questionnaire qui portait sur la géographie, la topographie, l'administration, l'histoire, l'économie, la population et la vie religieuse de l'agglomération. On a conservé plusieurs centaines de réponses. En dépit des problèmes que soulève leur exploitation, les Relations Topographiques sont une source de premier ordre, dont la richesse n'a pas été épuisée. Il faut citer, dans le domaine religieux : William A. CHRISTIAN Jr, *Local Religion in XVIIth century Spain*, Princeton University Press, Princeton, 1981, XII + 283 p.

6bis. Louis CARDAILLAC, *Les morisques et l'Inquisition*, Paris, Publisud, 1990.

7. Sur la répression du protestantisme : Bennassar (Bartolomé), *op. cit.*, p. 269-311. Le récit de la perquisition : AHN INQ, leg. 76, exp. 10.

8. Statistique établie à partir des « relations de causes », des rapports annuels d'activité que les inquisiteurs envoyaient au Conseil, qui centralisait leur action. Ont été utilisés ici : AHN INQ, leg. 2105-2106.

9. Francisco FARFAN, *Tres libros contra el pecado de la simple fornicación, donde se averigua que la torpeza entre solteros es pecado mortal, según ley divina y humana, y se responde a los engaños de los que dicen que no es pecado*, Herederos de Mathias Gast, Salamanque, 1585, 984 p. + introduction.

10. Les manuels de pratique sont des guides composés par des inquisiteurs expérimentés à l'usage de leurs confrères, où ils analysent des problèmes pratiques de solution délicate. Celui d'Isidoro de San Vicente, écrit au début du XVIIe siècle par un juge actif déjà la fin du XVIe, est le plus connu. Il est toujours resté manuscrit, pour restreindre sa diffusion et préserver le secret du fonctionnement de l'Office, mais de nombreuses copies en ont circulé dans les milieux inquisitoriaux. L'une des multiples versions qui en ont été conservées : AHN INQ, libro 1245, f° 67-90.

11. Les inquisiteurs utilisent un système complexe de peines spirituelles, corporelles et financières, chaque sentence mêlant des éléments des trois classes. Les peines spirituelles commandent. Les peines de « relaxation au bras séculier » (en fait la mort) et de « réconciliation » sont réservées aux accusés dont la culpabilité a été démontrée en matière d'hérésie formelle (la seule qui réponde à la définition juridique et théologique de l'hérésie). L'« abjuration de vehementi » est appliquée aux accusés dont la culpabilité n'a pu être entièrement démontrée en matière d'hérésie formelle. L'« abjuration de levi » et de simples pénitences spirituelles sont réservées aux personnes accusées de crimes qui ne correspondent pas à la définition formelle de l'hérésie, mais que juge l'Inquisition : c'est, en quelque sorte, partir du XVIe siècle tout au moins, une astuce juridique pour faire

tomber dans la juridiction d'un tribunal spécialisé dans le traitement de l'hérésie, des choses qui, en rigueur, n'en relevaient pas.

12. FARFAN, *op. cit.*, p. 782. « L'Eglise, pour exclure toute ignorance et rendre claire cette vérité [que la « simple fornication » est un péché] permet, que dans le catéchisme que l'on enseigne aux enfants on modifie les paroles du sixième commandement du Décalogue et qu'au lieu de dire : « Tu ne commettras point l'adultère », on dise : « Tu ne forniqueras pas ». Il s'ensuit que le chrétien qui, pensant que la simple fornication n'est pas illicite, y tombe, commet deux péchés : d'une part une erreur contre la foi, de l'autre une infraction au sixième commandement ».

VERS LA FRONTIÈRE : THOMAS ILLYRICUS

La vie – d'un individu, d'une société, d'un pays – ne décrit pas une courbe régulière mais offre au regard une série de périodes discontinues, de paliers l'ensemble formant un tout cohérent, selon une progression organique. Le passage d'un palier à l'autre peut être brutal, douloureux, violent. C'est un moment de crise, rempli de contradictions et d'incertitudes. Cette rupture de rythme crée un moment exceptionnel où tout est possible, puisque aucune voie n'a été choisie. Elle révèle quelquefois des possibilités, des chemins que l'on ne soupçonnait pas, aveuglé que l'on était par la routine. L'individu, la société, se trouvant à un carrefour vit un de ces brefs instants où la capacité d'exercer sa liberté lui est offerte. Un des rares moments, dans notre société occidentale, durant lesquels nous pouvons observer ce phénomène, se situe dans la courte période précédant le « temps des réformes » – disons entre 1500 et 1530. Cette période, durant laquelle toutes les questions sont posées, et toutes les réponses possibles, permet une liberté d'esprit rare, offrant la possibilité à chacun d'apporter son concours, sans crainte, à la recherche du meilleur chemin. Cette période est passionnante, par son incertitude même. Pour mieux la comprendre, nous étudierons ici le chemin parcouru par un homme de son temps.

Thomas Illyricus n'est pas une vedette, sans être totalement inconnu. Il nous semble que, par l'intermédiaire de ce personnage, plutôt que par celui de prédicateurs plus connus, il est possible de saisir d'une manière plus proche la réalité, les incertitudes, les désirs de transformation de l'époque. En même temps nous comprenons mieux les liens avec le passé, freinant ce désir de neuf, de vivant, qui apparaît lorsque nous nous penchons vers la période. Thomas Illyricus nous aidera beaucoup mieux que tout autre prédicateur célèbre, puisqu'il n'a pas d'« étiquette » et donc aucun rôle à tenir. Il évolue sans contrainte tout au long de sa route, à mesure que s'affirment ses convictions profondes.

Qui est-il ? Les archives, chroniques contemporaines et sources posté-rieures [1], nous indiquent qu'il est né, vers 1284 à Vrana, dans le diocèse de Zadar, en Dalmatie – d'où son nom Illyricus, ou plus rarement Sciavone –. Sa famille émigre ensuite en Italie, à Osimo, diocèse d'Ancône, villes où séjourna Thomas pour accomplir son noviciat chez les franciscains de l'Observance, ainsi que des études de Théologie. Il commence ensuite sa carrière de prédicateur en Italie, effectue plusieurs pèlerinages à Saint Jacques de Compostelle, en Terre

Sainte. Il devient ensuite prédicateur itinérant et parcourt la Savoie, le Dauphiné, le sud ouest de la France, (Toulouse, Bordeaux, Foix), Lyon, les terres du prince de Monaco, la région de Turin. Il meurt à Carnolès (Menton) en 1528.. Le personnage nous est connu par ses écrits (sermons, traités de théologie, lettres, édités à Toulouse, Turin essentiellement)[2], les chroniques de l'époque et postérieures, l'enquête entreprise un siècle plus tard par le prince de Monaco en vue de sa béatification[3].

Au début de sa carrière de prédicateur, Thomas Illyricus nous apparaît tout à fait conscient des difficultés que l'Eglise rencontre, et de la nécessité d'une réforme profonde. Il pense qu'il faut retourner à des règles plus strictes, comme les pratiquait l'Eglise à ses débuts. Il faut à ses yeux commencer par un lent et profond travail pédagogique. Il pense tout à fait possible par la prédication de pouvoir réformer l'institution de l'intérieur. Il s'en prend à la pratique abusive de certains procédés, dénoncés par ailleurs par Luther, tels que la prolifération des reliques (quelques fois fausses...), les excommunications[4]. Sachant qu'il ne suffit pas de dénoncer les pratiques, Thomas pense à convaincre les hommes, notamment ceux qui détiennent les responsabilités spirituelles. Réaliste, il voit les choses telles qu'elles sont : une réforme totale des mœurs du clergé s'impose, immédiatement. Sans cela, l'Eglise court à la catastrophe. Peu de ministres ont reçu une formation digne de ce nom. Pour pallier à cela, il publie un manuel de confession[5], indiquant la signification de chaque étape du sacrement, il fait imprimer à Toulouse un recueil de sermons à l'usage des prédicateurs, dans lesquels il indique même les jeux de scène, les attitudes à adopter. En fidèle Observant, il rappelle partout la nécessité de respecter le vœu de pauvreté, s'adresse en premier lieu aux prélats[6]. Très ancré dans son temps, et connaissant bien la nature humaine, Thomas sait qu'il ne suffit pas de prononcer des discours – quelque succès qu'ils aient – pour transformer une société : il faut aussi convaincre ceux qui détiennent le pouvoir et les gagner à sa cause. Il écrit ainsi aux Capitouls de Toulouse[7]. les incitant à exercer leur autorité selon la morale chrétienne, de veiller aux bonnes mœurs de leurs administrés. Il définit ainsi son idéal : « Heureuses les cités dont les philosophes seraient les chefs, ou dont les chefs étudieraient les principes de la vraie philosophie »[8]. Il s'adresse ensuite aux militaires, officiers et soldats. Tout aussi importante est pour lui l'éducation de la masse du peuple. Il prêche sans relâche, prononce et écrit des sermons destinés à la population locale. Dans sa lettre sur le mariage[9], il s'adresse aux couples, qui ont la charge de l'éducation des futurs chrétiens. Souhaitant que les bonnes mœurs règnent partout, il incite les autorités à supprimer les jeux d'argent, les cartes[10]. Il condamne aussi l'attitude de certains étudiants qui profitent de l'autorisation qui leur est donnée de se masquer au temps de Carnaval, pour accomplir de mauvaises actions[11].

Par la prédication, Thomas combat l'hérésie en essayant de susciter une réforme intérieure des fidèles, les responsables politiques et religieux. Lorsque l'Eglise aura retrouvé sa force intérieure, les désirs de rupture légitimés jusque là par les abus, disparaîtront d'eux-mêmes.

Mais cela est beaucoup plus difficile que Thomas semble le croire au premier abord. Déjà, à Zadar[12], Genève[13], quelques problèmes avaient surgi. Mais dans les deux cas, comme il avait pris parti pour l'évêque contre le pouvoir politique, Thomas a pu penser que ses ennuis n'avaient aucun rapport avec le contenu de sa prédication. A Bordeaux, le doute n'est plus possible : dans cette ville, Thomas prêche, demandant à ses auditeurs – et tout particulièrement aux responsables religieux – de réformer leur manière de vivre, afin de donner l'exemple. Faute de quoi, il prédit l'arrivée d'une réforme qui, elle, ne pouvant s'appuyer sur une Eglise corrompue, déviera et deviendra hérétique. Devant l'urgence, Thomas devient virulent. Florimond de Roemond le décrit ainsi : «Les écrits que j'ai retrouvé de lui montrent avec quelle liberté il parlait des corruptions... Il tenait le même langage que Luther... mais ce bon religieux ne toucha que le vice des ministres». Cette liberté d'esprit heurte les autorités religieuses, peu désireuses de perdre le contrôle de leurs ouailles. Thomas refuse de modérer ses propos et s'exile un temps non loin de là, à la Teste.

Cette expérience montre à Thomas qu'on ne peut tout dire, que la voie est beaucoup plus étroite qu'il ne le croyait. L'exil est propice à la réflexion. Thomas conclut que l'on ne peut plus tout dire sans danger d'être rejeté : on l'accuse même de «séduire le peuple et d'apporter le schisme»[14]. Il continuera à prêcher, tout en découvrant la portée de l'écrit qui, pour lui, est un nouveau moyen de s'exprimer sans contrainte.

Malgré tout cela, il prêche, violemment parfois – il est qualifié à Foix de «Jérôme Savonarolle» des Pyrénées –. Voyant avec amertume que sa prédication n'est plus écoutée avec autant d'attention, il se retire un an à Rabastens et rédige, puis fait imprimer en 1521 à Toulouse un recueil de sermons. Il repart ensuite, passe à Lyon, prêche mais n'est plus écouté : les auditeurs sont de moins en moins ouverts à toute idée de réforme, même interne, de l'Eglise. N'oublions pas que les idées de Luther ont été solennellement condamnées l'année précédente et que toute concordance de vue, ne serait-ce que sur la nécessité même de réforme paraît à certains une marque d'hérésie. Le «no man's land» dans lequel les idées différentes pouvaient s'exprimer sans violence se rétrécit. Thomas part alors à Turin et se consacre essentiellement à l'écriture. Il publie en 1523 le *Libelleus de potestate*[15], ouvrage dans lequel il reprend, point par point les propositions de Luther et les réfute, en essayant de convaincre sinon Luther, du moins ses lecteurs. Il rédige son texte en forme de discussion théologique, selon la méthode scolastique la plus rigoureuse. Il parle d'égal à égal avec Luther. Les citations fusent, se répondent. Thomas expose tout d'abord les thèses controversées, puis explique abondamment ses propres positions. Thomas devient de plus en plus combatif, non plus en prêchant, mais par l'écriture. Il ne s'adresse plus directement aux fidèles et à leurs dirigeants directs, hommes d'Eglise ou laïcs, mais agit ici en théologien, comprenant qu'il doit non plus essayer de réformer uniquement la formation des prêtres et religieux, d'exiger un retour à la pureté des origines de l'Eglise, mais d'interroger en profondeur sur les fondements de la foi que l'on confesse. Pour Thomas, le moyen le plus efficace paraît la convocation d'un concile, largement ouvert. Il s'adresse pour cela aux personnages qui lui paraissent le plus pouvoir influencer, s'il n'est pas trop tard, le cours des événements. C'est ainsi qu'il écrit tout d'abord à Jean de Lorraine[16], évêque de Valence en Dauphiné, pour lui confier ses inquiétudes et l'inciter à tout faire pour prévenir tout danger de rupture. La lettre suivante est destinée à Charles III, duc de Savoie[17], son protecteur – c'est sous l'autorité et la protection de ce dernier que Thomas Illyricus édite ses deux derniers ouvrages à Turin. Thomas incite le duc à réformer les pratiques et les mœurs à l'intérieur même de l'Eglise, tout en combattant sur le terrain l'hérésie naissante. Thomas s'adresse ensuite au pape nouvellement élu, Adrien VI[18]. D'esprit très ouvert, ami d'Erasme, ce dernier appartenait au courant humaniste. Son élection au trône de Pierre éveille de grands espoirs parmi ceux qui, tout en désirant demeurer fidèles à Rome, n'en comprennent pas moins la nécessité et l'urgence d'une réforme interne de l'Eglise Catholique. Thomas s'aperçoit qu'à ce moment là les idées se figent, l'ouverture n'est plus possible.

Chacun reste sur ses positions, condamnant celui qui ne les adopte pas. Thomas sent le danger approcher et c'est pourquoi il met toute sa confiance en ce pape qui, dès son installation, entreprend la réforme du clergé de Rome non sans se heurter violemment au conservatisme de la curie. Sûr d'être compris, il lui dédie le *Libellus*, et demande sa caution : «j'ai l'honneur de vous dédier ce livre pour me mettre ainsi à couvert contre mes détracteurs... Si vous m'approuvez, ceux qui me blâmeront seront confondus, et nul ne pourra me taxer d'hérésie»[19]. Thomas définit ensuite ce qu'il croit en matière d'autorité pontificale – elle est parfaitement légitimée par les écritures – mais en dessine les limites. Il affirme en particulier que le pape ne peut décider en matière de foi sans l'aide d'un concile, que nul n'est tenu de lui obéir (son pouvoir ne concernant que le domaine spirituel) si l'ordre donné paraît mauvais. Il suppose même possible que le pape puisse être hérétique : dans ce cas, l'Eglise pourrait le déposer par un Concile Général. Il rappelle ensuite fermement sa fidélité à Rome et explique le but de son action : «Je ne me tairai pas quoi qu'on puisse se troubler de ce que je vais dire. Ne pas dévoiler le mal, c'est un manque de courage diabolique. Il vaut mieux faire naître l'interrogation que cacher la vérité. Je ne veux incriminer ni l'œuvre de Dieu, ni les bons ecclésiastiques et les chrétiens vertueux, mais uniquement les mauvais, et encore pour les déterminer à se corriger et à devenir vraiment les amis de l'Eglise et les membres du Christ»[20]. Ce texte, plein d'espoir, traduit le soulagement du courant réformateur et humaniste qui anime une partie de l'Eglise d'alors. L'élection d'Adrien VI, à la fois très ouvert aux idées nouvelles et soucieux de maintenir l'unité, offre la possibilité, si l'on n'hésite pas à entreprendre des réformes en profondeur, d'éviter le schisme.

Hélas, ce pape mourut prématurément, vingt mois seulement après son élection. Les réformes qu'il avait entreprises n'ont pu porter leur fruit.

La porte se ferme. Il n'est plus question de proposer des réformes internes à l'Eglise. Le nouveau pape, Clément VII, trop occupé par ses démêlés avec Charles Quint, n'a pas le temps de réformer l'Eglise. De plus, il envisage avec terreur la convocation d'un concile. Thomas soucieux de poursuivre sa tâche et toujours préoccupé de respecter la primauté de Rome écrit un dernier ouvrage qu'il place sous la protection de Clément VII. Edité en 1524 à Turin, ce volume a été financé par Augustin Grimaldi, évêque de Grasse et tuteur du Prince de Monaco. Voulant continuer à écrire, Thomas n'a plus qu'une seule possibilité : condamner ouvertement l'hérésie. Il intitule l'ouvrage *Contra Lutherianas hereses...*[21] C'est, notons le, la première fois qu'il qualifie les thèses de Luther d'hérétiques. Ce dernier n'apparaît plus comme un «déviationniste» qu'il faut remettre dans le droit chemin. Il est maintenant défini comme un hérétique qu'il faut combattre. Pour cela, Thomas reprend le texte de la *Captivité de Babylone*, écrit par Luther en 1520 et en réfute, en les condamnant, les idées de bout en bout. Il ajoute à la fin du volume les textes de condamnation des livres de Luther par les universités de Paris, Louvain et Cologne.

Cet ouvrage est le dernier témoignage direct donné par Thomas Illyricus. Qu'a-t-il fait après sa publication? Un seul document peut nous éclairer sur cette période obscure : une lettre de Clément VII nomme Thomas Inquisiteur Général en Savoie et Dauphiné[22]. Les premières lignes du texte vantent ses mérites comme prédicateur efficace «en plusieurs lieux d'Allemagne». Il a donc prêché en terre d'Empire mais il est peu probable qu'il ait accompli son ministère au delà de la Suisse actuelle, bref, les lieux naturels de sa prédication. En effet, le mot Allemagne désigne les pays plus ou moins directement sous l'autorité de Charles Quint, dont le nord de l'Italie, une partie de la Suisse.

Voici donc Thomas nommé inquisiteur en Savoie et en Dauphiné pour lutter contre les hérésies de Luther et des Vaudois. C'est à la demande personnelle du duc de Savoie que Thomas Illyricus est appelé à cette fonction. Ce prince, écartelé entre le pape, qui le menace, et les idées neuves qui attirent ses sujets, cherche un moyen terme. Pour éviter toute répression massive envers ses sujets, il recommande la nomination comme inquisiteur général d'un personnage qui apparaît proche des idées de réforme, tout en demeurant fidèle à Rome : Thomas Illyricus. Nommer un inquisiteur général proche de l'esprit des réformateurs peut apparaître comme le seul moyen de conserver un «espace de liberté» qui se rétrécit de jour en jour. Mais la mission de Thomas ne s'arrête pas là. Charles III, alors en conflit armé avec François Ier, n'a d'autre recours que de se tourner vers Charles Quint. Pour plaire à l'empereur, qui vient de se réconcilier avec Rome, il fallait à tout prix épouser sa politique à l'égard des courants religieux dissidents. La mention dans le texte introduisant Thomas dans ses nouvelles fonctions, d'Augustin Grimaldi, évêque de Grasse, par ailleurs commanditaire des deux ouvrages de Thomas Illyricus édités à Turin, nous confirme dans cette idée. Ce prélat, prince de Monaco, administrateur de la Principauté dès 1523, était passé l'année suivante au parti de Charles Quint. Il avait été privé à ce moment là de ses bénéfices par François Ier. Pour Thomas, frontière politique et frontière religieuse coïncident parfaitement...

A-t-il exercé ses nouvelles fonctions? A-t-il comme par le passé, continué à prêcher, espérant convaincre par la parole et par l'exemple ses contemporains de la nécessité de réformer de l'intérieur, et chaque individu, et l'institution, sa qualité d'inquisiteur lui assurant une relative liberté d'expression. Aucun document ne nous renseigne sur cette période de sa vie. Nous savons seulement qu'il est mort, en mai 1528 à Carnolès, près de Menton, sur les terres du prince de Monaco, administrées par son protecteur, Augustin Grimaldi. Peut-être en est il mieux ainsi : il n'a pas vécu la fermeture et de l'Eglise Catholique et du mouvement de Réforme aux idées nouvelles. Il n'a pas participé à la politique répressive qu'a adopté – vainement puisqu'il perdra ses droits sur les cantons de Vaud et la ville de Genève – Charles III en matière de religion.

Si nous considérons l'ensemble de l'action de Thomas Illyricus, notamment son œuvre d'écrivain et de théologien, nous constatons que, s'il n'appartient pas au groupe de ceux qui ont voulu imposer d'une manière radicale et violente la réforme interne de l'Eglise Catholique, il peut être considéré comme l'un de ceux qui, ayant compris le besoin profond d'un renouveau spirituel, ont depuis longtemps, patiemment, dans le respect d'autrui, entrepris d'y répondre par un travail en profondeur de contact tant avec les fidèles les plus humbles qu'avec les plus hauts responsables religieux et civils. Cette forme de pastorale, peut être moins spectaculaire que d'autres, peut parfois avoir à long terme un effet plus bénéfique. En suivant pas à pas ce prédicateur «ordinaire» – même si son sort paraît exceptionnel – nous avons mieux approché son temps. Nous en mesurons mieux la complexité et nous découvrons les différents courants spirituels qui l'animent.

On a tenté de la canoniser, sans succès. Etait-il un saint? Résoudre – ou poser – cette question nous apparaît de peu d'importance. Thomas a apporté beaucoup à ses contemporains : il pose des interrogations, dérange les idées reçues et bouscule les habitudes. Peut-être est-ce cela, la sainteté : aider ceux que l'on rencontre à s'interroger.

Mais, hélas, les frontières sont maintenant fermées. Il faut choisir son camp, décider qui détient la Vérité. Ces deux «mondes» formeront jusqu'à une période très proche deux univers clos, étrangers et hostiles. Il faudra pour que l'on ose enfin s'interroger une autre rupture de rythme, un autre palier : la période que nous vivons, peut être...

Marie-France GODFROY

NOTES

1. WADDING (L.) *Scriptores ordinis minores*, Ed. Novissima, Rome 1936, *Monumenta archivi ragusini*, p. 771-778.

Registres du Conseil de Genève, transcrit par RIVOIRE. En ce qui nous concerne : Tome VIII, Genève 1922, p. 140-141.

Chroniques de Genève, par François Bonnivard, prieur de Saint Victor, publiées par G. REVILLARD, Genève 1867. T. II, L. 3, Ch. 10, p. 42-43.

Registre de Grenoble, cote BB 4.

Montauban, arch. mun. *Comptes consulaires. ms. cartul. N° 11, f° 355 V°*.

Arch. Mun. de Condom série BB *Livre des jurades* de 1505 à 1540 (texte gascon).

Te igitur manuscrit en latin des *délibérations du Conseil de Cahors*, f° 202 V° et 203.

Fl. de ROEMOND, *Histoire de la Naissance, progrez et décadence de l'hérésie de ce siècle.* Paris 1605, livre I, ch. III, p. 11-12.

CUEILLENS (F.) *La vie de Matthieu Viste* Toulouse 1685, p. 135-36.

Orbis seraphicus de Gubernalis. Lugduni 1686, T II, ch. V. , p. 395-396.

LA FAILLE (G. de) *Annales de la ville de Toulouse*, Toulouse 1701, T. II, p. 13.

LESCAZES *Mémorial historique*, ch. IX, p. 35-37. A Toulouse chez Colomiez.

2. Le père MAURIAC (R. M.) a établi une liste des œuvres de Thomas Illyricus dans «Nomenclature et description sommaire des œuvres des Thomas Illyricus, OFM» in *Archivium Franciscanum historicum*, T. 18, 1925, p. 374-385. Nous citerons ici les ouvrages principaux tels le recueil des sermons édité à Toulouse en 1521 *Sermones aurei ac excellentissimi in alma civitate Tholosane proclamati a fratre Thoma Illyrico de Auximo, Ordinis Minorum, Sacre Theologie professore, et verbi Dei precone famosissimo generali et apostolico per universum mundum.* Impressum Tholose per Magistrum Ioannem de Guerlins, anno Domini MCCCCCXXI, die XXVIII mensis Iulii., les ouvrages édités à Turin en 1523 *Libellus de potestae summi pontifici editus a fratre Thoma Illyrico minorita, verbi dei precone famatissimo et apostolico qui intitulatur Clippeus status papalis.* Et en 1524 *In Lutherianas hereses clipeus catholicae ecclesie Reverendum sacras paginas cultorem et eloquiorum dei preconem celeberrimum ac Apostolicum Fratrem Thomam Illyricum minorite reg. observ.*

3. *Informazioni prese da diverse persone di Monaco, Rocabruna e di Mentone in torno alla vita del Beato fra Thoma Schiavone, della religione di San Francesco, per ordine del Principe di Valditaro, zio e tutore del Principe di Monaco.* (1612).

4. *Libellus de potestate*, livres C, M, N.

5. *Modus confitendi editus a fratre Thoma Illyrico ordinis fratrum minorum heremique cultore. Cum interrogationibus sacerdos quolibet suum confitende interrogare debe.*

6. *Regula pro prelatis ecclesie edita a fratre Thoma Illyrico de Aussimo ordinis fratrum minorum predicatore.*

7. *Epistola fratris Thome Illyrici ordinis minorum divini verbi oratoris pro defensione nominis Jhesu directa sacrum senatum Tholosanum.*

8. *Libellus de Potestate*, L. P 1 à 3.

9. *Epistola fratris Thome Illyrici ordinis minorum de ordine servando in matrimonio, ac de laudibus matrimonii, ad omnes christifideles directa.*

10. *La vie de Matthieu Viste*, op. cit. p. 135-136.

11. *Epistola fratris Thome Illyrici ordinis minorum et divini verbi preconis ad universos Tholosae gymnadis scholares.*

12. *Monumenta Archivi ragusini*, op. cit., p. 773. Thomas et ses compagnons furent emprisonnés pendant deux jours...

13. RIVOIRE *Registre du conseil de Genève, op. cit.* Le conseil de Genève ne le reçoit pas officiellement, et le rapport insiste seulement sur le coût de sa visite : deux bombonnes de vin blanc et rouge, une douzaine de pains. Bonnivard, il est vrai n'était pas partisan de Charles III. Il intitule le chapitre de ses chroniques consacrées à Thomas «Des choses faictes en l'an 1517 devant l'élection des syndiques, mesmement des abuz de frère Thomas»...

14. Dit-il aux étudiants toulousains dans la lettre qu'il leur envoie de son exil de La Teste. voir note 11.

15. Voir note 2.

16. *Libellus*, op. cit., A 8, V°.

17. *Libellus*, op. cit. A 4, V° – A6, VO.

18. *Libellus*, op. cit., *Epistola ad Adrianum papam*.

19. id. A 2, r°.

20. id. A 2 v° – A 4, r°.

21. Le titre intégral de cet ouvrage se trouve note 2.

22. Le texte se trouve dans WADDING, *op. cit.* note 1, p. 775-778. La lettre est datée du 15 janvier 1527.

LES PAMPHLETS ANTI-LUTHÉRIENS
DE THOMAS MURNER

Curieux personnage! Jusqu'en 1520, ce franciscain strasbourgeois n'a pas cessé de batailler sur les fronts les plus divers et de critiquer vigoureusement les défauts (la folie) des différentes couches de la société y compris les clercs corrompus, négligeant leurs tâches pastorales, opposés aux réformes et délaissant l'idéal de pauvreté.

Mais à partir de 1520, il se dresse contre Luther. Il sera, au niveau de la littérature pamphlétaire opposée au réformateur, littérature encore mal étudiée d'ailleurs, l'un des adversaires les plus talentueux faute d'être un théologien d'envergure.

Murner a surtout été étudié sous l'angle littéraire. Dans une bibliographie récente[1], l'on peut compter une trentaine de titres relatifs à la langue ou à l'humanisme de Murner, alors qu'à peine une dizaine présentent ses conceptions proprement religieuses[2].

Or c'est bien de ce dernier aspect qu'il sera question dans notre exposé. Non pas pour étudier tous les détails d'une pensée pas toujours originale, mais pour évoquer le cri du cœur de Murner face au mouvement évangélique, et décrire l'émergence d'une frontière qui se précise et se durcit dès les années 1520-1530, une sorte de « non possumus » face à un nouveau vécu religieux suscité par le message luthérien et ses applications.

Nous procéderons en deux temps. Nous suivrons d'abord notre franciscain au fil des écrits de 1520 à 1522. En un second temps, nous nous concentrerons sur trois domaines dans lesquels se cristallise l'opposition entre l'Eglise défendue par Murner et l'Eglise évangélique.

I. AU FIL DES ÉCRITS (1520-1522)

L'émergence de Luther a suscité un flot considérable de pamphlets et provoqué une « guerre des pamphlets » (Gravier). Le phénomène commence à être bien connu, par diverses publications et par l'entreprise, malheureusement arrêtée aujourd'hui, du Centre de Tübingen qui a recueilli et analysé de manière systématique l'ensemble de la production[3]. Dès 1519 Spengler avait fait l'apologie de Luther[4] (*Apologie...*), puis les pamphlets se multiplient en 1521, dans la mouvance de la Diète de Worms notamment. Strasbourg fut un marché aux pamphlets privilégié[5]. C'est là qu'est imprimé en janvier 1521 le fameux

Karsthans qui connaîtra plusieurs éditions. Les pamphlets évangéliques, dont il faudrait citer bien d'autres titres, comme par exemple le curieux *Passion Dr. Martini Lutheri* (1521), prennent non seulement la défense de Luther, mais pourfendent aussi ses adversaires. Parmi ces derniers, Murner est une des cibles préférées.

C'est que Murner s'était lui-même aventuré sur ce terrain dès 1520. Au cours des deux derniers mois de cette année, il a fait paraître, sans nom d'auteur, quatre pamphlets : *Eine Christliche und briederliche ermahnung* (11 nov. 1520)[6], *Von Doctor Martinus luters leren und predigen* (24 nov.1520)[7], *Von dem bapstenthum, das ist von der höchsten oberkeyt Christlichs glauben*(13 nov. 1520)[8], *An den Groszmechtigsten und Durchlüchtigsten adel tütscher nation*(25 déc. 1520).

Ces quatre pamphlets n'étaient, selon les dires de Murner, que les premiers d'une série de 32. Certains manuscrits déjà prêts ont, semble-t-il, été détruits, d'autres n'ont pu être élaborés faute de temps. Les publications dirigées directement contre Luther ne dépassent donc pas la dizaine. Observons d'abord comme le ton monte entre le premier et le quatrième écrit de 1520. La *ermahnung* qualifie encore Luther de « très cher père et frère dans la foi en Jésus-Christ »[10]. Le quatrième (*An den groszmechtigsten adel...*) le traite d'homme coléreux et insensé, de fou désireux de se venger du pape.

Au plan du contenu, les quatre premiers pamphlets s'opposent à différents écrits de Luther de l'année 1520, en particulier au *Sermon von dem neuen Testament*[11], *Von dem Papsttum zu Rom*[12] et à son *Manifeste à la noblesse chrétienne (An den christlichen Adel)*[13].

Donnons quelques indications sur la démarche générale.

Le premier pamphlet indique déjà la ligne suivie par Murner. A ses yeux Luther va trop loin dans la critique. Il attaque tout : le pape, les docteurs et la tradition, le droit – bref les institutions traditionnelles. Or, selon Murner, c'est à celles-ci qu'il revient d'opérer une réforme qui doit s'effectuer par en-haut. Luther au contraire va finir par dresser le peuple contre les autorités et susciter des révoltes. De toute manière, les critiques qu'il adresse à l'Eglise – et où n'y a-t-il rien à critiquer? – sont excessives. Dans le second traité (*Von Dr. Martinus luters leren...*), Murner oppose sa propre manière d'agir, qui est d'améliorer et de guérir, à celle de Luther qui veut supprimer.

Au niveau du fond apparaissent quelques-uns des grands problèmes en jeu, sauf la justification par la foi. Murner invite à faire la distinction entre les abus et la vérité de la messe, et il défend la conception sacrificielle de la messe. Il s'en prend aux affirmations luthériennes relatives à l'Eglise invisible et cherche à prouver par des références bibliques que la papauté a été instituée par le Christ comme autorité suprême en matière de foi. Le quatrième écrit est sans conteste le meilleur. En réponse au *Manifeste à la noblesse* de Luther, Murner se propose de reconstruire les trois murailles des Romanistes que Luther voulait abattre. Il veut maintenir la distinction entre clercs et laïcs, et affirme que le Saint-Esprit se lie de façon particulière à la papauté. Il s'oppose enfin à l'idée luthérienne qu'un individu pourrait convoquer le concile.

Mais Murner n'en reste pas là. Il traduit en allemand le traité de Luther *Sur la captivité babylonienne de l'Eglise* afin d'éclairer les laïcs sur la perversion de l'hérésie luthérienne[14]. Dans un libelle de 1521[15] *(Wie doctor M. Luther...)*, il stigmatise Luther qui a brûlé la bulle *Exsurge Domine* et le droit canon.

L'action antiluthérienne de Murner ne passa pas inaperçue. L'anonymat des premiers écrits fut rapidement percé à Strasbourg (notamment par Bucer). Luther évoque notre personnage dans plusieurs lettres et dans l'annexe d'un écrit dirigé contre Emser (29 mars 1521). Il déverse sur lui ses sarcasmes tout en lui rendant l'hommage qu'il « ment moins qu'Emser ». Divers pamphlets pro-luthériens de la fin de 1520 et de 1521 le prennent pour cible (*Wolfgesang, Murnarus Leviathan, Karsthans*, etc) et construisent une image qui va coller au personnage. Murner se plaint, en vain, auprès des autorités de la ville.

Emouvant sera son chant composé en 1522 : *Ain new lied von dem undergang des christlichen glaubens*[17].

Il y exprime de façon sincère la détresse des partisans de l'Eglise traditionnelle : le pape est chassé, la foi risque de disparaître, les pasteurs sont frappés, les divisions sont là ainsi que les soulèvements. Mais le ton est aussi offensif : personne ne prend la défense des abus, et les fidèles ont leur part de responsabilité, mais il faut rester fidèle à la foi traditionnelle et résister aux innovations. Et Murner clame qu'il est prêt à utiliser l'épée et le bouclier tant qu'il le peut.

Ce chant suscita à son tour un flot de pamphlets qui s'en prirent de nouveau à la personne du franciscain strasbourgeois. Alors Murner abandonna toute retenue et se lança à corps perdu dans la bataille. Il composa son œuvre maîtresse : *Le Grand Fou luthérien (Von dem grossen lutherischen Narren)*[18]. Il y rappelle toutes les attaques dont il avait été l'objet, les sobriquets dont on l'avait affublé. Le temps n'est plus à la modération, d'autant moins qu'il ne s'agit pas seulement de sa personne, mais de l'Eglise chrétienne et de sa foi gravement menacées. Murner va donc mordre comme un chat agressé. Il renonce maintenant à argumenter, préférant discréditer l'adversaire et tenter de ramener les fidèles égarés à la foi traditionnelle. Murner rappelle qu'il avait déjà évoqué dans le passé les petits fous, en rapport évidemment avec le diable. Le pamphlet se compose de trois parties : la première, apostrophant les fous, s'adresse plutôt aux adeptes de Luther qui, au nom de sa doctrine, fomentent des révoltes. La seconde partie s'en prend d'abord aux conceptions exprimées par un pamphlétaire évangélique, Eberlin von Günzburg, dans ses« *Fünfzehn Buntgenossen* ». Celles-ci sont rendues sous forme de parodie de façon exagérée, au point que le message luthérien apparaît comme attaque licencieuse contre la foi chrétienne. Murner raconte ensuite des histoires sur « l'armée luthérienne » : ce ramassis de gueux qui s'est choisi Luther pour capitaine, c'est-à-dire un homme irrespectueux envers le pape, le droit de l'Eglise et les sacrements. Lui et ses troupes vont faire la guerre contre l'empereur, l'Empire et tous les saints, arguant d'une liberté comprise au sens anarchique et révolutionnaire.

La troisième partie évoque sous forme de récit imaginaire le mariage de Murner avec la fille de Luther. C'est une farce, d'autant plus que le mariage n'a plus de caractère sacramentel chez les luthériens.

Ce volumineux pamphlet paru le 19 décembre 1522 fut presque immédiatement confisqué. Mais une seconde édition fut diffusée peu après en dehors de Strasbourg.

Un dernier pamphlet, le plus outrancier, paraîtra en Suisse en 1526 : *Der lutherischen evangelischen Kirchen Dieb und Ketzer Kalender*[19].

II. TROIS REPÈRES D'UNE FRONTIÈRE

1. Le premier des trois clivages concerne le *problème de l'autorité dans l'Eglise*. Cette question est liée chez Murner d'une part au jugement porté sur l'action de Luther, d'autre part à l'apologie de la papauté. Dans la *Christliche und briederliche ermanung*, Murner rappelle que «personne ne doit prêcher s'il n'est envoyé et ordonné à cet effet»[20]. L'envoi relève des autorités et non de la communauté. Luther contrevient à des interdictions : il prêche malgré l'autorité[21]. Le second traité récuse la prétention de Luther d'annoncer la vérité. Celui-ci n'a pas autorité pour libérer le peuple des commandements de Dieu et de l'Eglise. Mais Luther n'est pas seulement rebelle à l'autorité ecclésiale, il porte atteinte à l'ensemble de la société. C'est pourquoi Murner le qualifie de «Catilina» de la nation allemande, expression employée plusieurs fois dans l'écrit adressé à la noblesse.

Face au rebelle qui s'arroge une autorité qui ne lui revient pas, se dresse la seule vraie autorité. C'est pour Murner le pape. Curieusement il est peu question des évêques. Quant au concile, Murner y est certes favorable, à condition qu'il soit convoqué selon les règles, c'est-à-dire par le pape, et que soient écartés un certain nombre de points que Luther aurait voulu voir traités. Ainsi il est exclu pour Murner que la question de la papauté figure à l'ordre du jour.

Pour Murner, la papauté est au-delà de la discussion et de la critique. Ses adversaires le qualifieront d'ailleurs de «violoniste du pape». Il y a chez lui un attachement viscéral à l'autorité du pape. Luther se voit reprocher d'avoir manqué de respect envers le pape et de vouloir se venger de lui. Le seul but de Luther est, à son avis, de priver le pape de sa gloire et de le soumettre à l'empereur. L'un des traités de Murner (*Von dem bapstenthum*) veut prouver par des références bibliques[22] que la papauté a été instituée par le Christ comme autorité suprême en matière de foi.

Pourtant Murner n'exclut pas totalement que le pape puisse causer du tort à la nation allemande, mais alors il faut porter l'affaire devant l'empereur et non pas susciter une révolte du peuple contre Rome.

Manifestement, Murner s'inscrit dans le courant papaliste qui domine au début du XVIe siècle[23]. En effet, malgré la survivance d'un certain conciliarisme (auprès des universités ou des évêques allemands, ou de certains théologiens comme Alphonse de Castro), «la réaction papaliste, victorieuse au Concile du Latran de 1512-1517, submergea les promesses d'une théologie satisfaisante du concile»[24].

Il est clair qu'un clivage se manifeste à ce propos à partir de 1520 entre ceux qui identifient la foi traditionnelle à l'attachement au pape et les autres qui, à la suite de Luther, se détachent du pape, voire le combattent avec acharnement.

Notre propos n'est pas d'évoquer ce sujet bien connu. On pourrait montrer comment, dès les premiers écrits réformateurs de Strasbourg, dans l'apologie de Tilman von Lyn de 1521, non imprimée à l'époque[25], et dans l'apologie de

Matthieu Zell (1523)[26], émerge une critique de la papauté, visant en particulier ses excès de pouvoir, et affirmant que le pape pouvait se tromper.

La divergence se manifestera aussi dans le jugement porté sur l'action de Luther. Aux pamphlets de Murner et à la condamnation de Luther s'opposent en effet les pamphlets luthériens et la vénération dont il fera l'objet, à travers les siècles, dans l'Eglise évangélique[27]. Luther instruisant et libérant les simples laïcs, l'instrument de Dieu pour l'annonce de l'Evangile éternel, l'interprète de la Bible, le docteur : telles sont les images bien connues qui, elles aussi, confrontées aux images que se font Murner et les autres pamphlétaires catholiques, contribuent à cristalliser un clivage qui durera des siècles.

A propos de l'autorité dans l'Eglise, un dernier point doit retenir l'attention. Lecteur critique du *Manifeste à la noblesse* publié par Luther en 1520, Murner dresse l'oreille quand Luther affirme que les villes ont le droit d'instituer un évêque ou des pasteurs. Il s'insurge vivement contre une pareille perspective. Voilà bien un autre clivage qui émerge. Dans la ville même de Murner, en 1524, le Conseil de la ville va confirmer le choix de pasteurs évangéliques fait dans les paroisses, pour s'arroger la nomination des pasteurs à partir de cette date : le transfert des pouvoirs s'opère aussi au détriment de la papauté puisque la ville va faire usage du droit de nomination aux prébendes devenant vacantes pendant les mois impairs, et que le pape s'était réservé à la fin du Moyen âge («papaux»).

Ainsi, à propos de l'autorité dans l'Eglise, Murner a signalé, fût-ce de manière prémonitoire, quelques choix qui vont diviser les Eglises. Certes, sur un plan proprement théologique, son argumentation ne va pas très loin. A cet égard le débat entre l'Augustin Treger et Bucer a davantage creusé la problématique centrale Eglise/Ecriture Sainte[28]. Mais le cri du cœur de Murner a son importance historique. Il a bien signalé un clivage et dessiné des contours durables.

2. *Le thème de la messe*

Il est constamment présent dans les pamphlets anti-luthériens de Murner entre 1520 et 1525. Murner fut d'ailleurs l'un des premiers à reconnaître la portée des attaques de Luther contre la messe (avant Cochläus, Eck et d'autres)[29]. Certes, on s'est demandé si, en plaidant pour le caractère sacrificiel de la messe, Murner réussit à montrer que la messe n'était pas un nouveau sacrifice par rapport à celui du Christ sur la croix. D'autres théologiens attachés à l'Eglise romaine comme par exemple son confrère Schatzgeyer, ont mieux argumenté à cet égard. Murner s'inspirera d'ailleurs d'un certain nombre d'écrits qui, à partir de 1523, prennent la défense de la messe, en particulier de ceux de John Fisher, de Clichtove, d'Ambroise Pelargus et de Jean Eck[30].

En fait, là encore, l'importance de Murner ne se situe pas tellement sur le plan théologique. Mais sa démarche est significative pour une sensibilité heurtée par les conceptions et bientôt les pratiques de Luther. Ses affirmations expriment l'angoisse d'un homme attaché à la religiosité traditionnelle et qui voit s'écrouler tout un vécu, en particulier au moment de la mort ou dans le souvenir des défunts, si l'on abandonne le caractère sacrificiel de la messe.

Rappelons d'abord les affirmations de Murner à travers ses différents pamphlets avant d'évoquer la manière dont la question de la messe divise les Strasbourgeois entre 1520 et 1529.

Dans sa *Christliche und briederliche ermanung* dirigée contre le *Sermon von dem Neuen Testament* de Luther, il aborde six points :

a) Les messes des prêtres (et leur multiplication) n'ont pas été inventées pour rapporter de l'argent. Elles sont méritoires pour les vivants et les morts.

b) Murner défend les cérémonies et rites qui se sont ajoutés au cours des temps à la forme primitive de la cène célébrée par Jésus, additions tout aussi valables, selon lui, que les doctrines formulées après le temps des apôtres.

c) Il critique l'usage de la langue vernaculaire dans la messe parce qu'elle est trop soumise aux vicissitudes du temps et que certaines prières, prononcées en allemand, prennent une consonance ridicule.

d) Il s'en prend au concept de testament avancé par Luther, mais qui, selon Murner, ne convient pas entièrement pour définir la messe [31].

e) Murner affirme que seuls les prêtres dûment ordonnés et bénéficiant d'un caractère indélébile peuvent célébrer la messe, car eux seuls peuvent consacrer.

f) Enfin Murner prend la défense du caractère sacrificiel de la messe : « si la souffrance du Christ a été méritoire une fois... elle le demeure aussi dans la contemplation de la sainte souffrance au cours de la messe » [32].

La question de l'eucharistie continue à préoccuper Murner. En été 1522 il publie en traduction allemande l'*Assertio septem sacramentorum* de Henri VIII et défend cet écrit contre Luther (*Ob der künig usz Engelland ein lügner sey oder der Luther*) [33]. Dans le pamphlet *Von dem grossen Lutherischen Narren* apparaît un thème souvent traité au Moyen âge [34], qui est celui des « fruits de la messe ».

Murner récuse l'opinion selon laquelle la messe ne porterait pas de fruits ni dans la vie ni dans la mort des fidèles, ni au Purgatoire. Il lie cette opinion erronée à la contestation de la conception sacrificielle de la messe et trouve des mots émouvants pour décrire l'abandon du mourant qui doit aller dans la mort sans pouvoir mettre sa confiance dans la célébration de messes pour les morts. Dans le même pamphlet, Murner rejette aussi la communion sous les deux espèces et écarte l'idée que les prêtres auraient voulu dominer et exploiter les laïcs.

Le combat de Murner pour la messe traditionnelle est lui aussi significatif pour un domaine où deux sensibilités, deux théologies, deux pratiques s'affrontent. Prolongeons brièvement les perspectives dans l'espace strasbourgeois.

Ce qui s'annonçait chez Luther : cène sous les deux espèces, rejet du caractère sacrificiel de la messe, usage de la langue vernaculaire, cela fut mis en pratique à Strasbourg à partir du 3 décembre 1523 (première cène sous les deux espèces à l'occasion du mariage du prédicateur Zell) et puis surtout dans les premiers mois de 1524. Passons ici sur les étapes [35]. C'est le résultat qui compte : l'usage des deux espèces et de la langue vernaculaire, l'abandon des messes pour les défunts, la suppression de l'offertoire et de la mention des saints dans la liturgie eucharistique, etc.

La division se focalisa sur la question de la messe. Selon une lettre du vicaire épiscopal, «beaucoup de gens honorables auraient assisté avec indignation» à la première messe allemande. Un autre clerc affirma publiquement que celui qui recevait le sacrement sous les deux espèces recevait le diable. Le curé de Saint-André et son vicaire refusèrent de célébrer la messe en allemand et sous les deux espèces.

Le débat se déroula aussi au plan littéraire. Aux écrits de Luther diffusés à Strasbourg (et relayés par le *De Caena Dominica* de Bucer en été 1524 s'opposèrent des écrits attachés à la défense de la messe traditionnelle. Fait significatif : environ un tiers des publications antiprotestantes parues chez Grüninger, l'unique imprimeur strasbourgeois demeuré fidèle à l'Eglise traditionnelle, était consacré à la question de la messe.

Après son engagement écrit, Murner se lança dans la controverse orale. Fin mai 1524 il fit devant un nombreux public des cours sur 1 Cor. 11, prenant la défense de la messe traditionnelle. Bucer répondit peu après par une série de cours sur le même sujet. Riche en péripéties, l'histoire du combat autour de la messe[36] culmina à Strasbourg en 1529 avec la suppression par le Magistrat (après un vote des échevins) des dernières messes capitulaires encore célébrées.

Deux approches de la messe se dressent désormais l'une contre l'autre, doublées d'une polémique qui traversera les siècles.

Pour Murner qui voit s'effondrer à Strasbourg l'Eglise traditionnelle mais la retrouve ailleurs, la messe protestante c'est la perte du sacré ou de l'identité de la foi de l'Eglise à cause de l'usage de la langue vernaculaire et des variations que cela implique. C'est aussi la banalisation réductrice puisque la cène n'est plus sacrifice, mais un souvenir ou une forme de prédication. Pour les partisans du mouvement évangélique au contraire, la messe traditionnelle est superstition et idolâtrie («prostitution spirituelle» dit une supplique strasbourgeoise) parce qu'elle prétend offrir quelque chose à Dieu en vue de notre salut, alors que nous pouvons seulement recevoir de sa part le salut et y répondre par la louange.

3. *Les fruits de l'action de Luther et du mouvement évangélique*

Il est frappant de voir l'importance de ce thème dans les pamphlets de Murner. Celui-ci ne se contente pas de dénoncer les doctrines luthériennes. Mais, avec une véhémence croissante, il stigmatise les conséquences du mouvement évangélique. Ce mouvement doit être jugé par ses fruits. Or, ses fruits sont mauvais pour l'homme individuel, pour l'Eglise et pour la société : l'action de Luther entraînera nécessairement des révoltes, écrit-il dès 1520 (*ermanung*). Luther est le nouveau Catilina de la nation allemande (*An den... adel*). Dans un autre écrit (*Ob der künig usz engelland*) il qualifie Luther de «grand-mère des *Bundschuher*»[37]. Le thème des révoltes fomentées par les adeptes de Luther occupe aussi une bonne place dans *Le Grand Fou luthérien* de la même année. Luther est le grand séducteur qui sait «comment on graisse les souliers des paysans, c'est-à-dire comment on suscite la révolte par de douces paroles et de belles promesses».

Dans ce dernier pamphlet, Murner évoque aussi avec une ironie mordante l'impact exercé, selon lui, par le message luthérien sur la vie des individus. La liberté telle que la comprend Luther conduit au libertinisme : les hommes se détachent de toute discipline et d'une participation régulière au culte de l'Eglise.

Voici comment s'exprime dans *Le Grand Fou luthérien* un des adeptes de Luther : « Dieu veuille récompenser l'homme pieux et respectable qui nous permet de jouir maintenant de la liberté, de ne plus être obligés d'aller à confesse ni de prier, de pouvoir fêter à profusion et jeûner peu, de pouvoir nous reposer au lit, le matin. Il ne faut plus se lever pour entendre la messe. Il (Luther) n'exige plus de bonnes œuvres, mais uniquement que nous croyions fermement que le Christ a égalisé les montagnes et les vallées. Pourvu que la liberté chrétienne me fasse du bien et que je sois dispensé de toutes les bonnes œuvres »[38].

Ecoutons encore cette définition du luthérien : « Celui qui désire être un bon luthérien se détourne de tous les sacrements comme notre Luther nous l'a enseigné; détruire les couvents et les églises, lacérer à coups de couteaux les images des saints[39]... renverser toutes choses, c'est accomplir l'ordre de l'Evangile, c'est ainsi que nous sommes tous devenus luthériens »[40].

On comprend sans peine que les tenants du mouvement évangélique se soient sentis interpellés par de tels propos et que le débat sur les conséquences de la Réformation va être mené avec vigueur. Contentons-nous de donner quelques exemples illustrant la réaction des évangéliques.

En août 1524 Bucer publie un traité sur la sainte cène[41] dont la troisième partie est toute entière consacrée à la question des fruits de la messe. Il s'efforce de montrer comment la cène évangélique affermit la foi et conduit le chrétien à combattre le péché et à aimer son prochain, alors que la messe sacrificielle qui élimine la promesse détruit la foi et la prive de tout fruit spirituel.

Quant à l'idée que le mouvement évangélique conduirait à la révolte, elle est réfutée très souvent par les partisans du mouvement évangélique. A commencer par Luther qui, face à la révolte montante des chevaliers publie en 1522 sa *Sincère admonestation à tous les chrétiens afin qu'ils se gardent de toute émeute et de toute révolte*[42].

A Strasbourg, le prédicateur évangélique Zell se défend dans son Apologie de 1523 de prêcher le « Bundschuh » c'est-à-dire le soulèvement du peuple contre les autorités religieuses et civiles. « L'Antéchrist, écrit-il, doit être vaincu seulement par le souffle de la bouche c'est-à-dire par la Parole de Dieu et non par des armes de fer »[43]. « J'ai prêché constamment contre l'émeute et j'ai exhorté avec bienveillance le peuple à passer de la liberté charnelle à la vraie liberté spirituelle dans la foi »[44]. « L'Evangile ne fait pas de *Bundschuh*, contrairement à ce que craignent les gens fous... Maintenant que l'Evangile se lève et traverse la misérable paille des lois humaines, on n'entend nulle part parler du *Bundschuh* et j'espère qu'il en sera désormais toujours ainsi »[45].

Mais la guerre des paysans éclatera. Dès le XVIe siècle, un lien fut établi entre ce soulèvement et le mouvement évangélique, lien utilisé par les partisans de l'Eglise traditionnelle comme argument contre les luthériens. Il y aura encore divers écrits de la part des partisans du mouvement évangélique pour se défendre de l'accusation ainsi portée contre eux[46]. Au plan strasbourgeois, Bucer prendra position contre ce reproche en 1530 dans son *Epistola apologetica*[47]. Dans cet écrit, il développe un long plaidoyer contre la thèse d'Erasme, très proche des critiques de Murner, affirmant que la Réformation, au lieu d'améliorer les hommes, les aurait rendus plus mauvais. Par de nombreux exemples, évoquant notamment le mode de vie du nouveau clergé, mais aussi les mœurs et les institutions du Strasbourg évangélique ou la vie des fidèles, Bucer s'efforce de combattre l'argumentation en question.

Dès le début des années 1520, Murner avait ainsi, dans ses pamphlets, lancé une problématique importante : les conséquences du mouvement évangélique. Là encore, on peut constater que le débat ainsi suscité va se prolonger à travers les siècles. Au-delà même de la controverse doctrinale, chacune des deux sociétés, la protestante et la catholique, revendique pour elle le meilleur vécu, le vrai christianisme au plan personnel et social.

C'est dire, en conclusion, combien les pamphlets antiluthériens de Murner ont mis sur le marché des controverses quelques thèmes essentiels et dessiné une frontière qui va se dresser dès les années 1520 et traverser les siècles.

Marc LIENHARD

NOTES

1. In : *Thomas Murner, Humaniste et théologien alsacien, 1475-1537*. Catalogue d'exposition éd. par la Badische Landesbibliothek de Karlsruhe en coll. avec la Bibl. nat. et univ. de Strasbourg, Karlsruhe, 1987, p. 131-134. La bibliographie n'est pas exhaustive. Elle omet par exemple l'ouvrage de Maurice GRAVIER, *Luther et l'opinion publique. Essai sur la littérature satirique et polémique en langue allemande pendant les années décisives de la Réforme* (1520-1530), Paris, Aubier, 1942.

2. A ce sujet on citera surtout Theodor von LIEBENAU, *Der Franziskaner Thomas Murner*, Freiburg i. Br., 1913 (= Erläuterungen und Ergänzungen zu Janssens Geschichte des deutschen Volkes IX,4,5); Frauke BÜCHNER, *Thomas Murner. Sein Kampf um die Kontinuität der kirchlichen Lehre und die Identität des Christenmenschen in den Jahren 1511-1522*, Thèse Kirchl. Hochschule, Berlin, 1974; Erwin ISERLOH, «Thomas Murner(1475-1537)», in : *Katholische Theologen der Reformationszeit 3 (=Katholisches Leben und Kirchenreform im Zeitalter der Glaubensspaltung 46)*, Münster i.w., 1986, p. 19-32; Marc LIENHARD, «Thomas Murner et la Réformation», in : *Thomas Murner*, Catalogue..., 1987, p. 51-62.

3. Voir : Hans Joachim KÖHLER (éd.), *Flugschriften als Massenmedien der Reformationszeit. Beiträge zum Tübinger Symposion 1980*, Stuttgart, 1981; l'article «Flugschriften der Reformationszeit» par Bernd MOELLER dans la *Theologische Realenzyklopädie*, t. 11, Berlin-New York, 1983, p. 240-246, et son abondante bibliographie; H.J. Köhler, «Die Flugschriften der frühen Neuzeit. Ein Überblick», in : *Die Erforschung der Buch- und Bibliotheksgeschichte in Deutschland*, publ. par W. Arnold, Wiesbaden, 1987, p. 307-345.

4. Marc LIENHARD, «Held oder Ungeheuer? Luthers Gestalt und Tat im Lichte der zeitgenössischen Flugschriftenliteratur», *Lutherjahrbuch 45* (1978), 56-

79, repris en français dans : *Martin Luther. Un temps, une vie, un message*, Paris-Genève, Centurion – Labor et Fides, 1983, 1991[3], p. 112-125.

5. Marc LIENHARD, « Strasbourg et la guerre des pamphlets », in : *Grandes figures de l'humanisme alsacien. Courants. Milieux. Destins*, Strasbourg, 1978, p. 127-134.

6. *Thomas Murners Deutsche Schriften*, t. 6 (21), Berlin-Leipzig, 1927, 29-87.

7. *Ibid.*(88), 91-122.

8. *Ibid.*, tome 7 (1), 3-55.

9. *Ibid.*(56) 59-118.

10. Tome 6, p. 31.

11. WA (=Edition de Weimar), t. 6 (349), 353-378.

12. *Ibid.* (277), 285-324 (trad. franç., *Martin Luther. Œuvres*, t 2 (9), 13-56.

13. *Ibid.* (381), 404-469 (trad. franç., *Martin Luther. Œuvres*, t. 2, (57) 79-156.

14. *Von der Babylonischen gefengknus der Kirchen. Doctor Martin Luthers* (Strasbourg, J. Schott, 1520).

15. *Wie doctor M. Luter usz falsch ursachen bewegt das geistlich recht verbrennet hat, Thomas Murners Deutsche Schriften* t. 8 (1) 3-30.

16. *Auf das überchristlich, übergeystlich und überkünstlich buch Bock Emsers zu Leypczick. Antwort Doctor Martin Luthers. Darynn auch Murnarrs seyns gesellen gedacht wirt* WA 7, (614), 621-688.

17. Texte chez Gustav BALKE, *Thomas Murner. Die deutschen Dichtungen des Ulrich von Hutten, Deutsche National-Literatur XVII, 1, 2*, Stuttgart, 1887-91, LXII-LXX ; Th. v. LIEBENAU, *Der Franziskaner Thomas Murner*, p. 179-182.

18. *Thomas Murners Deutsche Schriften*, t.9, (1), 85-282.

19. Reimprimé in : Johann SCHEIBLE (éd.), *Das Kloster*, Stuttgart, t.X, p. 201ss.

20. Tome 6, p. 34.

21. *Ibid.* p. 35.

22. Matthieu 16,18, Luc 22, 32, Jean 21, 15-16.

23. Cf. Hubert JEDIN, Ekklesiologie um Luther, *Fuldaer Hefte* 18, 1968, p. 12.

24. Yves CONGAR, *L'Eglise de Saint-Augustin à l'époque moderne*, Paris, Cerf, 1970, p. 338.

25. Marc LIENHARD – Jean ROTT, « Die Anfänge der evangelischen Predigt in Strassburg und ihr erstes Manifest : der Aufruf des Karmeliterlesemeisters Tilman von Lyn (Anfang 1522) », in : *Bucer und seine Zeit*. Mélanges Stupperich, Wiesbaden, 1976, p. 54-73.

26. M. ZELL, *Christliche Verantwortung M. Matthes Zell von Keysersberg Pfarrherrs und predigers im Münster zu Straßburg über Artickel im vom bischöfflichen Fiscal daselbs entgegengesetzt...* s.l.1523, rééd. par Michel Weyer, 3 vol. dact. Strasbourg, 1981.

27. Voir Marc LIENHARD, *Martin Luther. Un temps, une vie, un message*, p. 112-125, 354-372.

28. Voir *Martin Bucers Deutsche Schriften*, t. 2, p. 15-174.

29. Erwin ISERLOH, *Thomas Murner*, p. 25.

30. Voir mon introduction au traité de Bucer *De caena Dominica*, in : Martin BUCER, *Opera latina* 1, Leiden, 1982, p. 3-15.

31. Le concept de testament ne convient pas entièrement pour désigner la messe. En effet l'héritier a droit au testament alors que pour le croyant seule la foi donne accès au testament du Christ. A la différence des dispositions testamentaires profanes, les chrétiens sont tous égaux devant le testament du Christ. Enfin

l'Ecriture parle encore de bien d'autres manières du sacrement (pain céleste, sacrifice, etc.).

32. *Deutsche Schriften,* t. 6, p. 64.

33 . *Ibid.* t. 7, (p. 43) 47-138.

34. Adolph FRANZ, *Die Messe im deutschen Mittelalter,* Freiburg i. Br., 1902, reprint. Darmstadt, 1963 ; Erwin ISERLOH, « Der Wert der Messe in der Diskussion der Theologen vom Mittelalter bis zum 16. Jahrhundert », *Zeitschrift für Katholische Theologie,* 83 (1961), 44-79.

35. Voir l'étude indiquée dans la note 30.

36. Voir à ce sujet : Adolf BAUM, *Magistrat und Reformation in Strassburg bis 1529,* Strasbourg, 1887 ; René BORNERT, « Le catholicisme à Strasbourg : les résistances », in : *Strasbourg au cœur religieux du XVIe siècle,* Strasbourg, 1977, p. 445-456.

37. *Deutsche Schriften,* t. 8, p. 124.

38. *Ibid.* t.9, p. 182-184.

39. *Ibid.* t.9, p. 242-243.

40. *Ibid.* p. 244-245.

41. Voir note 30.

42. *Eine treue Vermahnung M. Luthers zu allen Christen, sich zu hüten vor Aufruhr und Empörung,* WA 8 (670) 676-687 ; avec trad. française : *Luther et les problèmes de l'autorité civile,* coll. bilingue des classiques étrangers publiés par J. Lefebvre, Paris, Aubier, 1983, p. 28-63.

43. *Christliche Verantwortung* Bv°.

44. *Ibid .* B3r°.

45. *Ibid.* L2r°-v°.

46. Ce fut le cas de Zell et de Capiton, voir à ce sujet : *Doctor Capito, Mathis Zellen und ander Predicanten zu Strassburg warhafftige verantwortung uff eins gerichten vergicht jungest zu zabern aussgangen,* 1526.

47. *Opera latina* t. 1, p. 59-225 (éd. par C. Augustijn).

LA PURETÉ DE SANG
DANS L'ESPAGNE DU XVIᵉ SIÈCLE

Dans l'Espagne du XVIᵉ siècle, les expressions : pureté de sang, pureté de la race, ne renvoient pas à des considérations d'ordre biologique et racial. Ce sont des notions sociologiques ; elles désignent l'origine sociale, le lignage, la famille. C'est dans ce sens qu'on a longtemps commémoré en Espagne la date du 12 octobre 1492 – le débarquement de Christophe Colomb dans une île des Caraïbes- sous le nom de fête de la race (*fiesta de la raza*) ; on préfère parler maintenant de fête de l'hispanité (*día de la hispanidad*) pour éviter toute confusion ; il s'agit de célébrer la communauté des peuples hispaniques, abstraction faite de tout contenu racial*.

La pureté de sang a un sens précis : elle désigne l'absence de toute contamination religieuse. Pour être admis dans l'ordre de Calatrava, par exemple, il fallait être gentilhomme (*hidalgo*) par les quatre quartiers, être né d'un mariage légitime et enfin n'avoir aucune « race » de juif, de musulman, d'hérétique ou de vilain. La pureté de sang atteste la constante orthodoxie catholique d'une famille ; la souillure consiste à avoir des ancêtres hérétiques. Dans l'Espagne du XVIᵉ siècle, la frontière religieuse passe entre deux sortes de fidèles : ceux qui sont nés dans une famille chrétienne depuis toujours et les autres, les descendants de convertis, juifs ou musulmans.

Le droit canonique prévoyait des mesures d'exclusion à l'encontre des hérétiques ; ceux qui ont été condamnés par l'Inquisition en sont victimes : eux-mêmes, leurs enfants et leurs petits-enfants en ligne masculine, leurs enfants seulement en ligne féminine, sont frappés d'incapacité pour exercer des charges publiques et certaines professions, mais les intéressés ont la possibilité de racheter cette interdiction en versant au trésor royal une amende de composition plus ou moins élevée. La pureté de sang va plus loin. D'abord, elle ne fait aucune distinction entre hérétiques et bons chrétiens : tous les juifs convertis et leurs descendants sont visés, qu'ils aient été condamnés pour hérésie ou non ; ensuite, la discrimination s'étend à toute la descendance ; elle ne s'arrête pas seulement aux enfants et aux petits-enfants des nouveaux chrétiens ; elle frappe toutes les générations. Tout nouveau chrétien, en tant que tel, en est victime.

Concrètement, l'exigence de pureté de sang a pris la forme de dispositions réglementaires inscrites dans les statuts d'un certain nombre de confréries, d'associations, d'ordres religieux, d'ordres militaires, de chapitres diocésains... Tout postulant était tenu de se soumettre à une enquête préalable destinée à prouver qu'aucun de ses ascendants, aussi loin qu'on remontât dans le temps, n'appartenait à une «race» frappée d'infamie. En règle générale, le moindre soupçon, la plus minime réserve, se retournaient contre l'intéressé et, dans l'Espagne du XVIe siècle, ce refus portait gravement atteinte à l'honneur et à la position sociale d'une famille. C'est ce qui a conduit certains historiens à attirer l'attention sur la situation faite à cette minorité, victime de préjugés et de discriminations qui ont pris rapidement un caractère dramatique, compte tenu de la place qu'occupaient certains de ses membres dans les milieux intellectuels, le commerce ou les élites municipales.

Pour bien apprécier la signification du phénomène, il convient d'en préciser l'importance réelle. A lire certains essais, on se persuaderait facilement que l'Espagne du XVIe siècle a vécu tout entière dans un climat étouffant qui aurait interdit à tous les nouveaux chrétiens d'accéder aux professions, aux charges ou aux honneurs les plus recherchés. Or, il suffit d'être sommairement familiarisé avec la littérature ou l'histoire de l'époque pour rencontrer presque à chaque pas des hommes ou des femmes dont nous savons parfaitement qu'ils étaient d'origine juive; leurs contemporains aussi le savaient ou s'en doutaient. Il paraît donc indispensable de marquer les étapes chronologiques : le préjugé n'a pas eu la même force d'un bout à l'autre de la période; il est allé en se renforçant, mais en même temps il est clair qu'il n'a pas sévi d'une manière aussi systématique qu'on le croit.

Une première remarque s'impose : les statuts de pureté de sang n'ont jamais eu force légale; ils ont été promulgués à l'initiative de groupes religieux ou sociaux, avec l'approbation de la couronne, mais sans que celle-ci ait cherché à imposer quoi que ce soit dans ce domaine. D'ailleurs, aucun des souverains régnants, des Rois Catholiques à Charles II, ne s'est privé d'utiliser les services de nouveaux chrétiens. La seule institution liée à l'Etat qui aurait pu manifester quelque intérêt pour ce genre de discrimination, l'Inquisition, ne semble pas y avoir été très favorable. Elle s'en tenait aux dispositions du droit canonique concernant les condamnés et leurs descendants directs, mais elle acceptait facilement des accommodements. Elle seule était en mesure de dire exactement si les ascendants des nouveaux chrétiens avaient été hérétiques ou non, mais elle a toujours manifesté la plus grande répugnance à ouvrir ses dossiers. C'est pourquoi les enquêtes préalables étaient si peu objectives et faisaient grand cas des ragots; les seuls qui savaient, les inquisiteurs, refusaient de parler. On était donc obligé de s'en remettre à ce qui était de notoriété publique : les *sambenitos* accrochés aux voûtes des églises, et aux rumeurs pas toujours bienveillantes.

Deuxième remarque : les statuts de pureté de sang n'étaient pas aussi répandus qu'on le dit. On en trouve dans la plupart des *colegios mayores*, ces sortes de grandes écoles qui fonctionnaient en marge des universités, dans les ordres militaires, dans les ordres religieux (les jésuites ont longtemps résisté, mais ils ont fini par céder[1]), dans beaucoup de chapitres diocésains, notamment à Tolède où le statut imposé par l'archevêque Siliceo, en 1547, souleva une vive polémique... Mais on connaît plusieurs exemples où les chapitres ont été empêchés d'inscrire la discrimination dans leurs statuts : à Burgos, la municipalité et les nobles, le connétable de Castille en tête, s'y opposent fermement; même chose à Zamora...Domínguez Ortiz croit pouvoir affirmer qu'au total le tiers seulement des chapitres diocésains d'Espagne s'étaient dotés de statuts de pureté de sang.

Troisième remarque : même là où existaient ces statuts, on ne les appliquait pas d'une manière systématique. Vers 1580, le P. Sigüenza est fier d'écrire que les hiéronymites ne font aucune discrimination : ils ne refusent personne en raison de ses origines : juifs, maures, arabes, païens, turcs... Or, l'ordre des hiéronymites possède un statut depuis 1486 et exige des preuves de pureté de sang depuis 1506... Peut-on croire que le P. Sigüenza, historien de l'ordre, ne s'en était pas aperçu? Plus vraisemblablement, il a choisi de souligner le peu de cas qu'on en faisait. Dans le diocèse de Sigüenza, en 1567, l'évêque Pedro Gasca refuse d'exiger de telles preuves pour ses chanoines. A Murcie, pour être échevin, il fallait être noble et de sang pur; cela n'a pas empêché en 1571 un certain Ginés Ortuño, descendant de musulman, d'entrer dans la municipalité. Il y a donc loin de la théorie à la pratique. Même dans les cas où l'on appliquait formellement le statut, on ne se montrait pas toujours très exigeant au cours de l'enquête préalable. Cette enquête, il faut le rappeler, n'était pas confiée à des magistrats, mais à des particuliers désignés par le corps où l'on voulait entrer et payés par les postulants. On s'en tenait le plus souvent à quelques témoins judicieusement choisis, sollicités, à l'occasion soudoyés. Grâce à Domínguez Ortiz, on sait qu'une officine privée spécialisée dans ce genre d'enquêtes fonctionnait à Séville; bien entendu, elle faisait payer cher ses services, mais elle offrait l'avantage de se charger de toutes les démarches : constituer les dossiers, établir une généalogie sur mesure, trouver les témoins nécessaires, etc.[2] Tout ceci devait être de notoriété publique : les organismes à statut ne pouvaient pas être dupes; ils fermaient les yeux, sauf quand on passait la mesure en fournissant une généalogie trop parfaite qui prêtait le flanc à la critique. C'était en fait le seul risque à courir : on était toujours à la merci d'un témoignage inattendu ou malveillant.

Au départ, la discrimination pour défaut de pureté de sang était justifiée par des considérations de caractère religieux : on doutait de la sincérité de certaines conversions ou de l'orthodoxie de quelques nouveaux chrétiens et des scandales retentissants avaient révélé, à la fin du XVe siècle, que ces craintes étaient fondées. Pourtant, même à cette époque, le principe de la pureté de sang avait été dénoncé avec vigueur par de nombreux théologiens. Ce courant hostile ne fait que s'amplifier au cours du temps. Aux critiques d'ordre théologique – on n'a pas à faire de distinctions entre baptisés – viennent s'ajouter des remarques de bon sens : comment croire qu'à la troisième, la quatrième, la cinquième génération... les descendants des juifs convertis au XVe siècle aient encore conservé des traces de judaïsme? Ils ont eu une éducation religieuse semblable à celles que recevaient les vieux chrétiens; pourquoi continuer à maintenir une discrimination odieuse?

Ce sont ces considérations qui, à partir de 1580 et jusqu'à la chute du comte-duc d'Olivarès en 1643, amènent les plus hautes autorités de l'Etat à envisager, non pas de supprimer les statuts (le préjugé est trop fortement enraciné pour qu'on en vienne là tout de suite), mais à en limiter les abus et les effets en interdisant de pousser les enquêtes généalogiques au-delà de cent ans, c'est-à-dire au-delà de la troisième génération. On doit relever en ce sens deux interventions significatives : celle du Président du Conseil de Castille, Diego de Covarrubias, évêque de Ségovie, et celle de l'Inquisiteur général Quiroga. Philippe II, peu porté à innover dans ce domaine, paraissait disposé à suivre leurs avis, mais il meurt en 1598 sans avoir pris de décision.

C'est au cours de cette période que paraît, en 1583, le traité des *Noms du Christ* de fray Luis de Léon, lui-même nouveau chrétien. Le livre contient des pages d'une très belle qualité littéraire et d'une sévérité féroce contre les statuts de pureté de sang. La plupart des critiques s'étonnent de ce qui leur paraît une audace incroyable de la part d'un auteur qui vient à peine de sortir des prisons de l'Inquisition. Ils oublient une chose : le traité est dédié à Pedro Portocarrero, ami personnel de fray Luis, membre du Conseil de Castille et du Conseil de l'Inquisition, futur inquisiteur général (de 1596 à 1599), très hostile aux statuts. Fray Luis savait qu'il prêchait un converti. Je serais même tenté d'aller plus loin et de voir une connivence, au moins tacite, entre les deux hommes : lié par ses fonctions officielles, Portocarrero ne peut pas prendre ouvertement position ; fray Luis, en revanche, est libre d'exprimer publiquement ce que d'autres pensent tout bas. Le passage des *Noms du Christ* contre la pureté de sang s'inscrirait ainsi dans la campagne menée contre les statuts avec l'approbation des plus hautes autorités de l'Etat. Fray Luis sait qu'il a l'appui du pouvoir ; il fournit des arguments à ceux qui, en haut lieu, cherchent à en finir avec des discriminations abusives, mais il faut compter avec les résistances mentales d'une opinion farouchement attachée à ses préjugés.

Profitant du changement de règne, l'offensive contre les statuts se précise et s'organise. Le document le plus important est un mémoire rédigé en 1599 par un dominicain, Agustín Salucio, imprimé et distribué aux Cortès. Reprenant les arguments régulièrement invoqués contre la pureté de sang – on n'a pas à créer deux catégories de fidèles selon l'ancienneté de leur adhésion au catholicisme et il est impossible de trouver des familles absolument pures de tout mélange –, Salucio conclut à la nécessité de modérer les enquêtes généalogiques : on ne devrait pas remonter au-delà de cent ans. Il paraît clair qu'il ne s'agit pas d'une initiative individuelle ; Salucio a dû être sollicité et encouragé ; son texte reçoit immédiatement l'appui des archevêques de Tolède, de Burgos et de Valence et surtout celui du duc de Lerma, le tout-puissant ministre de Philippe III, lequel demande à l'inquisiteur général, le cardinal Niño de Guevara, un rapport sur ce mémoire. Ce rapport a été publié par Révah : il est entièrement favorable à une modération des statuts. Fort de son expérience d'ancien ambassadeur auprès du Saint-Siège, Guevara ajoute un argument supplémentaire : la pureté de sang porte grand tort à la réputation de l'Espagne à l'étranger ; toutes les nations de la

Chrétienté comptent des fidèles d'origine juive, mais elles se gardent bien d'attirer l'attention sur ce point ; le zèle excessif de l'Espagne se retourne contre elle : elle passe dans l'Europe du XVIᵉ siècle, et notamment à Rome, pour un pays infecté de judaïsme puisqu'elle se croit obligée de prendre des mesures discriminatoires. C'est là un aspect qu'on a un peu perdu de vue aujourd'hui, mais qui constitue le premier avatar de la légende noire antihispanique : l'Espagne fortement sémitisée à cause de la longue présence de juifs et de musulmans sur son territoire pendant tout le Moyen Age.

Les Cortès, réunies en 1600, se saisissent du problème. A la majorité, les députés demandent qu'on suive les conclusions de Salucio et qu'on réforme les statuts de pureté de sang. Puis l'affaire tourne court à la suite d'interventions sur lesquelles on reviendra et le livre de Salucio est retiré de la circulation.

Les réformateurs, cependant, ne renoncent pas. A l'occasion du renouvellement de l'impôt dit des Millions, les Cortès exigent que, dans les enquêtes de pureté de sang, on écarte les témoignages anonymes et manifestement dictés par la volonté de nuire. Aux Cortès de 1618, c'est un député d'Avila, Gabriel Cimbron, qui reprend l'offensive en demandant une plus grande objectivité dans l'examen des dossiers de pureté de sang : c'est une chose terrible – s'écrie-t-il – de faire dépendre l'honneur d'une famille de la déposition de trois ou quatre témoins qui ont entendu dire qu'un tel, du côté de son grand-père ou de sa grand-mère, était plus ou moins suspect d'avoir une origine juive. Et il ajoute : en Espagne, maintenant, pour être tenu pour noble ou de sang pur, il faut ou bien ne pas avoir d'ennemis ou bien avoir de l'argent pour acheter de faux témoignages ou bien encore être d'une origine si obscure que personne ne sache d'où l'on vient : quand on est complètement inconnu, on passe sans discussion pour vieux chrétien. La proposition de Cimbrón recueille quatorze voix sur trente-et-un votants ; huit députés ont voté contre ; les autres se sont abstenus.

Il faut attendre le règne de Philippe IV et l'arrivée aux affaires du comte-duc d'Olivarès, dont l'absence totale de préjugés en matière de pureté de sang est bien connue, pour voir ces revendications aboutir. Une pragmatique de 1623 vient enfin réglementer les enquêtes généalogiques : on se contentera désormais de trois témoignages favorables dans l'une quelconque des quatre lignes d'ascendants directs pour établir la pureté de sang d'un postulant et il faudra aussi fournir des preuves indiscutables du contraire : la rumeur publique ne suffira plus. Les adversaires des statuts n'en demandaient pas plus. Malheureusement pour eux, ce texte ne sera jamais appliqué. Dans les années suivantes, des écrits réformateurs continuent à paraître, souvent signés par des inquisiteurs ou des théologiens éminents qui se plaisent à répéter que les statuts n'ont plus leur raison d'être et qu'ils donnent lieu à des situations absurdes, ridicules ou inadmissibles : des nobles authentiques se voient exclus de certaines dignités ou de certains honneurs au profit de pauvres diables qui passent facilement pour vieux chrétiens dans la mesure où ils n'ont pas d'ancêtres connus ; ou bien les postulants falsifient les testaments et se font faire de fausses généalogies. Rien n'y fait : la pureté de sang continue à être la règle pour l'accession à de nombreuses distinctions.

C'est qu'en dépit des apparences, le problème n'est pas essentiellement – ou n'est plus – de nature religieuse. Il faut tenir compte de la chronologie. A la fin du XVᵉ siècle, dans les années qui ont suivi l'établissement de l'Inquisition et l'expulsion des juifs, on rencontre en effet en Espagne un nombre relativement élevé de «judaïsants», de convertis qui mènent une double vie : ils sont chrétiens en public, mais restent fidèles en secret à la loi de Moïse. D'autres, sans aller jusque-là, étaient d'une orthodoxie douteuse, tout simplement parce qu'ils manquaient d'instruction religieuse solide. C'est pour punir les premiers et veiller à la pureté de la foi chez les seconds qu'on avait créé l'Inquisition, malgré l'opposition d'une partie de l'élite intellectuelle du pays. La logique du système pouvait à la rigueur justifier qu'on prît des précautions avant d'admettre les nouveaux chrétiens dans des postes honorifiques ou des situations en vue. Ces raisons religieuses avaient toujours été combattues par des théologiens ; elles ont cessé de se justifier à la deuxième ou à la troisième génération après la conversion. La plupart des nouveaux chrétiens sont maintenant sincèrement attachés au catholicisme, du moins en Espagne ; au Portugal, la situation est différente. Au XVIIᵉ siècle, Spinoza relève la parfaite assimilation des juifs d'Espagne, à la différence des juifs portugais. Dès le milieu du XVIᵉ siècle, en tout cas, le crypto-judaïsme, sans avoir totalement disparu en Espagne, est devenu un phénomène très minoritaire ; c'est ce que montre la courbe des condamnations prononcées par le Saint Office pour ce type de délit.

Seulement, la pureté de sang n'est qu'accessoirement un concept de nature religieuse ; c'est aussi une notion à caractère sociologique et ce second aspect prend de plus en plus d'importance.

On remarquera d'abord que les discriminations concernent rarement des activités professionnelles qui supposent une compétence particulière dans tel ou tel domaine. C'est pourquoi, à quelques exceptions près, les souverains, les administrations, les universités, les corps de métier et les ordres religieux, même ceux qui s'étaient dotés d'un statut, n'ont eu aucun scrupule à recruter des nouveaux chrétiens ou à utiliser leurs services. C'est bien différent avec les charges honorifiques qui confèrent à leurs titulaires un prestige social, même quand elles ne s'accompagnent pas d'avantages financiers ou matériels. Dans ces cas-là, la pureté de sang fonctionne comme un barrage supplémentaire pour départager ceux, de plus en plus nombreux, qui aspirent aux honneurs et à la considération sociale. L'exemple le plus significatif est celui des Ordres militaires ; devenir chevalier de Saint-Jacques est le rêve de bien des fils de famille ; on invoque les services rendus à l'Etat par les candidats ou leurs parents, mais la concurrence est forte. L'exigence de pureté de sang permet d'écarter certains postulants et de réserver les distinctions honorifiques à une minorité de privilégiés.

On devrait revoir, de ce point de vue, la polémique autour du plus célèbre des statuts de pureté de sang, celui que le cardinal Siliceo a imposé en 1547 à la cathédrale de Tolède. On verrait alors que, derrière les controverses théologiques sur l'opportunité d'établir une discrimination entre les chrétiens selon l'ancienneté de leur conversion, se cache une sorte de lutte de classes entre nobles et plébéiens. Etre chanoine de Tolède confère un énorme prestige social, accessoirement des prébendes très lucratives. Depuis longtemps, le chapitre de Tolède est la chasse gardée de l'aristocratie. C'est là qu'on cherche à caser des cadets de famille, des neveux, des cousins, des clients... Quand l'archevêque et les chanoines appartiennent au même milieu social, passe encore; mais si le primat d'Espagne est un plébéien, un parvenu, et qu'il cherche à s'imposer, les choses se gâtent.

Déjà Cisneros, à la fin du XVᵉ siècle, avait eu maille à partir avec ses orgueilleux chanoines. Il aurait voulu les contraindre à mener une vie plus conforme à l'idée qu'il se faisait du sacerdoce. Il n'avait pas hésité à engager avec eux une épreuve de force et à prendre des mesures extrêmement énergiques, mais il avait dû finalement capituler. Cinquante ans plus tard, Siliceo se trouve devant une situation analogue. On ne sache pas qu'il ait cherché à réformer son chapitre diocésain, mais il a beau être couvert de diplômes et de mérites, il n'en est pas moins un plébéien, un parvenu, un fils de paysan aux yeux des aristocratiques chanoines; son nom même sent la glèbe[3]. On lui fait sentir qu'il n'est pas du même monde. Siliceo, piqué, trouve une réplique foudroyante : il exigera désormais la pureté de sang pour ceux qui aspirent à s'élever dans la hiérarchie ecclésiastique de Tolède. Certes, la polémique qui s'ensuit n'aborde qu'exceptionnellement cet aspect des choses, mais les résultats sont là : l'exigence de pureté de sang revient à éliminer un grand nombre de fils de famille au profit de plébéien méritants, mais obscurs.

A qui peut nuire en effet la pureté de sang? Essentiellement à la noblesse, à la petite noblesse plus qu'à la haute, d'ailleurs, car celle-ci a des relations et les moyens d'obtenir satisfaction : on n'osera pas trop contester l'arbre généalogique d'une grande famille, même si l'on sait parfaitement à quoi s'en tenir sur les ancêtres du postulant. En revanche, les simples *hidalgos* sont beaucoup plus vulnérables; ils sont à la merci de la moindre rumeur malveillante.

La pureté de sang fonctionne donc en fait, dans l'Espagne de la seconde moitié du XVIᵉ siècle, comme une arme de combat aux mains de la masse des vieux chrétiens, une arme d'autant plus redoutable qu'il n'est pas nécessaire d'apporter des preuves tangibles pour discréditer un postulant; une simple insinuation suffit. C'est la revanche des obscurs, la noblesse de ceux qui n'en ont pas d'autre. On peut toujours acheter un titre de noblesse, disent ses partisans; on peut plus difficilement s'acheter des ancêtres. L'élite sociale traditionnelle est désarmée devant cette menace insidieuse : comment se défendre efficacement contre des préjugés et la rumeur publique?

C'est ce qui explique le paradoxe de la situation à la fin du XVIᵉ siècle, paradoxe qui tient en trois points :

– personne ne songe sérieusement à justifier la pureté de sang; inquisiteurs, prélats, hauts fonctionnaires... s'accordent en général pour en dénoncer les effets pervers;

– mais personne n'ose en demander ouvertement la suppression ; on se borne à envisager une plus grande modération et une limitation dans le temps des enquêtes généalogiques ;

– même ainsi limitées, les réformes n'aboutissent pas ; la pureté de sang continuera à être exigée. L'élite intellectuelle et les dirigeants du pays sont incapables de modifier un état de choses jugé inadmissible. La raison de cette situation ne fait pas de doute. La pureté de sang reste en vigueur parce qu'elle compte sur deux sortes de partisans :

1) au sommet de l'Etat, les bénéficiaires de la sélection. Il ne faut pas oublier en effet que la plupart des membres des conseils de la monarchie se recrutent parmi les anciens élèves des *Colegios mayores*, c'est-à-dire d'établissements qui, depuis longtemps, exigent la pureté de sang. Ceux qui avaient réussi à franchir victorieusement ce barrage n'avaient probablement aucune envie de faciliter les choses aux autres. Ils se sont gardés soigneusement d'intervenir dans les débats et de défendre des positions attaquées de toutes parts, mais ils n'ont rien fait – c'est le moins qu'on puisse dire – pour abolir les statuts, résistance passive qui s'est avérée payante : rien n'a changé.

2) En faveur de la pureté de sang se sont dressés aussi tous ceux, d'origine modeste, qui espéraient ainsi évincer des concurrents et la masse du peuple chrétien qui tirait satisfaction de voir les puissants humiliés. Même dans l'Espagne autoritaire des Habsbourg, on ne peut pas grand chose contre l'opinion publique. Des millions de paysans et des milliers d'artisans ont communié dans l'exaltation de la pureté de foi, sentiment démagogique qui poussait immanquablement à un nivellement par le bas. C'était déjà la logique de l'Inquisition : s'appuyer sur les sentiments égalitaires du peuple vieux chrétien pour l'inciter à dénoncer les propos, les attitudes et les comportements des non-conformistes. Mais une fois que la machine s'est mise en route, elle échappe à ses dirigeants qui croyaient pouvoir organiser l'intolérance pour mieux la contrôler. Dans les années 1530, l'inquisiteur général Manrique n'avait pas pu sauver ses amis érasmistes. Ses successeurs connaîtront la même déception avec la pureté de sang ; ils n'arriveront pas à la supprimer, même pas à en modérer les effets. On peut, semble-t-il, tirer de cet exemple une leçon à caractère général : on ne fait pas sa part à l'intolérance ; une fois introduite, elle ne tarde pas à gagner l'ensemble du corps social et il est trop tard pour sauver l'organisme de la gangrène.

Joseph PEREZ

NOTES

* En plus de la bibliographie classique sur le sujet, j'ai utilisé essentiellement les travaux suivants :

– Antonio DOMINGUEZ ORTIZ, *Los Judeo-conversos en España y América*. Madrid, Ed. Istmo, 1971;

– Henry KAMEN, «Una crisis de conciencia en la Edad de oro en España : Inquisición contra "limpieza de sangre"», dans *Bulletin hispanique*, LXXXVIII, 1986;

– Francisco MARQUEZ VILLANUEVA, «El problema de los conversos : cuatro puntos cardinales», dans *Hispania judaica*, 1980.

– I. S. REVAH, «La controverse sur les statuts de pureté de sang. Un document inédit : "Relación y consulta del cardenal Guevara sobre el negocio de fray Agustín Saluzio" (Madrid, 13 août 1600)», dans *Bulletin hispanique*, LXXIII, 1974;

– Albert A. SICROFF, *Les controverses des statuts de «pureté de sang» en Espagne du XVᵉ au XVIIᵉ siècles*. Paris, Didier, 1960.

1. Saint Ignace et ses successeurs immédiats à la tête de l'ordre, Laínez, lui-même nouveau chrétien, et saint François Borgia, ne voulaient pas entendre parler de statut. Les jésuites finiront par céder; ils auront leur statut à partir de 1593.

2. Antonio DOMINGUEZ ORTIZ, «El discutido hábito de un mercader sevillano», dans *Homenaje al profesor Juan Torres Fontes*. Université de Murcie, 1987, p. 397-405.

3. *Guijarro*, c'est-à-dire caillou ! C'est pourquoi il a voulu lui donner une autre allure en le latinisant et en se faisant appeler Siliceo.

LES GRANVELLE ET LA RÉFORME EN COMTÉ

Redite béante, malgré Febvre, l'historiographie incline à ce choix [1]. D'une famille, que sa clientèle et son souvenir exaltent [2] ; ou, plutôt, de ses illustrations, au gré de leurs correspondances [3] : Nicolas Perrenot – par la faveur de « Kaiser Karln, unsern allergnedigsten herren... » – et le moins mal connu de tous – avec l'inconstant Champagney –, Antoine, dont la grande carrière s'accomplit sous Philippe II [4]. Mais encore, du versant jurassien, partie de l'héritage ou du cercle bourguignons, diocèse large, seigneurie multiple, environ 800 lieues carrées et paroisses, où subsistent quelque 250000 sujets [5] : pays d'entre-deux – indécis, quand l'Etat s'accomplit –, espace idiomatique, coutumier, sinon neutre, échappant de nouveau à la mouvance française, en marge des pactes helvétiques, hors des « confins d'Alemaigne », note Sleidan [6]. Election réductrice, pour ce qu'elle suggère l'incertain [7] : de la Réforme à son échec, le surgissement d'une frontière, terme reçu des espaces/temps fragmentaires aux champs sémantiques confondus, ce qui fixe l'altérité, donc l'histoire, avec la modification des fronts, ceux du sel compris [8]. Option signifiante, d'un âge et de l'herméneutique, puisque, aussi bien, elle en induit la nature [9] : à la fois sociale, négation du centre, et linéaire, astreinte périphérique – telle la délimitation du Val de Morteau, en 1524 –, plus exactement nodulaire, comme la représente, vers 1570, la carte de Lannoy, bailli d'Amont, celle des passages obligés [10] ; tout ensemble oppositionnelle et volontariste, événement et parti, tant que les Granvelle récusent l'avertissement de l'étrange *Schechina*, d'un renversement du « vieil ordre »... [11].

En s'inscrivant dans l'existence collective, variation sur d'anciens modes réputée virtuelle après coup, l'alternative confessionnelle découvre une problématique des seuils, du moins leurs traces successives et ce qu'ils ont d'inéludable [12].

La construction en est hasardeuse, dont les ratures attestent la dramatique confuse, la disparité [13]. L'imprécise et banale chronologie de la Réforme ne s'avère ici qu'à ses extrémités [14]. Avant que Toussain ne vienne à Montbéliard (1535) et que les Bernois ne conquièrent le Pays de Vaud (1536), il s'agit effectivement de la phase évangélique – du «Luther aux sept visages», des «imitateurs de la secte luthérienne» – ou d'une prise de conscience de l'absoluité du texte, bientôt d'une prise de position – celle de l'ancien médecin de la princesse d'Orange, Blancherose, le mardi 3 octobre 1536, à Lausanne : «la foy sans satisfaction me sauvera-elle ?...» – [15]. Après l'échec de Pierre de Beaujeu à Besançon, le 21 juin 1575 – la ville impériale, outre cinquante victimes, encourant une garnison espagnole –, l'obédience papale se trouve durablement confirmée [16]. Critique, dans les années soixante surtout, et décisif, par la vertu mêlée de l'appareil clérical, le second tiers du siècle, quant à lui, demeure indistinct [17]. Fait d'affrontements confus : des propagandes, en définition de l'hérésie, dès l'abord sur les traverses du colportage de Genève, notamment vers Saint-Claude et Luxeuil [18]; ou des armes, guerre larvée, qu'entretiennent des coups de main sporadiques et, plus diffuses ou menaçantes à l'époque des Gueux, les incursions étrangères [19]. Période de blocages contradictoires, vérifiant l'avertissement de Berne à Neuchâtel, en février 1537, à propos des Comtois : qu'«il n'est encore, la volonté de Dieu de les inspirer de sa grâce» [20]. Où se répètent les déboires du ministère, malgré les conciliabules de 1556, avec l'inanité du droit – de la faible majorité des notables bisontins de 1572 – [21]. Pour le succès d'une répression séculière et locale, dans la crispation périodique des trois cents poursuites connues en parlement, que le passage d'Albe active jusqu'aux confins, à l'exclusion des rustres [22]. Aveugle rupture, à mesure du revendiqué/interdit, dont une géographie immuable accompagne la retombée [23]. Sanctionnant l'emprise de la prédication, inégale, voire équivoque – à la façon du cordelier Messor, en 1561 –, et l'inappréciable conversion du plat pays, que le refuge des Cantons dissuade encore à l'Est [24]. Réduisant, au défaut de supériorité urbaine, le rôle des communautés : quelquefois plantées – vers l'Aval –, rarement dressées, comme il en va de Montbéliard et des quatre seigneuries par l'autorité du Wurtemberg [25]; contaminations secrètes et fugitives le plus souvent, telle l'ecclésiole bisontine qu'inspire Thomas Buirette à la veille de la Saint-Barthélemy, «riere la parroiche de la Magdeleine» [26]. Ce qui entraîne l'émargination des contraires, par un renforcement radical des contours anciens du parler et de l'agir [27]. Quand le protestantisme se restreint à ses franges [28]: luthérienne, d'une vingtaine de clochers au nord, tenue du comte Frédéric, définitivement établie par le colloque de 1586 [29]; huguenote, insolite et ponctuelle, deçà et delà, au point de ne compter qu'une centaine d'«habitants» à Genève [30]. Dans l'aveu de la dominance papiste, qui ne serait pas seulement manière d'échapper aux Suisses – confirmée a contrario par les investissements subalpins de la très catholique Lucerne – [31]: mais fixation rituelle d'un particularisme – excluant tout mariage mixte après 1570 –, en contraste du style ou de la lisibilité prétendue d'une «nation comtoise» – «car il y ha bien à dire de l'assiette d'un pays à l'autre» : Granvelle à Marguerite de Parme, Madrid, 8 avril 1583 – ... [32].

Ainsi l'insurpassable occurrence est-elle devenue fraction et la différence lisière, recréant la figure du monde et son usage [33]. L'horizon se referme sur l'hésitante prise de «Parole du Dieu vivant»[34]. L'ancien «modus loquendi» le cède à une dialectique d'écartèlement, la subversion des structures du savoir/pouvoir au parallélisme des langages[35]. De ce côté s'affirme le discours clos de la mémoire gardée, que confortent la réception des décrets tridentins au concile provincial d'octobre 1571 et, l'année suivante, les statuts glosés du vicaire Antoine Lulle[36]; ou la recréation de la pratique accoutumée, sous Ferdinand de Rye, dont le *Petit catéchisme* de 1593 et le soin de la Compagnie ouvrent le cycle des fondations «baroques», le «siècle des saints» de l'oratorien Lejeune et de Claudine Moine...[37]. De l'autre s'estompe une théologie de la limite – *Apocalypse* de Du Pinet, Genève, 1539 –, volontiers intellectualiste malgré Goudimel, aux catégories néanmoins floues, comme «de eucharistia»[38]; ou l'exigence irrépressible, quoique disciplinée, de la sainte communauté – *Conformité*, Lyon, 1564 –, «l'assemblée de tous les croyants» de la Confession d'Augsbourg, tenue d'une «Gemeindereformation»[39]. Accordée au *Sommaire* de Farel – «Car là où n'est la lumiere de foy... là regnent les princes de tenebres»... –, en bref, l'opposition des sphères, deux appartenances, qui s'expriment diversement[40]. Alentour, l'existence à demi perdue: des sociétés germaniques, dont le cloisonnement – de la seconde Confession helvétique à Gustave-Adolphe – n'interdit pas quelque proche fonctionnement[41]; et du Royaume, où les Eglises réformées, s'efforçant à leur statut, ne laissent de prolonger certaines relations avec le pays romand[42]. Au dedans, l'espace préservé: d'une familiarité unitaire à qui suffit son romanisme, avec la claustration de la «passio docendi»[43]; dans l'effacement d'une doctrine aux rares pasteurs – Jean de Saint-André à Genève, Etienne Mermier aux Pays Bas... –, une persistance quasi miraculeuse, dont témoigne en 1608, à Faverney, «l'Hostie sauvée des flammes»[44]. Partage des expressions chrétiennes, non-dit de la tolérance, quand s'édifient barrières et glacis, sous les espèces d'un voisinage conflictuel[45]. Ce qui devient assujettissement mutuel, par défiance univoque, en symétrie de griefs – d'assistance au prêche ou à la messe –[46]. Dispositions stéréotypées, de consentement populaire, d'où s'ensuivent les rejets tacites, premièrement des «enebatie», depuis Schwitzer von Mumpelgart[47]; en somme, l'ascendant du soupçon, fatal à Gilbert Cousin, pour avoir propagé «la religion de Bâle» au temps de l'imprimeur Heinrich Petri[48]. Conduites convenues, toutefois provisoires, parce qu'elles impliquent une récupération de territoires, l'attente de la mission des Verrières ou des cultes «suédois»[49]; à raison de la proximité et de l'inachèvement où se trouve l'impensable liberté du chrétien[50]. Ce qui contraint les échanges traditionnels, dément leur réalisme[51]. Bornés à la marchandise, aux occasions de la diplomatie ou du vagabondage, ils s'amenuisent, obscurs et entravés – après les contaminations de la gruerie de Foncine –, bientôt convenables aux précautions du conseiller Claude Belin – «Je proposay hier... à la Court... de faire edict prohibitif... à tous habitants de ce pays de se marier ny aller demeurer... en lieu quelconque où notoirement l'on exerce la nouvelle religion, ny d'aller à Geneve puisque c'est le lieu le plus infame et le plus infect d'heresie que soit aujourd'huy en la Chrestienté, aussy comme ce lieu est distant de ce païs de IV lieues seullement et que grand nombre de marchants et autres de ce païs y hantent et frequentent ordinairement...» : lettre au cardinal, Dole, 15 juin 1569 – [52]. Rapports rendus plus difficiles, s'agissant désormais d'un face à face processif, en réduction des empiétements et poursuite des prohibitions, autrement dit du contact névralgique des communions [53]; d'autant que l'être est en cause ou l'identité comtoise, elle-même confluente à la manière des précieux recueils trop vite dispersés par les La Baume [54]. Tenace et complexe matérialisation de frontière, à quoi tous ont part et la puissance des grands, précisément leur conviction : s'il se peut, avec Luther, que l'œuvre revienne à la personne [55].

Question pendante, dont le motif instrumental serait la religion des Granvelle, cette promesse éloignée que l'humanisme accompagne [56]: rapporté à la séquence Etat/Eglise, son noyau échappe, mais non ses modes, ni la double accentuation qui les distingue là comme ailleurs [57].

Primordiale, semble-t-il, celle de la fidélité, maintien en perspective davantage qu'esthétique conservatrice [58]: d'une rectitude instructive par la résolution du laïc, Nicolas, accédant aux sceaux vers 45 ans, alors que la vague luthérienne découvre la fracture de l'Empire [59]. Note d'orthodoxie, d'une «âme pieuse» selon son épitaphe, en climat patriarcal, sinon «superstitieux», où se concentrent conscience et signes [60]. Marque apparemment conformiste, lorsqu'elle caractérise l'écuyer légiste, susceptible du préambule «de justitia» au second livre de la «police du noble hôtel consistorial de Besançon» [61]. D'une pratique à laquelle il convient d'aller obliquement : habituée, imitative, «théâtrale», quand les rites sont la spiritualité même [62]; naturellement familiale, la «maison» restant au cœur de toutes les préoccupations, comme la chapelle des Carmes s'érige lieu de prière et de sépulture, où se trouve depuis 1545 la «Déposition» du Bronzino [63]. D'une dévotion dont les indices clairsemés – l'impartial livre d'Heures du British Museum... – ne vont pas sans trahir quelque décalage : entre les dispositions que l'on dirait secondes, de l'expérience ordinaire ou de la fin édifiante [64]; et les intentions nettement affirmées, de l'irrépressible devoir – leitmotiv des missives familières d'un comptable exposant «personne et biens jusques au bout» – ou de la fermeté du croyant, expressions d'une profonde sérénité, au soin de paix – «j'ay en ce pensé et travaillé comme se ce fut esté pour gaigner paradis...» : lettre à Jean Hannard, ambassadeur en France, Palencia, 31 juillet 1534 – [65]. Où l'être apparaît mieux, dans la tension de l'homme pressé – des «affaires occurrans tant importans qui sont continuellement en ceste court...» –, montrant alors sa double capacité [66]. D'une confiance essentielle – «sic visum superis», dit sa devise tirée des *Métamorphoses* –, laquelle se déclare dans la sobriété du style – «je m'en remectz à ce que Dieu en donra, puisque à mon simple jugement le sens des hommes y fault comme qu'il soit»... – [67]; inséparablement, dans l'action, qu'elle ne cesse de justifier – «mais je ne puis delaisser de vous escripre pour ce que je dois à nostre saincte foy, service de l'empereur, à la patrie et

Cité... » : lettre du 2 novembre 1536, au magistrat bisontin – [68]. Et de l'enracinement, que ses brefs séjours entretiennent malgré tout, avec le support du
chapitre métropolitain ou du parlement ancienne manière – puisque « la noblesse
de ce pays est ordinairement en assez petit equipaige » – [69]; lien originaire, qui
s'inscrit dans la durée, moins d'un modeste collège, aux huit boursiers, que du
palais bâti vers 1540 – à trois étages, façade ternaire et arcades surbaissées –,
offert à l'admiration des passants, pour la commodité des siens [70]. Tout ce par
quoi l'exemple du père se constitue et s'impose : avec l'image utile du géronte,
« homme d'affaires » aux quinze enfants, la légende suggestive de celui qui
« arrêta le flot des heretiques » – selon le libellé du diplôme de 1555, établissant
la terre de Thomas en baronnie – [71]. Soit une ligne de gouvernement, plus ouverte
que l'indistincte «Realpolitik» consentie des ligueurs de Smalkalde et désavouée
par Los Cobos [72]. Quelque conduite pragmatique, susceptible de relativiser le
donné religieux, donc conciliante, dans la mesure où elle tient aux circonstances
locales et nécessités d'argent [73]; à certains égards «érasmienne», encore que le
cheminement se raidisse du Colloque de Worms à l'Interim [74]. Car la démarche
demeure unitaire, pour le «commung benefice de la republicque chrestienne», à
tout le moins soucieuse de l'universelle dépendance impériale [75]: ainsi à Worms,
quand il faut «examiner en privé les articles de la religion estans en discord,
pour s'il est possible les reduyre en union catholicque» [76]; et aussi en Comté, où,
suivant la dénonce loyaliste du Civilège de 1518/33, Perrenot semble tenir sa
partie d'une ineffaçable «burgundische Weltanschauung», ayant «bon et
soingneux regard en tout ce qui concerne le bien dudit pays» [77]. De là, après
Cappel, le coup d'arrêt qu'il donne à la propagation de l'hérésie, en définition
durable d'une frontière confessionnelle [78]. Dans une conjoncture de dérive
rapide, marquée par la reprise des guerres, l'occupation française de la Savoie
signale une situation dangereuse, «en manifeste et evidant hazart» [79]: «à la
faveur des Suysses», quand l'espoir des prédicants d'une Réforme helvétique
rencontre attention et crédit auprès de Gauthiot d'Ancier [80]. Motivant diverses
interventions, singulièrement à Besançon, par le biais d'un juge suppléant et des
institutions comtales [81]: avec la mise en place logique et progressive d'une
«protection» contre la contagion, à laquelle s'efforçent les épîtres du «principal
restaurateur... de ceste Republique» [82]; au prix d'une répression accrue – «et y
tiendray la main de tout mon pouvoir», menace-t-il... –, pour l'élimination des
suspects, que symbolise, en juin 1538, l'exécution du secrétaire Lambelin [83].
Même si, d'une génération à l'autre, rien ne demeure totalement acquis de cet
appareil de «prompte justice» [84]!

Le refus n'étant pas moins l'affaire du clerc – «prêtre le plus occupé de
l'Espagne», selon Grégoire XIII –, alors que la violence l'emporte contre les
sectes et les sorcières [85]: quand Lipsius dédie ses cicéroniennes *Variae lectiones*
au cardinal-ministre, initiateur de l'Etat de Contre-Réforme en ses somptueuses
résidences [86]. Où l'on perçoit, comme au *Speculum* de Lafrery, un nouveau style
et la reprise de catholicité [87]. La note tridentine, dès l'abord, ou l'efficace appré-

hension, chez Antoine Perrenot, d'un papisme à la fois critique et providentiel, sachant que « Dieu nous a voulu... monstrer ses miracles »[88]. Le déplacement des contraintes vers la périphérie ni l'abandon des colloques ou la contraction hiérarchique – à l'épreuve des Flandres, cette écharde ! – n'ont modifié la fascination ou la haine de l'hérésie – les procès-verbaux du synode d'avril 1564, à la Ferté-sous-Jouarre, figurant dans ses papiers –[89]. Quelles que soient les inflexions personnelles – par rapport à la mystique, à Baïus... –, la supériorité de l'intelligence – « ma theologie », écrit-il en 1564... –, la vocation avouée ou réelle du prélat consécrateur au douteux miroir d'un Borromée[90]. Combien que l'engagement prenne de la distance, souvent indirect[91]. Ce qui tient sans doute à l'extériorité de vie – « il y a plus de six ans que je desire me retirer pour rendre mon debvoir à mon evesché et servir à Dieu » : lettre à l'empereur, Arras, 3 septembre 1554 –, à l'élévation stoïcienne de la pensée – « il vaut mieulx peult estre souffrir... Dieu est grand et non est abreviata manus ejus »... : au président Viglius, Besançon, 7 août 1564 –[92]; mais encore, au génie politique, moins exclusif qu'intransigeant, capable de composer avec les dissidents en Comté afin « que la religion ne s'y perde »[93]. Car son exercice reste pour lui aléatoire, comme d'un endiguement toujours esquissé et précaire[94]. Qu'il s'agisse de l'œuvre conciliaire en général, à laquelle il travaille presque dès l'origine[95]; prenant part, malgré tous les obstacles, à la préparation des décrets et à leur réception – y compris de la liturgie romaine à Malines –[96]. Ou de son application, ici, pour une réforme disciplinaire dont l'enquête parlementaire de 1583/87 marque l'urgence et qu'il paraît méditer – réclamant « homelies courtes et de substance » au prieur bénédictin de Bellefontaine, « bons exemples » et « gens de guerre... ordinaires pour les frontieres » au conseiller Broissia ; appuyant finalement la Société de Jésus, soucieux d'éducation autant que son vicaire Jean Doroz –[97]; somme toute, pour une réification de la conscience d'Eglise, celle-là même que laisse pressentir sous son successeur l'incomplète visite de 1614/15...[98]. En quoi les vertus du fils succèdent au modèle paternel[99]. Cependant que, sous l'art du possible – et l'élégance des collections célébrées par Chifflet, l'étendue des relations, de Plantin à Jean Sturm... –, perce l'homme des ruptures – « surpris qu'on eut differé si longtems la Saint Barthelemy »... –, d'une rigueur qui conjugue invinciblement les intérêts du clergé avec ceux d'Espagne[100]. L'intolérance, calculée, trahit le haut-bénéficier[101] : non sans équivoque, entre l'appropriation des biens – sur place quelque 40 prébendes, à l'égal du pays bas, sans compter trois épiscopats dissemblables... –, l'exigence insatiable des prétentions lignagères – pour une rente de 25000 écus d'or dans les dernières années... –, et la désappropriation de vie, qu'elle passe ou non par le mécénat[102]. Où l'on reconnaît constamment l'adversaire des Huguenots : à travers les confrontations dont la Franche-Comté serait l'un des lieux permanents et Genève, toute « Genève » bientôt, le point focal[103] ; dans la conviction qu'il suffit d'user de force », comme il convient à l'égard du commerce anglais – répétée le 11 juin 1578, de Rome, à Philippe II : « Ceci ne doit pas vous paraître singulier si, malgré mon habit et mon caractère de prêtre, je vous engage à déclarer la guerre... » – [104]. L'absolutisme, de principe, transcende cette disposition, l'hispanité n'occultant la patrie – «comme le monde va aujourd'huy... » – [105]. Car le service du prince emporte tout – «vostre majesté est le maître et de pouvoir absolut peult le tout et oster ce qu'elle a donné... » – [106]. On sait les avatars – «je suis de partout... » –, la carrière, d'un demi-siècle – «presque continuellement, ... en guerre et en paix» ... –, les charges – pour le portrait idéal de l'homme d'Etat continuateur de don Juan ! – [107]. Il faut comprendre la persistance de l'office – «que je doibz», dit-il –, son profond monarchisme – «mon but est de servir Dieu et vostre Majesté... » –, conformes à sa maxime – «Durate», tirée de l'*Enéide* – [108]. A quoi tiennent particularités et convenances de la perspective régionale – «Vostre Alteze... aura trouvé le comté de Bourgogne montagneux, grande partye aspre et mal rabotté... La religion y est assez bien, en apparence du moings, Dieu mercy, la devotion non pas du tout si grande que je vouldroye et il conviendroit. Aulcuns se plaignent du gouvernement, aultres et beaucoup des foules des gens de guerre, plusieurs et non du tout sans cause, de la justice... » : correspondance avec Marguerite de Parme, Madrid, 21 juin 1580 – [109]. Finalement, à quelque longue stratégie confessionnelle, dont les Suisses, menaçant «le côté des montagnes», détiendraient la clé [110]; ou à celui qui n'a cessé d'en déterminer l'histoire – «combien», constate-t-il en 1582, «que... je n'y ay... faict si longue residence» – [111]. Puisque, du père au fils très positive, la religion des Granvelle perdure, en revendication de frontière [112].

Lieu, événement ou regard – intégriste –, l'actualisation n'en paraît pas niable [113]. Dont l'intériorité est première [114]. En ce que s'y révèle l'émergence de la limite, comme une fluctuation contrariée de l'entendement ou l'aveu d'une fixation d'identité [115]. En ce que s'y énonce la limite elle-même, comme un fait vécu, explicite des règnes opposés, ou un référent, subjectif, voire «imaginarie»... [116]. Sachant que, nécessité ou choix, le phénomène ainsi perçu reste ambigu [117] : telle la croyance à laquelle il est censé renvoyer [118].

R. STAUFFENEGGER
Université de Franche-Comté

NOTES

1. FEBVRE L., *Philippe II et la Franche-Comté*, Paris [P.], 1912; rééd. abr., 1970. DURME M. van, *Antoon Perrenot... (1517-1586)*, Bruxelles [Br.], 1953, p. 379; *El Cardenal Granvela...*, trad. Barcelone, 1957, 410. *Bibliographie d'histoire des villes de France*, P., 1967, 393. MANN H.-D., *Lucien Febvre...*, P., 1971. MALAVAUX A., *La Réforme dans l'historiographie comtoise...*, Besançon [B.], 1972, mém. dact. CARBONELL Ch.-O., *Histoire et historiens...*, Toulouse [T.], 1976, 86. *99e Congrès nat. soc. sav./Bull. sect. hist. mod.*, P., 1977, fasc. 10, 211. *Histoire de la Franche-*

Comté, dir. R. Fiétier, T., 1977 (85), 8. *La Franche-Comté à la recherche de son histoire...*, B. – P., 1982. KIM E. J., *Lucien Febvre et l'histoire*, B., 1987, th. dact.

2. *Papiers d'Etat du cardinal de Granvelle [PEG]*, publ. Ch. Weiss, P., 1841-52, I, I; II, 573. *Mém. Académie Besançon [MAB]*, 1887, 98. *Bull. Soc. agric., sc. et arts Hte-Saône*, 1899, 11. BRANTS V., *Jean Richardot...*, Louvain, 1902. MESMAY J.-T. de, *Dictionnaire... des anciennes familles de Franche-Comté*, P., 1958, ron. *Histoire de Besançon*, dir. Cl. Fohlen, B., 1964 (82), I, l. 3 – 4. SOLNON J.-F., *Quand la Franche-Comté était espagnole*, P., 1983, 60.

3. ROUGEBIEF E., *Histoire de la Franche-Comté...*, P., 1851, 442. PERROD M., *Répertoire bibliographique...*, P., 1912, 164. FOURQUET E., *Les hommes célèbres...*, B., 1929, 59. *Bull. Comm. royale d'hist.*, 1945, 97. DURME, *Antoon*, 359; *Granvela*, 7. *The journ. of med. and Renaiss. stud.*, 1979, 1, 49. ANTONY D., *Les Granvelle...*, B., 1984, mém. dact. (et div. contrib.).

4. *Charles – Quint, le Rhin et la France...*, Strasbourg [S.], 1973, 210, n. 9 (Amerbach, 1547). *Dict. hist. géo. eccl.*, 1986, 21, n°124, 1175. GUENEE B., *Entre l'Eglise et l'Etat...*, P., 1987, 15.

5. *PEG*, VII, 321. ESTIENNE Ch., *La guide des chemins de France*, éd. J. Bonnerot, P., 1936, II, 82. GOLLUT L., *Les mémoires historiques de la République Séquanoise...*, éd. Ch. Duvernoy, Arbois, 1846/Roanne, 1978-79, 2 vol. DUNOD [DE CHARNAGE] F.I., *Histoire des Sequanois...*, B., 1735, II, 339, III, 169; *Mémoires...*, 1740; *Histoire de l'Eglise...*, 1750. *Gallia christiana nova*, XV, P., 1860, 4. *Bull. Comm. géo.*, 1895, 302. EZQUERRO R., *El Franco-Condado en el siglo XVI*, Madrid [Ma.], 1946. *Annales de Bourgogne [AB]*, 1955, 2, 73. *Mém. Soc. émul. Jura [MSEJ]*, 1959, 27. TEJADA F. Elias de, *El pensamiento politico...*, Séville, 1966; *El Franco-Condado...*, 2è éd., 1975; *La Franche-Comté hispanique*, trad. Vaux/Poligny, 1977. *Helvetia Sacra*, Berne [Be.], 1972, I, 1, 437. *Franche-Comté*, Le Puy, 1983. LOCATELLI R., *... le diocèse de Besançon (v. 1060-1220)*, Lyon [L.], 1984, th. dact., I, 16, 53. BRAUDEL F., *L'identité de la France...*, P., 1986, I, 33. FREMONT A., *France...*, P., 1988, 231. G. U. dir. R. Brunet. *Mondes nouveaux*, P., 1990, 114.

6. *Archives départementales du Doubs [AD]*, Fonds du parlement de Dole, II B 1140, 1237. *Archives municipales [AM]/Bibliothèque municipale de Besançon [BM]*, Archives anciennes, B B, reg. 11, f. 51, 54 v, 96 v... *Correspondance du cardinal de Granvelle, 1565-1586 [CCG]*, publ. E. Poullet, Ch. Piot, Br., 1877-96, VII, 93; IX, 447... *Les coustumes generales du conté de Bourgongne*, Dijon [D.], 1552. SAINT-MAURIS P. de, *La practique et stil judiciaire...*, L., 1577. BOGUET H., *In consuetudines...*, L., 1604. DUNOD F.-I., *Observations...*, B., 1756. DUVERNOY G., *Esquisse des relations...*, Neuchâtel [N.], 1841. PIEPAPE L. de, *Histoire de la réunion...*, P., 1881. CLERC E., *Histoire des Etats...*, B., 1882, I, 217. *Bibl. Ec. Chartes/Posit. th.*, [PEC] 1900, 231. ROTT E., *Histoire de la représentation diplomatique...*, Be.-P., 1900-2, I, II. *MAB*, 1934, 57. REUTTER G., *Le rôle joué par le Comté de Neuchâtel..., 1474-1530*, Genève [G.], 1942. *Mém. Soc. hist. droit... [MSHDB]*, 1954, 146; 1955, 85; 1962, 297. *Le pays de Montbéliard...*, D., 1958, 299. DONDAINE C., *Les parlers comtois d'oïl...*, P., 1972, 458. *Liège et Bourgogne...*, P., 1972, 26. *Charles-Quint, le Rhin*, 227. DARFIN G., *Le temporel du Chapitre métropolitain...*, B., 1973, mém. dact., III, h. t. *Régions et régionalisme...*, P., 1977, 87. CUENDET C., *Les traités de combourgeoisie...*, Lausanne [La.], 1979.

Nouvelle histoire de la Suisse, La., 1982-83, I et II. *Pouvoir, ville et société en Europe...*, S., 1983, 591. *Histoire de l'annexion...*, Roanne, 1988, 94.

7. DURME M. van, *Les archives générales de Simancas...*, Br., 1968, III. *Rev. théol. et philo.* [*RTP*], 1980, 4, 319; 1982, 2, 151; 1986, 2, 162; 1988, 1, 2. *Universalia*, 1982, 436.

8. *Speculum*, 1958, 4, 475. LEVINAS E., *Totalité et infini...*, La Haye, 1961. *Cah. Haut-marnais*, 1964, 117. *101ᵉCongrès nat. soc. sav.*, P., 1978. BISCHOFF G., *Gouvernés et gouvernants en Haute-Alsace...*, S., 1982, 133. CERTEAU M. de, *La fable mystique...*, P., 1982, 409. KINGDON R. M., *Church and society in Reformation Europe*, Woodbridge, 1985. FOUCHER M., *Fronts et frontières*, P., 1988. MATORE G., *Le vocabulaire et la société du XVIe s.*, P., 1988, 94, 213.

9. *Historia de España*, dir. R. Menéndez Pidal, Ma., 1958-66, XVIII, XIX. *Herméneutique de la sécularisation*, dir. E. Castelli, P., 1976. GAUCHET M., *Le désenchantement du monde...*, P., 1985. *Le Monde*, 13. I. 1988 («L'Europe en creux»). *Esprit*, 1988, 7 – 8, 255 («Pour l'herméneutique, le monde du texte est un monde du vis-à-vis...»). *RTP*, 1988, 2, 141.

10. *CCG*, III, 272. *Mém. et doc. ... Acad. Bes.* [*MDAB*], 1, 1838, 253. BRAUDEL F., *La Méditerranée...*, 2è éd., P., 1966, I, 269 (ports secs). LEMOINE H., *Le Val de Morteau...*, B., 1972, 23.

11. METZ J. B., *La foi dans l'histoire...*, trad. de l'all., P., 1979. RAFFESTIN Cl., *Pour une géographie du pouvoir*, P., 1980 (et rés. *99e Congrès*, 80). *Rev. hist. et philo. relig.* [*RHPR*], 1983, 1 – 2, 17. CHASTEL A., *Le sac de Rome...*, P., 1984, 164. *RTP*, 1987, 1, 33. *Esprit*, 7 – 8, 89 (le «temps bifurqué» ou la crise du temps...).

12. RICHARD J.-F.-N., *Histoire des diocèses...*, B., 1847-51, II, 169. *RHPR*, 1972, 3, 261. PFISTER R., *Kirchengeschichte der Schweiz*, Zurich [Z.], 1974, 2, 139. *Rech. sc. relig.*, 1975, 2, 245. *Les diocèses de Besançon et de Saint-Claude*, dir. M. Rey, P., 1977, 95. JACOBS E., *Die Sakramentslehre Wilhelm Farels*, Z., 1978, 333. OZMENT S. E., *The Reformation...*, New Haven – Londres [Lo.], 1980 (75), 47. *Z. kathol. Theol.*, 1984, 4, 365. DICKENS A. G., TONKIN J. M., *The Reformation in historical thought*, Oxford, 1986. DENIS Ph., *Le Christ étendard...*, P., 1987, ch. 2-4. SOUTHERN R. W., *L'Eglise et la société...*, trad. de l'angl., P., 1987, 10. *Espaces Temps*, 1988, 1, 27. *Bull. Centre prot. ét. et doc.* [*CPED*], juin 1988, f. v. 5.

13. ROLAND F., *Les cartes anciennes...*, B., 1913-24, I, 7. RAFFESTIN, *op. cit.*, 110.

14. SALAT J., *Reformationschronik...*, éd. R. Jörg, Be., 1986, 3 t. CHEVRIER E., *Le protestantisme dans le Mâconnais et la Bresse...*, Mâcon, 1868. *MSEJ*, 1875, 283. CADIX M., *... la Réforme à Besançon...*, P.-Montauban, 1905. TOURNIER M., *La crise huguenote à Besançon...*, B., 1909. VASELLA O., *Reform und Reformation...*, Münster, 1958 (65), 11. FROMENTAL J., *La Réforme en Bourgogne...*, P., 1968. RUBLACK H.-C., *Die Einführung der Reformation in Konstanz...*, Gütersloh, 1971. RAPP F., *Réformes et Réformation à Strasbourg...*, P., 1974. *Bull. Soc. hist. prot. franç.* [*BSHPF*], 1976, 4, 551. OBERMAN H. A., *Werden und Wertung der Reformation...*, Tübingen, 1977. *Histoire vécue du peuple chrétien*, dir. J. Delumeau, T., 1979, II. VENARD M., *L'Eglise d'Avignon au XVIᵉ s.*, P. – Lille, 1980. *Genève – Annecy*, dir. H. Baud, P., 1985, ch. 3 et 4. BABELON J.-P., *Paris au XVIᵉ s.*, P., 1986, 3ᵉ part. *Les Réformes en Lorraine...*, éd. L. Châtellier, Nancy, 1986, 57. ROTT J.,

Investigationes Historicae..., S., 1986, 402. VIAUX D., *La vie paroissiale à Dijon...*, D., 1988 (et *AB*, 1981, 1, 5).

15. *AM*, BB 11, f. 127, 172; 12, f. 164 v; 13, f. 318 v, 528 v... *Les Actes de la Dispute de Lausanne*, publ. A. Piaget, N., 1928 (cf. *Thèses...*, par D. Belluci, La., 1986; *La Dispute...*, La., 1988). COCHLAEUS J., *Commentaria...*, Mayence, 1549. *Catalogue des Actes de François Ier*, P., 1889, III, 192 (8382). VIENOT J., *Histoire de la Réforme...*, P., 1901, 2 t. *MDAB*, 13, 1946, X. *Rev. d'hist. mod. et contemp.* [*RHMC*], 1957, 2, 81. NAEF H., *Les origines de la Réforme à Genève*, G., 1968, I, 64; II, 442. *Rev. d'hist. ecclés.* [*RHE*], 1971, 2, 433. *BSHPF*, 1979, 4, 569. *Actes Coll. G. Farel*, N., 1983, I, 73, 253. *RHPR*, 1983, 1-2, 67; 1988, 2, 181. *Archiv für Reformationsgesch.* [*ARG*], 1984, 176. *Les Réformes...*, P., 1985, 175. *RTP*, 1986, 2, 133, 150. *Mém. Soc. émul. Doubs* [*MSED*], 1987, 137. *Hist., éc. et soc.* [*HES*], 1988, 1, 41.

16. *AD*, G 198, f. 25 v (je. 23: «Proditio Civitatis Bisuntine facta Martii XXI a Junii 1575...»)... *AM*, BB 35, f. 209 («La malheureuse surprinse...»); 36, f. 149... *CCG*, V, 326. *MDAB*, 1, 1838, 264; 7, 1876, 304.

17. *RTP*, 1983, 2, 139; 1988, 1, 2. *Les Réformes*, 169, 174 (n. 19). *Bibl. d'hum. et Renaiss.* [*BHR*], 1986, 2, 319. *RHE*, 1987, 2, 259.

18. *AM*, BB 28, f. 396 v; 29, f. 197 v; 30, f. 84; 34, f. 264, 326; 35, f. 141 v... FEBVRE L., *Notes et documents sur la Réforme...*, P., 1912, 12, 88. SCRIBNER R. W., *... Popular propaganda...*, Cambridge [C.], 1981. *Histoire de l'édition française*, dir. H.-J. Martin *e. a.*, P., 1982, I, 305. *RHPR*, 1983, 1 – 2, 91. *Rev. fr. hist. livre*, 1986, I, 35. *Aspects du livre neuchâtelois*, publ. J. Rychner, M. Schlup, N., 1986, 1, 11.

19. *AM*, BB 21, f. 123; 34, f. 192, 412 v; 35, f. 93 v; 36, f. 272; 37, f. 280 v... CONDRIET, CHATELET, *Histoire de Jussey*, B., 1876.

20. *Correspondance des réformateurs...*, rec. A. L. Herminjard, G., 1866-97, 4, 181, 194.

21. *AM*, BB 27, 33, 34.

22. *PEC*, 1933, 91. *MAB*, 1958, 382. LEFEBVRE-TEILLARD A., *Les officialités à la veille du concile de Trente*, P., 1973. PARIS M., *Les officiers du parlement de Dole...*, B., 1987, th. dact., ch. I.

23. PONT J. – C., *La topologie algébrique...*, P., 1974. LIPOVETSKI G., *L'ère du vide...*, P., 1983, 105. *Annales E. S. C.*, 1984, 4, 755, 760. POMIAN K., *L'ordre du temps*, P., 1984, 49. *Bull. Centre prot. d'ét.* [*BCPE*], 1988, 1, 17; 3, 17.

24. *Ann. Fr. – Comtoises* [*AFC*], 1867, VII, 11. VIENOT J., *Histoire de la Réforme française...*, P., 1926, 121. VUILLEUMIER H., *Histoire de l'Eglise Réformée du Pays de Vaud...*, La., 1927-29, I, 553. *ARG*, 1984, 194.

25. VIENOT, *Hist. de la Réf.*, II, 17. *Stadtbürgertum und Adel in der Reformation...*, éd. W. J. Mommsen *e. a.*, Stuttgart, 1979. *Flugschriften...*, éd. H. – J. Köhler, 1981, 25. CHEVALIER B., *Les bonnes villes de France...*, P., 1982, 241. *Les petites villes...*, dir. J. – P. Poussou, Ph. Loupès, P., 1988.

26. *AM*, BB 35, f. 43 v; 36, f. 285... *Reg. Comp. pasteurs*, G., 1969, III, 34, 37... *Corr. Bèze*, G., 1970, VI, 305. FEBVRE, *Notes*, 97.

27. DAVEAU S., *Les régions frontalières...*, L., 1959, 156. *Frontières...*, N., 1979, 18, 101, 179. *Cinq siècles de relations...*, N., 1984, 141. *Pouvoir et institutions...*, dir. A. Stegmann, P., 1987, 193. *Hist. de l'annexion*, 113.

28. *AM*, BB 37, f. 185 v... *Rev. du Vieux Genève*, 1987, 2.

29. *PEG*, II, 104, 107, 332 ; VIII, 446... *Mém. Soc. émul. Montbéliard*, 1881, 241 ; 1986, 161. *BSHPF*, 1984, 3, 345.

30. *Livre des Habitants*, G., 1957-63, 2 vol. PIAGET A., *Documents...*, N., 1909, I. *Bull. Soc. grayloise d'émul.*, 1900, 104. *Bull. Soc. belfort. d'émul.*, 1950, 1. DENIS P., *Les Eglises d'étrangers...*, Liège – P., 1984, 52.

31. KöRNER M., *Luzerner Staatsfinanzen...*, Lucerne – Stuttgart, 1981, 342.

32. *CCG*, X, 132. FEBVRE, *Notes*, 268. GILLIARD C., *La conquête du Pays de Vaud...*, La., 1935, 18, 115.

33. BACHELARD G., *La poétique de l'espace*, P., 1981 (57), 191. LADRIERE J., *L'articulation du sens*, P., 1984, II, 205. *RHE*, 1986, 3 – 4, 405.

34. LEVINAS E., *Ethique et infini*, P., 1982, 112 (*Am* 3, 8). CHAMBERS B., *Bibliography of French Bibles...*, G., 1983. *BCPE*, 1988, 3, 3. *Esprit*, 1988, 7 – 8, 199.

35. BAVAUD G., *La dispute de Lausanne...*, Fribourg [F.], 1956, 96, 209 ; ... *Pierre Viret...*, G., 1986. GURVITCH G., *Dialectique et sociologie*, P., 1962, 33. *RTP*, 1979, 1, 13 ; 1982, 4, 395 ; 1987, 1, 17. *BCPE*, 1985, 8, 14. COLETTI V., *L'éloquence de la chaire*, trad. de l'it., P., 1987, 156.

36. *AD*, II B 1300 ; G 197..., 230... *AM*, BB 33, f. 138 ; 34, f. 12 v... *BM*, ms. 744-47. *CCG*, I, 37. DUNOD, *Eglise*, II, 178. *AFC*, 1866. *Rev. hist.* [*RH*], 1910, 2, 225 ; 3, 1. SURUGUE R., *Les archevêques de Besançon...*, B., 1930, 254. *Temps, mémoire, tradition au Moyen âge*, Aix-en-Provence, 1983. WINLING R., *La théologie contemporaine...*, P., 1983, 234.

37. *Statuta synodalia Bisuntinae Ecclesiae...*, L., 1575. JACQUENET, *Histoire du séminaire...*, B., 1854, I. *Les établissements des Jésuites...*, Enghien, 1941-51, fasc. 3, c. 634. SCHERER A., *L'Eglise catholique en Franche-Comté de 1580 à 1640...*, P., 1950, th. dact. [*AD*, ms. 344]. PONTAL O., *Répertoire des statuts synodaux...*, P., 1963, 124. ARTONNE A. e. a., *Répertoire...*, P., 1968. *MSEJ*, 1985, 489. FROESCHLE-CHOPARD M.-H. et M., VENARD M., *Atlas de la réforme pastorale...*, P., 1986. SCAGLIONE A., *The liberal arts and the jesuit college system*, Amsterdam – Philadelphie, 1986, 51.

38. DROZ E., *Chemins de l'hérésie...*, G., 1971, 2, 55. NORTON G. P., *The ideology and language of translation in Renaissance France...*, G., 1984. *CPED*, déc. 1987, 13. *Istina*, 1987, 4, 380. *Trierer theol. Zeitschr.*, 1987, 3, 236. *RHPR*, 1988, 1, 19.

39. *AM*, BB 30, f. 220... GASSMANN B., *Ecclesia Reformata...*, F. ..., 1968. *Positions luthériennes* [*PL*], 1981, 4, 310. *RTP*, 1981, 2, 97 ; 1985, 2, 111 ; 1986, 2, 145, 161. HAMMANN G., *Entre la secte et la cité...*, G., 1984, 149, 414. *Zwingli und Europa...*, éd. P. Blickle e. a., Z., 1985, 71. BLICKLE P., *Gemeindereformation...*, Munich [Mu.], 1986, 91. *Les cahiers protestants*, 1988, 4, 6, 46. *CPED*, juill. 1988, 258.

40. FAREL G., *Sommaire...*, éd. A. Piaget, P., 1935, c 2. SCHILLEBEECKX E., *Plaidoyer pour le peuple de Dieu...*, P., 1987.

41. *Zeitschr. für schweiz. Gesch.*, 1925, 5. GUGGISBERG K., *Bernische Kirchengeschichte*, Be., 1958. PFISTER, *op. cit.*, 2, 201. STAUFFENEGGER R., *Eglise et société...*, G., 1983-84, I, 174, 283.

42. SUTHERLAND N. M., *The Huguenot struggle for recognition*, New Haven – Lo., 1980.

43. FEBVRE, *Notes*, 171, 263. GUENEE S., *Bibliographie...*, P., 1978, II. LABROT G., *L'image de Rome...*, P. 1987, 286. SOUTHERN, *op. cit.*, 75. *BHR*, 1988, 1, 128.

44. PIDOUX P.-A., *Miracle...*, Dole, 1908. *Congrès...*, B., 1909. PIROLLEY E., *L'Hostie...*, P., 1950.

45. BORNKAMM H., *Das Jahrhundert der Reformation...*, Göttingen, 1966 (61), 262. BISCHOFF, *op. cit.*, 159.

46. *Recueil des Edits...*, B., 1771, I, 16, 285, 891. *MSHDB*, 1963, 43.

47. *Id.*, 9. MATHIOT C., BOIGEOL R., *Recherches... sur les anabaptistes...*, Flavion, 1969, 30. CLASEN C. – P., *Anabaptism...*, Ithaca – Lo., 1972. *ETR*, 1988, 3, 385.

48. COUSIN G., *Opera...*, Bâle [Ba.], 1562, 3.t./1 vol. f. FOURQUET, *op. cit.*, 70. BIETENHOLZ P. H., *Basle and France...*, G., 1971, 279. MALAVAUX, *op. cit.*, 88.

49. GIRARDOT DE NOSEROY J., *Histoire de Dix Ans...*, éd. J. Crestin, B., 1843, 55, 229. *Ann. sc. et litt. de Fr.* – *Comté*, 1946, 23. *Les diocèses*, 118.

50. *D. Martin Luthers Werke...*, Weimarer Ausgabe [*WA*], 1883-1970, 6, 538 ; 7, 53 ; 8, 606... FEBVRE, *Notes*, 229.

51. GIOFFRE D., *Gênes et les foires de change...*, P., 1960, 115. *Cah. d'hist.*, 1960, 1, 27. *RH*, 1970, 3, 29. GASCON R., *... Lyon et ses marchands...*, P., 1971, I, 65, 158, 232, 325 ; II, 645.

52. *CCG*, III, 601. *Mémoires de Luc Geizkofler...*, trad. E. Fick, G., 1892, 109, 182. *AFC*, 1865, III, 167. FEBVRE, *Notes*, 314. BINZ L., *Vie religieuse et réforme ecclésiastique...*, G., I, 140.

53. *BM*, Coll. Granvelle, ms. 39. *CCG*, XII, 196. FEBVRE, *Notes*, 186.

54. *MAB*, 1887, 98. *Rev. belge d'arch. et d'hist. de l'art*, 1947, 133 ; 1950, 111. *Libri...*, 1951, 301. *Manuscrits... du cardinal...*/Exp. S., 1951. LEVINAS, *Ethique*, 58. ANTONY, *op. cit.*

55. *WA*, 39, 1, 282. KOENIGSBERGER H. G., *Politicians and virtuosos...* Lo., 1985. *RTP*, 1987, 1, 33.

56. *PEG*, VII, 508. DURME, *Granvela*, X. LEDURE Y., *Conscience religieuse et pouvoir politique*, P., 1979.

57. CHASSIGNET J.-B., *Le mespris de la vie...*, B., 1593. KOLAKOWSKI L., *Philosophie de la religion*, trad. de l'angl., P., 1985, 207. *Pouvoir et institutions*, 15, 90, 195, 297.

58. NEDONCELLE M., *De la fidélité*, P., 1953. *Mélanges R. Fiétier*, P., 1984, 68.

59. *AM*, BB 13, f. 224 v, 464 v ; 19, f. 149... *CCG*, V, 364. *MAB*, 1900, 20. *BHR*, 1951, 286. DOOLEY J. A., *Religion and art at the court of Charles V...*, Diss. Columbia Univ., 1973, 31 (parallèle avec Th. Cromwell). *RHMC*, 1982, 2, 267.

60. *MDAB*, 7, 1876, 328. *Miscell. histor. ecclés.* II, Louvain, 1967, 37. FIETIER R., *La Cité de Besançon...*, Lille, 1978, II, 885 ; III, 1239. *Coll. Coligny*, P., 1974, 521. *Iter Italicum*, éd. H. A. Oberman, T. A. Brady, Leyde, 1975. *Francia*, 1983, 304. *RHE*, 1987, 2, 221.

61. *MDAB*, 13, 1946, 37. CLERC, *op. cit.*, 292. DURME, *Granvela*, 101. RENARD M., *... Ferry Julyot*, B., 1982, mém. dact.

62. *ETR*, 1975, 3, 286 ; *Rev. hist. spir./Bull.*, 5, 1981, 3. *Rev. hist. Egl. Fr.*, 1983, 2, 190. MARTIN H., *Le ministère de la parole...*, P., 1986, th. dact. *RTP*, 1987, 2, 171.

63. *AD*, H 1, 85, 5; 87, 30. *PEG*, III, 450; VII, 403. VANDENESSE J. de, *Itinéraire de Charles-Quint*, éd. L. P. Gachard, Br., 1874, 403. TREVILLERS J. de, *Sequania monastica...*, Vesoul, 1950, 65, 227. DURME, *Granvela*, 374.

64. *PEG*, III, 447. *Réunion Soc. beaux-arts*, 1896. *BHR*, 1951, 291.

65. *AM*, BB 18, f. 428. *PEG*, II, 132.

66. *AM*, BB 15, f. 367.

67. *AM*, BB 18, f. 427 v. *BHR*, 1951, 290. DURME, *Granvela*, 39, n. 2. *MSED*, 1984, 37; 1986, 79.

68. *AM*, BB 14, f. 206... *BHR*, 1951, 285.

69. *AD*, G 162; 165; 190, f. 497 v; 193, f. 229 v, 356...; 198, f. 351 v; 531; 532; 546. *AM*, BB 24, f. 207; 26, f. 296; 27, f. 355 v... *PEG*, III, 43, 179, 590; IV, 252...

70. *AM*, BB 17, f. 300 v... *Corresp. de Ph. II...*, publ. L. P. Gachard [*C Ph*], Br., 1848-79, II, 108. COUSIN G., *Description...*, trad. E. Monot, Lons-le-Saunier, 1907, 23, 29. *MSED*, 1866, 71. *MAB*, 1898, 3. ROBERT U., *L'enseignement à Besançon...*, B., 1899. DURME, *Granvela*, 406, n. 34. TOURNIER R., *L'architecture de la Renaissance...*, P., 1964, 26. *MAB*, 1968, 49.

71. *PEG*, I, 352; IV, 354, 489... *RH*, 1985, 1, 108.

72. *Korrespondenz des Kaisers Karl V.*, publ. K. Lanz, Leipzig, 1844-46, 3 vol. *Missions... de... Scepperus...*, Br., 1857. MENENDEZ PIDAL R., *Idea imperial de Carlos V*, Buenos-Aires..., 1946 (41), 30. SANDOVAL P. de, *Historia...*, Ma., 1955 – . KENISTON H., *F. de los Cobos...*, Pittsburgh, c. 1959. *Karl V. ...*, éd. P. Rassow, F. Schalk, Cologne, 1960, 51, 110, 189. TYLER R., *Charles Quint*, trad. de l'angl., P., 1960. MADARIAGA S. de, *Charles Quint*, P., 1969, 82. FERNANDEZ ALVAR M., *Charles V*, trad. angl., Lo., 1975. POSTMA F., *V. van Aytta...*, Zutphen, 1983. *RHMC*, 1987, 4, 540. *RTP*, 1988, 2, 127.

73. *Miscell. L. van der Essen*, Br., 1947, II, 649. LUTZ H., *Christianitas afflicta...*, Göttingen, 1964. SKALWEIT S., *Reich und Reformation*, Berlin, 1967. *Charles-Quint, le Rhin*, 10, 53, 188...

74. *Corpus ref.*, 1-28/*Ph. Melanchthonis op.*, Halle, 1834-60. HERTLING K., *Granvella... 1540/41*, Göttingen, 1924, diss. *Les fêtes de la Renaissance*, P., 1960, II, 45, 57. KISCH G., *Claudius Cantiuncula...*, Ba., 1970, 137. *MAB*, 1973, 5. *Erasmus of Rotterdam Soc. Yearb.*, 1982, 80. ANGERMEIER H., *Die Reichsreform...*, Mu., 1984, 280. *RHE*, 1984, 3 – 4, 671. *RTP*, 1986, 3, 314; 1987, 1, 17. HALKIN L.-E., *Erasme...*, P., 1987, 214. *Mél. Ec. fr. Rome, M. â. et T. mod.*, 1987, 275. HONEE E., *Der Libell der H. Vehus...*, trad. du néerl., Münster, 1988, ch. 2.

75. *PEG*, II, 283, 362... *Corr. de Charles-Quint et d'Adrien VI*, publ. L. P. Gachard, Br., 1859. JEDIN H., *Histoire du concile*, trad. de l'all., Tournai, 1965, I. *Réforme et humanisme*, Montpellier, 1977, 224.

76. *AD*, II B 92 VANDENESSE, *op. cit.*, 162.

77. *AM*, BB 15, f. 63, 187; 16, f. 259... *PEG*, II, 141, 238, 248; III, 294... ROTT, *Hist.*, I, 318... WIESFLECKER H., *Kaiser Maximilian I. ...*, Mu., 1971, 3 t.

78. *PEG*, I, 580; II, 80, 208...

79. *AM*, BB 19, f. 55, 308 v... *PEG*, II, 210...

80. *AM*, BB 21, f. 123, 187... *MSED*, 1905, 95; 1987, 137. BERTHOUD G., *Antoine Marcourt...*, G., 1973.

81. *AM*, BB 19, f. 28, 57 v... GRIVEL J., *Decisiones celeberrimi Senatus Dolani*, Anvers, 1618.

82. *AM*, BB 15, f. 94 v, 105, 150, 366 v, 390; 16, f. 106 v, 147 v; 18, f. 169, 424...

83. *AD*, II B 1295, 1298... *AM*, BB 18, f. 445 v; 19, f. 111, 150 v, 169, 231, 277...

84. *AM*, BB 18, f. 427 v. *PEG*, IV, 337, 476, 695; VI, 104; VIII, 398. *CCG*, III, 578; IV, 56...

85. *CCG*, IV, 224; VII, 340. *Nuntiaturberichte aus Deutschland...*, Berlin..., 1898 –, V s. *Acta Nuntiaturae Gallicae...*, Rome, 1961 –, 16. DURME, *Antoon Perrenot*, 359; *Granvela*, 263, 399. LEVACK B. P., *The Witch-hunt...*, Lo. - N. York, 1987, ch. 3, 4, 7. FALTENBACHER K. F., *Das Colloquium Heptaplomeres...*, Francfort..., 1988.

86. *PEG*, III, 639; VII, 515... LEVESQUE P., *Mémoires...*, P., 1753, 2 t. COURCHETET L., *Histoire...*, P., 1761. DURME, *Granvela*, 3, 415. GERLO A., VERVLIET H. D. L., *Bibliographie...*, Br., 1972. SUTCLIFFE F. E., *Politique et culture...*, P., 1973, 13. JEHASSE J., *La renaissance de la critique...*, Saint-Etienne – L., 1976, 208. *MSED*, 1977, 17. SKINNER Q., *The foundations of modern political thought*, C., 1978, 2 vol. *BHR*, 1979, 3, 575. *Pouvoir et institutions*, 297. *Naissance et affirmation de l'idée de tolérance...*, Montpellier, 1988.

87. CHATELLIER L., *L'Europe des dévots*, P., 1987, 14.

88. *PEG*, IV, 145; VII... PASTOR L. von, *Geschichte der Päpste...*, F./Brisg., 1913-20, Vı – VIII. DURME, *Granvela*, 48.

89. *PEG*, V, 68...; VII, 528...

90. *PEG*, III, 467; IV, 105; VI, 295; VIII, 256... *CCG*, III, 104...

91. *PEG*, V, 663 («Si je ne suis point cardinal...»); VI, 17; VIII, 126, 406... *CCG*, VIII, 225...

92. *PEG*, IV, 299; VIII, 90, 238, 342... DURME, *Granvela*, 279.

93. *PEG*, VI, 316; VIII, 415... DURME, *Granvela*, 394 («un hombre de Estado»...).

94. *Rev. belge d'arch.*, 1947, 136 (M. Piquard: «il était si peu homme d'Eglise!»). DURME, *Granvela*, 16.

95. *Concilium Tridentinum...*, F./Brisg., 1901-50, I – XIII... DURME, *Granvela*, 400.

96. *PEG*, VI, 220, 236, 337, 407...; VII, 168, 388, 542; VIII, 177, 286, 340, 531... *CCG*...

97. *AD*, G 198, f. 256 v, 387 v... *PEG*, VIII, 47, 56, 63, 71, 137...; IX, 8, 35, 65... *CCG*, XI, 45... *MSEJ*, 1864, 109. DURME, *Granvela*, 384, 402.

98. SCHERER, *op. cit.*, 165. JADIN L., *Relations...*, Br. – Rome, 1952, 33, 47. *HES*, 1988, 1, 23.

99. DURME, *Granvela*, XIV. *MSED*, 1984, 37; 1986, 79.

100. *Id.*, 1901, 313. DURME, *Granvela*, 287. PLONGERON B., *Dom Grappin...*, P., 1969, 20, n. 7. D'HONDT J., *L'idéologie de la rupture*, P., 1978. ROTT, *Investigationes*, 260. POMIAN K., *Collectionneurs...*, P., 1987, 15, 61. KINGDON R. M., *Myths about the St. Bartholomew's massacres...*, Harvard, 1988.

101. *AD*, G 5 – 7; 163 s. (dont:198, f. 19, 351 v). *PEG*, V, 15, 657. *BSHPF*, 1988, 2, 435.

102. *CCG*, VIII, 77, 100; XI, 34, 45... *C Ph*, I, CLXXVIII... *MSED*, 1891, 13. SURUGUE, *op. cit.*, 264. CLOUZOT E., *Pouillés...*, P., 1940, 2 vol. DURME, *Granvela*, 201, 373, 393.

103. *CCG*, IV, 416; VI, 196; VIII, 281; XI, 270... *Bijdragen voor de Geschiedenis der Nederlanden*, VI, 1951, 1 – 2, 66.

104. *CCG*, VII, 104; XII, 67... DURME, *Granvela*, 398.

105. *PEG*, V, 614... *CCG*, IX, 296... *Cah. RTP*, 2, 1978, 3.

106. *PEG*, III, 640; IV, 491...

107. *CCG*, III, 162; VII, 185... *C Ph*, I, LVII... PHILIPPSON M., ... *Kardinal Granvella...*, Berlin, 1895. *Histoire des Espagnols*, dir. B. Bennassar, P., 1985, I, 354.

108. *CCG*, VI, 185; XII, 497, 501. DURME, *Granvela*, 404.

109. *PEG*, VIII, 626. *CCG*, IV, 56; V, 605; VIII, 70, 225; X, 86. CLERC, *op. cit.*, 13.

110. *AM*, BB 37, f. 155, 179, 192... *PEG*, IV, 337; VI, 104; VIII, 398... *CCG*, III, 568; V, 606; VII, 122, 528; VIII, 54, 357, 622... *Jahrb. für solothurn. Gesch.*, 1971, 68.

111. *PEG*, VI, 316; IX, 436... *CCG*, VII, 143; IX, 279...

112. *PEG*, IV, 695; V, 15... *CCG*, V, 388; VII, 394... BRAUDEL, *La Méditerranée*, II, 25, 461.

113. DELEUZE G., *Foucault*, P., 1986, 84. *Esprit*, 1988, 7 – 8, 274, 295.

114. *BHR*, 1986, 2, 312. DELEUZE, *op. cit.*, 66. KREMER-MARIETTI A., *L'éthique*, P., 1987, 19.

115. *L'identité*, éd. J.-M. Benoist, P., 1977. DELEUZE, *op. cit.*, 101.

116. *PL*, 1976, 1, 25. DUBOIS C.-G., *L'imaginaire...*, P., 1985, 18, 32, 43... DELEUZE, *op. cit.*, 122. RICŒUR P., *Du texte à l'action...*, P., 1986, 228. *Kerygma und Dogma*, 1988, 1, 22.

117. DERRIDA J., *L'écriture et la différence*, P., 1967. LECOQ A.-M., *François Ier imaginaire*, P., 1987 (Homo fictor...).

118. RAHNER K., *Traité...*, trad. de l'all., P., 1983, 154. *BHR*, 1983, 1, 7. BOTTERO J., *Naissance de Dieu...*, P., 1986, 63, 222. *RTP*, 1988, 2, 127, 179.

Les Granvelle (✳) et

L A   R É F O R M E   E N   C O M T É

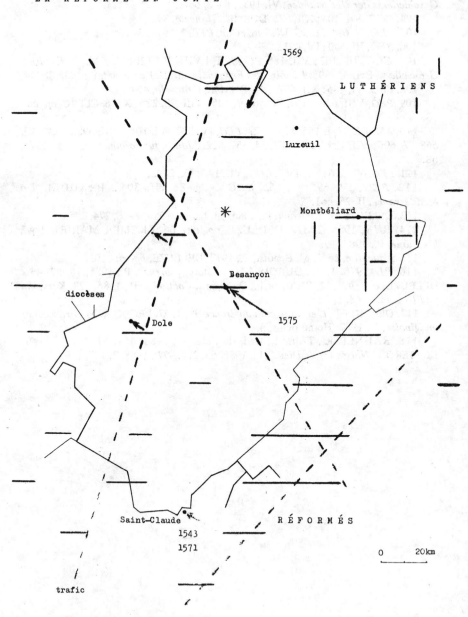

1569

L U T H É R I E N S

Luxeuil

✳

Montbéliard

Besançon

diocèses

1575

Dole

Saint-Claude

1543
1571

R É F O R M É S

0   20km

trafic

TROISIÈME PARTIE

VIVRE AVEC L'AUTRE

MONTÉLIMAR AU XVIIᵉ SIÈCLE
UNE BICONFESSIONNALITÉ FRAGILE

Le fait que Montélimar soit une ville où coexistent les deux religions catholique et protestante dépend d'un passé historique qu'il me semble nécessaire de rappeler brièvement.

Le bipartisme religieux depuis l'origine

Dès les années 1540, on parle d'hérésie dans la ville. mais c'est à partir de 1550 que Montélimar connaît une réformation active. Des groupuscules s'organisent en relations épistolaires avec Calvin. Des prêches clandestins existent alors. En 1560, un an après Valence, une église réformée est dressée.

Soulignons ici quelques facteurs favorables au développement de la nouvelle religion dans notre cité, et par voie de conséquence, l'instauration du bipartisme.

Le 24 août 1550, un conseil général manifesta son refus de payer la dîme. Or quelques années plus tard, onze des seize participants sont devenus protestants, dont un « des principaux de la religion catholique ». Nul doute que l'exemple de ces notables n'ait fait des émules. Dans ce sentiment anti-ecclésiastique, le tiers-état rejoignait les cadets de la noblesse, nombreux dans cette région, désargentés et sans terre. Mais le facteur économique n'est pas le seul en cause. A cette époque, en effet, arrivent pour prêcher dans la cité des religieuses en « rupture de ban ». L'une d'elle Margueryte Nyvete dite « la Monge » est mariée avec un libraire dénommée Jean de Ligans. Singulièrement associés dans ce couple, la parole et le livre installent la réforme, que soutiennent également trois hôteliers. Chez ces derniers, les nouveaux venus peuvent trouver gîte et couvert, et la table conviviale autour de laquelle locaux et étrangers échangent. Dernier événement qui accéléra le mouvement : le frère Tempeste prieur du couvent des cordeliers adhère à la réforme. La chapelle de son couvent devient le premier temple de ceux de la religion.

Ainsi, quand éclatent les guerres de religion, Montélimar offre l'aspect d'une ville de bipartisme et le gardera jusqu'à la révocation de l'édit de Nantes. Seules varieront les proportions : peut-être 90% de huguenots en 1598 – mais ce taux cache de nombreux départs dans les rangs du parti adverse – 2/3 vers 1630, la moitié quand le temple est abattu en 1684.

La seigneurie de Montélimar

Cependant ce n'est pas la première fois que la ville se trouve divisée. En effet, depuis le XIIe siècle, la ville vit sous un régime de co-seigneurie, dont la suzeraineté est elle-même partagée.

Dès le début, la géographie urbaine enregistre cette partition, chaque seigneur disposant d'un château, de certains quartiers, d'une partie des habitants. Mais cette division n'était pas complète puisque subsistaient des portions de ville en indivision et des vassaux communs. Face à une co-seigneurie, représentant un danger de division, la communauté des manants et habitants par la conquête de ses libertés dès 1198, patiemment poursuivie tout au long du Moyen-Age, sut autour de son consulat trouver son identité, symbolisée par la maison de ville, le coffre d'archives et la cloche. Identité bien marquée par des serments d'union jurés par les habitants de Montélimar, et dont la permanence dans l'Ancien Régime rappellent l'importance. De ce point de vue, on peut dire que tout résidant reçu habitant acquérait en contrepartie d'un serment particulier, un statut l'incorporant à un groupe dont la protection et les privilèges lui étaient accordés ; un peu comme le baptisé entre dans la communauté chrétienne et reçoit du coup sa chance de faire son salut.

Il me paraît nécessaire de prendre en compte cette situation socio-culturelle pour mieux comprendre les rapports complexes entre les deux partis religieux.

Solidarités interconfessionnelles

Place stratégique d'importance, entre Dauphiné et Provence, la ville est tour à tour aux mains des catholiques et des protestants. Jusqu'en 1585, Montélimar connut le même sort que les autres villes, prises reprises, pillages et iconoclasme, destructions et meurtres ne l'épargnant guère. Cependant en 1572, alors que la ville est tenue par le farouche ligueur Jacques Colas, on ne déplore pas de St Barthélémy sanglante, au contraire de la ville proche de Romans. C'est que petit à petit, certaines formes de solidarités se sont développées. Plus que catholique ou protestant, on se reconnaît montilien – c'est à dire habitant de Montélimar – car chacun souffre des misères du temps. Entre les deux camps des ponts existent. On cherche donc à régler, en ce vieux pays de droit écrit, les conflits par procédures judiciaires plutôt que par les armes. Alliances familiales et fraternités de sang jouent contre la division des âmes ; les intérêts socio-économiques convergents assurent une entente minimum. Quand le visénéchal ordonne en 1587 d'expulser les pauvres, catholiques, le consulat protestant s'y refuse. Mais très émouvante et aussi importante me paraît la solidarité entre les femmes des deux bords. Les unes confient aux autres leurs bijoux et argent, quand tour à tour le camp des maris perd la partie. En 1569, ces «éternelles mineures», tant huguenotes que catholiques, mais toutes femmes de protestants, vont manifester dans la maison de ville et imposent aux consuls de respecter leurs biens propres, afin qu'elles puissent assumer leur rôle de mère et nourrir leurs enfants.

L'édit de Nantes

Quand l'édit de Nantes est signé en 1598, les protestants règnent alors depuis 13 ans sur la ville. Ils reçoivent douloureusement le règlement fait pour Montélimar en 1599. Chamier, le pasteur, discerne immédiatement les germes mortels qu'il instille dans la ville, lui qui fut rappelons-le l'un des quatres députés protestants à Nantes pour l'élaboration de l'édit.

Ce règlement rétablit à Montélimar, place de sûreté protestante, l'exercice plein et entier du culte catholique romain. L'ardoise de chaque camp est effacée, l'oubli demandé. Mais désormais, la cloche de la maison de ville ne sonnera plus les prêches, un délai d'un mois est donné pour permettre à chaque parti de se doter de sa cloche. C'est l'«orologe» consulaire qui servira aux deux confessions, sans concurrence, en des horaires différents. Pendant ce laps de temps, les usages de l'église romaine seront respectés...2/3 seulement du consulat restent protestants, 1/3 passe aux catholiques. Chaque parti avec ses propres deniers - en fait c'est le consulat qui s'en charge - établit (ou rétablit) les lieux de cultes, rétribue les «prédicateurs et pédagogues», enterre les morts séparément, un cimetière particulier étant à cet effet attribué à ceux de la R.P.R. Ces derniers trouvent que c'est trop de concessions faites aux catholiques, qui eux, considèrent bien évidemment que cela n'est pas suffisant. Et chacun d'y aller de sa requête, malgré le serment d'union et concorde que les commissaires ont fait prêter.

Nécessité de vie en commun

Dans ce XVIIᵉ siècle commençant, l'application de l'édit force à la promiscuité deux camps antagonistes. Promiscuité étonnamment marquée, puisque dans l'attente de la remise en état des églises, chapelles, et de la construction d'un temple, on installe tout le monde dans la grande salle de l'hôpital, qu'on coupe en deux en y élevant une cloison. Situation cocasse, mais dans laquelle les tensions et risques de provocation auraient pu être nombreux les dimanches matins, si le délicat répons de la messe romaine et du prêche réformé n'avait été évité par le moyen d'horaires différents. Quatorze ans après le début en 1600, du consulat bipartie, une proposition est acceptée qui réduit encore la distance entre les deux camps. On n'inscrira plus séparément les noms des consuls et conseillers des deux confessions. Petit geste d'une grande signification, car il est l'expression de la volonté de restaurer l'unité de la communauté, plus volontiers exprimée par les protestants que par les catholiques, méfiants à l'égard de tout bon sentiment émanant de l'autre bord.

I. LES SIGNES DE LA BICONFESSIONNALITÉ

Mais y a-t-il pour un historien des signes concrets permettant de tracer une frontière entre les deux religions ? Peut-on distinguer richesse et nombre des uns et des autres ?

L'étude menée sur le cadastre de Montélimar constitué en 1634 m'a permis de définir le nombre et la richesse des deux communautés. Ce cadastre répond à une ordonnance royale de mai 1634 portant obligation dans tout le Dauphiné d'encadastrer tous les biens roturiers détenus par les nobles comme par les autres, églises comprises. Cela permettrait d'asseoir l'assiette fiscale sur la base la plus large, un an avant l'entrée de la France dans la guerre de Trente Ans, avide de pécunes. L'intendant Jacques Talon, fils d'Omer et fidèle serviteur du roi, surveille l'élaboration du nouveau cadastre. Echappent à cette étude les locataires.

En fonction des éléments ainsi étudiés, il apparaît qu'au moins 348 imposés sur 848 résidants sont protestants, soit 41%. Il est probable que cette proportion puisse être augmentée car si l'on en croit les contemporains, les réformés se disent en 1627 aussi nombreux que les catholiques. Ce rapport resta apparemment le même jusqu'à la révocation de l'édit de Nantes.

La richesse foncière des protestants hors les murs équivaut à plus de 50% de l'ensemble du terroir des résidants. Ils possèdent 45,2% des granges représentant 49,25% des terres ainsi tenues; ces granges protestantes couvrent en moyenne 5,5 ha contre 4,6 ha pour celles des catholiques. La base totale d'imposition des réformés vaut 51,48% du montant total de la quote-part de la ville.

Bien sûr, la fortune des protestants est très variable. Le plus petit imposé de la ville, huguenot, est taxé à 4 sols 6 deniers contre 426 livres 16 sols pour le plus opulent, 2ème fortune de la ville. L'écart entre les deux est de 1 à 1900. D'autant plus impressionnant qu'il s'agit quand même de deux propriétaires !

Ce qui ressort de cette étude, c'est que globalement les protestants sont plus riches en biens que les catholiques.

En ce qui concerne la richesse mobilière, les protestants la doivent à leur investissement dans les activités marchandes et commerciales, alors qu'elle semble plus liée à la rente chez les catholiques.

En effet une liste des plus forts créanciers de la ville en 1635 fait ressortir 25 créanciers de la R.P.R. totalisant un capital de près de 85000 Livres, et 12 créanciers catholiques détenant un capital de 78000 Livres. parmi ces derniers, les ursulines ont une créance se montant à 10958 Livres, les chartreux de Bompar près d'Avignon 6000 Livres (créanciers depuis plus de 40 ans) et le gouverneur de la ville 16987 Livres. La municipalité a donc plus de prêteurs protestants, mais chacun d'eux a engagé une somme moins importante. Il est plus facile pour la municipalité de temporiser avec ceux de la religion réformée, alors que les exigences de paiement de la part des catholiques sont plus difficiles à négocier, vu le rôle joué par certains d'entre eux (ordres religieux, gouverneur de la ville). Dans l'ensemble, en nombre et en richesse les uns et les autres s'équilibrent.

La géographie de la ville, que l'on peut déterminer en suivant le cadastre de 1634 qui divise la ville en quatre quartiers, laisse apparaître des aires confessionnelles assez nettement marquées.

Les protestants sont présents partout dans la ville. Trois rues seulement n'en ont pas pour résidants, mais elles sont petites et ne groupent à elles trois que huit imposés. 13 rues sur 43 sont majoritairement occupées par ceux de la R.P.R. contre 30 à majorité catholique dont 5 très nettement. Trois rues ont un même nombre de résidants des deux confessions. C'est la partie nord-ouest de la ville qui possède la plus forte majorité de catholiques (131 imposés contre 72 de la

R.P.R.). Les trois autres quartiers sont plus équilibrés dans leur biconfessionnalité.

La moitié sud de la ville est moins densément peuplée que le nord (respectivement 36% et 64% de la population), et s'aère de cours et de jardins. L'espace y est dévoré par les bâtiments des ordres religieux : couvent des cordeliers, contre lequel s'installe celui des ursulines à partir de 1612, et surtout 1629 couvent des récollets bâti après 1615 – même date d'implantation qu'à Nîmes – sur l'ancien emplacement des hospitaliers de st Jean de Jérusalem, et Hôtel-Dieu. D'autres établissements vinrent marquer une reconquête du sol urbain par l'église catholique militante, que nous évoquerons plus loin.

Au centre de la cité, à la même latitude, se répondent d'un côté de la Grand-Rue la collégiale Ste Croix et ses cimetières, de l'autre côté, un pâté de maisons plus à l'est, le temple de l'édit dressant depuis 1604 son clocher qu'ébranle dangereusement La Calvine, cloche de la communauté. La maison du pasteur Chamier est là à quelques pas. On est ici en plein cœur de la cité réformée. Mais juste en face du temple, la confrérie des Pénitents Blancs a racheté les droits sur l'ancienne chapelle Notre Dame des Templiers, en 1632.

En conclusion, les deux communautés emboîtent leurs positions géographiques dans un jeu de puzzle constitué de quelques grandes pièces bien reconnaissables et d'autres plus petites dont les contours assez complexes et diffus indiquent une cohabitation plutôt bien installée.

Comment les frontières se marquent-elles entre les deux religions dans les métiers, les institutions, au travers de la polémique ?

Si tous les métiers sont exercés par les gens des deux bords, des domaines privilégiés sont réservés à des tenants de l'une ou de l'autre confession. Les protestants détiennent totalement les métiers de la draperie, ce sont aussi les seuls maçons et les seuls tisserands. Les huguenots exercent de la même manière majoritairement les professions libérales d'avocats et de procureurs.

L'industrie de la soie s'est développée à Montélimar par l'implantation de mouliniers, teinturiers, marchands venus des villes protestantes du Vivarais et du Languedoc, telles Bourg-Saint-Andéol, Alès, Nîmes. Comme l'a montré Monsieur Sauzet pour Nîmes, ces patrons et ces maîtres artisans exigent de la part de leurs apprentis la même religion que la leur, aussi ces derniers viennent-ils souvent de loin. On se trouve donc en présence d'une ville où l'activité économique semble plutôt appartenir aux huguenots. En revanche les officiers royaux qu'ils soient de justice ou de finances, les autorités militaires pratiquent, on le conçoit, la religion du Prince. Ils se retrouvent dans la confrérie des Pénitents dont le recteur, en 1634, est le premier assesseur à l'élection Jean Darennes ; à ses côtés outre les officiers, le procureur du roi des nobles dont la catholicité est parfois récente et qui s'irritent de la prégnance protestante sur la ville.

Il est une autre frontière plus intime. Si les mariages mixtes qui existent ne soulèvent pas de part et d'autre de problèmes trop brûlants, la surveillance relâchée des couples de leur vivant devient spécialement attentive lors des veuvages, remariages et successions.

Les conversions sont bien sûrs très mal acceptées par la communauté protestante. L'émotion est ainsi vive lors de celle des membres de la famille Blaïn de Marcel du Poët, noblesse locale d'importance (malgré tout en 1673 la grande majorité des nobles est encore huguenote ; à la fin du siècle l'arrière ban de la noblesse compte encore cinq protestants sur 17). Lorsque Pierre Bernard se convertit en 1623, cet avocat accumule contre lui les rancœurs de ses ex-correligionnaires. L'un d'entre eux, Roche, le provoquera plus tard à l'occasion d'un mariage. Le lendemain, un duel s'ensuit, Roche est tué. Quelques années après, le roi accorde à Bernard des lettres de grâce.

D'autres exemples encore montrerait l'animosité des deux partis en ces questions familiales et patrimoniales.

Si la frontière entre les vivants démarque bien les deux camps, il en est de même pour les morts. Depuis 1599, les protestants ont leur cimetière, en deux terrains près du temple. A partir de 1680, seul subsistera le cimetière catholique.

Dans les institutions municipales :

Nous avons vu précédemment que des tentatives furent faites pour dépasser la division religieuse du consulat. Mais les catholiques, en minorité jusqu'au coup de force royal de 1622 dont nous reparlerons, tiennent à éviter l'amalgame. Ils jurent pourtant de garder l'union dans la ville. Mais à l'époque, les guerres se rallument avec Rohan, Montauban est assiégé, le pasteur Chamier de Montélimar y trouve la mort. La conjoncture politique et les risques d'expulsions hors la ville incitent alors les catholiques à l'accommodement. Cependant, l'important est que ces derniers, plus que leur place au soleil, souhaitent maintenant toute la place. Aussi surveillent-ils âprement les nominations aux moindres charges municipales huissiers, sergents, archers, crieurs, gardiens des portes, serrurier de l'horloge de ville... car toutes procurent dans la cité privilèges, exemptions, voire prestige.

De même que le consulat est partagé, l'hôpital est co-géré, alternativement par un recteur catholique puis par un recteur protestant. mais depuis 1610, les catholiques ont la préséance dans le bureau des pauvres.

Et qu'en est-il de l'institution scolaire ?

Depuis 1600, les deux partis ont leurs régents, rémunérés par le consulat à égalité de gages. Mais alors que les protestants perdent leur académie en 1608, transférée à Die, la vitalité catholique s'impose. Successivement, les ordres de la contre-réforme investissent le terrain : ursulines, puis visitandines, cordeliers.

Malgré cela, la co-existence des deux formes d'enseignement au collège devient co-habitation quand un arrêt du conseil d'état de 1623 regroupe tout le monde dans un bâtiment appelé « la grande écolle », rue des Aleyras, proche du Temple. Imposée du dehors, cette poursuite n'est pas bien acceptée par les réformés qui doivent ainsi supporter des concurrents, dans leur quartier.

Quoiqu'il en soit, cette concurrence porte ses fruits puisque vers 1680, les registres notariés montrent de belles signatures d'artisans, de paysans tout autant que de robins. Le bipartisme de la ville eut pour effet de stimuler de nombreuses polémiques qui entretinrent la pression entre les deux camps. Ces polémiques portaient sur les questions de foi : l'écriture unique règle de foi, supériorité de la réforme, le pape anté-christ, Rome Babylone, le célibat des prêtres, contre les jésuites, etc...

Jusqu'en 1612, l'animateur fécond de cette forme de débat est le pasteur Chamier. Lui font face tous les missionnaires de passage. Mais l'homme possède un rayonnement national, animateur d'importants synodes nationaux, présent à Nantes lors de l'élaboration de l'édit. Ses écrits peuplèrent les bibliothèques protestantes tant en France qu'à l'étranger. Sa «penstratia catholica» vaste histoire des controverses religieuses fut utilisée aussi bien dans les académies de Die et Saumur qu'à Leyde par Spanheim, à Oxford par le docteur Conant. Du 8 janvier au 13 février 1601, conférence d'Allan (proche Montélimar) contre le père Gaultier, jésuite. Septembre de la même année, conférence de Nîmes contre le père Coton, futur confesseur d'Henri IV. 1606, avec 4 autres ministres, contre d'autres missionnaires jésuites. A l'issue de ces joutes, chaque camp publie un bulletin de victoire. Ainsi, après celle de Meysse en Vivarais, en 1606, le seigneur de Jovyac, converti avec ses deux fils, publie trois ouvrages qui lui valent les félicitations du roi. Les pasteurs écrivent à leur tour pour récupérer les brebis égarées, comme fait Vinay à l'adresse de Mme du Poët en 1619. En 1620, c'est au tour de Gaspard de Perrin, avocat au parlement d'y aller de sa plume après sa conversion. En 1658, Daniel Chamier le jeune, écrit douze lettres de réfutation à Le Feron. Crégut, pasteur, envoie deux lettres de controverse contre le jésuite Callemard à l'occasion de la mission de Pragella au début des années 1660. Le ton de cette polémique relève parfois plus de l'insulte que du débat d'idées, mais peut aussi rester courtois. En 1650, quand Crégut dédicace son apologie du synode de Charenton (1644) contre le jésuite De La Barre à son adversaire Rambaud, il écrit :

«pour Mr Rambaud, docteur et avocat, en signe de perpétuelle amitié».

Rambaud inscrit en dessous : «J'accepte de tout mon cœur ce présent et l'amitié très avantageuse de son auteur».

On le voit, jusqu'au début du règle personnel de Louis XIV, la polémique est assez importante à Montélimar, parfois relayée, lors des conversions au catholicisme, par le Mercure Galant. Ainsi celle d'Antoine de Vesc, opérée à Paris entre les mains du Père Lachaise.

II. LA RUPTURE DE L'ÉQUILIBRE

Si la description de la première partie montre une ville de bipartition confessionnelle relativement équilibrée, l'étude dans le temps suggère une dynamique à l'œuvre, rongeant cet équilibre, et parvenant à le détruire.

Les éléments de rupture proviennent de deux facteurs extérieurs, l'église militante et l'absolutisme royal, dont les relais locaux savent concrétiser les volontés sur le terrain.

L'église catholique militante

Une figure singulière illustrera notre propos. Celle d'Adrien de Basemont, habitant ponctuel de Montélimar et président de la chambre des comptes de Grenoble. Il descend d'une famille originaire de Merey, près de Montfort l'Amaury (Seine et Oise), et compte au XVIᵉ siècle dans sa famille un chanoine de St Barnard de Romans, devenu abbé d'Aiguebelle. Adrien est seigneur de St Laurent du Pont en Isère. Grâce à ses dons, il contribue à l'établissement dans Montélimar des récollets qu'il dote d'une chapelle en 1624. A sa mort en 1663, sa maison, rue des cordeliers, servit à l'installation définitive d'une station de trois pères jésuites. Il est fort probable qu'il ait été membre de la compagnie du St Sacrement de Grenoble, car Henri de Lévis comte de Ventadour initiateur de cette société connaît bien Montélimar (ses agents y perçoivent les taxes des péages locaux), ou en tout cas l'informateur précieux dont elle a besoin pour surveiller la communauté protestante montilienne. La société a d'autres relais, comme en témoigne sa délibération du 18 mai 1665. Dans celle-ci, elle décide d'agir pour transférer à Grenoble les prisonniers réformés détenus à Montélimar, «où on ne peut les garder» car proférant «d'horribles blasphèmes contre l'eucharistie» et parce que leurs correligionnaires de la ville tentent de les faire évader.

Renforcer le culte catholique, surveiller les protestants, et également les atteindre dans leur point sensible : leur lieu de culte.

Pour cela, une astucieuse procédure est utilisée. J'ai déjà parlé de la confrérie des Pénitents. Rappelons les faits : En 1632 acquisition par la confrérie de l'ancienne église Notre Dame Du Temple, en ruine, suivie de sa reconstruction et de sa réutilisation à partir de 1640. On chicane les protestants en leur réclamant pour partie puis entièrement la somme donnée par Lesdiguières aux protestants en 1599 car cet argent fut pris sur les impôts payés par tous. Ils obitennent 9000 des 20000 Livres en cause. Puis ils tentent le gros coup, lors du jugement de partage de 1664. Les catholiques, à cette occasion, demandent aux commissaires pour le nouveau réglement de l'édit de Nantes – application à la rigueur prévue depuis 1661 par Louis XIV – la suppression du culte réformé et la démolition du temple ou au moins de son clocher, arguant de la proximité de l'édifice avec la fameuse chapelle des Pénitents. Encore trop tôt venues, ces demandes sont rejetées, mais elles montrent néanmoins la montée de l'intolérance en ville.

L'alliance de l'Eglise et du parlement de Grenoble connaît cependant quelques succès «les arrêts de 1623, 1637, renouvelés en 1659 interdisent» aux protestants de chanter les psaumes de David dans les maisons, les rues, et surtout derrière l'église Ste Croix où quelques parpaillots avaient l'habitude de venir mêler leurs belles voix, en guise de provocation, à celles de la messe...juste derrière le chœur.

Nous avons cité l'œuvre missionnaire des jésuites, polémiquant et convertissant dans des opérations médiatiques parfois de grand éclat. D'autres ordres s'investissent dans ce travail de reconquête spirituelle : récollets, ursulines, capucins après 1642, visitandines depuis 1644, 6 sœurs qui attirent auprès d'elles beaucoup de filles de bonnes familles, dont certaines réformées.

Cette reconquête catholique de Montélimar est parfaitement lisible dans la géographie urbaine.

Petit à petit, les trois plus anciens couvents, ceux du début du XVIIe siècle (cordeliers, ursulines et récollets) augmentent leur emprise en achetant alentour des maisons (14 par les seuls récollets). Abattues, ces maisons permettent la construction des nouveaux édifices, et des jardins clos. Or certaines de ses maisons étaient habitées par des protestants, à peu près aussi nombreux que les catholiques dans ce secteur. Ainsi en 1659, les ursulines acquièrent une grande maison avec jardin, de l'héritier de l'avocat Aymar Charbonnier. La vente des biens par les réformés eux-mêmes à des ordres religieux actifs contre l'hérésie, semble indiquer soit un excès de confiance de la part des religionnaires, fidèles au roi, protégés vaille que vaille par l'édit de Nantes, et mesurant mal la force de l'adversaire, soit au contraire une volonté de repliement stratégique sur des points forts de peuplement protestant. Et la poussée catholicisante s'accentue sur le sol de la ville : après les jésuites au nord-ouest en 1620, au sud-ouest rue des cordeliers, on l'a vu en 1663, et où une chapelle s'élève en 1681, les capucins s'établissent au nord de la ville, près de la porte St Martin, s'agrandissant en 1662. Les religieuses de la Visitation prennent pied en 1644 au nord-ouest.

Heureusement pour les protestants, cette frénésie printanière qui fait pousser les églises et les couvents comme des champignons, pose au parti catholique le délicat problème de l'équilibre de « sa chaîne alimentaire ». Ils finissent par se gêner entre eux ; récollets contre capucins, réguliers contre séculiers, séculiers entre eux, réguliers contre l'évêque, Mgr De Cosnac à qui cette opposition ne fait pas grand peur.

Pour résumer la réforme catholique s'appuie sur le cœur primitif de sa poussée, le quartier sud-ouest, pour reconquérir toute la partie ouest de la ville. De plus la géographie confessionnelle montre un quasi-encerclement de l'habitat protestant, retranché autour de son temple par son antagoniste. Grâce à l'implantation de la chapelle des Pénitents au beau milieu de ce quartier, les processions peuvent circuler dans toute la ville. La destruction du temple en 1684 signe la fin de cette géographie biconfessionnelle.

Mais je ne serai pas complet si je ne signalais un fait qui contribua au progrès de la religion catholique et romaine. Entre 1629 et 1631 une peste ravageuse sévit à Montélimar. Or les récollets et les ursulines se dévouèrent avec les jésuites distribuant leurs secours équitablement, mourant à la tâche. Cependant, sur 18 ursulines atteintes, 4 seulement succombèrent. Une telle miséricorde divine que d'aucuns prétendirent miraculeuse, un tel dévouement furent payants. Cette reconquête bien que par ailleurs agressive, joue sur d'autres registres dont celui de la charité chrétienne.

L'absolutisme royal

Dès le début, le bi-partisme religieux est en danger. La foi royale ne lui offre qu'un sursis. En effet, tout ce qui relève du pouvoir royal est progressivement confisqué aux protestants. Le consulat, le gouvernement de la citadelle, les offices de justice et de finances sont l'objet d'attentions toutes spéciales. Montélimar est l'une des douze places-fortes données en Dauphiné aux protestants. Or Lesdiguières dont le loyalisme à l'égard des huguenots devient faiblissant a placé des garnisons catholiques. Chamier lui en fit reproche, de même qu'à Henri IV, rencontré à Paris en 1607/1608. Le roi le traite d'opiniâtre et de séditieux, ajoutant qu'il a fait l'édit et s'en réserve la manière de l'appliquer. Louis XIII en 1622 profitant de son passage à Montélimar démet le gouverneur protestant, Hector de La Tour Montauban, au profit d'un catholique, Montigny, capitaine de ses gardes. Après diverses péripéties, la charge passe en 1625 dans la famille de Viriville, catholique bien sûr. Il obtient de Louis XIII le droit de faire payer sa propre charge par les habitants – et ceux du ressort du gouvernement – de la ville de Montélimar. Ceux-ci refusant, il confisque des papiers municipaux et utilise durant trois mois l'argument que représentent 120 soldats, reçoit ses 15000

Livres et a beau jeu ensuite de les prêter à la ville, avec intérêts, devenant le plus gros créancier de la cité.

Après le passage du roi à Montélimar en novembre 1622, à son retour de Montpellier, une ordonnance du 15 décembre suivie d'un arrêt du 19 août 1623 inverse les proportions dans le consulat : un tiers de protestants, deux tiers de catholiques. Le 26 décembre 1671, Louis XIV offre son cadeau de Noël au parti catholique : suite à son arrêt du 4 décembre, il interdit le consulat à tout protestant. Au lieu de trois consuls et neuf conseillers, on en revient à deux consuls et six conseillers, composition d'avant l'édit de Nantes. Le prétexte ayant mobilisé l'action royale est la mort du consul protestant, procédé utilisé dans les localités voisines de St Paul trois châteaux et de Dieulefit.

Je n'insisterai pas sur le rôle des intendants, la création des élections en Dauphiné en 1628, qui signe la fin des Etats Provinciaux et par conséquent la perte de l'autonomie provinciale de la région. De même, la liberté, les privilèges, l'affirmation de soi de cet autre corps organisé des protestants figurent parmi les choses à combattre. Signalons une fois encore qu'à Montélimar les officiers de l'élection, de la sénéchaussée sont majoritairement catholiques. La fin du bipartisme dans ces institutions se situe en 1679 quand Paul de Durand de Pontaujard doit se démettre de sa charge de visénéchal pour cause de protestantisme, et se replie sur le Parlement d'Orange.

La dernière série d'actions restrictives concerne la liberté de culte des réformés.

Divers arrêts en 1637, 1659 ont interdit aux religionnaires de chanter les psaumes de David comme on l'a déjà vu. Dès 1661, l'application à la rigueur de l'édit entraîne d'autres restrictions. En 1671, en même temps qu'il supprime les protestants du consulat, le roi ordonne que le tapis semé de fleurs de Lys couvrant le banc des notabilités dans le temple soit désormais retiré.

La Révocation approche. En 1683, la prise d'armes protestante du «camp de l'éternel» – qui au départ poursuit des objectifs pacifiques – près de Bourdeaux est réprimée durement. A Montélimar, on arrête à cette occasion Antoine Chamier, jeune avocat et petit-fils du Grand Chamier (ainsi qu'un autre montilien, Favier). Il sert d'exemple et est roué le II septembre devant la maison familiale, et face au temple de la R.P.R.

L'hiver qui suit est terrible. Les dragonnades complètent les achats de conscience, les primes et exemptions. Les conversions se multiplient. C'est alors que Faure, prieur de St Marcel les Sauzet proche de Montélimar, profite de l'édit contre les relaps de 1679. Il voit là une bonne occasion de plaire à Daniel de Cosnac, évêque du diocèse de Valence. Une jeune fille, Amabile Chausin, aurait abjuré puis aurait été vue au temple de Montélimar, assistant au prêche de Chiron, pasteur. Faure porte l'affaire devant le parlement grenoblois. La sentence tombe le 12 juillet 1684. Amabile Chausin relaps, est bannie à perpétuité du royaume, après amende honorable. Ses parents sont condamnés à cinq ans d'exil ; Chiron, emprisonné en attendant la sentence, se voit frappé de dix ans d'exil et d'une amende. Mais le plus terrible pour la communauté dont les rangs se clairsèment par le jeu des conversions, des départs, c'est l'arrêt de mort de son édifice cultuel. Le 7 septembre 1684, un deuxième arrêt est signifié donnant 15 jours pour la démolition du temple. Les protestants doivent le faire eux-mêmes, en procédant à l'évaluation puis à l'évacuation des matériaux hors la ville. Daniel de Cosnac bénit la croix plantée en son emplacement.

Conclusion

Quand tombent les pierres du temple de Montélimar, c'en est fini du bipartisme religieux. Commencent alors les conversions au rythme d'une centaine par mois en 1685, les mentions « absents depuis quelques années » émaillant les actes notariés de l'époque, les émigrations qui vident la cité de ses agents économiques, de ses nobles. Citons Grimaudet, descendant de tailleur qui fonde la première manufacture de chapeau à Berlin, ou encore Samson de Vesc De Lalo émigré en Angleterre, devenant colonel de l'armée britannique, pour trouver la mort sur le champ de bataille de Malplaquet en 1709. Le savoir-faire des uns, l'épée des autres servent donc ailleurs. Signe de cet affaiblissement, quatre maisons s'écroulent simultanément dans la Grand-Rue, la plus opulente de Montélimar. Bien des années plus tard, la ville panse encore ses plaies. Il en est qui se souviennent de leurs origines montiliennes. Ainsi, descendante des Albert, Madame Necker s'inquiète du sort de la cité. La tolérance qui a si cruellement manqué au XVIIᵉ siècle progresse doucement. Les réformés, car il en reste, ont droit à leur cimetière. 1787 efface un peu de 1685. Mais c'est qu'au plus fort de la tourmente, leur entêtement farouche à rester fidèle à leur foi obligea la société à se regarder dans son miroir de vérité.

Montélimar avait possédé un consulat fièrement attaché à ses libertés et ses privilèges, et une communauté protestante forte, elle fut, par cette double conjoncture, fatalement opposée aux desseins d'une monarchie autoritaire triomphante.

Thierry AZEMA

SOURCES

– Archives Nationale TT 256 A6.
S.H.P.F., manuscrits du Dauphiné n°236, 4222-3
– Bibliothèque communale de Grenoble :
ALLARD Guy, *Dictionnaire historique...* 2 vol.
BOUCHU, intendant, *Mémoire sur le Dauphiné* 1698
Documents de la section topographique, et fonds spéciaux (procédure de Faure contre Amabile Chausin et pasteur Chiron 1684).
Arrêt du conseil privé du Roi, extrait. V 657.
– Archives départementales de la Drôme :
Registres notariés de Montélimar
série B (sénéchaussée de Montélimar)
C (élection   "   ")
(intendance du Dauphiné)
Bulletin de la société d'archéologie de la Drôme
Lacroix André Histoire de l'arrondissement de Montélimar Valence 1868

– Archives municipales de Montélimar :
délibérations consulaires série BB
Inventaire 1662
Cadastre 1634
Fond Candy

BIBLIOGRAPHIE

ARNAUD Eugène, *Histoire des protestants en Dauphiné...*, Paris 1875,1876.

AZÉMA Thierry,.*Le cadastre de Montélimar de 1634, étude de la propriété roturière au XVIIe siècle* 1987, Toulouse le Mirail.

BOLLE Pierre,.*Protestant dauphinois et la République des Synodes à la veille de la Révocation*. La Manufacture 1985.

— *Le protestantisme en Dauphiné au XVIIe*, Curandera 1983.

DE COSTON Adolphe, *Histoire de Montélimar et de ses principales familles* 1898, Bourron éditeur.

GARRISSON Janine, *L'Edit de Nantes et sa Révocation*, Le Seuil 1985.

LOVIE Jean, *Les 4 temples de Montélimar « et » La mort d'une liberté* Eglise réformée de Montélimar 1985.

Manuscrit de l'abbé Robin. Patricia Carlier éditeur, 1887.

MOURS Samuel, *L'Eglise réformée de Montelimar*, Valence, 1957.

RABUT Elisabeth, *Le Roi, l'Eglise et le Temple. L'exécution de l'Edit de Nantes en Dauphiné*. La Pensée Sauvage 1987.

READ Charles, *Daniel Chamier* Paris 1858.

REVERCHON Claire et GAUDIN Pierre, *Montélimar, éléments et questions d'histoire*. Curandera 1982.

SAUZET Robert, *Contre Réforme et réforme catholique en Bas-Languedoc. Le diocèse de Nîmes au XVIIe siècle* Paris-Louvain, 1979.

MONTÉLIMAR AU XVIe SIÈCLE (légende de la carte ci-contre)

Les implantations religieuses antérieures à l'Edit de Nantes :

Collégiale Sainte-Croix (XVe s.)
C : Couvent des Cordeliers (XIIIe s.)
H : Chapelle de l'hôpital
2 : Ancienne commanderie de Saint Jean de Jérusalem
4 : Ancienne Chapelle Notre Dame du Temple, ruinée au début du XVIIe s.

La reconquête catholique au XVIIe s.

1 : Ursulines (à partir de 1612)
2 : Récollets (à partir de 1619)
3 : Maison des Bazemont : accueil des Récollets, et des Jésuites, 1620
4 : Chapelle des Pénitents Blancs (à partir de 1632)
5 : Capucins (1642)
6 : Visitandines (à partir de 1644)

T : Temple de l'Edit de Nantes (1604-1684)
a et b : cimetières protestants

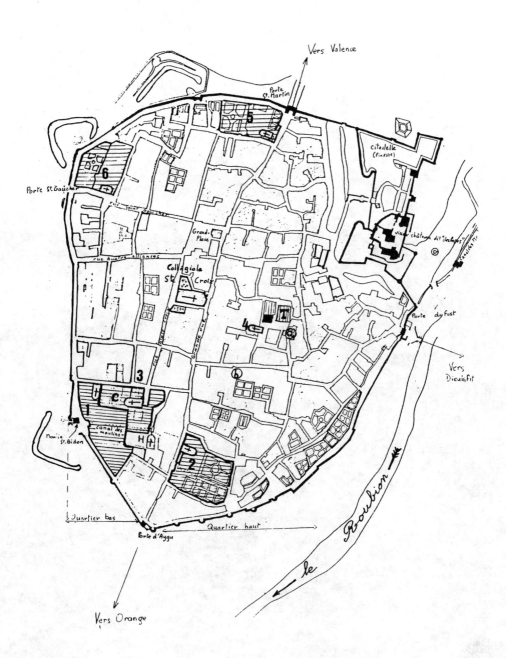

L'INTOLÉRANCE DANS UN PAYS TOLÉRANT :
LA PRINCIPAUTÉ DE TRANSYLVANIE AU XVIᵉ SIÈCLE

Il y a une douzaine d'années, notre ami et mentor, Tibor Klaniczay a parlé ici, au colloque intitulé «L'état et les forces spirituelles» de la naissance de la principauté de Transylvanie. Sans vouloir le répéter, je voudrais préciser ce qu'est la Transylvanie, à l'époque de la Réforme : parce que même un érudit comme P. Chaunu a commis l'erreur de ranger cette principauté, dominée par la chrétienté occidentale, tout simplement dans le monde orthodoxe [1]. J'ai grand peur que les scandales humanitaires de nos jours ne changent pas grand chose à cette méconnaissance.

La Transylvanie, bassin oriental de la région entourée par les Carpathes, appartenait au royaume de Hongrie depuis les dernières années du IXᵉ siècle. Au XVIᵉ, à la suite de la destruction de la Hongrie médiévale par les Turcs, elle devint le centre d'un pays né malgré lui. A ce moment là, elle était peuplée par trois ethnies : hongroise, roumaine et allemande. La société féodale était dominée par la noblesse hongroise («natio Hungarica»), mais deux sections du territoire avaient conservé une autonomie judiciaire et administrative. La première était ce qu'on nommait la «terre des Sicules», peuplée par des paysans-soldats de langue hongroise («natio Siculica») : elle conservait une structure archaïque, des libertés presque pré-féodales. L'autre était la terre des Saxons, paysans et bourgeois allemands («natio Germanica») dépendant seulement du roi lointain. Les Roumains, presque exclusivement serfs, étaient restés à l'écart du système politico-social, dit «unio trium nationum». L'église catholique, déjà implantée en Transylvanie aux premières années du XIᵉ siècle par le roi Saint Etienne, resta la seule Eglise organisée du territoire jusqu'au milieu du XVIᵉ s. Les orthodoxes, c'est-à-dire les Roumains, ne sont pas arrivés à créer une hiérarchie ecclésiastique.

La Réforme a été connue en Hongrie bien avant la décomposition (entre 1526 et 1541) de ce royaume. Le pouvoir réagit par des mesures stéréotypées : les lois exigent la mise au bûcher des luthériens et de leurs livres. Mais l'éxécution se fit attendre. Avant la bataille de Mohacs on n'entend parler que de quelques jugements exécutés et de quelques prédicateurs incarcérés. Après 1526, la Hongrie à deux rois : Jean 1ᵉʳ (Szapolyai) est expulsé par Ferdinand 1ᵉʳ (Habsbourg). L'Empire Ottoman intervient militairement. En 1529, le royaume est divisé en deux. La partie occidentale de Ferdinand est soutenue par les provinces autrichiennes, tchèques, et enfin même par le Saint Empire. La partie orientale, sous le règne du roi Jean est protégée par la Sublime Porte ; Jean en devint plut tard le vassal. Après la mort du roi Jean (1540) et l'occupation de Buda par les Turcs (1541), cette partie orientale se retranche derrière le fleuve Tisza. Ainsi nait la future principauté de Transylvanie, gouvernée successivement par le tout-puissant évêque-trésorier frère Georges (appelé à tort Martinuzzi), de 1541 à 1551 ; par les émissaires de Ferdinand, de 1551 à 1556 ; par la reine Isabelle, veuve de Jean 1er, de 1556 à 1558 ; par son fils Jean II, dit Jean Sigismond (1558-1571) ; et jusqu'à la fin du siècle par les membres de la famille Bathory : Etienne Christophe et Sigismond[2].

Pendant le règne de Jean 1er la future Transylvanie cessa de renouveler les lois anti-luthérienne. Puis, en 1545, le frère Georges fit voter par la diète une loi interdisant la persécution des moines, et « les innovations » en matière de foi. En 1548, on n'entend plus parler que des « innovations nouvelles », c'est-à-dire que le luthéranisme est toléré. En 1552 une nouvelle diète reconnait l'égalité du catholicisme et du luthéranisme. En 1555, on doit déjà défendre les catholiques contre les excès des protestants. En 1558 on interdit « l'hérésie » calviniste, mais en 1564 on reconnait son égalité. La diète de 1566 stigmatisa le catholicisme comme idolâtrie, et voulut chasser ses prêtres. La diète de 1568, enfin, donna une liberté de parole – en principe absolue – aux prédicateurs de l'Evangile, en déclarant que « la foi est le don de Dieu », et que, par suite, personne n'a le droit de se mêler des affaires religieuses des communautés. Cette loi est écrite en une langue hongroise si belle et si pleine de dignité que je n'ose pas la traduire. En pratique, c'est la « réception » (l'émancipation) de l'antitrinitarisme.

Le catholicisme, lui, est encore exclu de ce libéralisme, mais seulement pour quelques années. Pendant le règne (1571-1586) du prince (et roi de Pologne) Etienne Bathory, l'Etat transylvain avait déjà quatre religions officielles « receptae religiones » catholique, luthérienne, calviniste et unitarienne. Une cinquième, l'orthodoxie avait reçu son organisation hiérarchique des mains du roi-prince, mais restait seulement tolérée[3].

En écrivant le chapitre correspondant de notre Histoire de Transylvanie devenue célèbre avant même d'être traduite en langues lisibles, j'ai dû essayer de faire la synthèse des explications de cette tolérance unique et presque inconnue, excepté des historiens hongrois et saxons. Le résultat bien compliqué fait apparaître :

– *Des privilèges*. La « natio saxonica » accepte en bloc le luthéranisme aux années 40. Son autonomie permettait à ses villes et villages le libre choix de leurs prêtres, et autorisait la nation à prendre des décisions communes. Le supérieur ecclésiastique direct des saxons, l'archevêque d'Esztergom se trouvait en Hongrie des Habsbourg, c'est-à-dire que l'Eglise saxonne devenait presqu'indé-pendante. Quant à la noblesse : tout seigneur terrien hongrois avait le « jus patronatus », le droit de désigner les prêtres de ses domaines. Une fois les nobles convertis, on a pu implanter les confessions nouvelles sans grandes difficultés. De plus, un diète de 1564 avait concédé à toutes les communautés du pays le droit à l'élection libre des prédicateurs.

– *Une crise de conscience*. La noblesse hongroise, l'aristocratie y compris, se sentait responsable de la décomposition de son pays. Et quand elle a dû s'interroger de façon idéologique, chercher les causes de son châtiment éprouvé comme biblique – les portes ont du s'ouvrir devant la Réforme.

– *Une crise sociale.* Aux années 1560-1570 les Sicules sont en train de perdre leurs libertés archaïques. La tension se manifeste par des révoltes successives tout au long du siècle. Alors, la moitié des communautés sicules se cramponne désespérément au catholicisme de ses ancêtres libres. L'autre moitié parcourt en quelques années les étapes de la Réforme et devient unitarienne, même sabbataire

– *Le sentiment national naissant.* D'abord la noblesse hongroise a refusé le luthéranisme, parce qu'il venait de l'Allemagne, ennemi numéro un de la Hongrie pendant des siècles. En revanche, les Saxons écoutent avec enthousiasme l'Evangile traduit en allemand, et les idées venues de leur patrie originelle avec laquelle ils ont d'ailleurs d'excellentes relations spirituelles et économiques.

– *Des couches sociales à la recherche d'une identité nouvelle.* Entre la Tisza et la Transylvanie proprement dite on ne trouve pas de villes libres, mais seulement des bourgades, dont les habitants se sont enrichis grâce à l'élevage et à l'exportation des bovins – et sont restés des serfs. Le contraste entre leur ascension matérielle et leur «status» humilié, cause principale de la révolte paysanne de 1514[5], avait provoqué l'adhésion de ces semi-bourgeois à un calvinisme morne et sévère.

– *Les différences de dynamisme économique.* Les villes septentrionales de la Transylvanie, habitées par une bourgeoisie hongroise, avant tout Kolozsvar (Cluj) ont été les rivales des villes saxonnes, et ont connu un essor économique plus durable que ces dernières. Par suite, les Saxons restant luthériens, les Kolozsvariens dépassent même le calvinisme, pour devenir unitariens, constituant d'ailleurs un des centres culturels les plus animés de l'Europe.

– *Des convictions personnelles.* Le roi-prince Jean II, âme incertaine comme son temps, sous l'influence de son médecin, Giorgio Biandrata, de son prêtre favori, Ferenc David devint l'unique souverain antitrinitarien du monde. Par contre, Etienne Bathory, conservant sa foi catholique malgré un milieu presque exclusivement protestant, introduisit dans son pays les jésuites et ressuscita sa religion mourante (sans réorganiser, certes, sa hiérarchie détruite).

– *Le facteur politique.* Jean 1ᵉʳ a été excommunié à cause de son alliance forcée avec les Ottomans. Tout en restant bon catholique, il a donné une certaine liberté aux premiers prédicateurs luthériens. Comme ses évêques l'ont expliqué sans vergogne à Clément VII, c'était un simple chantage, afin de pouvoir réintégrer le royaume au monde catholique[6]. Le frère Georges évêque catholique pratiquant sécularisa en fait les domaines et les revenus de l'évêché de Transylvanie – parce que l'Etat avait besoin de ces ressources. C'est encore lui qui, en 1543, laissa partir librement les prêtres saxons cités devant le tribunal suprême à cause de leur luthéranisme. Son pays était en guerre ouverte avec l'autre Hongrie : provoquer à ce moment ses sujets les plus riches (et ayant le cœur pro-Habsbourgeois) a dû lui paraître insensé. Enfin l'Eglise réformée de Transylvanie a été organisée après 1556 par Péter Petrovics, premier personnage de la Cour, et rival acharné du feu frère Georges et de ses alliés de dernière heure, les Habsbourg, qui par une réunification prématurée de la Hongrie avaient failli anéantir la principauté (en 1552).

Intérêts communautaires et privés, désordre des âmes et des faits – on attend l'intervention du pouvoir central, d'autant plus que nous le savons très solide à cette époque. Mais on ne trouve que des cas particuliers. Au temps de Jean 1er, c'est le chancelier trop zélé, Istvan Werboczy qui fait exécuter quelques mineurs grévistes et – peut être – luthériens. Au frère Georges on reproche en somme deux ou trois exécutions d'ordre confessionnel : celle d'un bourgeois (d'ailleurs faux-monnayeur) de Nagybanya (Baia Mare) et celle d'un sacristain néophyte qui avait giflé une femme agenouillée devant la statue d'un saint. Orban Batthyany, auteur de chants protestants fut l'ennemi personnel de l'évêque – trésorier – mais celui-ci ne s'est vengé de lui qu'après sa mort : il fit jeter son corps en dehors de la cathédrale de Gyulafehérvar[7].

Etienne Bathory, ce tacticien raffiné, qui a stoppé par exemple la Réforme des Roumains non par l'interdiction, mais par l'organisation de la hiérarchie orthodoxe, a autorisé une fois dans sa vie, ses agents à mener une chasse aux sorcières. L'histoire est la suivante. Ferenc David, évêque des antitrinitariens en était arrivé à contester l'adoration due à Jésus Christ. Christophe Bathory, voïvode remplaçant son frère régnant déjà en Pologne, fit arrêter l'évêque et ses proches, et prépara un jugement capital. Mais David, qui s'est défendu avec un courage exceptionnel, mourut dans sa prison (1579), et ses confrères furent libérés à condition de cesser leurs activités trop « novatrices ». Les plus dociles instituérent l'Eglise unitarienne, les plus indomptables le secte des sabbataires. C'est une pure intervention de l'Etat – mais en la regardant de plus près, on doit apercevoir que l'instigateur principal ne fut ni le prince, ni le voïvode, mais le rival de David, le docteur Biandrata, qui a fabriqué des dénonciations fausses contre son évêque[8].

Une autre intervention « d'en haut » fut d'une tout autre couleur. Après la mort d'Etienne Bathory son neveu, Sigismond hérita du trône transylvain. Pour récupérer le plein pouvoir partagé pendant sa minorité avec les Ordres, il dut – bien contre son gré – faire des concessions à la diète : il abandonna les jésuites implantés à Kolozsvar par son oncle. Les protestants triomphèrent, la Société de Jésus abandonna son Académie florissante – mais les jésuites revinrent un par un, et conservèrent leur influence sur le jeune prince[9].

C'est tout. Selon nos sources, les souverains de la Transylvanie – entre 1540 et 1594 – ne prononcèrent pas un seul jugement capital en matière de foi.

Descendant à un autre niveau : la Réforme quotidienne manque aussi de victimes dans ce pays. Après les exécutions de Werboczy on doit attendre un quart de siècle pour entendre parler du meurtre de quelques moines par les serviteurs d'un seigneur puissant, Miklos Telegdi (1551). Par contre, en 1557 c'est un franciscain qui abat un pasteur à Beregszasz (Beregovo) en Ukraine Carpathique. Enfin, en 1566 on tue des prêtres catholiques aux alentours de Varad (= Oradea), mais les coupables sont inconnus[10].

S'il y a violence, cela se présente sous la forme d'églises saccagées, ou de prêtres chassés de leurs postes. On peut compter les cas connus par dizaines – et ce n'est vraisemblablement que la surface. Au commencement, les seigneurs-patrons catholiques avaient fait éloigner les prédicants de leurs terres. Puis ce fut le tour des curés et des moines de s'enfuir du domaine des seigneurs devenus protestants, ou des communautés révoltées contre la foi ancienne. La destruction des autels est alors très fréquente. A Kolozsvar, à Varad et à Gyulafehérvar (=Alba Julia), la foule calviniste attaqua plusieurs fois les églises, les cortèges funèbres ou processions catholiques. Les instigateurs sont en général les pasteurs, ou les officiers protestants des garnisons. Plus tard, les jésuites établis à Kolozsvar chassèrent les pasteurs des villages concédés à leur Société. Naturellement les querelles entre confessions protestantes ont ménagé aussi de bonnes occasions pour les poursuites. Les plus intransigeants furent les calvinistes, majoritaires parmi les Hongrois[11].

Tout cela paraît absurde. La Hongrie est divisée, les armées de deux rois, du Saint Empire et du sultan la traversent sans cesse, en pillant et tuant les habitants. La pitié est éteinte. Un exemple : pendant la guerre dite de quinze ans (1593-1606) les haïdouk hongrois, à la solde de l'Empereur Rodolphe ont fait des irruptions en Transylvanie, alliée momentanément aux Turcs. Ils ont massacré les hommes, violé et éventré les femmes. Aux victimes, calvinistes comme eux, ils ont expliqué avec un cynisme effrayant : «Dieu? Que voulez vous que cela nous fasse? Nous l'avons laissé à la maison»[12]. Mais c'est une guerre «normale», et pas une guerre de religion.

Si on observe de plus près le tempérament des prêtres et des prédicants, on trouve des indices significatifs. Toutes les confessions ont des chefs qui proposent l'élimination physique des adversaires. La calomnie, les injures alternent avec la délation. Ferenc David, d'ailleurs connu pour son humanisme, avait demandé – dans sa période luthérienne – l'aide du «bras séculier» contre les calvinistes. Peter Melius, chef spirituel de la confession helvétique en Hongrie, super-inten-dant (évêque) de Debreczen ne cessa de réclamer de la Cour princière l'extermi-nation de tous ses opposants. Même un étranger, Francesco Stancaro avait l'inso-lence de proposer au prince l'exécution des prêtres luthériens, trop dogmatiques à son goût. Mais on n'arrive à l'exécution que dans les comitats (=départements) vivant sous la domination ottomane. La pendaison d'un pasteur unitarien par le jugement d'un tribunal composé de prédicateurs calvinistes a provoqué la fureur des magistrats turcs en 1574[13].

Pour conclure : dans cette Transylvanie du XVI⁰ siècle l'intolérance confes-sionnelle, vivant avant tout au cœur des prêtres de toutes les couleurs, restait toujours limitée. D'une part, c'était le pouvoir central qui s'abstenait de la violence, et avait aussi empêché la violence des autres. A vrai dire, les gouver-neurs de ce pays nouveau-né, en quête de légitimité externe et interne n'avaient aucun intérêt à provoquer des troubles religieux. L'équilibre d'une structure sociale très compliquée fut l'élément déterminant de la stabilité du royaume. Mais nous devons à la reine Marie d'Angleterre, ou à la France qui a dû attendre près d'un demi-siècle son Edit de Nantes... La Transylvanie, petit pays lointain et arriéré avait la chance d'avoir des chefs très sages à l'époque de la Réforme. Ainsi, ces rois-princes, pour mieux connaître la vérité, et pour canaliser l'énergie des ecclésiastiques ont organisé, en 50 ans, de 15 à 20 disputes publiques sur la foi, dont tous les participants sortaient sains et saufs, et où, naturellement, tous les protagonistes avaient l'habitude de se déclarer vainqueurs[14].

Le peuple, lui, suivait peut-être avec intérêt la querelle de ses prêtres, et parfois – dans les villes – s'est laissé entraîner dans les bagarres inter-confessionnelles, sans grande importance d'ailleurs. On peut le comprendre, il avait des préoccupations plus impératives : la survie par exemple.

Ce qui continue à m'intriguer, c'est la conduite modérée des tenants du pouvoir local, des hommes qui ont déterminé la vie quotidienne. Vivant dans un Etat en pleine reconstruction, ils auraient pu avoir toutes les possibilités de régler eux-mêmes leurs différents de foi, par exemple par les méthodes sauvages enregistrées par Denis Crouzet[15]. Mais le multiconfessionalisme de la Transylvanie prouve avec éclat le contraire. Ces seigneurs ont opté pour la modération : le sang ne coule pas, on n'allume pas de bûchers. Pourquoi?

Pour trouver la réponse je devrais connaître les mœurs du XVIe siècle hongrois mieux que l'historiographie hongroise ne les connaît pas aujourd'hui. J'ai cependant une hypothèse. L'histoire de la Hongrie, entre 1458 (avènement du roi Mathias Corvin) et 1593 (le commencement de la guerre de quize ans) est bien mouvementée. Rois puissants et rois faibles se succèdent, Etats et Ordres prennent d'assaut les remparts du pouvoir ; on voit les premiers gouvernements renversés par la diète. Après Mohàcs s'y ajoute la guerre intestine déjà mentionnée. Et pourtant, la violence ne dépasse pas un certain niveau. Sa limite, c'est la répression brutale de la révolte paysanne de 1514. Mathias Corvin, souverain presque absolu, ne fait pas exécuter ni les meurtriers de son frère aîné, exécuté après un semblant de procès sur l'ordre de Ladislas V, ni ses fidèles se révoltant plusieurs fois contre lui. Vladislas II et Louis II ont regardé tranquillement, presque avec indifférence les luttes pour le pouvoir (et même les Ordres, arrivés à contester la légitimité de la dynastie). A l'époque des guerres civiles, les deux parties s'abstiennent notoirement des exécutions, et si par hasard on doit décapiter ou tuer quelqu'un, le pouvoir en ressent l'effet néfaste assez longtemps[16].

Les causes de cette maîtrise de soi ne sont pas encore connues. Quant à moi, je pense à la stabilité exceptionnelle de la société hongroise médiévale[17]. Mais penser et prouver, ce sont deux choses différentes. A défaut de preuves directes, je constate une coïncidence. C'est justement la Transylvanie qui rompt avec la tradition de la tolérance politique. Le frère Georges est assassiné (sur l'ordre de Ferdinand, certes) ; la reine Isabelle fait à son tour assassiner les chefs de file de l'aristocratie ; Etienne Bàthory envoie au poteau ses sujets révoltés contre lui ; Sigismond Bàthory entraîne son pays dans la guerre de quinze ans au prix du massacre des seigneurs opposés à sa politique ; les deux derniers princes de la famille Bàthory, André et Gabriel meurent assassinés, etc.

Alors, au XVIIe siècle la tolérance religieuse sera remplacée en Transylvanie par la domination à peine voilée d'un calvinisme pur et dur.

Gàbor BARTA
(Université de Pécs)

NOTES

1. Pierre CHAUNU, *La Civilisation de l'Europe classique*.Paris, Arthaud, p. 476.

2. Sur l'histoire de la Transylvanie un sommaire encore aujourd'hui moderne : Ladislas MAKKAI, *Histoire de la Transylvanie*. Budapest – Paris, Institut P. Teleki, 1946. Les nombreuses publications roumaines (le plus souvent) ne s'occupent pas de l'histoire socio-politique des autres nations vivant en Transylvanie. La traduction française, allemande et anglaise de la nouvelle « Erdély története hàrom Kötetben » (Histoire de la Transylvanie en trois volumes) paraîtra seulement en 1989.

3. La dernière récapitulation sur la Réforme transylvaine : Ludwig BINDER, *Grundlagen und Formen der Torelanz in Siebenbürgen bis zur Mitte des 17. Jahrhunderts*. Köln-Wien, Böhlau, 1976. La loi de 1568, en hongrois : « A prédikàtorok az evangéliumot hirdessék,... kiki az ö érdeme szerént, és az község, ha venni akarja, jo, ha penig nem, senki ne kénszeritse, ... olyan prédikàtort tarthasson, az kinek tanitàsa néki tetszik. Ezért penig az szuperintendensek közül (senki), se egyebek a prédikatorokat meg ne banthassa, ... Es nem engedtetik az meg senkinek, hogy senkit fogsaggal vagy helyéböl valo privalassal fenyegessen, mert az hit Istennek ajandéka, ez hallasbol leszen, mely Isten igéje altal vagyon ». *Monumenta Comitialia regni Transylvaniae II.*, red. Sandor Szilagyi, Budapest 1876, p. 343.

4. Le sommaire de mes réflexions est traduit en allemand : Bedingungsfaktoren zur Entstehung religiöser Toleranz in Siebenbürgen des 16. *Jahrhunderts, in : Luther und Siebenbürgen* (herausg. Georg und Renate Weber), Köln-Wien, Böhlau, 1985, p. 229-244.

5. Ici, je dois encore une fois corriger P. CHAUNU (*Eglise, culture et société – essais sur Réforme et Contre-Réforme 1517-1620*, Paris, Société d'Editions d'Enseignement Supérieur, 1981, p. 206-207), qui récapitule les erreurs de l'historiographie hongroise sur « une révolte des misérables » ; v. *Aus der Geschichte der Ostmitteleuropäischen Bauernbewegungen im 16-17. Jhdt*, red. Ivan T. Berend, Lajos Elekes, Györö Ember ; Budapest, Akadémiai 1977.

6. « Nunc etiam non solum per oppida insigniora Hungarie palam docetur et predicatur Lutheranismus, sed hic quoque Bude, rege connivente, cui quando de hoc loquimur, respondere solet, se esse excomunicatum. Hoc tamen ab eo egre impetravimus, ut hic Bude prohibitum, sit Lutheri dogma publice predicari usque ad reditum huius nuncii et secretarii. Nobis videretur, quod Sanctissimus dominus noster talia negligere non deberet, quia istud malum assidue latius serpit, et deberet regem absolvere et omnibus modis ad se allicere. Non desunt et ex Germania et aliis provinciis christianis principes et multi ex regni Hungarie primatibus regem sollicitantes (...). Et credat sua Sanctitas, quod magne conditiones offeruntur regi, dummodo Lutheranismum non prohibeat in regno et ditione sua ». Lettre de Istvan Brodarics, évêque de Szerém, et Ferenc Frangepan, archévêque de Kalocsa à l'ambassadeur d'Angleterre à Rome, 1, 12, 1533, *Buda. Egyhaztörténeti emlékek a hitujitas korabol (Monuments de l'histoire des Eglises à l'époque de la Réforme)* II, red. V. Bunyitay, R. Rapaics, J. Karacsony, Budapest, Szent Istvan Tarsulat, 1904, p. 299-300.

7. Les cas sont énumérés par toute l'historiographie de la Réforme hongroise, de Jenö ZOVANYI (*A reformacio Magyarorszagon 1565-ig (La Réforme en Hongrie jusqu'à 1565)*, Budapest, AKV, 1986 ; *A magyarorszagi protestantizmus története*

1565-töl 1600-ig (Le protestantisme de Hongrie de 1565 à 1600), Budapest, Akadémiai, 1977) jusqu'à Mihaly BUCSAY, *Der Protestantismus un Ungarn, 1521-1978*, I. Wien-Köln-Graz, Böhlau, 1977. Mais il faut les suivre avec précaution, la fiabilité des récits est discutable : par exemple le cas du sacristain est raconté par un livre apologétique de Gaspar Heltai, réformateur zélé de Transylvanie.

8. Sur le sort des antitrinitaires : Antal PIRNAT, *Die Ideologie der siebenbürger Antitrinitarier in der 1570-er Jahren*, Budapest, Akadémiai, 1961 ; et Robert DAN, *Mathias Vehe-Glirius and Radical Reformation*, Budapest, Akadémiai, 1982.

9. Sur les jésuites : Szabolcs Ö. BARLAY, *Romon virag (Fleurs sur les ruines)*, Budapest, Gondolat, 1986, p. 96-140. Ladislaus JUHASZ S. J. a publié une série des documents inédits : *Monumenta Historica Societatis Iesu, Monumenta Antiqua Hungariae I-III, Roma*, IHSI, 1969-1981.

10. ZOVANYI, J. *A reformacio* ..., p. 88, lol, 175, 209, 295 etc., ID. *A magyarorszagi...*, p. 138 et 149. La mesure : Denis CROUZET, *La violence collective en France à l'époque des guerres de religion*, Paris, Sorbonne, 1975.

11. ZOVANYI, J. *A reformacio...*, p. 87-88, 106, 115, 170, 175, 191, 297, 432, 446 etc.

12 . «Az Istentöl pedig semmit sem félünk, mert a Tiszan tul hagituk» – Cité dans les mémoires de Ferenc Nagy-Szabo, in : *Erdélyi történeti adatok (Document historiques transylvains)* réd. Imre Miko, Kolozsvar 1855, p. 72.

13. ZOVANYI, J. *A reformacio...*, p. 317, 359, 400, ID. *A magyarorszagi...*, p. 16, 49.

14. Les disputes les plus célèbres : 1538 Segesvar = Sighisoara ; 1544 Vara = Oradea ; 1561 Debrecen ; 1561 Medgyes = Medias ; 1564 Nagyenyed = Aiud ; 1566 Gyulafehérvar (Alba Iulia) ; 1568 Debrecen ; 1568 Varad ; 1569 Varad ; 1571 Gyulafehérvar... etc.

15. D. CROUZET, *op. cit.*

16. Quelques exemples : le gouverneur du roi Jean Ier, Lodovico Gritti avait fait assassiner le chef de son opposition, l'évêque Imre Czibak – en rétorsion il a été capturé et exécuté par les Ordres de Transylvanie ; le roi Ferdinand 1er n'osa jamais faire exécuter les seigneurs hongrois, accusés de trahison : Péter Perényi, Lörinc Pekry, Istvan Dobo etc.

17. La forte cohésion de la noblesse et de l'aristocratie hongroise est documentée dans le livre de Erik FÜGEDI, *Uram, kiralyom (Sire, mon roi)*, Budapest, Gondolat, 1974.

LA LUSACE DU DÉBUT DU XVIIᵉ SIÈCLE
ET LA DOCTRINE DE JACOB BŒHME

Comme sa doctrine, la vie de Jacob Bœhme est riche en paradoxes. Alors que les hommes de la fin du XVIᵉ et du début du XVIIᵉ siècle répugnent à nous renseigner sur leur vie privée, nous sommes à tout prendre remarquablement avertis de la vie du théosophe, tant par sa biographie écrite par son disciple Abraham von Franckenberg que par sa nombreuse correspondance encore conservée, pour ne rien dire des documents d'archives. Néanmoins, la vie de Bœhme nous est une irritante énigme. Si nous sommes informés de nombre de ses événements, la raison de ceux-ci nous échappe, et plus les renseignements s'accumulent, plus le mystère s'épaissit.

Pour obtenir la clef de cette énigme, il faut replacer la vie et l'œuvre de notre penseur dans le cadre de son époque et de son pays, la Lusace de l'orée du XVIIᵉ siècle, région frontière par excellence, tant politique que religieuse.

Politique d'abord : la Lusace, ou plutôt les Lusaces – la Basse au Nord, au Sud la Haute, groupée autour de Bautzen et de Görlitz – touche par le Nord au Brandebourg, par l'Ouest à la Saxe, par le Sud à la Bohême, par l'Est à la Silésie, à laquelle elle est rattachée : en tant que « provinces incorporées » au royaume de Bohême, toutes deux dépendent de la « Chancellerie germanique » fondée à Prague en 1611 pour traiter leurs affaires [1]. Enfin la Lusace n'est éloignée que de cinq milles allemands – soit environ trente-sept kilomètres – de la Pologne, avec laquelle la Silésie a une très longue frontière commune.

La configuration géographique du pays n'est pas moins importante. Si une grande partie présente l'aspect montagneux et boisé de la Silésie et de la Bohême septentrionales – le fameux « Lausitzer Bergland » qui opposa une résistance demeurée célèbre aux efforts de christianisation déployés par Othon le Grand depuis la fin du Xᵉ siècle –, le cœur de la province consiste en un immense marais constitué par les mille bras de la Spree et de la Neisse, impénétrable au point qu'ont pu s'y maintenir jusqu'à nos jours les populations sorabes d'origine, enclave slave dans un monde germanique ou plutôt germanisé à partir du Xᵉ siècle.

Sa position centrale avait fait de la Lusace un territoire très convoité par ses voisins, notamment la Saxe – ou, plus précisément, à l'origine, la Misnie –, le Brandebourg – qui était parvenu, dès 1462, à en annexer l'enclave de Cottbus –, et le royaume de Bohême.

Il en va de même religieusement. La Lusace est un enjeu des différentes confessions. Passée, dans l'ensemble, à la Réforme dès le début du XVIe siècle, la Lusace fut, dès 1526, durement opprimée par Ferdinand Ier qui entendait la reconquérir au catholicisme. Parmi les voisins qui la convoitent, le prince électeur de Saxe est luthérien, mais celui de Brandebourg est calviniste.

L'étude de cette province du bout du monde germanique n'a que peu tenté les historiens, et l'histoire de ses fluctuations religieuses au cours du XVIe siècle reste encore à faire. Elle ne comprendrait pas seulement les grandes confessions, mais aussi toutes les sectes dont l'Allemagne de ce temps est si prodigue et qui avaient trouvé dans ce territoire à la fois difficile d'accès et ouvert à des influences confessionnelles si contradictoires un terrain d'élection. A cet égard, les mêmes traits caractérisent, précisons-le, la Silésie voisine, déchirée entre ses villes libres – luthériennes – et ses nobles – catholiques, luthériens, calvinistes –, dont l'un, le prince de Schönaich, avait en 1615 fondé à Beuthen, à quelques pas de la frontière polonaise, un « gymnase académique » où enseignaient calvinistes, ariens, frères moraves, en lequel un jésuite dénonçait « le cheval de Troie de l'hérésie »[2]. Ce qui est assuré depuis les travaux de Will-Erich Peuckert, c'est que l'élite intellectuelle de Lusace et de Silésie – dans les campagnes, les nobles ; dans les bourgs, les artisans et les négociants aisés, les médecins, les juristes, lesquels avaient droit de « bourgeoisie » et des rangs desquels sortait le patriciat – ce qui est assuré, donc, c'est que cette élite intellectuelle communiait en une manière de gnose irénique, fortement inspirée du néoplatonisme de la mystique rhéno-flamande, qui s'était, comme le dit Pierre Deghaye, « vulgarisée » par l'anonyme *Théologie Germanique*, écrit du début du XVe siècle, que Luther, par l'édition qu'il en avait donnée, avait largement répandu au cours du XVIe[3]. L'attitude de cette élite à l'égard des confessions serait assez bien résumée par le célèbre distique du noble silésien Friedrich von Logau :

> « Luthérienne, papiste, calviniste : ces fois sont toutes trois
> Offertes à nos yeux ; mais nous devinons mal où est le christianisme. »[4]

Ce mouvement s'est développé à la faveur de la position frontalière de la Silésie et de la Lusace, de leur configuration géographique qui les rend d'un accès difficile, et, évidemment, de la décomposition du pouvoir central, affaibli sous Rodolphe II au point qu'en 1608 le frère de celui-ci, Matthias, peut le déposséder du gouvernement de la Hongrie, de la Moravie et de l'Autriche pour ne lui laisser que celui de la Bohême, de la Silésie et de la Lusace ; affaiblissement politique qui a pour effet une débâcle du pouvoir en matière de religion, puisque Rodolphe II est contraint d'accorder, par une première Lettre de Majesté, la liberté de conscience à ses sujets de Bohême le 9 juillet 1609, et, par une seconde, à ses sujets silésiens le 20 août suivant. Mais ce mouvement intellectuel et spirituel de Lusace et de Silésie a plus profondément pour cause le désir, plus ou moins conscient peut-être, des élites intellectuelles et politiques de ces provinces de prendre leurs distances à l'endroit des puissances limitrophes qui les convoitent et des religions contraires qu'elles incarnent, préservant de la sorte leur ancestrale originalité culturelle.

A mesure qu'achève de se décomposer l'autorité impériale, s'exacerbent dans l'Empire les passions, religieuses dans leur fond, mais inextricablement liées aux intérêts politiques dans la mesure où elles s'incarnent dans des princes qui s'en font les champions. Elles mènent à l'institution, en 1608, de l'Union protestante, sous la direction du prince électeur du Palatinat, à quoi répond la constitution, en 1609, de la Ligue catholique, sous la conduite de Maximilien de Bavière. A mesure que la fièvre monte, la venue de la guerre est de plus en plus nettement perçue par les esprits, qui sont gagnés par une agitation croissante. Fleurissent alors dans l'Empire nombre de prédictions apocalyptiques, dont Peuckert a analysé quelques-unes dans une étude célèbre[5]. Les plus fameuses sont faites par les trois manifestes, ou, plus exactement, comme les nomme Roland Edighoffer, les trois protomanifestes rosicruciens, les *Echos de la fraternité ou confrérie du très louable ordre de la Rose-Croix* ou *Fama Fraternitatis*, la *Confessio Fraternitatis*, ou bien *confession de l'insigne confrérie du très honoré Rose-Croix à l'adresse des hommes de science de l'Europe*, et les *Noces chimiques de Christian Rose-Croix en l'an 1459* ou *Chymische Hochzeit*[6], parus respectivement en 1614, 1615 et 1616, qui annoncent l'imminence d'une «rénovation universelle» liée à la révélation d'une sagesse universelle, d'une véritable pansophie, découvrant les mystères de la création divine et donc les arcanes de l'univers. Il revient à Frances Yates d'avoir mis en évidence la relation entre la mythique confrérie de la Rose-Croix et le monde politique calviniste gravitant autour du jeune Frédéric V, qui tient sa cour à Heidelberg depuis 1610, et qui est devenu en 1613 le gendre du roi d'Angleterre Jacques Ier en en épousant la fille, la princesse Elisabeth. Ces relations, Frances Yates les a relevées jusque dans les gravures de propagande au service de la cause de Frédéric[7].

Il est vrai que la révélation de cette sagesse universelle, dont l'annonce avait tourné les esprits dans tout l'Empire et même dans toute l'Europe, se faisait attendre. Et pour cause : la fameuse confrérie n'existait que dans l'imagination des auteurs anonymes des protomanifestes. On sait à quel fructueux désespoir furent réduits les esprits qui en cherchaient en vain les membres et la sagesse promise : ce fut l'origine des essais monumentaux de Robert Fludd pour trouver par ses propres forces les arcanes de l'univers, sous la forme des deux tomes de son *Utriusque Cosmi* [...] *Historia*[8] ; ce fut aussi la cause des ouvrages de Michael Maier, dont l'*Atalanta Fugiens*, de 1617, tente d'exprimer ce savoir universel sur un mode alchimique[9].

C'est derechef Frances Yates qui a mis en lumière la relation entre cette tentative de pansophie et le monde palatin : les ouvrages de Fludd, comme celui de Maier, sortirent de l'officine de Johann Theodore De Bry, installé à Francfort, puis dans le Palatinat, à Oppenheim, et qui était devenu l'éditeur de la cour d'Heidelberg[10] ; et tant la qualité extraordinaire de ces publications que les coûts exorbitants de l'impression au XVIIe siècle font aisément comprendre que toute l'entreprise fut financée par la cour d'Heidelberg elle-même[11]. Il s'agissait, en un mot, de publier la science universelle dont la révélation allait s'accomplir en même temps que la victoire du parti réformé. Nous sommes ici en face d'un des témoignages de cette vision des choses répandue depuis le XVIe siècle : on sait que c'est une semblable science universelle que prétendait instaurer John

Dee, science dont la révélation était à ses yeux en relation directe avec la réalisation du programme impérial dont il avait rêvé pour Elisabeth la Grande.

C'était en effet des ambitions impériales que Frédéric, confiant dans l'appui de Dieu et de son royal beau-père, nourrissait également. Lorsque les Etats de Bohême – suivis de la Silésie et de la Lusace – se révoltent contre leur souverain, c'est en 1619 à Frédéric de Palatinat, en tant que chef de l'Union protestante, qu'ils offrent la couronne de saint Venceslas ; et lorsque celui-ci l'accepte, c'est en toute connaissance de cause qu'il fait pièce aux Habsbourg : pour l'Europe entière, il est clair que le trône de Bohême n'est que le dernier degré avant celui du Saint Empire.

En compagnie de son épouse, le nouveau roi de Bohême fait son entrée à Prague dès 1619. A cette cérémonie assiste Jacob Bœhme. Cette rencontre des chemins du roi et du théosophe ne doit rien au hasard. Jacob Bœhme avait alors quarante-quatre ans. Descendant d'une famille rurale aisée, maître dans la corporation des cordonniers, citoyen de Görlitz qui lui a accordé le droit de bourgeoisie, il était une personnalité dans sa cité. Visité de deux illuminations – l'une en 1600, l'autre en 1610 –, il n'avait pourtant écrit jusqu'alors qu'une œuvre, en 1612, *L'Aurore naissante, Die Morgenröte im Aufgang*, dite encore *Aurora*. La critique bœhméenne ignore jusqu'à présent les raisons de la date de l'ouvrage. Dans la page qu'il consacre à Bœhme dans sa thèse, *Vie spirituelle et vie sociale entre Rhin et Baltique au XVIIᵉ siècle*, Jean-Baptiste Neveux, qui s'est attaché à l'aspect politique et social des œuvres spirituelles, remarque que, contrairement à la Bohême et à la Silésie, la Lusace n'avait pas bénéficié de Lettre de Majesté pour garantir la liberté de conscience. Depuis 1609, elle sollicitait de l'Empereur-roi semblable privilège [12]. Or, en 1611, Rodolphe fut dépossédé des divers pouvoirs que son frère Matthias lui avait encore laissés en 1608. Rodolphe lui-même allait mourir en 1612, et nul n'ignorait que son successeur Matthias, né en 1557, était sans descendance. Une extrême confusion et de grands troubles s'ensuivaient, mettant le pays en émoi. L'espoir y était grand de s'émanciper de la tutelle des Habsbourg. On pourrait voir là la cause qui fit sortir Bœhme du silence. Dans son *Aurore naissante*, il tentait une première synthèse pansophique qui illuminât les tréfonds de la création, sorte de révélation qui pourrait accompagner des temps d'une liberté enfin recouvrée. « L'aurore, suggère Jean-Baptiste Neveux, c'était pour la Lusace une ère de difficultés autrichiennes grâce auxquelles elle pouvait devenir indépendante. » [13]. L'œuvre de Bœhme lui avait valu de grands démêlés avec le pasteur luthérien de Görlitz, qui avait alerté l'autorité séculière, laquelle avait enjoint le silence à l'auteur. De 1612 à 1618, Matthias avait établi son autorité sur la Bohême, la Silésie et la Lusace. La révolte de la Bohême, en 1618, remet tout en cause. Il est tout à fait remarquable que c'est cette année-là que Bœhme cède aux objurgations de plusieurs de ses amis de rompre son silence ; il reprend ses écrits et le fruit en est, dès 1619, *la Description des trois principes de la nature divine – Beschreibung der drei Prinzipien göttlichen Wesens*, dite aussi *De tribus principiis* – ; il va désormais, jusqu'en 1624, soit en six ans, écrire vingt-quatre ouvrages. « Comment ne pas constater, demande Jean-Baptiste Neveux, la coïncidence entre cette activité et la phase tchèque de la Guerre de Trente Ans ? » [14].

Dans le même temps, il va modifier sa vie. Il quitte Görlitz, réside à Prague –
où il vit du commerce de mercerie et de la vente de gants de laine fabriqués en
Lusace – de 1619 à 1620 – c'est à-dire de l'installation de Frédéric dans la
capitale bohême jusqu'à sa défaite à la Montagne Blanche. A Prague, il est attesté
que Bœhme était souvent reçu chez Theodor von Tschesch, alors conseiller de
Frédéric V, et qui est son fidèle disciple. De Prague, il envoie à ses correspondants des prédictions apocalyptiques. Il reconnaît dans l'accession de Frédéric V
au trône de Bohême le dernier acte avant la lutte finale entre les fils de Sion et les
fils de Babel[15], Babel, qui a tenu les fils de Dieu en si longue captivité[16] ; les
temps sont accomplis, et la grande réformation approche.

Les relations que Jacob Bœhme semble avoir entretenues avec la cause de
Frédéric, prince calviniste, n'ont rien à la réflexion pour surprendre. Lui-même
ne se concevait pas comme un luthérien orthodoxe. Par ailleurs, comme l'a déjà
fait remarquer Hugh Trevor-Roper dans une très pertinente étude, toute une aile
du calvinisme est au XVIIe siècle le refuge des mouvements de libre-pensée – tant
ceux inspirés par l'humanisme érasmien que ceux suscités par les spéculations
occultistes –, persécutés par les orthodoxies catholique et luthérienne[17]. C'est
cette faveur pour les sciences occultes qui s'était manifestée dans le soutien de la
cour de Palatinat aux doctrines ésotériques de Robert Fludd et de Michael Maier.
Il était parfaitement normal que l'ésotériste qu'était Jacob Bœhme, dans une
Lusace menacée à la fois par l'orthodoxie catholique des Habsbourg et l'orthodoxie luthérienne de la Saxe, reconnût en Frédéric V le protecteur de sa doctrine.

La défaite de Frédéric à la Montagne Blanche, le 8 novembre 1620, ne
désespère pas Bœhme. Si la Bohême a perdu une bataille, elle n'a pas perdu la
guerre, qui, à l'évidence, ne fait que commencer. En 1621, une vision lui révèle
que les temps sont accomplis et que la grande Réformation est imminente[18].
N'étant pas du conseil de la Providence, il ignore si cette Réformation, comme un
de ses correspondants le prétend, aura lieu en 1630 ; mais il sait qu'elle aura lieu,
car la Parole de Dieu ne saurait mentir[19]. C'est cette conviction qui, après la
défaite de Frédéric, le fait parcourir à six reprises la Silésie entre 1621 et 1624.
Les raisons de cette activité s'éclairent à la considération des conditions historiques. Si les armées impériales sont parvenues à vaincre à la Montagne Blanche
la Bohême proprement dite, elles ne suffisaient pas pour réduire tout le pays
rebelle. Le nouvel Empereur-roi, Ferdinand II, a dû demander au prince
électeur de Saxe de lui prêter main-forte : ce que ce dernier, malgré son luthéranisme, s'est empressé de faire, l'annexion de la Lusace devant être le prix de
son intervention. Le point vaut d'être relevé : ce fut précisément Görlitz, la ville
de Bœhme, qui fut le centre de l'opposition des partisans de Frédéric V contre
l'électeur de Saxe ; mais après la déroute de Frédéric, elle fut brisée par la Saxe,
qui contraignit la Lusace et la Silésie à signer en 1621 l'accord de Dresde, qui
permettait à la Saxe l'occupation *de facto* de la Lusace.

Quant à la Silésie, menacée au Sud par les impériaux et à l'Ouest par les
Saxons, impressionnée par la foudroyante campagne de Palatinat menée par
Spinola, elle a préféré traiter avec le Habsbourg plutôt que de poursuivre une
lutte désormais sans espoir. Contre son abandon de la cause de Frédéric,
Ferdinand s'engageait à garantir ses anciennes libertés, notamment en matière de

religion, en maintenant la Lettre de Majesté accordée aux Silésiens alors que celle octroyée aux Bohêmes était abrogée. Ainsi, la Silésie se trouve être la dernière des anciennes provinces du Palatin où soient maintenus et la liberté religieuse et le pouvoir des seigneurs locaux, qui avaient en grand nombre épousé la cause de Frédéric et auprès desquels les survivants du désastre de Prague venaient chercher refuge. Les principaux de ces princes étaient ceux de la dynastie calviniste[20] des Piast, qui régnaient sur les duchés de Brieg, de Liegnitz et de Wohlau. C'est ainsi notamment que le conseiller de Frédéric, Johann Teodor von Tschesch, ami et disciple de Bœhme qui l'avait connu à Prague, avait trouvé asile auprès du duc de Liegnitz; il allait ultérieurement devenir conseiller secret de celui de Brieg. Les partisans de la doctrine de Bœhme entouraient les princes de la Maison de Piast. Ceux que Bœhme désignait du nom de «premiers appelés»[21], Hans Sigmund von Schweinichen et David von Schweinitz, étaient tous deux des nobles silésiens; le second était de surcroît entré en 1622 au service du duc de Liegnitz, où se trouvait déjà Theodor von Tschesch; quant au disciple par excellence, Abraham von Franckenberg – encore un noble silésien –, il assistait le duc de Brieg dans les questions confessionnelles[22]. Ce ne sont là que les plus célèbres des disciples de Bœhme en Silésie; il en faudrait citer bien d'autres, notamment le prédicateur même du duc de Brieg, Augustin Fuhrmann : à Brieg, c'était, selon le mot de Grünhagen, «toute une colonie de partisans de Bœhme» qui résidait alors[23]. Ces faits font comprendre pourquoi, de 1621 à 1624, Jacob Bœhme parcourt six fois la Silésie, et, lors de l'un de ces voyages, rend visite au duc de Liegnitz lui-même. C'est autour des Piast qu'après la défaite de Frédéric s'étaient rassemblés non seulement ses partisans, mais aussi les espoirs millénaristes qui les avaient animés et les animaient encore. Depuis 1616, un certain Christoph Kotter, en Silésie, se répandait en prophéties qui prédisaient la défaite de la Maison d'Autriche devant Frédéric de Palatinat; ces prophéties se poursuivront jusqu'en 1624, et, en 1623 encore, l'une d'elles annonce la restauration de Frédéric V sur le trône de Bohême et la damnation de Ferdinand II[24]. Frances Yates avait déjà relevé la similitude évidente du symbolisme des prophéties de Kotter et de celui des protomanifestes rosicruciens – sans mettre au reste Kotter en rapport avec la situation politique de la Silésie au XVIIᵉ siècle[25]. Les ducs Piast étaient fort curieux de toutes ces prophéties.

On sait que Johann Christian de Brieg possédait une copie de la *Chronologia Omnium Temporum*, qui prédisait la victoire du parti protestant[26]. On pourrait d'ailleurs retracer la tradition de ces prophéties : son fils, le duc de Brieg Georg – Georges III –, qui lui succédera à partir de 1639, protégera son collecteur d'impôts Martin Gühler, qui, dans son *Apocalypsis Reserata*, publiée en 1652, prophétisera la chute de la papauté et de la Maison d'Autriche, l'élévation d'un prince protestant et la proximité de la fin des temps; le dernier acte devrait se jouer en Silésie entre 1655 et 1656. On voit comment les prophéties de Kotter, qui prédisaient la défaite de la Maison d'Autriche devant Frédéric de Palatinat, allaient survivre à la disparition de celui-ci, survenue en 1632, pour s'appliquer avec évidence au chef de la Maison de Piast[27].

A la lumière des péripéties politiques du royaume de Bohême et de ses provinces incorporées, s'éclairent donc dans l'œuvre de Bœhme et ses phases de silence et ses phases de créativité; dans la vie de Bœhme, ses périodes de résidence à Görlitz et ses périodes de pérégrination à travers la Bohême et la Silésie. Tous éléments qui, jusqu'à présent, semblaient n'avoir ni rime ni raison aux yeux de la critique, qui n'y voyait que l'expression d'une instabilité profonde imputable à une constitution fragile.

La considération des relations entre Bœhme et le parti frédéricien n'explique pas seulement sa vie, mais aussi certains aspects de son œuvre. En effet, la problématique fondamentale de Bœhme semble analogue à celle de Robert Fludd. Nous avons vu comment ce dernier, soutenu par la cour d'Heidelberg, tentait de découvrir et de formuler la pansophie annoncée par les protomanifestes rosicruciens, laquelle devait, à son sens, accompagner la victoire du parti frédéricien. Tout pareillement, Bœhme, dans son grand *De Signatura Rerum*, achevé en février 1622, tente d'élucider un point essentiel des protomanifestes que Fludd avait laissé de côté. L'un de ces derniers, la *Confessio Fraternitatis*, avait annoncé la prochaine révélation de la langue secrète enfermée par Dieu dans le livre de la nature. C'est la langue qui permettra d'atteindre à l'essence métaphysique des êtres, et qui, en l'exprimant, conférera puissance sur ceux-ci. Il s'agit là d'une très vieille idée de la Renaissance, exposée notamment par Paracelse. Ce vieux rêve, Bœhme s'efforce de lui donner corps. Peuckert a démontré de façon définitive[28] que les tentatives déployées par Bœhme dans son *De Signatura Rerum* ne peuvent être comprises que par rapport aux promesses de la *Confessio Fraternitatis*. La découverte de la «signature des êtres» eût été la révélation de la langue divine inscrite dans l'univers, qui eût constitué comme la clef de cette nouvelle Sagesse dont le règne devait s'instaurer en même temps que la victoire du parti frédéricien, dans l'accomplissement des attentes millénaristes. C'est en replaçant le *De Signatura Rerum* dans la tradition des protomanifestes rosicruciens et dans le cadre des relations politiques de Bœhme avec le parti frédéricien qu'on comprend les raisons du sujet et de la date de composition de cet ouvrage fondamental.

Enfin la considération de ces mêmes éléments nous fait comprendre les dernières péripéties de la vie de Bœhme. Soutenu par des membres de la noblesse de Silésie et de Lusace, mais aussi, dans sa cité même, par des membres de «la bourgeoisie aisée et instruite», selon l'expression d'Alexandre Koyré[29], à commencer par deux bourgmestres successifs[30], Bœhme était, on l'a déjà dit, en butte aux attaques du pasteur Gregorius Richter, furieux défenseur d'une stricte orthodoxie luthérienne, qui fanatisait contre lui la populace. La dernière année de la vie de Bœhme est marquée, au printemps, par un voyage à Dresde, dont la Lusace relevait depuis 1621, où, dit-il, il est «appelé pour un entretien avec des personnes de haut rang à la Cour»[31]. A Dresde, Bœhme répand parmi les membres de la cour un opuscule qui résume sa pensée, sa *Voie vers le Christ-Weg zu Christo –*, grâce auquel il espère gagner leur faveur. Son suprême espoir est une entrevue accordée par l'électeur de Saxe en personne. Son dessein immédiat est certes de se défendre contre les accusations d'hérésie lancées par le pasteur de Görlitz. Mais cela n'est possible que si, dans le même temps, il parvient à persuader les hauts personnages de la cour et le prince lui-même de sa bonne foi – au sens propre –, c'est-à-dire de la pureté de son christianisme, ce qui implique que l'hérésie réelle soit du côté de son contradicteur, dont l'inspiration diabolique ne fait à ses yeux aucun doute. Il s'agit de plaider en faveur de sa doctrine, de la pureté de la foi de son auteur et de tous ceux qui, en Lusace, partagent ses vues. L'espoir de Bœhme est grand, et il confie à ses amis dans les lettres qu'il leur envoie de Dresde son attente de l'imminence de la « Grande Réformation. »[32]. Bref, il ne s'agit de rien de moins que de présenter sa doctrine comme celle de tous les vrais fidèles de Dieu en Lusace, d'en faire une manière de « confessio lusatica »[33]. Qui sait même si l'espoir secret de Bœhme n'est pas davantage encore ? S'il parvenait, après y avoir gagné les membres de sa cour, à convertir le prince-électeur de Saxe lui-même à sa doctrine, ne serait-ce pas ce dernier qui, nouveau Frédéric, pourrait alors prendre la tête de la « Grande Réformation » ? Si cette supposition ne peut être prouvée, elle rétablirait cependant une parfaite cohérence parmi ses déclarations formulées dans ses lettres de Dresde.

On sait l'échec de son entreprise à Dresde ; Bœhme ne parviendra pas à voir le prince et sera finalement éconduit. Sa réaction sera tout à fait révélatrice. De retour en Lusace, il se rendra sans différer auprès de ses amis nobles que nous connaissons déjà : chez Schweinichen à Schweinhaus, puis chez David von Schweinitz à Seifersdorf ; il y rencontrera également Abraham von Franckenberg. Certes, pour s'entretenir de théosophie ; mais aussi, à l'évidence, pour les informer de vive voix – les lettres ne sont pas sûres – des résultats de sa mission à Dresde.

Ce trop bref exposé, qui ne prétend qu'esquisser les linéaments des relations de Bœhme avec son temps, espère éclairer, on l'a déjà dit, les raisons des diverses phases de sa vie et de son œuvre. Mais, par-delà ces points, c'est le phénomène que représente Jacob Bœhme qui s'éclaire de la sorte. Sa doctrine, considérée en elle-même, n'est à tout prendre que la synthèse de la mystique rhéno-flamande et du paracelsisme. Mais la *raison* pour laquelle ces doctrines connaissent, en les œuvres de Bœhme, un si subit regain, en ce lieu et à cette époque, ne s'explique que par la présence de Bœhme à l'une des frontières à la fois politiques et religieuses les plus sensibles de l'Europe de la Renaissance finissante – là même où éclate la Guerre de Trente Ans –, et durant les quelques années où le destin se joue. A cet égard, sa tentative de découvrir la Sagesse suprême, supérieure à toutes les religions révélées, est, des frontières religieuses de cette époque, une apparition caractéristique[34].

Pierre BEHAR

NOTES

1. Cf. C. GRÜNHAGEN, *Geschichte Schlesiens*, t. II, Gotha, 1886, p. 150-151.
2. Cf. M. SZYROCKI, *Martin Opitz*, Munich, 1974[2], p. 17-18.
3. Cf. W. -E. PEUCKERT, *Das Rosenkreutz*, Berlin, 1973[2], p. 227 sqq.
4. Luthrisch/Päbstisch vnd Calvinisch/diese Glauben alle drey

Sind verhanden; doch ist Zweiffel/wo das Christenthum dann sey. (*Salomons von Golaw Deutscher Sinn-Getichte Drey Tausend. [...] BreBlaw/ In Verlegung Caspar KloBmanns [...]*. (1654).

5. «Religiöse Unruhen um 1600», in : W.-E. PEUCKERT, *Die Rosenkreutzer. Zur Geschichte einer Reformation*, Iéna, 1928, p. 1-18,24.

6. Nous reprenons ici les traductions proposées par B. GORCEIX dans *la Bible des Rose-Croix, Traduction et commentaire des trois premiers écrits rosicruciens*, Paris, 1970; encore que, pour la dernière œuvre, la traduction par «*Noces chymiques*», proposée par R. Edighoffer (*Les Rose-Croix*, Paris,1982, p. 23 sqq.), soit sans doute préférable.

7. Cf. F. YATES, *The Rosicrucian Enlightenment*, Londres, 1972.

8. Tome 1 : *Utriusque Cosmi Maioris scilicet et Minoris Metaphysica, Physica atqve Technica Historia In duo Volumina secundum Cosmi differentiam diuisa. Avthore Roberto Flud aliàs de Fluctibus, Armigero, et in Medicina Doctore Oxoniensi. Tomus Primus De Macrocosmi Historia ,in duos tractatus diuisa. [...] Oppenhemii. Ære Johan-Theodori De Bry. Typis Hieronymi Galleri. Anno MDCXVII*; tome 2 : *Tomvs Secvndi de Svpernatvrali, Naturali, Praeternaturali et Contranaturali Microcosmi historia, in Tractatus tres distributa : Authore Roberto Flud alias de Fluctibus Armigero & Medicinae Doctore Oxoniensi. Oppenhemij Impensis Iohannis Theodorj de brÿ, tÿpis Hieronÿmj Galleri 1619.*

9. *Atalanta Fvgiens, hoc est, Emblemata Nova De Secretis Naturae Chymica, [...] Authore Michaele Majero Imperial. Consistorii Comite, Med. D. Eq. ex. &c. Oppenheimii Ex Typograhia Hieronymi Galleri, Sumptibus Joh. Theodori de Bry, M DC XVII.*

10. Cf. F. YATES, *op. cit.*, ch.VI : *The Palatinate publisher : Johann Theodore de Bry and the publication of the works of Robert Fludd and Michael Maier*, p. 70-90. De Bry fut notamment chargé de la réalisation et de l'édition du grand ouvrage à la gloire de Frédéric : *Hortvs Palatinvs a Friderico Rege Boemiae Electore Palatino Heidelbergae, Exstrvctvs Salomone de Caus Architecto. 1620. Francofurti apud Ioh. Theod. de Brij.* L'ouvrage, dont toutes les planches étaient réalisées, ne put paraître à Oppenheim en raison de la destruction de l'officine de De Bry par les troupes de Spinola : c'est pourquoi il parut à Francfort, donnant encore tous ses titres à Frédéric.

11. Nous ne possédons plus de documents sur ce point : ils ont tous été saisis ou détruits par les troupes de Spinola. Nous avons néanmoins des points de référence. Le seul ouvrage comparable, dans l'Europe du XVIIe siècle, à l'*Utriusque Cosmi Historia* de Fludd est l'*Œdipus Egyptiacus* d'Athanase Kircher, publié trois décennies plus tard. Or nous savons que les frais d'impresssion de l'œuvre de Kircher s'élevèrent à la somme considérable de trois mille ducats, et que ceux-ci furent versés par Ferdinand III (cf. R.J.W. Evans, *The Making of the Habsburg Monarchy*, 1550-1700, Oxford, 1979, p. 434). L'ouvrage de Fludd, également in-folio, devait certes être un peu moins long; mais il devait coûter, en ducats constants, au moins aussi cher, car il présente une proportion de gravures supérieure à celle de l'ouvrage de Kircher. En outre, il s'agit de cuivres, alors que les gravures de Kircher, par souci d'économie, sont

des bois. La même remarque vaut pour l'*Atalanta Fugiens*, décorée à chaque feuille de gravures de Merian, tout comme les *Emblemata* de Zincgreff., (*Emblematvm Ethico-Politicorvm Centvria Ivlii Gvilielmi Zincgrefii., Caelo Matth : Meriani.* MDCXIX. *Prostat Apud Iohann. Theodor. de Brÿ.*), que Yates identifie à juste titre comme un ouvrage de propagande pour la cause de Frédéric (cf. *op. cit.*, p. 59-60, 71-72).

12. Cf. J.-B. NEVEUX, *Vie spirituelle et vie sociale entre Rhin et Baltique au XVIIe siècle*, thèse d'Etat, Paris, 1967, p. 30-32.

13. *Ibid.*

14. *Ibid.*

15. Cf. *Theosophische Send-Briefe*, IV, 38-44 (rééditées par W.-E. Peuckert dans Jacob BÖHME, *Sämtliche Schriften*, Stuttgart, 1955 sqq.).

16. Cf. *ibid.*, XXXVIII, 3.

17. Cf. *Les origines religieuses de l'ère des Lumières*, in : *De la Réformeaux Lumières*, (traduction de : *Religion, Reformation and Social Change*), Paris, 1972, p. 237-279.

18. Cf. *Theosophische Send-Briefe*, LVIII, 13.

19. Cf. *ibid.*, XX, 36 ; et la lettre de Bœhme à Paul Kaym, in : Jakob BÖHME, *Die Urschriften, herausgegeben von W. Buddecke*, t. I, Stuttgart, 1963, 59, p. 311.

20. Johann Christian de Brieg, qui avait épousé une princesse d'Anhalt, était passé au calvinisme en 1611 ; son frère, Georg Rudolf de Liegnitz et de Wohlau, époux de Dorothea Sibylla, fille du prince électeur Johann Georg de Hohen-zollern, en 1614 (cf. G. KOFFMANE, *Die religiösen Bewegungen in der evange-lischen Kirche Schlesiens während des siebzehnten Jahrhunderts*, Breslau, 1880, p. 8, n. 1).

21. Cf. *Theosophische Send-Briefe*, XVIII, 7 ; KOFFMANE, *op. cit.*, p. 23-24 ; A. KOYRÉ, *La philosophie de Jacob Bœhme*, thèse d'Etat, Paris 1979[3], p. 53, n. 2.

22. Cf. KOFFMANE, *op. cit.*, p. 11, n. 2 ; p. 57-58.

23. Cf. GRÜNHAGEN, *op. cit.*, p. 336.

24. Cf. *Revelationes Christophoro Cottero Civi & Alutario Sprottaviensi* ; *Ab anno 1616 ad annum 1624 factae. Ex originali fideliter in Latinum translatae*, première partie du recueil de prophéties éditées par Comenius : *Lux in Tenebris Hoc est Prophetiae Donum quô Deus Ecclesia Evangelicam (in Regno Bohemiae & incorporatis Provinciis) sub tempus horrendae ejus pro Evangelio perseqvu-tionis, extremaeqve dissipationis, ornare, ac paternè solari, dignatus est. [...] M.D.C.LVII.* (Amsterdam) (édition princeps de l'ouvrage réédité en 1665 (s. l.) sous le titre modifié de *Lux e Tenebris*), ch. XIII, p. 40-41.

25. Cf. F. YATES, *op. cit.*, p. 158-160. L'absence de relation entre Kotter et la situation de la Silésie dans l'œuvre de Yates s'explique par le fait que Yates n'a connu et envisagée Kotter qu'au travers du *Lux in Tenebris* de Comenius.

26. L'œuvre, anonyme, fut composée vers 1630 : elle contient des prophé-ties jusqu'en l'an 2080, mais les dates historiques précises qu'elle contient cessent en 1630 ; elle fut, à tort sans doute, attribuée à Franckenberg ; Koffmane

songeait à Paul Kaym (cf. *op. cit.*, p. 43, n. 5, et p. 59, § 52), décédé en 1633 à Liegnitz, où il était receveur des douanes.

27. Gühler ne fut au reste en son temps que le plus célèbre des prophètes qui agitèrent la Silésie; cf. KOFFMANE, *op. cit.*, p. 43; G. LIEFMANN, *Dissertatio Historica de Fanaticis Silesiorum [...], Vitembergae, 1698,* § XII et XIV; F. LUCAE, *Schlesiens curieuse Denckwürdigkeiten/ oder vollkommene Chronica von Ober- und Nieder-Schlesien [...],* Francfort/M., 1689, p. 436-439.

28. Cf. *Das Rosenkreutz*, p. 238 sqq.

29. Cf. *op. cit.*, p. 59, et n. 6.

30. Il s'agit de B. Scultetus et de J. Emmerich; cf. *ibid..*

31. Cf. *Theosophische Send-Briefe*, LX, 5.

32. Cf. *ibid.*, LXIII, 9.

33. C'est l'expression proposée par J. -B. Neveux.

34. Son disciple Abraham von Franckenberg, qui aura aussi des difficultés avec les autorités religieuses, leur répondra que sa religion est «C.O.R.» : «catholica, orthodoxa, reformata».

LES FRONTIÈRES CONFESSIONNELLES EN ALLEMAGNE
A PARTIR DES RÉFORMES :
GENÈSE, STABILISATION, CONSÉQUENCES

Dans notre colloque nous avons pris le mot « frontière religieuse » dans un double sens : comme conscience de la diversité religieuse entre deux groupes ou des individus et, d'autre part, comme ligne de séparation, c'est-à-dire frontière au sens propre, au sens concret, géographique, qui sépare deux régions de confessions différentes. J'ai l'intention d'exposer dans ma conférence la formation des frontières confessionnelles aux différents niveaux de la structure socio-politique du XVIᵉ siècle.

En dissolvant l'unité de la chrétienté romaine, la Réforme a produit en Allemagne, dans la religion chrétienne, trois différentes confessions : une confession romaine, qui s'appelle catholique depuis ce temps-là, une confession fondée par Martin Luther, dite protestante (selon la Confessio Augustana) et une confession provenant de la Suisse, appelée réformée (selon la Confessio Helvetica).

L'homme du peuple n'avait pas le choix d'adhérer à l'une ou l'autre confession. Cette adhésion dépendait plutôt, normalement, de son appartenance à une sphère du pouvoir territorial. La territorialisation des frontières confessionnelles est une caractéristique de la situation historique après la Réforme en Allemagne.

Le droit de l'Empire Allemand ne donna la possibilité de décider librement de leur adhésion confessionnelle qu'aux titulaires du pouvoir territorial. Seulement ces hommes au pouvoir avaient usurpé le « ius reformandi », c'est-à-dire l'autorité d'effectuer ou empêcher la Réforme. Conformément au principe « cuius regio, eius religio », décrété dans la paix de religion d'Augsbourg en 1555, les sujets devaient se soumettre à la confession de leur prince territorial (Landesherr).

De cette manière, les Etats territoriaux allemands devenaient régions closes avec une confession uniforme et homogène, leurs frontières politiques devenaient en même temps des frontières confessionnelles entre les territoires des confessions différentes, par exemple entre la Saxe protestante et la Bohème catholique. La décision d'un prince obligeait tous les habitants de son territoire à adopter sa propre confession. Dans les pays protestants le système médiéval des diocèses était aboli radicalement, les frontières diocésaines disparaissaient à jamais. Elles étaient remplacées par de nouvelles frontières liées à l'organisation des églises territoriales.

La paix de religion d'Augsbourg en 1555 a créé les fondements du droit d'Empire Allemand pour que les Etats territoriaux allemands possèdent un caractère confessionnel. Ce caractère des Etats territoriaux faisait naître une population uniforme quant à la confession au dedans des frontières politiques. Des adhérents d'une autre confession ne pouvaient pas vivre comme membres de la société, ils étaient exclus de tous les droits civiques dans un tel territoire confessionalisé. Ils ne pouvaient que choisir entre se soumettre à la seule confession dominante ou émigrer. Dans un certain sens on peut caractériser un tel Etat territorial comme système totalitaire. Le processus de confessionnalisation dans la deuxième moitié du XVIe siècle a terminé la formation des frontières confessionnelles et a stabilisé le nouveau système frontière.

Il y avait quelques territoires protestants allemands où la constitution d'états provinciaux (Landstände) permit la persistance des minorités et des institutions catholiques. Cela était possible quand un membre des états provinciaux se décidait à persévérer dans la confession catholique. Des territoires de ce type sont ou des territoires ecclésiastiques, comme l'archevêché de Magdebourg, ou des territoires séculiers comme le margraviat de Haute Lusace, dont le prince n'était pas présent dans le pays, parce qu'il appartenait à la couronne de Bohème. En ce cas le « jus reformandi » était occupé par les seigneurs ou par les grands couvents du pays, les frontières d'une seigneurie devenaient des frontières confessionnelles.

Dans quelques pays allemands, surtout dans la région de la Haute Franconie, il arriva qu'un village fut divisé par une nouvelle frontière confessionnelle, quand il appartenait à deux seigneuries, dont l'une resta catholique, l'autre se décidant pour la confession protestante. Dans un tel cas l'unité de la commune rurale était dissoute, chaque paysan était forcé d'accepter la confession de son seigneur.

Dans un territoire possédant des états provinciaux privilégiés, une institution ecclésiastique membre des états pouvait comme titulaire du patronage d'une église exercer aussi le « ius reformandi ». Cette institution pouvait maintenir une paroisse dans la confession catholique malgré que toute la ville soit devenue protestante. Dans ce cas, la frontière de la paroisse devenait une frontière confessionnelle au milieu de la ville ; elle pouvait concerner aussi les sujets d'une seigneurie protestante. Des exemples pour ce cas sont donnés dans la Haute Lusace.

Les villes impériales se présentaient comme une singularité. Dans la plupart de ces villes les habitants étaient devenus protestants, mais l'empereur catholique protégeait de la Réforme les maisons religieuses, qui existaient dans la ville. La conséquence était la naissance d'une frontière confessionnelle au milieu de la ville entre le territoire de cette maison et le reste de la ville. Par exemple, on peut attirer l'attention sur les villes d'Erfurt et de Nordhausen. Les citoyens se joignirent à la confession protestante, mais la cathédrale Ste Marie et l'église Ste Croix restèrent dans la confession catholique.

Dans quelques villes allemandes, une église devint église «simultanée». Cela veut dire qu'elle était établie pour le service divin de deux confessions. Une telle collaboration n'arriva qu'entre les catholiques et les luthériens. Dans ce cas, la frontière confessionnelle était mise au travers du bâtiment de l'église, en séparant les deux parties destinées pour les deux confessions. Dans la ville de Bautzen en Haute Lusace l'église St Pierre était divisée de cette manière : la nef était destinée aux citoyens protestants, tandis que le haut choeur était utilisé par le chapitre catholique de la cathédrale.

Pour les villes impériales, l'empereur jouait le rôle du pouvoir territorial. A vrai dire il ne pouvait pas empêcher, que les habitants et la municipalité acceptent la Réforme, mais il était si puissant, qu'il pouvait garder une minorité catholique avec ses églises paroissiales. Pour cette raison, il pouvait arriver, que les habitants d'une paroisse se décident librement pour l'une ou pour l'autre confession selon leur conscience et leur conviction religieuse. En ce cas, deux communautés ecclésiales avec confessions différentes se formaient sur le territoire d'une ancienne paroisse, communautés qui ou bien se partageaient une église «simultanée» ou bien accomplissaient leur service divin en deux églises, dont l'une était construite de nouveau. La frontière territoriale entre les confessions disparaissait entièrement dans une telle ville, où régnait la tolérance en faveur de l'homme du peuple, situation exceptionnelle en Allemagne du XVIᵉ siècle. Comme exemple, on peut citer l'ancienne paroisse de St Ulrich à Augsbourg, qui était divisée en deux communautés ecclésiales. Immédiatement proche de l'ancienne église catholique fut construite la nouvelle église protestante sous le même nom de dédicace. La frontière confessionnelle avait perdu son caractère territorial, elle était devenue à présent une frontière personnalisée.

En tout cas, les hommes au pouvoir étaient les auteurs de la formation des frontières confessionnelles, provenant soit du pouvoir princier territorial, soit de la seigneurie, soit du patronage d'une église. Le sujet était forcé de s'adapter aux frontières confessionnelles créées par le pouvoir, par l'autorité.

Dans les querelles entre les pouvoirs de confession divergente pendant l'époque de la Réforme et de la Contre-Réforme les frontières confessionnelles ont été fixées et stabilisées. La confessionnalisation des trois partis religieux (i.e. le durcissement après le concile de Trente, le catéchisme de Heidelberg et la *formula concordantiae*) a contribué beaucoup à cette situation.

A partir de ce durcissement, un changement des frontières confessionnelles fixées n'était possible que dans le cas où un prince territorial changeait de confession ou qu'un certain pays était donné à un nouveau prince avec une confession divergente. La principauté du Haut Palatinat, aujourd'hui situé au Nord de la Bavière, était d'abord un pays catholique; il devint protestant sous le règne du prince électeur Ottheinrich 1556-59, dont le successeur Frédéric força les habitants à devenir calvinistes, et finalement en 1628 le pays était dévolu à la Bavière et était soumis à la recatholicisation.

Les frontières territoriales entre les trois confessions étaient importantes dans une mesure considérable pour la naissance de différences à l'égard des

coutumes religieuses et séculières, de la formation intellectuelle et de l'épanouissement culturel.

Les régions grandes ou petites qui étaient délimitées par ces frontières,
comprenaient toujours une population confessionnellement homogène. Les
frontières restèrent stables jusqu'à l'époque de la tolérance, au début du 19ème
siècle. Les conséquences étaient, pour un même peuple allemand, de marquer de
profondes différences entre régions. Dans les régions protestantes, commença,
au moment de la Réforme, l'organisation des écoles primaires et l'alphabétisa-
tion, qui fut empêchée longtemps dans les régions catholiques. Les régions
luthériennes ont développé une haute culture musicale, liée au chant de la
communauté ecclésiale, chant qui était typique du culte luthérien. Les grands
maîtres de la musique sacrée Heinrich Schütz, Johann Sebastian Bach et Georg
Friedrich Händel sont des enfants des régions luthériennes. Dans les régions
catholiques l'art de la construction des églises est parvenu à son épanouissement à
l'époque du baroque, tandis que, à la même époque, la construction des églises
luthériennes était très faible.

Les différentes confessions ont empreint énergiquement la mentalité, la
conception du monde et de l'homme, le comportement social et individuel et
finalement les pensées et les actions politiques. Il y a des différences de costume
national et de dialecte entre villages protestants et catholiques voisins. La
frontière confessionnelle fut longtemps une frontière infranchissable pour les
mariages. La sphère matrimoniale était limitée à l'intérieur d'une confession.
Jusqu'à aujourd'hui on peut différencier des prénoms, qui sont typiquement
protestants ou catholiques.

Les régions protestantes ont acquis de l'avance concernant la formation
intellectuelle. Le siècle des lumières n'a guère touché que l'Allemagne protestante. La plupart des grands poètes et philosophes allemands proviennent des
régions protestantes jusqu'à l'époque du romantisme où l'Allemagne catholique
rattrapa son retard et devint active et créative au champ intellectuel.

Pour les relations entre les trois confessions les frontières avaient pour
conséquence une rude intolérance au dedans d'une région close. Mais, au niveau
politique de l'Empire Allemand, les pouvoirs étaient forcés de collaborer malgré
la divergence confessionnelle. La constitution de l'Empire, l'existence et les
travaux du Reichstag ont exercé une bonne contrainte pour s'accorder et vivre en
harmonie.

N'oublions pas le fait, que dans un presbytère catholique vivait un curé céli-
bataire, tandis qu'un pastorat protestant était occupé par une famille, et souvent
par une famille nombreuse. L'intégration sociale du curé ou du pasteur dans la
communauté d'une ville ou d'un village était différente entre les confessions. Les
membres des paroisses faisaient des expériences différentes avec leurs autorités
ecclésiastiques. Du pastorat protestant sont sortis d'innombrables personnalités,
qui ont acquis un rôle dominant dans l'élite intellectuelle d'Allemagne.

On peut déplorer la naissance des frontières confessionnelles, qui ont déchiré
l'unité d'une nation et qui ont suscité la haine, la lutte religieuse et la discorde.
Mais d'un autre côté le résultat fut aussi un enrichissement de la culture, des
pensées, des habitudes et des valeurs. Les tensions peuvent être dangereuses et

destructives, elles peuvent aussi être fécondes et productives. Un homme, qui comprend Dieu comme grand maître de l'histoire universelle et qui croit à un dernier sens de tous ses ouvrages, à une finalité de l'histoire, ne peut pas condamner entièrement la naissance des frontières confessionnelles. Il posera plutôt la question du sens de ce fait. Peut-être la séparation était nécessaire pour tirer la chrétienté d'une fausse sécurité, pour lutter pour la vérité, pour chercher et pour retrouver l'unité perdue, l'harmonie, la réconciliation. Peut-être l'humanité d'aujourd'hui est-elle un peu plus proche de ce but que les gens du XVIᵉ siècle.

Karlheinz BLASCHKE
Theol. Seminar, Leipzig

LA FRONTIÈRE INTROUVABLE : PRATIQUES RELIGIEUSES ET IDENTITÉS CONFESSIONNELLES DANS L'ESPACE BAS-RHENAN

A lire les cartes de nos atlas et de nos manuels, l'Allemagne du XVIe siècle est le lieu par excellence où se dessinent, et pour trois siècles au moins, d'infranchissables frontières religieuses. Elles coincident peu ou prou avec celles d'états territoriaux qui atteignent alors l'apogée de leur puissance au détriment non seulement de la politique dynastique des Habsbourg mais aussi de la réalité impériale. «Territorialisation» et «confessionnalisation» semblent ainsi deux des principales matrices de l'histoire allemande à l'époque moderne[1].

Les exceptions ne manquent cependant pas à la règle. C'est le cas de l'espace bas-rhénan, au moins à cette époque. La complexité confessionnelle y semble la règle, pour peu que l'on passe de cartes à petite échelle à des cartes à grande échelle et que l'on consente à délaisser, pour anachronisme, l'image d'une unité confessionnelle imposée d'en-haut au bénéfice d'une analyse du comportement des populations[2].

Cette complexité fait problème car l'espace bas-rhénan n'est pas sans posséder une certaine unité. Dans le domaine politique, si l'on excepte le cas de Cologne, dont le statut de ville-libre d'Empire vient d'être réaffirmé avec force en 1475, la région comprend deux ensembles territoriaux. D'un côté l'électorat de Cologne, d'un autre côté les duchés de Juliers, de Berg et de Clèves dont l'unification dynastique s'achève précisément au début du siècle lorsque Jean III succède d'une part, en 1511, à Guillaume IV duc de Juliers, de Berg et de Ravensberg, dont il a épousé la fille, et d'autre part, en 1521, à son père Jean II, duc de Clèves et de Mark. Si l'on ajoute à ces données politiques l'existence d'une unité économique fondée notamment sur la vitalité du commerce rhénan où Cologne joue le rôle de ville-étape et de ville-pont et d'une communauté culturelle exprimée aussi bien par une relative unité linguistique que par une sensibilité religieuse spécifique, on conviendra que cet espace disposait de nombreux atouts pour que la vigueur territoriale pût s'accompagner aussi d'une unité confessionnelle[3].

Quelle est la situation confessionnelle à l'aube du XVIIe siècle au moment de la partition des duchés de Juliers, de Berg et de Clèves en 1609/1614 et de quelle évolution cette situation est-elle le résultat? De quelle réalité est-elle le reflet?

Peut-on rendre raison de cette situation? Telles sont les principales questions que l'on est amené à se poser.

Au début du XVIIe siècle, au moment où éclate l'unité territoriale des duchés bas-rhénans, le tracé des frontières confessionnelles semble encore inachevé. De ce fait, il n'y a pas totale adéquation entre le découpage territorial nouveau, qui attribue les duchés de Juliers et de Berg au Palatinat-Neubourg (catholique) et le duché de Clèves au Brandebourg (calviniste), et la carte confessionnelle alors en pleine évolution. De cet inachèvement témoigne d'ailleurs les «reversalien» du traité de Dortmund (14 et 20 juillet 1609) qui prévoyaient explicitement la liberté de culte et la liberté de conscience dans chacun des deux ensembles[4]. Ici, ce n'est pas l'unité confessionnelle qui consolide l'unité politique, à l'opposé de la Saxe, de la Hesse, du Palatinat ou de la Bavière, mais l'unité politique qui oblige à la tolérance religieuse.

Cette situation est le résultat d'un siècle de bouleversements, dans les états territoriaux, les seigneuries et les villes, au terme desquels on est parvenu à une réalité extrêmement fluide, aux contours peu soulignés. Le meilleur exemple de cet inachèvement confessionnel des réformes est fourni par le duché de Juliers-Clèves. Sous le duc Jean III (1511-1539), si l'attitude anti-luthérienne ne laisse aucun doute comme en témoignent les mandats de mars 1525 et de juillet 1530, le prince n'en fait pas moins preuve d'une volonté de réforme de l'Eglise territoriale, qu'attestent l'ordonnance ecclésiastique de 1532/1533 et la déclaration du 8 avril 1533[5]. Cette attitude est tout à la fois l'héritage du discours politique qui fait du prince le chef de l'Eglise territoriale et qui s'appuie, notamment dans le duché de Clèves, sur une longue tradition résumée par la formule «dux Cliviae papa est in terris suis», et le reflet de la laïcisation de la vie religieuse qui caractérise l'Allemagne des réformes[6].

La région est administrée sur cette base jusque dans les années 1560. Mais, dans le dernier tiers du siècle, lorsque les frontières confessionnelles se précisent et se durcissent, cet «inachèvement» devient insupportable aux deux camps. En témoigne l'évolution de la politique religieuse du duc Guillaume IV (1539-1592). Dans un premier temps, le prince semble vouloir donner des gages au camp réformateur, en admettant par exemple, en 1548, le principe de la communion sous les deux espèces[7]. Même le traité de Venlo (1543), qui scelle la défaite politique du prince face à l'empereur, n'entraîne aucune modification de la politique religieuse. En revanche, après 1566, on constate une attitude plus nettement contre-réformatrice. C'est la conséquence, d'une part sur place, du rôle plus important joué par Wilhelm von Waldenurg, bénéficiant de la semi-vacance du pouvoir, à la suite de l'attaque dont le duc a été victime le 3 septembre 1566 et, d'autre part à l'extérieur, de l'influence croissante de la présence espagnole[8].

Il en est de même dans l'électorat de Cologne. Durant l'épiscopat de Hermann de Wied (1515-1547), on constate pareillement une orientation franchement anti-luthérienne qui s'accompagne bientôt d'une volonté de réforme, à laquelle est associé le nom de Johannes Gropper. Cette politique réformatrice va progressivement s'orienter dans un sens bucérien, avant que les efforts du camp catholique, emmené par ce même Johannes Gropper, ne provoquent une réaction impériale et pontificale qui aboutit à la déposition de l'archevêque et à l'élection de son coadjuteur[9].

La situation est sensiblement différente en 1583, lorsque l'électeur Gebhard Truchsess passe au protestantisme. Cette fois, ce sont les efforts consentis par la maison des Wittelsbach qui permettent au camp catholique de garder la suprématie. En contrepartie, le duc de Bavière parvient à faire élire l'un de ses fils sur le siège de Cologne, qui tombe ainsi et jusqu'à la fin de l'Ancien régime, à une exception près, dans la mouvance de la Bavière. Ainsi est assuré à la Bavière cet accès au collège des électeurs qui lui faisait défaut[10].

Dans un cas comme dans l'autre, la résistance des élites dirigeantes de Cologne, obstinément méfiantes à l'égard d'un archevêque, dont elles redoutent toujours les ambitions, et la réaction de l'empereur, peu désireux de voir l'électorat basculer dans le camp protestant et donner ainsi à celui-ci la majorité dans le collège électoral, firent politiquement obstacle à toute évolution radicale.

L'implantation seigneuriale de la Réformation ne paraît pas avoir mieux abouti. Certes, dans les années 60, les noms ne manquent pas de nobles acquis aux idées réformées. Le meilleur exemple nous est fourni par le comté de Moers. Déjà, dans la première moitié du siècle, sous l'influence du comte Guillaume de Neuenahr, marié à une nièce de l'archevêque Hermann de Wied, et de son frère Hermann, prévôt du chapitre cathédral de Cologne, les influences luthériennes avaient pu s'y exprimer librement. Cette politique avait été poursuivie par Hermann, le fils de Guillaume, marié à Magdalena de Nassau-Dillenburg, auteur d'une ordonnance religieuse, malheureusement perdue, mais que des témoignages contemporains permettent d'inscrire dans la ligne de la confession d'Augsbourg[11]. Cette implantation reste cependant, à la mesure des petits territoires de cette région, de faible importance.

La situation religieuse des villes de l'espace bas-rhénan confirme cette impression d'inachèvement des évolutions religieuses. Presque partout - et le semis urbain est ici particulièrement dense - on trouve une présence protestante multiforme (luthérienne, anabaptiste, calviniste), composée tout au long du siècle d'éléments indigènes et d'éléments importés[12]. Plus ou moins bien tolérée, en fonction notamment du rôle économique que peut jouer cette minorité religieuse, souvent techniquement très compétente, celle-ci tend à se renforcer tout au long du siècle et parvient parfois à s'emparer du pouvoir, comme à Aix-la-Chapelle ou à Wesel[13]. Mais la fin du siècle s'achève partout par une (re)catholicisation vigoureuse.

Plus encore que cet inachèvement des évolutions religieuses, ce qui caractérise l'espace bas-rhénan, c'est l'imprécision des signes d'identité confessionnelle. On en trouve un bon témoignage dans les actes des visites pastorales[14]. Certes, interrogées par les émissaires du duc ou par ceux de l'archevêque, les populations se reconnaissent massivement catholiques. A l'inverse, on peut suivre tout au long du siècle, notamment dans le duché de Juliers visité ou soumis à enquête en 1532/3, 1550, 1559/60 et 1582/3, la cohérence des enracinements protestants. D'abord dans l'espace : la présence protestante est dense surtout sur la rive droite du Rhin (entre Solingen et Lennep, Duisburg et Wesel), c'est-à-dire dans le duché de Berg et la partie transrhénane du duché de Juliers. On remarque cependant de nombreuses transgressions et l'existence d'isolats protestants dans le duché de Juliers et le diocèse de Cologne sur la rive gauche et, à l'inverse, des traces de présence catholique sur la rive droite du Rhin. Ensuite dans le temps : aussi bien d'ailleurs en aval, comme en témoigne encore la carte confessionnelle de 1925, qu'en amont, comme l'attestent les déclarations répétées des communautés. Dans le duché de Juliers, c'est le cas tout particulièrement de la circonscription de Heinsberg et en particulier du bourg de Dremmen, ou encore des circonscriptions de Millen, Born ou Wassenberg.

Mais en deçà de cette répartition globale, on relève à la suite des visiteurs une confusion des pratiques, qui mériterait une étude résolument anthropologique très fine. Cette «confusion» concerne d'abord le comportement sexuel des clercs. 20 à 35%, selon les lieux et les périodes, vivent en état de mariage ou de concubinage. Mais si les visiteurs du diocèse de Cologne s'efforcent de distinguer, en 1569, entre «uxor» et «famula» pour tenir compte de la réalité sacramentelle, les populations, elles, se satisfont dans la plupart des cas (20 sur 36, dans le diocèse de Cologne) de ces prêtres concubinaires et pères de famille.

Elle concerne aussi les pratiques liturgiques, depuis la communion sous les deux espèces jusqu'au refus des processions et des images, notamment dans le duché de Berg. Dans le décanat de Siegburg, qui relève en grande partie de ce duché, 68 clercs sur 70 déclarent en 1569 avoir abandonné le canon de la messe. La plupart, il est vrai, viennent à résipiscence après l'admonestation des visiteurs. Des cérémonies mixtes, qui n'excluent pas une différenciation des communautés, sont même signalées par Johann Pollius à Duisburg, à Goch et à Gennep[15].

Le refus du baptême, la non-assistance à la messe, le chant de cantiques en allemand, semblent cependant les signes d'une attitude de marginalisation par rapport aux communautés locales.

Encore inachevée à la fin du XVIᵉ siècle, fragmentée aussi bien sur le terrain (frontière institutionnelle) que dans les cœurs (frontière existentielle), mais socle déjà des évolutions futures, la complexité des frontières religieuses s'explique sans doute par la nature de l'éclatement confessionnel dans cette région. Quatre traits permettent d'en mieux rendre raison.

Premièrement, expression d'une crise religieuse, la scission confessionnelle s'effectue selon des modalités qui peuvent en partie expliquer cet inachèvement. Tout d'abord, la tradition des réformes qui permet que la crise ne s'achève pas immédiatement en rupture. Ensuite, la vigueur des influences érasmiennes, relativement tardives mais durables, en particulier grâce au relais de l'appareil éducatif, qui explique longtemps cette volonté de compromis. Enfin, la vitalité d'une réforme catholique non tridentine, qui permet aussi d'éviter que cette fermentation religieuse ne s'achève pas non plus en simple Contre-réforme[16].

Deuxièmement, partiel reflet des conflits sociaux qui affectent villes et campagnes au tournant des XVᵉ et XVIᵉ siècles, l'évolution religieuse de l'espace bas-rhénan exprime peut-être l'absence d'un groupe socio-culturel hégémonique. Notre région ne connaît pas l'évolution de la Saxe et du nord de l'Allemagne, où la Réformation est tout à la fois l'œuvre des princes – que l'on songe à Frédéric le Sage – dont elle renforce le pouvoir, et des villes – que l'on songe à Goslar ou à Hambourg – dont elle exprime la volonté d'unité. Elle ne connait pas non plus le sort de l'Allemagne méridionale – Souabe et Franconie – où la Réformation reflète les aspirations des villes libres – Augsbourg, Nuremberg – et à l'indépendance à l'égard de l'autorité impériale et à l'unité spirituelle à l'intérieur des murs, ainsi que les aspirations de la petite noblesse – de Sickingen à Ulrich von Hutten – à la recherche d'un nouveau souffle. Riche en institutions ecclésiastiques, elle échappe cependant à l'évolution suivie par la Hesse, où la volonté réformatrice du landgrave Philippe rencontre les vœux d'un clergé régulier qui fournit les premiers et gros bataillons de prédicateurs. Comme si cette absence d'un groupe social hégémonique et cette pluralité de pouvoirs avait aussi garanti la diversité des choix confessionnels.

Troisièmement, la Basse-Rhénanie est un pays sous tutelle impériale, en raison de sa proximité avec les terres patrimoniales des Habsbourg et en raison de la voix électorale détenue par l'archevêque de Cologne. Dans la première moitié du siècle, Charles Quint s'oppose ainsi avec énergie à la montée en puissance de la nébuleuse Juliers-Berg-Clèves, au moment où le duc Jean III hérite de la Gueldre à la mort de Charles de Gueldre, le 30 juin 1538, et se rapproche du camp protestant. Victorieux à Sittard, le 24 mars 1543, l'empereur peut imposer le traité de Venlo, le 7 septembre 1543, qui brise l'élan du duc[17]. Il s'oppose également, au passage à la Réformation de l'archevêque Hermann de Wied. Dans la seconde moitié du siècle, cette résistance s'appuie sur les capitales de la Contre-réforme : Rome, avec l'implantation d'une nonciature à Cologne en 1584 ; Madrid et Bruxelles, avec la présence de troupes espagnoles dans les environs immédiats ; enfin Munich, avec l'arrivée sur le trône épiscopal de Cologne d'Ernest de Bavière, en 1583.

Quatrièmement, c'est une vieille région de frontière, c'est à dire aussi bien une ligne de partage qu'une zone d'échanges. La ligne de partage est ici grossiè-rement dessinée par le Rhin qui oppose une rive droite protestante à une rive gauche catholique. Comme si le tracé de l'ancien *limes* romain demeurait actuel[18]. Mais la multiplicité des transgressions et l'imbrication des pratiques témoignent à l'inverse en faveur des contacts.

Les conditions propres à la Basse-Rhénanie expliquent donc ce tracé en pointillé des frontières religieuses au moins jusqu'à la fin du XVIe siècle, qu'il s'agisse des frontières visibles ou qu'il s'agisse des frontières invisibles qui courent à travers les esprits et les cœurs. Provincialisée par l'indépendance des Pays-Bas qui prive la Basse-Rhénanie de son hinterland, demeurée partiellement en marge de l'essor des grands états territoriaux – échec du rassemblement territorial Juliers-Berg-Clèves et tutelle bavaroise pour l'électorat de Cologne-la Basse-Rhénanie va se trouver condamnée à la coexistence confessionnelle dans la partie rattachée au Brandebourg, portée vers un catholicisme garant d'une identité menacée dans les duchés de Juliers et de Clèves ainsi que dans l'électorat de Cologne. Longtemps insaisissable, la frontière religieuse ne devient signe de distinction qu'au prix d'un long et lent processus d'intériorisation, lorsqu'elle est devenue lieu de mémoire.

Gérald CHAIX
Mission historique française en Allemagne

NOTES

1. Voir en dernier lieu SCHILLING (H.), *Aufbruch und Krise. Deutschland 1517-1648*. Berlin, 1988, p. 11-12.

2. On trouvera une carte à petite échelle dans H. AUBIN et J. NIESSEN, *Geschichtlicher Handatlas der Rheinprovinz*. Cologne-Bonn, 1926 et dans J. NIESSEN, *Geschichtlicher Handatlas der Länder am Rhein*. Cologne, 1950.
A. Franzen avait tenté une première approche de ce genre avec son article « Die Herausbildung des Konfessionsbewusstseins am Niederrhein im 16. Jahrhundert », dans : *Annalen des historischen Vereins für den Niederrhein* 158 (1956), p. 164-209.

3. Vue d'ensemble dans F. PETRI, « Im Zeitalter der Glaubenskämpfe (1500-1648) », dans F. PETRI et G. DROEGE, *Rheinische Geschichte*, t. 2 : *Neuzeit*, Düsseldorf, 1976, p. 9-24; et, en francais, dans E. FRANCOIS, « Le Rhin, Foyer culturel de l'Europe (XVIe-XVIIIe siècle) », dans P. AYCOBERRY et M. FERRO, *Une histoire du Rhin*, Paris, 1981, p. 129-162.

4. « *Die katholische, römische wie auch andere Christliche Religion wie sie sowohl im römischen Reich als diesem Fürstenthumb ... an einem jeden Ort in öffentlichen Gebrauch und Ubung, zu kontinuieren, zu manuteniren, zuzulassen und darüber Niemand in seinem Gewissen noch Exercitio zu turbiren, zu molestiren noch zu betrüben* », cité par F. PETRI, *op. cit.*, p. 109.

5. Les textes ont été publiés dans O.R. REDLICH, *Jülisch-bergische Kirchenpolitik am Ausgange des Mittelalters und in der Reformationszeit*. 1er vol. : *Urkunden und Akten, 1400-1553*. Bonn, 1907 (repr. Dusseldorf, 1986), n°225, p. 229-231 (mandat du 26 mars 1525); n°235, p. 242-243 (mandat du 18 juillet 1530); n° 240, p. 246-252 (ordonnance du 11 janvier 1532) et n° 249, p. 259-279 (commentaire du 8 avril 1533).

6. Rappel des héritages dans O.R. REDLICH, *Staat und Kirche am Niederrhein zur Reformationszeit*. Leipzig, 1938, p. 1-7. Sur la laïcisation au moment de la Réformation, dans une abondante littérature, voir en dernier lieu H. SCHILLING, ouv. cit.,p. 184-192.

7. REDLICH (O.R.), *Jülich-bergische Kirchenpolitik*, ouv.cit., n° 292, p. 330-331 (memorandum pour le chancelier Ghogreff, non daté).

8. Bon résumé dans D. COENEN, *Die katholische Kirche am Niederrhein. Von der Reformation bis zum Beginn des 18. Jahrhunderts. Untersuchungen zur Geschichte der Konfessionsbildung im Bereich des Archidiakonates Xanten unter der klevischen und branderburgischen Herrschaft*. Munster, 1967.

9. L'étude de C. VARRENTRAPP, *Hermann von Wied und sein Reformationsversuch in Köln*. Leipzig, 1878, reste fondamentale.

10. A l'étude toujours fondamentale de M. LOSSEN, *Der kölnische Krieg*. 2 vol., Gotha-Munich-Leipzig, 1852-1857, on ajoutera l'ouvrage de G. von

LOJEWSKI, *Bayerns Weg nach Köln. Geschichte der bayerischen Bistumspolitik in der 2. Hälfte des 16. Jahrhunderts*. Bonn, 1962.

11. Voir H. FAULENBACH, Hermann von Neuenahr, dans : *Rheinische Lebensbilder* 8 (1980), p. 105-123.

12. Voir l'importante étude de H. SCHILLING, *Niederländische Exulanten im 16. Jh.* Gütersloh, 1972.

13. Sur Aix-la-Chapelle, excellente étude de H. SCHILLING, « Bürgerkämpfe in Aachen zu Beginn des 17. Jahrhunderts. Konflikte im Rahmen der alteuropäischen Stadtgesellschaft oder im Umkreis der frühbürgerlichen Revolution, dans : *Zeitschrift für historische Forschung* 1 (1974), p. 175-231.

Sur Wesel, commode résumé de l'évolution dans P. DENIS, *Les Eglises d'étrangers en pays rhénan*. Paris, 1984, p. 161-236.

14. Pour les duchés de Juliers et de Berg les actes des visites ont été publiés par O.R. REDLICH et constituent le deuxième volume (en deux tomes) de *Jülichbergische Kirchenpolitik*, ouv.cit.

Pour le diocèse de Cologne, les actes de la visite de 1569 ont été publiés par A. FRANZEN, *Die Visitationsprotokolle der ersten nachtridentinischen Visitation im Erzstift Köln unter Salentin von Isenburg im Jahre 1569*. Munster, 1960.

15. Cette « confusion des pratiques » qui indique en réalité que celles-ci ne sont pas encore des signes d'identité confessionnelle avait déjà fait l'objet de fines remarques de la part d'A. FRANZEN, *Die Kelchbewegung am Niederrhein. Ein Beitrag zum Problem der Konfessionsbildung im Reformationszeitalter*. Munster, 1955; *id.*, *Zölibat und Priesterehe in der Auseinandersetzung der Reformationszeit und der katholischen Reform*. Munster, 1969.

Le témoignage de Johann Pollius, daté de 1562, a été publié par C. Krafft dans la *Zeitschrift des bergischen Geschichtsvereins* 9 (1873), p. 162-174.

16. Voir l'article général d'A. FRANZEN, Das Schicksal des Erasmianus am Niederrhein im 16. Jahrhundert, dans : *Historisches Jahrbuch* 83 (1964), p. 84-112; et les études d'A. GAIL, Johann von Vlatten und der Einfluss des Erasmus von Rotterdam auf die Kirchenpolitik der vereinigten Herzogtümer, dans : *Düsseldorfer Jahrbuch* 45 (1951), p. 2-109, et de P. DOLAN, *Der Einfluss von Erasmus, Witzel und Cassander auf die Kirchenordnungen des vereinigten Herzogtums Kleve*. Munster, 1957.

17. HEIDRICH (P.), *Der geldrische Erbfolgestreit*. Kassel, 1896.

18. Sur ce rejeu de la frontière rhénane, voir F. BRAUDEL : *Civilisation matérielle et capitalisme, XVe-XVIIIe siècle*, t. 3 : *Le temps du monde*. Paris, 1979, p. 51-52 : « La frontière du Rhin et du Danube est, dans l'espace chronologique de ce livre, une frontière culturelle par excellence : d'un côté la vieille Europe chrétienne, de l'autre une « périphérie chrétienne », conquise de plus fraîche date. Or, quand surgit la Réforme, c'est à peu près la ligne de cassure au long de laquelle se stabilise la désunion chrétienne : protestants d'un côté, catholiques de l'autre. Et c'est aussi à l'évidence, l'ancienne limite, l'ancien « *limes* » de l'Empire romain.

CHATEAUX ET SEIGNEURIES : DES ÎLES ET ÎLOTS DE RÉFORME EN TERRE AQUITAINE (XVIᵉ-XVIIᵉ s.)

L'âge d'or seigneurial, contemporain en Aquitaine des premières campagnes d'Italie et consécutif à la reconstruction qui suit la guerre de Cent Ans, ne laisse pas à l'écart l'Eglise, puissance spirituelle et temporelle. Il suffit de citer en exemple la remise en valeur par les archevêques de Bordeaux de leurs temporalités bordelaises et périgourdines des bords de la Dordogne[1]. Dieu et ses serviteurs, les membres du clergé, ont leur place dans les châteaux restaurés, reconstruits ou nouvellement édifiés à la Renaissance. Intégrées à la demeure ou proches d'elle, les chapelles castrales concrétisent cette union, reflet d'une hiérarchie où le seigneur sert d'intermédiaire avec Dieu. Vis-à-vis des siens, de ses familiers, de ses vassaux, de ses serviteurs et de ses dépendants, il a tout à gagner de ce renforcement d'autorité. Vis-à-vis de lui-même, le maître des lieux contracte ou renouvelle une assurance de salut dans sa propre demeure. Cette quête spirituelle est tout à la fois réponse à l'inquiétude des temps, au progrès de la connaissance et au message humaniste, sans oublier les risques du métier de la guerre accrus avec le progrès des armes, notamment l'artillerie.

Peut-être n'est-il pas de meilleur exemple de ce traitement de faveur que la décoration de l'église d'Assier, en Quercy, toute à l'honneur du grand écuyer de François Iᵉʳ, Galiot de Genouillac. Jean Bergue dans une étude récente la décrit ainsi :

> «C'est sur sa dernière demeure, et non sur sa résidence terrestre, que Galiot a tenu à faire représenter ce qui lui appartenait en propre, inaliénable, et à exprimer l'idée qu'il se faisait et qu'il voulait laisser de lui : le souvenir de sa carrière, de ses travaux et de ses combats, l'emblème de ses commandements, charges et dignités militaires, ainsi que la mémoire du lourd sacrifice qu'il avait dû consentir à son pays et à son roi. Au château, il était grand seigneur et haut dignitaire. A l'église et dans la mort il se voulait exclusivement soldat. C'est en soldat, «humblement et dévotement» (selon son testament) mais sans trouble ni crainte, en toute confiance et sérénité, en chevalier du Moyen-Age, que le vieux capitaine se présentait devant Dieu»[2].

Cette chevalerie a des exigences vis-à-vis d'un clergé à qui elle demande plus qu'il ne peut lui donner. Les preuves littéraires de cette attente où la critique succède au désenchantement comme dans l'*Heptaméron* de Marguerite de Navarre, trouvent leur inspiration dans les farces médiévales et les contes de la

Renaissance italienne, féroces sur les abus et les mœurs des moines du temps. La Réforme venue d'Allemagne ne lui apportait pas seulement la promesse d'une Eglise purifiée et une autre espérance de salut, mais aussi l'attrait de richesses bien réelles : les revenus et biens d'église dont profitaient désormais les princes protestants. La noblesse du royaume était disposée à apprendre et à retenir la leçon d'Augsbourg.

La leçon d'Augsbourg

En 1555, la paix d'Augsbourg reconnaît la division religieuse de l'Empire entre états catholiques et luthériens, tout en évinçant les calvinistes. Aux princes luthériens, la paix accorde des droits épiscopaux tandis que leurs églises deviennent églises d'état. Ils en assurent la protection, en dirigent le gouvernement et en détiennent les possessions. Ces droits leur sont reconnus par l'empereur et leurs sujets qui n'ont d'autre choix religieux que le leur. En cas de refus, il reste aux fidèles la ressource de changer de principauté en emportant leurs biens, s'ils en ont. Ainsi se met en application le principe dont la formulation sera postérieure à la paix de 1555 : «cujus regio, ejus religio». Il ne pouvait être inconnu de la noblesse française : ne venait-elle pas de contribuer à la défaite de Charles Quint en combattant aux côtés d'Henri II, allié des princes protestants allemands ?

L'exemple d'Augsbourg était d'autant plus tentant que se terminaient les guerres d'Italie où la petite et moyenne noblesse n'avaient plus rien à glaner. Ce n'est donc pas un hasard si, à partir de 1555, quelques Grands passés à la Réforme attirent derrière eux le cortège de leurs fidèles et de leurs clientèles. Conviction profonde ? Appétit de nouvelles richesses ? Goût du pouvoir ? Espoir de voir le royaume basculer dans le camp de la Réforme ? Tous ces motifs se sont conjugués dans les dernières années du règne d'Henri II. Deux événements vont considérablement les renforcer dès 1559 : la signature du traité de Cateau-Cambrésis qui démobilise des gentilshommes frustrés de gloire et la mort accidentelle du roi, source d'un affaiblissement monarchique de longue durée.

A l'écart des grands centres de la Réforme, l'Aquitaine est restée en retrait du lancement et de l'expansion du mouvement réformé. Trop de différences régionales et de circonstances locales brouillent la chronologie de son cheminement et celle du passage du courant luthérien à la doctrine calviniste. Ce retard relatif est rattrapé en Aquitaine entre 1555-1561, années décisives s'il en est, par l'entrée en force de la noblesse dans les rangs des réformés[3]. Cet engouement régional provient de multiples raisons : l'attrait de la nouveauté pour les plus cultivés ou les plus inquiets, l'appât de biens d'église pour des cadets ou hobereaux désargentés, si nombreux dans la région, le goût de l'engagement militaire pour ces soldats quasi-professionnels, et, surtout, le ralliement à la religion de leurs suzerains. Ainsi, le clan des Bourbons-Albret avec Antoine de Navarre, Condé, Jeanne d'Albret et Henri de Navarre, a bénéficié du renfort de ces gentilshommes en quête d'argent, d'aventure et de protection. Ces princes n'avaient pas à les contacter, ils avaient pour cela de bons agents recruteurs parmi leurs principaux vassaux. Ainsi se sont constituées ces «nébuleuses seigneuriales», selon l'expression de Janine Garrisson, qui se reflètent dans la cartographie des églises « dressées » du Sud-Ouest : fiefs des Bourbons-Albret en Périgord, Limousin et Bas-Quercy, fiefs des Pons et des La Rochefoucault, en Saintonge, des Bouchard, à Aubeterre, et des quatre frères Caumont, protecteurs des églises dressées entre la moyenne Dordogne et la confluence du Lot et de la Garonne[4]. Ces « toiles d'araignée religieuses », image de Janine Garrisson, sont tissées par des clans familiaux jaloux de leur autorité et peut-être plus fidèles à leur suzerain qu'au roi de France. Les registres du parlement de Bordeaux sont pleins de leurs actions hostiles contre l'église catholique dès que commence, en 1560-1561, le cycle des guerres de religion : accaparement de biens, expulsion de prêtres, voies de fait contre des réguliers, perturbation des offices, expéditions iconoclastes.

Ces chefs sont bien connus et les magistrats bordelais doivent se contenter de les faire décapiter en effigie, faute de pouvoir les capturer : ce sont les frères Caumont, les la Rochefoucault, Symphorien de Duras, Jean de Ségur, Pons de Polignac. Bientôt entrent en scène Pardaillan, Clermont de Pile et Langoiran. Leurs seigneuries dessinent la carte d'un protestantisme rural différent du protestantisme urbain des bourgeois, officiers et artisans. Leur comportement, leurs actions et leurs prises d'armes répondent à l'engagement religieux et au jeu politique des Bourbons-Albret. C'est pourquoi, en Aquitaine, les principaux jalons de la chronologie des guerres de religion correspondent aux initiatives de cette maison princière : en 1560, la conjuration d'Amboise, sans doute orchestrée par Condé, avait pour meneur le Périgourdin La Renaudie, un homme de main plutôt qu'un chef. En 1568, Jeanne d'Albret, à la fin de l'été, choisit le camp des « rebelles » protestants et rejoint à La Rochelle l'armée du prince de Condé avec ses deux enfants, Catherine et Henri. Sur son passage, tout le réseau des vassaux s'est mobilisé pour lui prêter main forte pendant que Monluc la poursuit à distance respectueuse : il est encore à Eymet au moment où la reine franchit sans encombre la Dordogne à Bergerac avec l'aide de Clermont de Pile[5]. En 1572, le massacre de la Saint-Barthélémy encourage les tentations de sécession d'une France protestante et méridionale, forte de ses bastions de l'Ouest, du Sud-Ouest et du Midi. En Aquitaine, une nouvelle génération nobiliaire, violente et jusqu'auboutiste, remplace les compagnons massacrés du nouveau gendre de Catherine de Médicis. Désormais, c'est lui qui va occuper le devant de la scène régionale : en 1576, il devient gouverneur de Guyenne et s'efforce de faire de son gouvernement un territoire d'expérience du pouvoir[6]. En 1587, il remporte à Coutras la première grande victoire du parti protestant et s'ouvre grâce à elle le chemin de la reconquête de son futur royaume puisque la mort du duc d'Anjou, en 1584, a fait de lui le prétendant légitime à la succession du trône. Durant ces années de guerres entrecoupées de trêves s'est constitué, organisé et développé un culte de fief, fondement des îlots seigneuriaux du protestantisme.

Des îlots seigneuriaux

La Guyenne est balayée par la grande vague iconoclaste de 1561-1562 avec pour cibles principales les grands édifices religieux, cathédrales et abbayes. Préservées au départ, les églises rurales souffriront plus tard et plus durablement. Protégées par leur situation, les chapelles seigneuriales échappent aux destructeurs ou sont transformées en temples par leur possesseurs. Ces iconoclastes, qui étaient-ils ? Solange Deyon et Alain Lottin ont souligné leurs motivations : d'abord, l'assentiment de Calvin envers pareille entreprise à la « seule et expresse condition qu'elle soit engagée par ceux qui sont investis du pouvoir, princes ou magistrats municipaux, puisque leur autorité émane de Dieu »[7]. Ensuite, le rôle de guides de ces nobles devenus les meneurs de troupes parties à l'assaut des églises et des couvents, ces « lieux d'enfer » qu'il convient de nettoyer et purifier. En Guyenne, leurs noms se confondent avec ceux de la première vague des capitaines des guerres de religion. Parfois dépassés par leurs gens dans la rage d'abattre les idoles, ces nobles n'en ont pas moins pris ainsi la mesure du pouvoir qu'ils gagneraient si la Réforme triomphait. Les premiers édits allaient les conforter à ce sujet.

Le pouvoir religieux de la noblesse réformée est contemporain de l'édit d'Amboise du 19 mars 1563. Alors est instauré un culte de fief, reflet de la hiérarchie de la société du temps et de l'inégale qualité de ses membres. Les principaux intéressés à la victoire de la Réforme ne s'y sont pas trompés. Coligny et Calvin regrettant l'édit de Saint-Germain, fustigeront Condé, le négociateur de l'édit d'Amboise, pour avoir abandonné l'essentiel des fidèles de la nouvelle religion afin de renforcer la position de la noblesse protestante qu'il commandait. Ce choix princier qui favorisait les chefs de son parti, brisait l'expansion du mouvement réformé, mais lui permettait peut-être de résister.

Ce culte de fief se précise à mesure que se déroule le cycle des paix ou des trêves qui interrompent pour quelques mois ou quelques années les hostilités entre catholiques et protestants. Il disparaît momentanément entre septembre 1568 et août 1570. La première date correspond aux ordonnances de Saint-Maur qui assimilent les protestants, toutes catégories confondues, à des ennemis et interdisent « tout prêche, assemblée et exercice d'autre religion que de la catholique, apostolique et romaine ». Seule était préservée la reconnaissance d'une liberté de conscience, dissimulée dans l'exercice de la seule religion reconnue. Mais était-il encore possible de revenir en arrière ? En août 1570, à la paix de Saint-Germain, le culte de fief est rétabli. La « saison » des massacres nés de la Saint-Barthélémy parisienne a pu l'interrompre dans certains endroits avant qu'il soit rétabli avec certaines réserves par l'édit de Boulogne, en juillet 1573.

Les modalités du culte de fief sont capitales pour comprendre la mise en place et le fonctionnement des îlots seigneuriaux du protestantisme. En toute logique, elles reposent sur la distinction entre les seigneurs hauts justiciers et les simples gentilshommes ayant fief. Les premiers peuvent, librement, pratiquer sur leurs terres, à condition d'y résider, la religion réformée avec leur famille et leurs dépendants. Cette permission accordée dans l'édit d'Amboise est renouvelée par la paix de Longjumeau de mars 1568 et celle de Saint-Germain, en août 1570. Ce dernier édit élargit les prérogatives des hauts justiciers : désormais, même en leur absence, leurs femmes et leurs familles, dont ils répondront, seront habilités à perpétuer l'exercice du culte. Qui plus est, une nouvelle catégorie de fidèles leur est reconnue aux côtés de leur famille et dépendants, celle de tous «les autres qui y voudront aller». Quelques réserves atténuent ces concessions : d'une part, le choix que les hauts justiciers doivent faire d'une résidence principale déclarée aux officiers royaux et apte à accueillir en tout temps, même en leur absence, le culte réformé, d'autre part, la déclaration de leurs autres maisons de haute justice où ils doivent se contenter seulement d'un culte exercé en leur présence. Enfin, à tout seigneur tout honneur, la paix de Saint-Germain faisait la part belle à Jeanne d'Albret : «lui avons permis qu'outre ce qui ci-dessus a été octroyé aux dits seigneurs hauts justiciers, elle puisse en chacun de ses duchés d'Albret, comtés d'Armagnac, Foix et Bigorre en une maison à elle appartenant où elle aura haute justice qui sera par nous choisie et nommée, avoir ledit exercice pour tous ceux qui y voudront assister, encore qu'elle en soit absente»[8].

Les édits ultérieurs modifient peu le pouvoir religieux reconnu aux hauts justiciers. De simples compléments prouvent la volonté royale de s'adapter aux circonstances et d'atténuer les difficultés d'application. Ainsi, la présence des femmes ou de la famille, requise dans la paix de Saint-Germain pour la permanence du culte, ne l'est plus dans le texte issu de la conférence de Nérac, en février 1579, où il est prévu qu'il suffit «qu'une partie de leur famille demeure audit lieu». Définition assez vague pour ne plus concerner qu'une ou deux personnes. La dispersion familiale en tache d'huile assurait la conservation et l'extension du culte. Un même souci d'apaisement dicte le refus de ne pas recourir aux preuves de l'obtention du droit de haute justice : il suffisait que sa possession soit «actuelle». Ce qui ne mettait pas à l'abri d'usurpations récentes[9].

Le pouvoir religieux des simples gentilshommes ayant fief est aussi défini pour la première fois dans l'édit d'Amboise. Ils obtiennent pour eux et leurs familles la liberté de culte à condition que le seigneur haut justicier dont ils dépendent, s'il ne s'agit pas du roi, leur en ait donné «permission et congé». La paix de Saint-Germain élargit cette liberté à un cercle de proches admis dans leur entourage : «ne voulant toutefois que s'il y survient leurs amis jusques au nombre de dix, ou quelque baptême pressé en compagnie, qui n'excède ledit nombre de dix, ils en puissent être recherchés»[10].

La force de ce culte nobiliaire et seigneurial dépendait d'abord de l'engagement personnel du maître de maison. François Hotman dans la *Vie de Messire Gaspar de Colligny* apporte le témoignage des gains successifs de la nouvelle religion chez les Châtillon : d'abord, Charlotte de Laval, épouse de l'amiral, qui incite ce dernier à franchir le pas, ensuite leur entourage de domestiques et d'amis guidés par les «pieux discours» du seigneur des lieux, la lecture de la Bible et d'autres ouvrages en français, enfin, en peu de temps, la famille toute entière, à l'issue d'une véritable révolution dans sa façon de vivre et de se comporter : «de sorte qu'en peu de mois, la face de sa Maison de Chastillon parut toute autre, et ses deux frères Odet, que nous avons dict avoir esté faict Cardinal, et d'Andelot, furent à son exemple ardamment incités à l'estude de la Religion»[11]. Les hauts justiciers étaient devenus responsables d'une cellule religieuse avec ses fidèles, son lieu de culte et ses cérémonies. Protecteurs des ministres, ils étaient aussi gestionnaires de biens soustraits à l'Eglise dans les limites de leurs seigneuries. Mais, hors de ces frontières, ils n'étaient souvent que des assiégés pour leurs voisins catholiques.

Que ce pouvoir religieux, concédé par force, puis reconnu par la loi, ait été maintes fois usurpé, cela ne fait aucun doute. Comme lors de la grande vague iconoclaste des années 1561-1562, les arrêts du Parlement de Bordeaux apportent de nombreuses preuves d'une impunité seigneuriale permise par le déclin de l'autorité royale. Dès 1565, des gentilshommes s'arrogent les privilèges des hauts justiciers et installent chez eux le culte réformé. De leur côté, les hauts justiciers accueillent sur leurs terres des étrangers venus trouver refuge dans des châteaux, lieux de culte et d'asile. C'est pourquoi, le 30 janvier 1569, le Parlement oblige les seigneurs de Candale, Duras et Caumont à donner les noms de ceux de la Religion prétendue réformée retirés sur leurs terres [12]. Un mois avant la Saint-Barthélémy, le 21 Juillet 1572, le Parlement interdit à tous les gentilshommes la célébration des mariages privés. Après la «saison des Saint-Barthélémy», la désobéissance gagne du terrain tandis que la guerre des châteaux est relancée par la mise en place de garnisons catholiques : les châteaux protestants sont pris d'assaut, confisqués, vidés de leurs occupants, visités et fouillés pour y déloger les pasteurs, revendus enfin. Sur ce fonds de violence s'épanouit dans la région la seconde génération des gens de guerre au comportement de capitaines pillards.

Les documents sont avares de renseignements pour recréer l'essentiel : la vie de ces communautés de quelques dizaines ou centaines de personnes rassemblées pour quelques mois ou plusieurs années sous l'autorité d'un seigneur responsable des siens. Cette tutelle dépend bien sûr de la personnalité des hauts justiciers, de leur présence sur leurs terres, de leurs fonctions politiques et militaires dans la région et à la cour, en un mot, de leur puissance nobiliaire. Tantôt discret, tantôt voyant, leur contrôle ne manque pas de s'exercer dans tous les aspects de la vie religieuse. Janine Garrisson le définit ainsi en insistant justement sur cette diversité qui concourt au même objectif, celui de surveiller :

> «En Dauphiné, en Vivarais, en Guyenne comme dans les seigneuries du nord de la Loire, le noble huguenot, s'il se réserve un banc familial au temple, intervient aussi au consistoire comme au conseil municipal et parfois à l'assemblée provinciale. Souventes fois, il aide à choisir un maître d'école, s'il ne le paie en partie de ses deniers; ailleurs, son autorité se fait pesante lorsqu'il exige la présence du pasteur de tous dans sa propre chapelle» [14].

Célébration du culte, exercice de la justice, enregistrement des baptêmes, mariages et sépultures, organisation de la catéchèse et de l'enseignement, telles sont les bases de l'autonomie de ces cellules seigneuriales dont l'existence repose sur des fondements économiques et fiscaux. Ces cellules protégées sont aussi vulnérables, même en temps de paix : ne dépendent-elles pas d'un homme ou d'une famille qui doivent fidélité au roi? La monarchie saura exploiter cette ambiguïté, source de fragilité. Car la Révocation de l'Edit de Nantes est aussi dépossession seigneuriale.

Survie et mort des îlots de Réforme

En Aquitaine, le déclin politique et militaire de la noblesse a facilité la tâche de la monarchie. Les causes régionales de cet affaiblissement ont été bien mises en valeur grâce aux travaux d'Yves Marie Bercé qui montrent comment la fréquence des guerres, les révoltes paysannes, les rébellions nobiliaires, la fermeté de Richelieu, les turbulences de la Fronde et le déracinement provincial au profit de la Cour ont usé la puissance des grandes maisons et désagrégé leurs clientèles [15]. Cette évolution est encore renforcée par la désaffection de la noblesse à l'égard du protestantisme après l'édit de grâce d'Alès qui met fin au parti protestant. En Aquitaine, le protestantisme résiste bien dans ses bastions urbains mais s'effrite dans les campagnes au fur et à mesure des conversions seigneuriales qui font disparaître les îlots réformés, désormais submergés par le flot montant de la Réforme catholique.

Au moment de la Révocation, les seigneurs protestants eurent encore les moyens de résister davantage que les autres sujets de Louis XIV, ayant moins souffert de «l'étouffement à petites goulées» des mesures qui précèdent l'édit de Fontainebleau. Mais celles-ci les concernent aussi et concourent toutes à la restriction, voire à la suppression de leur prérogatives religieuses : en novembre 1664, les protestants sont exclus des charges de juges seigneuriaux ; cette interdiction renouvelée quinze ans et vingt ans plus tard prouve la résistance nobiliaire à l'encontre d'une décision préjudiciable à l'autonomie des cellules seigneuriales. Le 10 décembre 1666, est enregistré et publié dans le ressort du parlement de Bordeaux le règlement du 2 avril de la même année «pour les choses qui doivent être observées par ceux de la R.P.R. en 59 articles» : les articles 2 et 3 soulignent la séparation entre droit de haute justice et exercice public du culte ; pour atténuer ou rendre acceptable cette mesure, l'article 3 reconnaît que là où les seigneurs ont licitement l'exercice public, aucun signe extérieur ne doit le signaler. Les îlots réformés survivent désormais en autarcie religieuse. Telle une peau de chagrin, l'assemblée des fidèles voit son nombre limité en septembre 1684, ceci en prélude à l'Edit de Fontainebleau dont l'article 3 interdit les cultes de fief. Comme s'il n'y avait pas eu solution de continuité, les gentilshommes nouveaux convertis avaient reçu, le 23 septembre 1685, le droit de reprendre dans les églises la place de leurs ancêtres.

La violence n'épargne pas les îles seigneuriales de la Réforme, même si, à l'abri des châteaux, les temples résistent mieux que ceux du plat pays à la tempête des démolitions [16]. Autant de maisons, autant de traitements et de conditions avec parfois des possibilités inespérées de prolonger la survie de ces fiefs de résistance protestante grâce à la protection de seigneurs temporisateurs. Un bon exemple en est donné dans un article récent de Jean Bouchereau paru dans le Bulletin de la Société historique et archéologique du Périgord [17]. La date tardive, janvier 1700, de ce document d'abjuration collective en fait peut-être l'un des ultimes témoignages de la disparition officielle d'un îlot de réforme. Comment ne pas utiliser, en conclusion, la mise en scène de cette cérémonie religieuse et seigneuriale ?

Elle se déroule au château de Pile, dans la paroisse de Cours-de-Pile en Bergeracois, sur les terres de Jean Sylvestre de Durfort, marquis de Boissière, sénéchal d'Agenais et du Condomois. La seigneurie lui vient de la famille de sa femme, Elisabeth de Clermont de Pile, dernière descendante et arrière petite-fille du capitaine protestant Clermont de Pile, l'accompagnateur de Jeanne d'Albret en 1568, massacré à la Saint-Barthélémy. Elisabeth a abjuré lors de son mariage, vers 1680, et s'est efforcée jusqu'à sa mort, en 1688, de convaincre les habitants de la seigneurie de suivre son exemple. Désormais, ils n'ont plus le choix. A proximité de Bergerac, « la ville la plus entêtée du royaume », ils sont punis pour leur attitude hostile envers les prêtres et les Récollets venus les endoctriner. Durfort est là pour les aider à franchir le pas. Démarche apaisante d'un catholique tolérant qui se consacre à son devoir de seigneur. Le notaire, Raynier, a donc été convoqué au château en cette matinée du 10 janvier pour enregistrer les noms des nouveaux convertis qui vont défiler devant lui les uns après les autres, famille après famille. Au total, ils sont 250 : 106 hommes, 94 femmes, 50 enfants, habitant le bourg et les villages de la seigneurie. Durfort tient à s'expliquer et à les convaincre : « ledit seigneur leur a fait connaître qu'en qualité de seigneur de la haute et basse justice de ceste terre il se croit obligé de suivre les pieuses intantions de sa majesté qui désire que tous ses sujets qui estoit de la religion prétandue refformée reviennent de bonne foy au giron de l'église et leur a donné pour exemple lá Dame marquise de boissières son expouse a qui cette terre apartenait ». Tout est suggéré sur les prérogatives seigneuriales du passé et sur la dépossession en train de s'opérer en faveur du roi. Et si Durfort met en avant sa défunte épouse c'est parce qu'elle a cumulé deux qualités capables d'entraîner l'adhésion de ceux qui l'écoutent : elle a été leur véritable suzeraine et, malgré l'engagement religieux de ses ascendants, elle s'est convertie, consacrant aux dires de son époux les dernières années de son existence à « reparer par la le mal qui ce fait dans ceste maison ou le preche s'est fait a pleus de mille personnes pendant cent ans ».

Exagération numérique ? Sûrement pas, si l'on tient compte de la succession des générations et de tous ceux des alentours venus au château assister au culte. En tout cas, il n'est pas de meilleure preuve a posteriori du rôle religieux des seigneurs du lieu. Que reste-t-il désormais à celui qui s'efforce de persuader ses dépendants ? Seulement une distribution de récompenses pour ceux qui vont choisir « la bonne voye ». Ils seront exemptés de la rente des dix prochaines années et verront leur lieu de prêche transformé en chapelle. Le seigneur fournira les matériaux pour l'aménager et, déjà, un maître-maçon du port de Creysse a reçu toutes les instructions pour opérer la métamorphose de l'architecture et du décor. Désormais, le seigneur qui appliquait le principe religieux de la paix d'Augsbourg, c'était le roi de France.

Anne-Marie COCULA
Université de Bordeaux III

NOTES

1. BONNEFOND (J.L.), *Le temporel de l'archevêque de Bordeaux pendant le Moyen-Age*, Travail d'Etude et de Recherche, Université de Bordeaux III, 1972, 209 p.

2. BERGUE (J.), « A propos de la frise de l'église d'Assier », *Bull. Soc. Et. du Lot*, 1986, p. 149.

3. GARRISSON (J.), *Les Protestants du Midi*, 1559-1598, Toulouse, 1980, p. 22.

4. GARRISSON (J.), ouv.cité, p. 23 et 25. Patricia EL Bounia-Roudet, *Les protestants de Tonneins sous le règne de Louis XIV*, T.E.R., Bordeaux III, 1987, 136 p. et vol. d'annexes.

5. MONLUC (B. de), *Commentaires*, Paris, 1964, p. 1295, note 1.

6. GARRISSON (J.), *Henry IV*, Paris, 1984, p. 77 à 129.

7. DEYON (S) et LOTTIN (A), *Les casseurs de l'été 1566*, Paris 1981, p. 126.

8. STEGMANN (A.), *Edits des guerres de religion*, Paris, 1979, p. 71.

9. STEGMANN (A.), ouv. cité, p. 158.

10. STEGMANN (A.), ouv. cité, p. 70-71.

11. HOTMAN (F.), *La vie de Messire Gaspar de Colligny, Admiral de France*, Droz 1987, 145 p. et annexes, voir p. 20-21.

12. Arch. dép. Gir., registres du Parlement, 30 janvier 1569, p. 2029.

13. Ibid., reg., 21 juillet 1572, p. 2213.

14. GARRISSON (J.), *L'édit de Nantes et sa révocation*, Histoire d'une intolérance, Paris, 1985, p. 432 ; Bruno Coulon de Labrousse : *Le statut juridique du protestantisme*, 1597-1787, thèse de droit, Université de Bordeaux I, 1974.

15. BERCE (Y.M.), « De la criminalité aux troubles sociaux : la noblesse rurale du Sud-Ouest de la France sous Louis XIII », *Annales du Midi*, 1964, t.76, p. 41-59.

16. DEYON (S.), « La destruction des temples », *La Révocation de l'Edit de Nantes et le protestantisme français en 1685*, Paris, 1986, p. 239-259.

17. BOUCHEREAU (J.), « Cours-de-Pile en Bergeracois ou l'histoire de l'abjuration d'un village en 1700 », *Bull. Soc. Hist. Archéol. du Périgord*, 1986, p. 141 à 155.

FRONTIÈRES CONFESSIONNELLES ET ÉCHANGES CULTURELS : LE CAS DE LA SUISSE AU XVIᵉ SIÈCLE

La Suisse déchirée

En 1519, le jour même du nouvel an, *Huldrych Zwingli* (1484-1531) commença à expliquer, dans l'église principale de la ville de Zurich (Grossmuenster), l'évangile d'une manière nouvelle, systématique et très directe. Six ans plus tard, les autorités de la ville abolirent la messe : Zurich était désormais un Etat réformé. Les villes confédérées de Berne, de Bâle et de Schaffhouse suivirent l'exemple de Zurich de même que les villes alliées de Bienne, de Mulhouse et de St-Gall. La Réforme se répandit un peu partout en Suisse, mais elle se heurta à la résistance déterminée des Cinq Cantons qui formaient le noyau original de la Confédération, c'est-à-dire Uri, Schwytz, Unterwald, Lucerne et Zoug ; Fribourg et Soleure restaient également fidèles à Rome, tandis que les cantons alpins de Glaris et d'Appenzell étaient confessionnellement mixtes. En 1531, soit douze ans seulement après le début de la Réforme zwinglienne et six ans après sa victoire définitive à Zurich, l'expansion de la Réforme en Suisse allemande fut arrêtée une fois pour toutes : près de Kappel, sur territoire zurichois, les troupes des Cinq Cantons infligèrent une défaite cuisante aux Zurichois mal préparés et mal guidés. Zwingli lui-même resta sur le champ de bataille. Depuis Kappel[1], les frontières confessionnelles à l'intérieur de la Confédération d'alors étaient définitivement fixées ; l'idéal de l'unité confessionnelle[2] dut être abandonné par les réformés, mais aussi par les catholiques.

Situation différente à l'ouest : En 1536, Berne, l'Etat le plus puissant de la Confédération, déclare la guerre au Duc de Savoie ; les Bernois conquièrent le pays de Vaud et y introduisent la Réforme. Ils changent donc la religion de leurs nouveaux sujets, mais ils respectent rigoureusement leur langue. Dans toutes leurs relations avec les Vaudois, leurs Excellences de Berne et leurs baillis emploient le français. Le bilinguisme est désormais de rigueur auprès de la classe dirigeante de Berne.

Autre conséquence de l'expansion bernoise jusqu'aux bords du Lac Léman, et celle-ci d'une importance historique plus générale : l'Etat bernois procura désormais le soutien indispensable pour la ville de Genève qui, en 1535, avait adopté la Réforme et qui, à partir de 1541, fut transformée par *Jean Calvin* (1509-1564) en ce qu'on connaît sous le nom de la « Rome protestante ». La ville de Genève avec son territoire minuscule était entourée de tous les côtés par le Duché de Savoie. Il lui aurait été impossible de résister à l'hostilité savoyarde sans la présence, à quelques kilomètres de ses portes, de son puissant allié, la République de Berne[3].

L'alliance politique de Genève avec les Cantons réformés fut renforcée, en 1566, par le lien spirituel très solide de la *Confessio Helvetica posterior*, qui, après la mort de Calvin, unifia définitivement les doctrines zwinglienne et calvinienne. Ses artisans étaient surtout les successeurs des grands réformateurs : *Théodore de Bèze* à Genève et *Heinrich Bullinger* à Zürich.

La Confédération Suisse était donc déchirée, à partir de 1531, par les frontières religieuses. Il est évident que le patriotisme commun des Suisses, leur «sentiment national» (s'il m'est permis d'employer cette expression un peu trop moderne) devait en souffrir – mais à quel degré était-ce effectivement le cas ? Il est vrai que, pour les catholiques aussi bien que pour les protestants, la solidarité confessionnelle à travers les frontières extérieures de la Confédération était un sentiment réel, et même un facteur politique. Cela se traduit par exemple dans les alliances des Cantons catholiques avec la Savoie (1560) et avec l'Espagne (1587); comme souverain du Duché de Milan (et aussi de la Franche-Comté), le Roi d'Espagne était devenu, en 1566, le voisin immédiat des Suisses[4]. La frontière sud de la Confédération et du Valais n'était donc pas une frontière confession-nelle ! Pour les Réformés, d'autre part, la frontière politique vers l'Allemagne était devenue précisément aussi une frontière entre confessions[5]: après la guerre de Schmalkalden, la ville de Constance devint autrichienne et fut catholicisée par *Charles Quint*, et les villes zwingliennes de l'Empire qui gardèrent leur indé-pendance passèrent à la foi luthérienne (voir les contributions de M. *Liebing* et de M. *Vogler*). Au 17e siècle enfin, la Guerre de Trente Ans donnait aux Suisses, fussent-ils catholiques ou protestants, des raisons plus que suffisantes pour faire les premiers pas vers le principe de la neutralité comme base d'une politique extérieure commune et pour aspirer à l'indépendance formelle de l'Empire Germanique, qui leur fut accordée par la Paix de Westphalie (1648). En effet, la Suisse divisée par la religion en deux camps fit preuve d'une cohérence étonnante. Cette cohérence, était-elle dictée uniquement par la raison et par un réalisme prudent? Si nous nous tournons maintenant vers la vie culturelle (dans l'acception la plus large du terme), nous verrons qu'il y avait, au 16e siècle, des communications importantes et multiples à travers les frontières, autrement si rigides, entre Confédérés. Il va de soi que je n'en peux donner qu'un aperçu fort fragmentaire.

Bâle, centre culturel de la confédération

Dans son œuvre «La République des Suisses» de 1576, dont la traduction française parut l'an suivant à Genève, le savant zurichois *Josias Simler* (1530-1576) admet que les anciens Suisses, comme les anciens Romains, n'étaient pas «fort soigneux» des lettres[6]. Mais les Suisses de son temps sont, d'après lui, tout

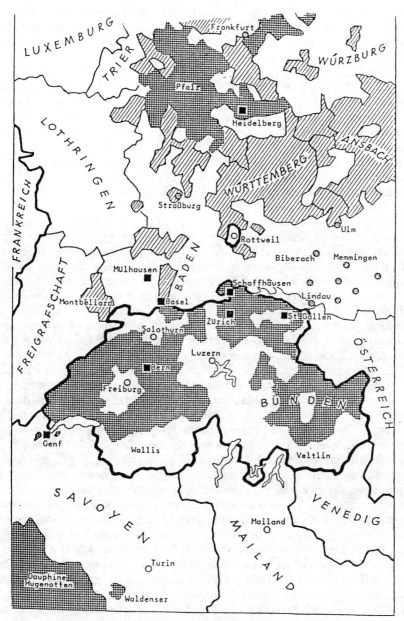

CARTE DES CONFESSIONS VERS 1600

extraite de « Geschichte der Schweiz » par Ulrich im Hof, 4ᵉ éd., Stuttgart etc. 1987

○ Katholisch.   ■ Reformiert   ⊘ Lutherisch

aussi cultivés que leurs voisins. Comme preuves, Simler mentionne l'université de Bâle, les notables écoles publiques de Zurich, de Berne et de Lausanne ainsi que les «belles imprimeries» de Bâle, de Zurich et de Genève. Notons en passant qu'il a choisi tous ces exemples en Suisse protestante!

En admettant, en 1501, comme onzième membre de la Confédération la ville de Bâle, la Suisse s'était enrichie d'un centre culturel de réputation européenne. Depuis 1460, la ville rhénane avait son université – la seule en Suisse –, mais un rayonnement encore plus grand provenait, à partir de 1475, des imprimeries bâloises dirigées pour la plupart par des maîtres de grande culture, tels les *Amerbach* ou les *Froben*. Depuis 1514, *Erasme de Rotterdam* vivait à Bâle dans les maisons de la famille Froben. Autour de lui se groupait un cercle d'humanistes, dont il fit l'éloge enthousiaste. Les plus éminents parmi ces érudits étaient *Beatus Rhenanus* de Sélestat en Alsace et *Heinrich Loriti* de Glaris, d'où son nom de plume *Glareanus*[7].

La Réforme, menée à bout, en février 1529, par une révolte populaire accompagnée de la destruction des œuvres d'art dans les églises, dissipa ce cercle amical, cultivé et productif. De même que la plupart des professeurs de l'Université, fidèles à l'église traditionnelle, *Erasme* et *Glaréan* quittèrent Bâle; *Beatus Rhenanus* était rentré à Sélestat déjà trois ans auparavant. Mais pour Erasme, ce ne fut pas la rupture définitive: en 1535, il retourna de Fribourg-en-Brisgau à Bâle et fut très bien reçu. Après sa mort, en juillet 1536, tout Bâle – les étudiants, les professeurs, les conseillers de la ville – assistèrent aux obsèques solennelles de ce prince des humanistes; Erasme, bien que resté catholique, fut enterré dans la cathédrale, devenue un temple réformé.

L'Université[8] avait repris son enseignement complet en 1532; le réformateur bâlois *Johannes Œcolampadius* (1482-1531), un esprit large et sans fanatisme, avait préparé, avant sa mort, le nouveau statut de la haute école dans le sens d'un humanisme chrétien, à l'instar de *Philippe Melanchthon*. Mais le Conseil de la ville exigeait désormais que les professeurs participassent à la Sainte-Cène, style réformé. Ainsi, le caractère confessionnel de l'université de Bâle fut affermi; elle ne pouvait plus être l'université de la Suisse, de tous les Suisses. Son matricule confirme cette réalité, pourtant relative, des frontières confessionnelles en matières d'études supérieures[9] (voir plus loin).

Chose curieuse, l'*Evêque de Bâle*, résidant depuis la Réforme à Porrentruy, gardait le titre de Chancelier de cette université maintenant bien protestante[10]. Les diplômes de l'université étaient toujours établis en son nom, ce qui garantissait leur reconnaissance universelle. Pour les deux côtés, il y avait donc avantage à respecter les formes anciennes, et on s'arrangea d'une manière satisfaisante pour tout le monde (1532): l'Evêque délégua ses fonctions à quatre vice-chanceliers, soit les doyens des quatres facultés (ci-inclus, bien entendu, la faculté de théologie protestante). Tous les dix ans, ce privilège des doyens devait être confirmé: une délégation de l'université se rendait alors à Porrentruy, payait la somme due de 13 florins d'or et était régalée par l'Evêque comme il était convenable pour un prince de l'Eglise qui en même temps était un prince de l'Empire. S'il y avait de fortes raisons pratiques, on le voit, les frontières confessionnelles n'étaient pas insurmontables!

Nous avons déjà parlé des maisons bâloises d'imprimerie et d'édition. C'est dans ce domaine qu'on peut constater clairement ce que *Werner Kaegi* a appelé « la continuité humaniste à l'époque confessionnelle »[11]. Avant la Réforme, *Glaréan* a publié à Bâle sa «Descriptio Helvetiae» (*Adam Petri*, 1514); après, *Beatus Rhenanus* publiera ses «Rerum Germanicorum libri tres» (*Hieron. Froben*, 1531) et *Sebastian Münster* sa «Cosmographia» (*Henric Petri*, 1544). Tandis qu'en 1516, l'édition grecque du Nouveau Testament, établie par *Erasme*, était sortie des presses de *Froben*, c'est en 1534/35 que l'Ancien Testament en hébreu fut publié par *Sebastian Münster*, que je viens de mentionner, et qui était professeur d'hébreu à l'Université de Bâle. En 1536, toutefois, *Thomas Platter* publie la première édition de l'«Institutio religionis christianae» de Jean Calvin – Erasme est mort, un nouveau dogmatisme naît. Mais encore en 1554, après que Calvin ait déterminé les autorités civiles de Genève à brûler le médecin et théologien unitarien *Michel Servet* (1553), c'est à Bâle que *Sébastien Castellion* (vers 1515-1663) posera à la chrétienté tout entière la question de conscience, « s'il faut persécuter les hérétiques » – pour y donner une réponse essentiellement négative[12]. Castellion, protestant d'origine savoyarde, avait choisi l'atmosphère relativement tolérante de Bâle après s'être brouillé avec Calvin à Genève. Mais, tout en enseignant le grec à l'université, il vécut et mourut dans la misère, ce que *Michel de Montaigne* stigmatisa comme une des plus grandes hontes du siècle[13].

Les pérégrinations libres des humanistes furent remplacées, après la Réforme, dans une certaine mesure, par les émigrations des persécutés. *Kaegi* a souligné en particulier l'importance des réfugiés protestants *italiens* pour la production littéraire de Bâle. Notamment le Piémontais *Celio Secondo Curione* (1503-1569), professeur d'éloquence à l'université, et *Pietro Perna* (mort en 1582), de Lucca, imprimeur et éditeur, contribuèrent beaucoup à faire connaître, surtout par le moyen de traductions latines, les auteurs italiens «modernes» au nord des Alpes, indépendamment des frontières religieuses.

Un auteur ou éditeur réformé pouvait aussi, si bon lui semblait, dédier un livre à un prince catholique. *Josias Simler* par exemple fit hommage de sa description du Valais (Vallesiae descriptio, Zurich 1574) à l'Evêque de Sion *Ulrich von Riedmatten*, ce qui était assez naturel. Le Grison *Nicolaus Stupanus* (1542-1621), professeur de médecine à l'université de Bâle[14], semble avoir eu un véritable faible pour les hiérarques catholiques: il dédia des livres par exemple à l'Evêque de Coire et à l'Abbé de St. Blasien (Forêt-Noire). Il ne s'agissait, bien entendu, pas de textes médicaux, mais de livres de sciences ou d'histoire, que Stupanus avait traduit de l'italien, sa langue maternelle, vers le latin, la langue universelle des savants. Mais quand il allait dédier en 1580 le «Prince» de *Machiavelli* à l'Evêque de Bâle, *Jakob Christoph Blarer von Wartensee*, les choses tournèrent mal[15].

Les deux hommes, le professeur et l'évêque, étaient du même âge (38), ils se connaissaient et s'estimaient: deux ans auparavant (1578), Stupanus, alors recteur de l'université, avait mené la délégation universitaire traditionnelle à la cour épiscopale. Mais entre-temps, l'évêque avait entamé une politique franchement hostile envers la ville de Bâle. En 1579, il conclut une alliance avec les Cantons catholiques; par la suite il ramena au catholicisme la moitié nord de l'Evêché (c'est-à-dire l'actuel Canton du Jura et la vallée inférieure de la Birse, où on parle l'allemand (jusqu'aux portes de Bâle). Quelques années plus tard (1585), la ville de Bâle fut contrainte à renoncer à toutes ses combourgeoisies avec les sujets de l'évêque; en outre, elle dut lui payer une rançon pour des territoires qui autrefois avaient fait partie de l'Evêché, mais qui étaient passés sous la domination de la ville depuis 185 ans déjà. Le Prince-Evêque Jakob Christoph Blarer était donc une personnalité tout-à-fait digne de recevoir en hommage le «Prince» de Machiavel! Mais les autorités de la ville de Bâle, bien que l'issue de la querelle fût encore ouverte à ce moment, furent bien fâchées de cette intention d'un de leurs professeurs et, sans hésiter, suspendirent Stupanus pour plus de deux ans! Sa préface-dédicace, déjà imprimée, ne put être publiée, et quand l'imprimeur *Perna* se permit encore de demander à Stupanus de le dédommager, le professeur devint furieux et le roua de coups... Evidemment, il pouvait être très fâcheux de vouloir ignorer les frontières confessionnelles!

Bâle était aussi, au 16ᵉ siècle, un centre d'*éditions médicales* d'abord dans le sens de l'humanisme médical, qui voulait mettre à la disposition des médecins de l'époque les textes des auteurs anciens, établis aussi fidèlement que possible: *Hippocrate, Galien, Paul d'Egine*, etc. Mais retenons une coïncidence historique remarquable:

– En 1541, à Venise, les œuvres complètes de *Galien* en traduction latine furent publiées (*Giunta*);

– en 1542, une édition semblable, en 8 volumes, mais avec un index alphabétique, parut à Bâle (*Froben et Episcopius*); ces deux éditions marquent la culmination de l'humanisme médical[16].

– En 1543, *André Vésale*, originaire de Bruxelles, âgé de 28 ans et déjà professeur d'anatomie et de chirurgie à Padoue, arrive à Bâle avec un manuscrit et des illustrations tout à fait révolutionnaires, qui seront imprimés aussitôt par *Jo. Oporius*: «De humani corporis fabrica libri septem.» Vésale, qui avait encore collaboré au «Galien» des Giunta, va maintenant dénoncer l'inexactitude, la défectuosité des descriptions anatomiques de Galien. Si l'on veut connaître vraiment la composition de l'organisme humain – voici son message – il faut se méfier de Galien mais se fier à ses propres yeux, à la recherche directe, à l'*autopsia*!

Triomphe de l'érudition humaniste en 1542 et orientation radicalement nouvelle de la recherche médicale en 1543 – les éditions bâloises marquent le point tournant. Pour les contemporains, ce n'était pas encore aussi évident que pour nous. Mais néanmoins, les Bâlois d'alors étaient très fiers d'avoir parmi eux ce professeur déjà célèbre, qui maintenant arrivait aussi en bon client de l'imprimerie bâloise, et personne ne s'inquiétait de sa religion. Dans une église, Vésale fit une dissection publique, qui dura plusieurs jours; on peut toujours voir, à l'Institut d'Anatomie de l'Université de Bâle, le squelette qui en résulta.

Autre signe de la «continuité humaniste», relevé par *Kaegi*: les voyages d'études en *Italie*, que les jeunes Bâlois reprenaient peu de temps après la Réforme. – Le futur médecin *Felix Platter* (1536-1614), de son côté, fait ses études, de 1552 à 1557, à Montpellier, sous le régime encore catholique; les deux fils de son hôte catholique, (ou, plus exactement, marrane), le pharmacien *Laurent Catalan*, se rendent en échange à Bâle et sont logés auprès de *Platter* père [17].

L'orientation culturelle de la Suisse catholique vers Milan

Entre 1570 et 1620 environ, l'université de Bâle attirait des étudiants protestants de l'Europe entière. Les ressortissants des Cantons catholiques suisses, en revanche, n'étaient plus très nombreux après la Réforme. La matricule énumère, pour la période de 1532 à 1600, un plus grand nombre de Silésiens, voire de Polonais que de Lucernois; ceux-ci disparaissent complètement à partir de 1570. En revanche, la jeunesse valaisanne restait fidèle à Bâle. Pour expliquer cette différence, je crois qu'il faut tenir compte du fait que le Valais, bien qu'allié à la Confédération, formait une république à part et n'était guère associé au conflit confessionnel qui opposait constamment les Confédérés entre eux.

D'autre part, il se formait des liens étroits entre les *Cinq Cantons* – dont Lucerne était la ville principale – et *Milan*. Liens politiques – l'alliance espagnole – et économiques par la route du St-Gothard, mais aussi des liens aux niveaux de la vie religieuse et de l'éducation. *Carlo Borromeo* (1538-1584), Archevêque de Milan, introduisit personnellement les réformes tridentines en Suisse centrale. Les jésuites et les capucins furent chargés de l'éducation supérieure. Enfin, le *Collegium Helveticum* à Milan, fondé par Carlo Borromeo en 1579, offrait aux catholiques suisses une formation théologique d'un niveau universitaire. En outre, dans le traité d'alliance de 1587, le Roi d'Espagne garantit à chacun des Cantons catholiques, et au Valais, deux bourses aux hautes écoles de Milan et de Pavie [18]. Bologne et Padoue n'étaient pas très loin non plus. De la sorte, aussi les élites laïques de la Suisse catholique se formaient de préférence en Italie ou bien, naturellement, dans l'Allemagne catholique.

Evoquons une conséquence importante et durable de ces événements et de ces évolutions du 16e siècle (*Stadler*, 1958) [19]: La Suisse allemande – tous les XIII Cantons étaient de langue allemande – intensifia ses contacts avec les régions de langue et culture françaises et italiennes.

Echanges culturels, relations personnelles

Ulrich Im Hof constate [20]: «Les frontières cantonales sont aussi devenues des frontières culturelles».

L'expression visible de cet état de choses, c'est *l'art religieux*, surtout les églises et les chapelles de style baroque, que l'on trouve partout dans la Suisse catholique, mais guère dans les régions réformées.

La mentalité puritaine de la ville de Zurich fit émigrer à Lucerne plusieurs artistes menacés de chômage, notamment les peintres *Hans Heinrich Wegmann*[21] et *Martin Moser*[22].

Mais malgré tout, les Suisses des deux confessions vivaient côte à côte sur un espace très limité. Heureusement, il y avait, aussi à l'époque confessionnelle, des domaines de la vie, où la religion n'avait pas d'importance et peu d'influence.

Pour construire une imposante horloge astronomique (1544/45) la ville de Soleure, catholique, fit appel aux maîtres *Lorenz Liechti* de Winterthour (Ct. de Zurich) et *Joachim Habrecht* de Schaffhouse. Les patriciens soleurois commandaient volontiers leurs portraits à *Hans Asper* de Zurich ou à *Tobias Stimmer* de Schaffhouse[23].

Non moins que les maîtres des arts, les bons médecins étaient consultés sans égard à leur confession. C'est particulièrement vrai pour *Felix Platter* de Bâle. Un de ses patients les plus éminents était le grand chef catholique *Ludwig Pfyffer* (1524-1594) de Lucerne, grand capitaine au service du Roi de France pendant les années 1560, et plus tard chef de l'Etat de Lucerne (Schultheiss). En 1584, Pfyffer se fit soigner pendant plusieurs semaines, à Lucerne même, par Platter, et celui-ci se voyait fort occupé – «occupatissimus» – par une nombreuse clientèle lucernoise[24]. L'estime entre Platter et Pfyffer était mutuelle : Plater décrit Pfyffer comme «l'avoyer (*scultetus*) très prudent de cette ville, et vaillant chef d'armée», bien que Pfytter ait exercé sa vaillance au dépens des coreligionnaires de Platter, les Huguenots français.

Platter était aussi un grand collectionneur et naturaliste (*Montaigne* à visité ses collections à Bâle[25]). Les Lucernois profitèrent de sa présence dans leur ville pour lui soumettre quelques ossements immenses, trouvées dans une caverne près de Reiden (Ct. de Lucerne). Platter y vit les restes du squelette d'un géant d'autrefois ; les savants de l'époque ne se doutaient pas encore de l'existence d'animaux fossiles. (En réalité, le «géant» de Platter était un mammouth).

Platter n'était pas le premier savant réformé qui fût reçu avec beaucoup d'honneurs dans la capitale catholique. En 1555 déjà, la ville de Lucerne avait offert son vin d'honneur à *Conrad Gessner* de Zurich[26]. Gessner avait alors entrepris une expédition sur le Mont Pilate, mont maudit, dont l'ascension, jugée très dangereuse, était interdite aux simples mortels. Mais le fameux médecin et naturaliste de Zurich obtint la permission d'y aller sans autre ; un gendarme accompagna les explorateurs hardis.

Un exemple d'amitié durable entre savants à travers les frontières confessionnelles nous est donné par *Felix Platter* et *Renward Cysat* (1545-1614), pharmacien et secrétaire (*Stadtschreiber*) de la ville de Lucerne[27]. Cysat, catholique bien plus fervent que Platter n'était protestant convaincu, s'intéressait à tout : aux faits divers politiques et historiques aussi bien qu'aux objets de la nature, surtout aux plantes, médicinales et autres. Donc beaucoup d'intérêts communs entre Platter et Cysat. Les deux hommes s'écrivaient et se visitaient mutuellement, ils se recommandaient leurs parents et amis, ils s'envoyaient des plantes, etc.

Des relations semblables existaient à tous les niveaux : on voyageait, on se visitait, on discourait, mangeait et buvait ensemble.

Conclusion :

Sur le plan de l'éducation, la Suisse du 16e siècle était effectivement divisée par les frontières confessionnelles. Il en est de même, naturellement, pour l'art religieux. Mais dans les autres domaines – les arts laïques, la médecine, la science – les frontières religieuses n'existaient guère et les relations personnelles étaient étroites et amicales. Le sentiment de l'union l'emportait sur le désaccord confessionnel.

Fritz Glauser, archiviste de l'Etat de Lucerne, m'a écrit récemment par rapport à notre sujet ce qui suit [28] : « On aborde toujours les relations interconfessionnelles du point de vue de la séparation, de sorte qu'elle seule reste dans la conscience. Mais le normal, c'était un réseau ininterrompu de rapports, qui se maintenait à tous les niveaux – politique, économique, culturel – à l'exception du niveau religieux ».

C'est peut-être un peu optimiste. Mais si les historiens du 19e et du 20e siècle mettent en relief surtout la division et la confrontation confessionnelles à l'intérieur de la Confédération du 16e siècle, les historiens suisses de l'époque ne le faisaient point. Comme témoin, je cite Le Zurichois *Josias Simler* (1576/77) [29] :

« Pour ce qu'entre les Républiques franches, gouvernées par certain nombre de Seigneurs, plusieurs estiment qu'en ce temps-ci la République de Suisse est la première après celle de Venise : j'ai souvent ouï demander à gens qui n'étaient point Suisses, comment cette République était établie et gouvernée. (...) Or, combien qu'il y ait plusieurs peuples et bon nombre de villes en Suisse, ce n'est toutefois qu'une Cité et une République ».

Huldrych M. KOELBING
Université de Zurich

NOTES

1. Traité de paix : Zweiter Kappeler Landfriede, du 16/20 nov. 1531.

2. Voir Leonhard von MURALT, *Renaissance und Reformation, dans Handbuch der Schweizer Geschichte 1*, Zurich (Berichthaus), 2ᵉ éd., 1980, 389-570, en particulier p. 513.

3. Voir p. ex. Ulrich IM HOf, *Geschichte der Schweiz*, 4ᵉ éd., Stuttgart etc. (Kohlhammer, Urban-Taschenbücher 188) 1987, 62-67. Im Hof y décrit la Suisse réformée comme noyau du calvinisme universel.

4. Voir Rudolf BOLZERN, *Spanien, Mailand und die katholische Eidgenossenschaft*, Luzern/Stuttgart (Rex, Luzerner Histor. Veröffentlichungen 16) 1982.

5. IM HOF, *op. cit.* (voir n. 3), 62. Karte 4, Konfessionen zu Beginn des 17. Jh. s, 66. Nous remercions le professeur Im Hof et la maison Kohlauer d'avoir bien voulu nous permettre la reproduction de cette carte.

6. Iosias SIMLER, *La République des Suisses [...]* Descrite en Latin par I. S. de Zurich et nouvellement mise en François. Par Antoine Chupin & François le Preux (Genève) 1577, 358.

7. René TEUTEBERG, *Basler Geschichte,* Basel (Merian) 1986, chap. 18, Buchdrucker, humanistische Gelehrte, Künstler in Basel zu Beginn der Neuzeit, 170-201.

8. Edgar BONJOUR, *Die Universität Basel [...]* 1460-1960, Basel (Helbing & Lichtenhahn) 1960.

9. Hans Georg WACKERNAGEL (Herausg.), *Die Matrikel der Universität Basel* 2, 1532/33-1600/01, Basel (Univ.-Bibl.) 1956.

10. BONJOUR, *op. cit.* (voir n. 8), 124-128. – Andreas STAEHELIN, *Geschichte der Universität Basel 1632-1818,* Basel (Helbing & Lichtenhahn) 1957, 21-24.

11. Werner KAEGI, *Humanistische Kontinuität im konfessionellen Zeitalter,* Basel (Helbing & Lichtenhahn) 1954.

12. Sebastianus CASTELLIO, *De haereticis an sint persequendi,* Basileae 1554. Pour publier ce livre, Castellion s'est servi du pseudonyme Martinus Bellius. – Voir Hans Rudolf GUGGISBERG, Sebastian CASTELLIO, dans *Der Reformation verpflichtet,* Basel (Merian) 1979, 49-54. – Werner KAEGI, *Castellio und die Anfänge der Toleranz,* Basel (Helbing & Lichtenthahn, Basler Universitätsreden 32) 1953.

13. Bonjour, *op. cit.* (voir n. 8), 161.

14. Huldrych M. KOELBING, «Johannes Nicolaus Stupanus, Rhaetus (1542-1621)», dans *Aeskulap in Graubünden,* Chur (Calven) 1970, 628-646.

15. Werner KAEGI, «Machiavelli in Basel», dans *Historische Meditationen,* Zurich 1942, 119-181. Première publication dans *Basler Zeitschrift für Geschichte und Altertumskunde* 39 (1940), 5-51.

16. Nikolaus MANI, «Der medizinisch-humanistische Buchdruck in Basel», dans *Beiträge zur Geschichte der Naturwissenschaften und der Technik in Basel,* herausg. von der CIBA, Olten/Lausanne 1959, 53-66.

17. Huldrych M. KOELBING, «Montpellier vu par Felix Platter, étudiant en médecine, 1552-1557», dans *Histoire de l'Ecole médicale de Montpellier –* colloque, Paris (C.T.H.S., Actes du 110e Congrès nat. des soc. savantes) 1985, 85-94.

18. BOLZERN, *op. cit.* (voir n. 4), 189-197.

19. Peter STADLER, «Vom eidgenössischen Staatsbewusstsein und Staatssystem um 1600», *Schweiz. Zeitschr. f. Gesch.* 8 (1958), 1-20.

20. IM HOF, *op. cit.* (voir n. 3), 68.

21. Fritz GLAUSER, Archiviste de l'Etat de Lucerne, communication personnelle.

22. Paul GANZ, *Geschichte der Kunst in der Schweiz,* durchgesehen und ergänzt von Paul Leonhard Ganz, Basel/Stuttgart (Schwabe) 1960, 497.

23. Bruno AMIET et Hans SIGRIST, *Solothurnische Geschichte* 2, Solothurn (publ. officielle) 1976, 202/3.

24. Felix PLATTER, *Observationum Felicis Plateri [...] libri tres,* Basileae (König), 3e éd., 1680, 566 (1ère éd. 1614).

25. Voir René BERNOULLI, « Montaigne rencontre Félix Platter », dans François MOREAU et René BERNOULLI, *Autour du journal de voyage de Montaigne 1580-1590,* Genève/Paris (Slatkine) 1982, 88-103.

26. Peter XAVER WEBER, *Der Pilatus und seine Geschichte,* Luzern (Haag) 1913, 254-258, 349/50.

27. Theodor von LIEBENAU, *Felix Plater [!] von Basel und Rennward Cysat von Luzern,* Lucerne, vers 1900. – Bianca BRUNNER-WILDISEN, *Medizinisches aus den Schriften des Renward Cysat, 1545-1614,* Zurich (Juris, Zürcher Medizingeschichtl. Abhandlungen 138) 1980.

28. Fritz GLAUSER, lettre du 3 mai 1988, citation traduite de l'allemand.

29. SIMLER, *op. cit.* (voir n. 6), 1 et 3.

Note supplémentaire : Pour Bâle, on consultera désormais aussi : Alfred BERCHTOLD, *Bâle et l'Europe, une histoire culturelle,* 2 vols., Lausanne (Payot), 1990.

PERSPECTIVES PLURIELLES SUR
LES FRONTIÈRES RELIGIEUSES

Il me faut écarter d'abord d'emblée le cas de ces frontières religieuses qui se sont trouvées associées à des frontières linguistiques et qui sont l'effet soit de conquêtes (comme la présence de l'Islam dans les Balkans), soit d'infiltrations lentes (comme la présence de Juifs en Europe ou de luthériens germanophones dans les villes de pays slaves). En effet, de telles frontières religieuses ne sont plus alors qu'un facteur, parmi d'autres, de l'existence de ces diversités plus ou moins étanches qu'on peut discerner souvent entre les populations d'une même aire géographique.

Ce qui m'arrêtera ici, c'est le cas, inverse du précédent, qu'est celui de la France, où l'adoption de la Réforme par une minorité de gens a divisé une population auparavant, en gros, homogène, et où, d'autre part, les passages au protestantisme ont été, plus souvent que partout ailleurs, des options individuelles plutôt que la conséquence d'une décision des autorités politiques (Prince, seigneur ou Conseil de ville). De surcroît, en France, même là où ils pullulaient, les protestants constituaient tout au plus une majorité locale. Il en résulte que les huguenots ont constamment coudoyé des catholiques, alors que l'inverse est moins vrai, car certaines provinces n'ont pas compté de protestants après les Guerres de religion ou n'en ont compté qu'un nombre si insignifiant, dans un habitat si dispersé, que leur présence échappait largement aux catholiques.

Aussi, au XVIIᵉ siècle, le plus ignare des huguenots était-il conscient du contexte social catholique qui l'entourait (en «patois de Canaan», il savait son église «sous la Croix»), alors que si l'épiscopat et une bonne partie du clergé romain, tout spécialement, les Réguliers, étaient attentifs aux problèmes posés par le protestantisme, dans quelques régions, bien des fidèles et des membres du bas-clergé pouvaient pratiquement ignorer jusqu'à l'existence du pluralisme confessionnel institué dans le royaume par l'Edit de Nantes.

Dans le cas français, on constate que la frontière religieuse représente à la fois un obstacle et un lieu de passage : elle est simultanément nette et poreuse. Elle délimite un terrain d'affrontements, souvent crispés et haineux, mais elle constitue aussi une occasion de contacts et d'interpénétration. L'ignorance dédaigneuse de l'autre – comme par exemple je l'imagine dans les Balkans entre chrétiens et musulmans – ne règne pas exclusivement, car l'autre est à la fois très proche et très lointain : on voisine, on cousine avec lui, on l'a connu sur les bancs de l'école si on est alphabétisé, on le rencontre à tout instant dans la vie professionnelle ou municipale, mais on ne sera pas enterré dans le même cimetière...

Au plan théorique, le catholique disposait d'une catégorie multi-séculaire pour interpréter la Réforme : celle d'Hérésie (et de schisme). Mais si les réformés l'utilisaient, eux aussi, c'était pour l'appliquer à l'anabaptisme ou à l'arminianisme, mais non pas à l'Eglise de Rome. Celle-ci était en somme, à leurs yeux, à la fois plus et moins qu'une hérésie proprement dite : Rome est la proie d'un obscurantisme obstiné ; au cours des siècles, elle a laissé le message évangélique, qu'elle a conservé, être offusqué sous une masse écrasante d'adjonctions « païennes » et « superstitieuses » ; elle a secrèté le « monstre » qu'est le « papisme », cette tyrannie temporelle et ambitieuse... Les plus véhéments des auteurs protestants, tel Jurieu après la Révocation de l'Edit de Nantes, qualifieront sérieusement le catholicisme d'« antichristianisme », et plus d'un, avant cela, avait identifié le pontife romain à l'Antéchrist. Mais toutefois, et on le sait encore très bien au XVIIe siècle, l'Eglise romaine a été l'Eglise-mère, celle par qui la tradition chrétienne a traversé seize siècles et dans laquelle plus d'un théologien réformé, et non des moindres, admet qu'un laïc de bonne foi, ignorant, mais charitable, peut recevoir le pardon divin et accéder au salut éternel. On conserve l'espoir théorique qu'un jour les masses catholiques se laisseront pénétrer par la lumière de la Réforme, capable de purifier leur culte adultéré et de tout recentrer sur ce message évangélique que le catholicisme véhicule, mais qu'il étouffe sous des adjonctions jugées vénéneuses par les protestants.

Si ce n'est que récemment, avec le mouvement oecuménique, qu'on a explicitement reconnu la part énorme de références communes à toutes les formes de christianisme, il faut se garder d'imaginer que le XVIIe siècle l'avait entièrement oubliée. Simplement les conséquences qu'on tirait alors de cette constatation étaient *polémiques* et non pas *iréniques* ; il s'agissait de forcer les choses, de contraindre à l'unité et non pas de la souhaiter et d'y tendre tout en respectant les scrupules des consciences.

La controverse même, ce lieu d'élection des aigreurs acariâtres et des vitupérations hystériques, témoigne de la conscience aiguë que les hommes du XVIIe siècle avaient de s'appuyer tous sur un soubassement commun : les controversistes ont la même culture, les mêmes méthodes, le même langage, les mêmes références (d'Aristote à la Bible et aux Pères de l'Eglise), et plus encore, le même prurit ratiocinateur et le même juridisme éperdu... Leur agressivité hargneuse n'en est que plus exaspérée de constater l'« adversaire » si proche. Ils sont ennemis mais frères ennemis. Les empoignades ne sont possibles que de près : les transfuges et les traînards appartenaient initialement au même régiment. Le huguenot est pour le catholique français (et réciproquement) un *prochain*, non un étranger, et cette consanguinité de départ attise une exécration indignée, qui procède à bien des égards d'une déception stupéfaite. Si le clergé romain, au moment de la Révocation de l'Edit de Nantes, encourageait la Cour à tenir pour facile le ralliement des réformés à l'église du roi, cette illusion (qui certes, n'était pas toujours innocente) comportait probablement aussi une part de naïveté : la frontière religieuse, la seule qui séparait des gens si semblables en tout, paraissait un scandale incompréhensible, qui assurément ne pouvait que répondre à des causes accidentelles et absurdes, à des quiproquos. De part et d'autre, l'attachement à la confession d'en face est interprété comme un entêtement pervers à refuser l'évidence avec une noire mauvaise foi, un *a priori* qui suppose donc une identification presque entière – perversité mise à part – de l'*autre* au convertisseur virtuel. Un juif est étrange et étranger ; un huguenot, c'est un autre soi-même, que seule une opiniâtreté vaniteuse, un respect humain mal entendu, empêchent d'en tirer les conséquences logiques ; et, inversement, pour un huguenot, un catholique n'est qu'un chrétien réformé en puissance. En ce sens, la dureté des sévices infligés aux huguenots par bien des persécuteurs s'explique par l'exaspération et la stupeur que suscite ce *même* qui s'entête à se prétendre *autre*.

Poreuse, perméable, cette frontière religieuse qui tantôt est à peine visible, et tantôt marque des abîmes, n'a pas toujours le même tracé ; en ce sens, il est peut-être légitime de parler, au pluriel, *des* frontières. Elles ont varié selon les temps et les lieux : périodes ou cantons de latence des affrontements conflictuels, ou, au contraire, de fièvres. Entente placide, coexistence pacifique, solidarités locales plus prégnantes que les solidarités confessionnelles, ou bien frictions, aigreurs, oppositions furieuses. Mais là aussi les variations sont perpétuelles : telle localité paisible durant un temps connaît brusquement des tensions aiguës, à la suite d'une Mission, de l'arrivée d'un curé de choc ou d'un pasteur activiste ou de telle autre contingence ; ailleurs, une hostilité réciproque, dévotement cultivée, s'épuise pour un temps. Assurément, joue ici au premier chef, l'héritage du récent passé local, et avant tout celui des Guerres de religions : certaines atrocités s'avèrent inoubliables, mais à six lieues de là, le paysage peut être tout différent... Facteur décisif : l'équilibre approximatif, social, économique, numérique, des deux confessions ; si l'une prédomine trop lourdement à un égard ou à un autre, il y a de fortes chances qu'elle se plaise à l'oppression de l'autre, bien que ce ne soit pas invariablement le cas ; seules des dizaines et des dizaines de monographies précises pourront faire justice à une diversité que les quelques études dont on dispose déjà laissent entrevoir prodigieuse. Elle n'est pas toujours facile à expliquer : on peut soupçonner que dans cette micro-histoire le rôle des individualités – celle du curé, du pasteur, des consuls, du juge, du noble local – a été singulièrement marquant ; sinon, comment comprendre que des communautés proches et comparables à d'autres égards aient accueilli l'Edit de Nantes de manière parfois si contrastée [1] ou vécu la Révocation si différemment ?

Au reste, l'emploi du pluriel pour décrire *les* frontières religieuses établies en 1598 se justifie encore d'une autre manière. Si elles existent toujours, leur tracé n'est pas le même selon les milieux socio-culturels concernés. On a trop souvent été obsédé par la littérature de controverse – ce domaine si technique d'affrontements – ce qui a braqué abusivement l'attention sur les distinguos théologiques. Loin de moi l'intention de minimiser ce plan de clivage, minutieusement, voire, maniaquement balisé par les auteurs des deux bords. Pour l'intelligentsia des deux confessions, cet ordre de conflits est incontestablement capital, et il a été largement étudié. Il n'en est pas moins vrai que dès que l'on s'éloigne de la mince couche des deux clergés et des amateurs lettrés de théologie, on s'aperçoit, me semble-t-il, que s'estompent en lieux communs sommaires, ou même que disparaissent les oppositions proprement doctrinales, qui deviennent implicites. En revanche, au niveau populaire, ce qui bouche l'horizon, ce qui résume l'opposition, ce sont des dérivations des divergences dogmatiques, que faute de termes plus heureux, on peut décrire comme concernant les plans ecclésiologique, d'une part, et rituel, de l'autre – en langage huguenot, le papisme et l'idolâtrie. Le souverain pontife, les évêques, ces grands seigneurs puissants et richissimes, seraient-ils les successeurs légitimes des apôtres ? Le rural huguenot illettré, obscurément touché par le gallicanisme et qui grommelle contre la dîme, voit là sans peine une impossibilité criante. Nul besoin pour lui de récriminer contre Grégoire VII ou Léon X : cette « visibilité » même de l'Eglise romaine, cette somptuosité et cette puissance où le cardinal Pallavicini pensait trouver des arguments en sa faveur, changent simplement de signe et sont perçues comme des tares décisives. Un anticléricalisme populaire immémorial trouve là un exutoire. Certes, en fait, l'organisation des Eglises réformées de France, établie par leur Discipline, était bien plus « aristocratique » que « démocratique » – sur ce point, Amyraut est convainquant –; les patoisants analphabètes ne siégeaient guère dans les consistoires, même dans les plus petites communautés réformées méridionales. Toutefois, il est patent que l'organisation réformée accordait au moins une certaine voix au chapitre aux laïcs : il n'est que de feuilleter des registres consistoriaux pour s'en convaincre et il semble que le petit peuple huguenot, absent des consistoires, n'en nourrissait pas moins un attachement passionné pour cette institution, finalement devenue assez peu contraignante au XVIIᵉ siècle et toujours soucieuse de consensus.

La Réforme calviniste avait aboli toute structure hiérarchisée en dehors des assemblées synodales et il semble que le huguenot de base était profondément acquis à ce nivellement. Tel est l'arrière-plan qui, en milieux populaires, correspond aux mille savants traités qui récusent le « papisme » avec un lourd pédantisme, à savoir, un sentiment obscur, mais intense, de se trouver affranchi de l'étau d'une organisation autoritaire qui plaçait les laïcs sous tutelle. Un tel sentiment confus paraît bien plus important et significatif que la sempiternelle question des « abus » de l'Eglise romaine. Les *Mémoires* de Louis XIV réduisent la Réforme à cette critique-là, de sorte que, observant à bon droit que le clergé français du XVIIᵉ siècle avait corrigé les pires scandales, le roi peut en conclure naïvement que la Religion prétendue réformée n'a plus de motif de se tenir écartée d'une Eglise catholique maintenant « réformée », de ses « abus » les plus criants. Mais s'il est clair que la question des « abus » a eu de l'importance, il reste qu'en réalité l'abus majeur – qui n'a rien à faire avec les mœurs des curés, l'âge tendre des évêques ou la non résidence des abbés –, c'est l'organisation hiérarchisée et cette prélature au sommet de laquelle trône le pape. Voilà la source intarissable de l'« anti-papisme », aussi tenace que véhément, des masses huguenotes. La réfraction du dogme abstrait du sacerdoce universel dans la mentalité populaire est sur ce point saisissante : il existe une « démocratie » réformée, chaque croyant est adulte en principe. Bien entendu, dans les faits, elle est plus virtuelle qu'effective et elle est fort restreinte ; toutefois on peut relever mille indices de l'attachement que les huguenots vouent à leur Discipline, et les plus humbles ne sont pas les moins fiers de se penser hors de page; *Post tenebras Lux*, la devise de Genève est celle de tous ces gens qui s'estiment émancipés, libérés, responsables. En dehors de toute connaissance tant soit peu approfondie de la dogmatique réformée, on discerne là un facteur capital de la récusation viscérale du catholicisme dans le petit peuple des supposés «nouveaux convertis» après la Révocation. Se tenant pour émancipés par la Réforme, beaucoup de «nouveaux convertis» se refusaient à revenir sous le joug d'un clergé romaine, non seulement d'un paternalisme musclé à leur égard, mais en outre, foncièrement distinct du troupeau infantile des laïcs par son rôle irremplaçable dans la célébration eucharistique, et donc, dans la transsubstantiation. Il n'est pas inutile, en effet, d'envisager ce dogme romain sous l'angle des privilèges surhumains qu'il implique chez le prêtre, car on peut penser que le statut particulier de celui-ci a été une pierre d'achoppement décisive dans le passage sincère d'un huguenot au catholicisme.

L'accusation sempiternelle faite au protestantisme d'être «subversif», si elle est abusive dans la mesure où il s'est agi d'un procès d'intention et où la Religion prétendue réformée, au XVIIe siècle, professait ardemment l'absolutisme de Droit divin (limite aux prétentions du Saint-Siège), devient beaucoup moins contestable si l'on prend en compte l'égalitarisme et l'individualisme, au moins virtuels, auxquels conduisait l'ecclésiologie réformée. Assurément, il ne s'agissait que de virtualités; le respect pour les pasteurs, la déférence à l'égard des élites sociales restaient encore énormes chez les huguenots du XVIIe siècle – et le seront encore au XVIIIe siècle; reste que la Réforme était ressenti comme ayant instauré une libération par rapport aux autorités humaines, d'où une sorte de pitié méprisante ou condescendante pour le fidèle romain et la soumission servile requise de lui par son clergé. Il importe peu que ce sentiment des huguenots ait été largement illusoire et qu'ils aient été, en réalité, dociles à l'égard de l'enseignement dispensé par leurs pasteurs. Ce qui a compté, c'est l'existence d'un tel sentiment de promotion, de sortie de l'enfance ou de l'asservissement, et il faut probablement voir là une source capitale de la résistance des nouveaux convertis et de leur descendance à un ralliement sincère à la religion du prince après la Révocation de l'Edit de Nantes. La dévalorisation – hargneuse ou moqueuse – du clergé catholique a surnagé même là où régnait une ignorance complète des dogmes propres au protestantisme. Une récusation obscure de l'argument d'autorité habite le petit peuple protestant de cœur de la France du XVIIIe siècle. Or, on le sait, ce fut lui qui préserva la survie souffreteuse de la confession minoritaire du royaume dans les circonstances adverses de l'après-Révocation. Ce qui s'est conservé de protestantisme en France, sous l'épreuve, c'est bien plus la tradition d'une certaine sensibilité religieuse rétive que la connaissance tant soit peu précise de doctrines spéculatives. Le respect abîmé concerne un livre, la Bible; mais le huguenot se flatte naïvement de s'être détourné des médiateurs humains, ces fauteurs d'idolâtrie. Rester réformé de cœur, pour de telles gens, ce n'est pas s'opiniâtrer dans l'hérésie, c'est tout simplement, au XVIIIe siècle, dans le petit peuple huguenot, s'obstiner à rester chrétien.

Il est quelque peu artificiel d'avoir distingué la frontière ecclésiologique de la frontière rituelle, car elles sont étroitement imbriquées. Il semble cependant qu'il est légitime d'introduire ici une nuance. En effet, le nouveau converti tenu d'assister à la messe après la Révocation était le plus souvent ahuri et scandalisé par sa célébration, de sorte que pour doctrinalement ignorant qu'il ait pu être des thèses réformées, le culte catholique lui inspirait d'emblée un mépris horrifié : le cérémonial, l'emploi du Latin, la gestuelle du prêtre, les cierges, les statues, les vêtements sacerdotaux, l'autel, les génuflexions, l'eau bénite, tout cela, si étrange pour lui, le révulsait, littéralement, et corroborait l'image confuse et hostile qu'il pouvait abriter de la magie et de l'idolâtrie. Si l'on se souvient de ce qu'étaient la plupart des temples réformés dans la France du XVIIe siècle, sauf dans quelques grandes villes, à savoir, des sortes de granges, avec des bancs, une table de communion et une chaire, et de la nature d'un service réformé, aux deux temps forts : le chant des psaumes par la communauté et le sermon du pasteur, on n'a aucune peine à comprendre à quel point la messe, eût-elle comporté une courte homélie en Français, pouvait paraître à un ancien huguenot sans relation aucune avec l'Evangile. L'ancien réformé le plus ignare, le plus soumis, à son insu à des superstitions folkloriques, éprouvait devant la messe un haut-le-corps de dégoût : n'assistait-il pas, bien malgré lui, à l'abomination des rites d'une « Synagogue de Satan » ? Le catholicisme n'était-il pas la forme présente de ce qu'avaient été, pour l'Ancien Israël, les cultes impurs des Amalécites ou des Philistins ? Allait-il « plier le genou devant Baal » ? Les plus noires vitupérations anti-romaines de ses pasteurs de naguère se voyaient concrètement confirmées ! Ceux-là mêmes qui étaient contraints d'assister à la messe se gardaient au moins, le plus souvent, de « communier à la papauté »... Il est instructif de remarquer que les services religieux de l'Eglise d'Angleterre – en langue vernaculaire, avec chants de psaumes, et dont l'affiliation « protestante » était connue aux Réfugiés huguenots – ont plus d'une fois dramatiquement déconcerté et mis fort mal à l'aise nombre d'entre eux. Il faudra du temps pour que certains s'y apprivoisent.

A fortiori, une présence forcée à la messe catholique, en France, ne pouvait qu'inspirer des sentiments de rejet cent fois plus intenses. Imaginons un instant une vieille huguenote patoisante, au-dessus de la tête de laquelle avaient sans doute toujours passé les sermons trop travaillés et savants de son pasteur et qui savait tout juste le Notre Père, quelques versets des Evangiles et quantité de psaumes, dont on peut penser que bien des termes lui demeuraient obscurs ; imaginons-la, cette vieille femme, assistant contre son gré à la messe, et nous n'aurons aucun mal à deviner qu'elle s'est sentie, religieusement, totalement étrangère à cette cérémonie – et, de ce fait, étant donnée la nature humaine, infiniment supérieure, par la grâce de Dieu, au curé, à l'évêque, au pape, ces suppôts de Satan ; qu'elle a porté un deuil inconsolable des cultes réformés d'autrefois et qu'elle s'est évertuée à inspirer à ses petits-enfants, à défaut d'une connaissance bien précise de la théologie de la Réforme (entendez, à ses yeux, de la doctrine chrétienne), un mépris si insondable, une horreur si intense pour « l'idolâtrie » romaine qu'elle a été capable de se transmettre, sans guère s'affaiblir, de génération en génération. Ce qu'illustre bien la réponse donnée en 1739 par un artisan gascon au juge qui statuait sur son délit de concubinaire et le pressait de se rallier au catholicisme : bien incapable apparemment d'argumenter, cet illettré qui devait sa formation religieuse à sa grand'mère, se contenta de dire qu'il n'avait pas «d'estomac» pour la religion romaine; en somme, qu'elle l'écœurait... On est plus près ici de l'instinct que de l'idéologie.

Je voudrais conclure par une observation qui corrobore la valeur d'une grille à trois dimensions – théologique, ecclésiologique et rituelle – pour décrire les frontières religieuses; elle est suggérée par l'étude des frontières qui séparent diverses confessions protestantes. Ainsi, entre les Indépendants anglais et leurs compatriotes presbytériens, au XVIIᵉ siècle, il peut n'y avoir aucune divergence théologique et fort peu de diversité au plan du rituel; en revanche, il existe un désaccord foncier au plan ecclésiologique. Autre exemple : les plus anciens puritains étaient membres de l'Eglise d'Angleterre; ils acceptaient l'épiscopat (tout en ne jugeant pas son institution de Droit Divin); mais en matière de rituel existaient des oppositions qui ne cessèrent de se durcir et de devenir à la longue des motifs de rupture. Dernier exemple : entre une communauté francophone conformiste, à savoir, rattachée à l'Eglise anglicane (comme l'était l'église de la Savoie, à Londres, depuis 1661) et une communauté wallonne, comme celle de Threadneedle Street, dans la City, il n'y avait guère que le rituel pour faire une différence et ce sera la question du rituel, beaucoup plus que l'acceptation de l'épiscopat ou même l'effacement du consistoire, qui sera au premier plan des discussions au sein des communautés réfugiées dans les Iles britanniques ou leurs colonies d'Amérique du Nord quand elles furent amenées à suivre l'exemple de la Savoie si elles voulaient perdurer. On peut trouver assurément d'autres exemples de déconnexion entre les trois dimensions que j'ai tenté de distinguer.

S'il est certain, au plan conceptuel, que les divergences théologiques sont à la racine de tout, reste que cette racine est enfouie et lointaine aux yeux des non-spécialistes et des gens simples que sont la majorité des fidèles, tandis que les différences d'organisation ecclésiastique et, plus encore, de rituel, crèvent, pour ainsi dire, les yeux, sont éclatantes, sont palpables. Il semble donc légitime de ne pas se laisser obnubiler par la théologie proprement dite et de faire la part – considérable – qu'elles méritent d'un côté, à la rétivité quelque peu rancunière du petit peuple vis-à-vis des prétentions plus ou moins exorbitantes des clergés, et de l'autre, aux pratiques dévotionnelles qui ont marqué si indélébilement la sensibilité religieuse des fidèles.

Elisabeth LABROUSSE

NOTES

1. Voir à ce sujet le beau livre d'Elisabeth Rabut, *Le Roi, l'Eglise et le Temple. L'Exécution de l'Edit de Nantes en Dauphiné*, Paris, Pensée Sauvage, 1987.

FRONTIÈRE INFRANCHISSABLE ?
L'ACCÈS DES RÉFORMÉS À LA PAIX D'AUGSBOURG
1555-1577

Introduction

Les thèmes qui constituent l'ensemble du colloque m'obligent et m'autorisent en même temps à omettre tout ce qui est du domaine d'autres participants. Je ne me suis proposé ni de donner un tableau général de l'époque, ni de m'étendre sur les théories du « confessionalisme », ni sur les nombreuses approches d'une « deuxième Réforme » (ou bien : les approches des nombreuses « deuxièmes Réformes »), et je n'aborderai pas non plus les controverses des années 20 du XVIᵉ siècle entre Luther, Zwingli et d'autres réformateurs[1].

Vu le statut légal des confessions dans le Saint-Empire dès l'instant où la « Paix de religion » fût proclamée par la Diète d'Augsbourg, le 25 septembre 1555, se pose la question de savoir si les « Réformés » y étaient impliqués ou, au contraire, en étaient exclus, soit d'emblée, soit plus tard. C'est pourquoi la formule « frontière infranchissable » dans le titre de mon exposé doit être suivie d'un point d'interrogation, et non d'un double point, parce qu'elle exprime le problème plutôt que sa solution. J'aimerais attirer votre attention sur deux extraits de sources : une lettre du duc de Württemberg au roi de Navarre en février 1562 et les articles 15, 16 et 17 de la paix d'Augsbourg. Ils réduiront les citations littérales à un minimum. Afin de nous mettre en contact immédiat avec notre matière, commençons par une brève analyse du premier texte[2].

I. *Exégèse de la lettre*

Au moment où le duc Christophe de Württemberg adressa sa lettre au roi de Navarre, la situation des protestants en France paraît extrêmement grave : on est à la veille des guerres de religion. Après l'échec du colloque conciliateur, réuni par la reine-mère Catherine à Saint-Germain, le parlement de Paris refusait d'enregistrer l'Édit de Janvier. La lettre date de neuf jours après la rencontre entre son auteur et le duc de Lorraine, François de Guise à Saverne, quelques jours avant que celui-ci commît le massacre de Wassy, le 1ᵉʳ mars 1562.

Rien d'étonnant à ce que les solutions pratiquées en Allemagne et auxquelles se réfère le duc Christophe se révèlent inadaptables à la France. Au moins, les mesures proposées se heurtaient aux soupçons des protestants suisses, notamment de l'antistes de Zurich, Henri Bullinger, méfiant des intentions du seigneur luthérien, peut-être le mieux renseigné des affaires de la France parmi les princes de l'Empire[3]. En plus, les bons conseils n'arrivaient plus à temps pour agir sur les partis déterminés à recourir aux armes. Et enfin, depuis la Paix d'Augsbourg (1555), la condition des Réformés dans les états de l'Empire avait changé de telle façon qu'elle ne se prêtait guère à la comparaison directe.

Les propos de la lettre sont toutefois assez significatifs pour l'évaluation, par le duc Christophe, de « *tel estat dans lequel les esglises seroient mises ... de present en Allemagne* » et du rôle qu'il attribuait à « *une certaine confession comme est la Confession d'Auguste, ou aultre semblable à icelle* ». Il convient donc de regarder d'un peu plus près quelques notions et idées de la lettre.

Quel est le sens de l'expression « *comme elles sont de present en Allemagne* » et des termes « *paix et union* » ?

Le langage est celui des affaires politiques de l'époque. « *...vivre en paix et union* » est un constituant, un essentiel du bien commun dont la sauvegarde appartient aux autorités publiques, tandis que l'allusion à l'état des églises en Allemagne se réfère à ce que la diète de l'an 1555 avait adopté sous le nom de « Paix d'Augsbourg ». Remarquons d'ailleurs que le duc de Württemberg, lorsqu'il parle des « confessions », se sert du pluriel « les églises » ce qui n'est pas le cas dans les actes de la Diète. Le dossier même est trop volumineux pour être discuté longuement. Qu'il suffise de résumer les extraits du texte[4].

II. La « Paix d'Augsbourg »

La « Paix » est proclamée le 25 septembre 1555. En premier lieu, et conformément à toute paix publique, les « états » renoncent à faire usage de la force, les uns contre les autres. L'instrument de la Diète exclut définitivement l'un des moyens, employés naguère à resoudre la « *causa religionis* », à savoir la guerre de religion. Elle en laisse subsister les autres : le sursis, l'attente de la décision du Concile Universel (suspendu depuis l'élection du pape Paul IV en 1555), ou, à défaut de celui-là, d'un Synode National (célébré éventuellement dans les formes d'une Diète de l'Empire), et finalement la concorde qui pourrait être atteinte par un Colloque. Arriver à la concorde – c'est le but, l'objectif explicite de la paix de 1555.

La « Paix d'Augsbourg » concède le libre exercice de la foi et du culte public aux adhérents de la « vieille religion » catholique romaine et aux partisans de la Confession d'Augsbourg, et les place sous la protection légale de l'Empire[5]. Le choix du parti revenait aux « États », aux princes des territoires et aux magistrats des villes impériales, tandis que le *statu quo* était garanti aux seigneuries ecclésiastiques, tous « les autres...étant entièrement exclus » de la paix publique[6].

Nous voilà au centre de notre problème.

L'exclusion mentionnée concernait avant tout les courants réformateurs considérés depuis longtemps comme « radicaux » à cause de leur attitude envers l'ordre public, de leur refus autant que de leur impulsion à la violence, et pour leur mépris – d'apparence ou de fait – des sacrements, notamment du pédobaptisme, bref, tous ceux dont les protestants et les catholiques s'étaient distanciés depuis longtemps. A part ces écarts manifestes, la question reste irrésolue de savoir si les « Réformés » dans l'Empire, les églises de confession helvétique, participeront à la paix ou non. Le problème de leur légitimité ne sera abordé que plus tard ; il reste indécis pendant les négociations qui suivent la diète de 1555 [7]. Au moment où la question se pose, elle sera étroitement enchaînée sinon identique avec les débats autour de la Confession d'Augsbourg et de la validité de ses diverses rédactions.

III. *La Confession d'Augsbourg – devant et derrière les coulisses*

Par rapport à la «Paix» publique, proclamée en 1555 à Augsbourg, la Confession qui porte le nom de cette même ville, constitue la base et le critère de son application. A l'origine adressée à l'Empereur Charles V pendant la Diète d'Augsbourg en 1530, elle était destinée à rendre compte des mesures de Réforme introduites par les princes et les magistrats des villes dans leurs domaines pour prouver la «catholicité» en doctrine et en discipline du parti évangélique, elle servira plus tard de document de concorde (ou de discorde) et bientôt elle fera l'objet d'interprétations divergentes. L'un des points controversés entre protestants, mais pas le seul, était la compréhension de la Sainte Cène [8]. Cette CA (*Confessio Augustana*), rédigée par Philippe Mélanchthon, a subi des modifications et adaptations en vue des réunions entre les différents types de Réforme, «saxonne» (de Wittemberg) d'une part, «oberdeutsch» (de l'Allemagne méridionale) et «helvétique» d'autre, et ensuite entre protestants et catholiques aux colloques de 1540. A de telles procédures de rédaction aucun des réformateurs, ni Luther, ni Calvin, ni Bucer, ne voyaient d'inconvénient – un fait que les réformés rappelleront aux luthériens orthodoxes à un moment opportun [9]. Ainsi, les principautés et villes protestantes qui adoptaient la Réforme de type helvétique et recherchaient l'association à la Paix d'Augsbourg pouvaient s'appuyer sur la formule, valable en justice, d'être «tenants de la CA», sans risquer leur légitimité. Pourtant, cette manière de se légitimer commença à provoquer des doutes, et la question devint inévitable : quelle «leçon», quelle interprétation de la CA dont se réclamaient aussi Calvin et d'autres «réformés» serait obligatoire, quel degré de conformité à telle ou telle acception définie de ce document serait de rigueur pour être reconnu comme «appartenant à la CA» et jouissant de la paix publique.

Toute cette problématique se développe durant les 22 ans entre la Diète de 1555 et la promulgation de la Formule de Concorde en 1577 par une suite d'événements bien connus qu'il suffit de résumer :

L'empereur désigné Ferdinand Ier considérait la Paix comme un «intérim», un jalon au chemin vers l'union définitive. Fermement résolu à parvenir finalement à un accord entre les confessions, il exigea des Colloques, dont le premier s'ouvrit, après des pourparlers, à Worms en 1557 sous la présidence d'un catholique modéré, l'évêque Julius Pflug, en présence de Guillaume Farel et Théodore de Bèze. L'échec et le renvoi étaient dûs à l'intransigeance d'un groupe de théologiens qu'on appelle les «Flaciens» (d'après leur chef Matthias Flacius Illyricus) ou «gnésioluthériens», luthériens authentiques, de la Saxe ernestine (ducale). Une assemblée des princes protestants («Fürstentag») à Naumburg en 1561 manqua de justesse de réussir, parce que le duc Jean-Frédéric «le Moyen» et ses théologiens, «Flaciens» de Iéna, s'opposaient à l'entente pour des raisons qui remontent à la défaite de la Ligue de Smalkalde en 1547 et à l'attitude pacifique de Mélanchthon et des «Philippistes» face à l'Intérim imposé par Charles V aux vaincus. Ainsi les luthériens se montrent divisés en Gnésioluthériens et Philippistes un an après la mort de Mélanchthon. La compatibilité de la CA variata avec la CA de 1530 est mise en doute[10].

Les conséquences pour la situation des Réformés suivent aussitôt, puisque les théologiens zurichois et genevois avaient sollicité les allemands d'intervenir auprès de la reine-mère en faveur des protestants français persécutés. Le colloque de Poissy démontre les interférences continues franco-allemandes et les difficultés des deux côtés. Cette période se termine avec les démarches de Christophe de Württemberg à la veille des guerres de religion en France[11].

IV. *Les «Réformés» dans l'Empire*

La question de la participation des «réformés» à la «Paix» se pose d'urgence à cause du passage de quelques princes «luthériens» à un type de Réforme, dit «Zwinglo-calvinisme» fondé sur le *Consensus Tigurinus* de 1549, une formule de confession qui rapprochait la théologie calvinienne (ou «romande») de la doctrine eucharistique des Suisses alémaniques et qui avait été très mal vue par les luthériens de la Saxe ernestine. Le précédent le plus grave de ces «conversions» est établi par le fait qu'un des Princes Électeurs, le Comte Palatin Frédéric III (1559-76) introduisit la confession «réformée» dans son territoire jusque-là luthérien. Le «Calvinisme» qu'on lui reprochait mérite d'être examiné avec soin. Au fond, l'Électeur ne fait d'autre que de modifier la discipline ecclésiastique de son prédécesseur, ce qui était d'ailleurs prévu. Son dessein est d'obtenir la «Freistellung» de la religion des sujets, surtout la concession que la clause du «réservat ecclésiastique» n'est pas obligatoire pour les villes et la noblesse des seigneuries ecclésiastiques. En plus, il fit publier les Ordonnances et le Catéchisme de Heidelberg (1563) et les envoya en Saxe, ce qui provoqua de véhémentes réactions aussi du côté des voisins, du margrave de Bade, des ducs des Deux-Ponts et de Württemberg. Les professeurs luthériens de théologie à Heidelberg qui s'opposent aux changements sont relevés de leurs fonctions. En réalité, la substance théologique du Catéchisme de Heidelberg, n'est ni «zwinglienne» ni «calviniste»; elle se comprend plutôt par la tradition bucérienne et mélanchthonienne. On pourrait dire que la doctrine eucharistique du Catéchisme de Heidelberg diffère de celle de la Confession d'Augsbourg au même dégré que l'article correspondant de la CA variata[12].

Il s'agit toujours de la même question, disputée entre luthériens: quels sont le sens et la version authentiques de la CA, bref, la question de son autorité. Au niveau de l'Empire, la dispute se prolonge au delà des confrontations entre luthériens, et elle trouve des réponses divergentes. C'est d'abord l'incorporation de quelques biens ecclésiastiques au domaine électoral, c'est ensuite la solidarité des Suisses, de Bullinger et de Bèze, exprimée par la Confession helvétique postérieure de 1562, et c'est enfin la polémique luthérienne qui compromettent le Comte Palatin aux yeux de ses adversaires, et qui aggravent la situation au moment de la diète d'Augsbourg en 1566. Cette assemblée devient la scène de la première tentative d'exclure un prince de la «Paix». L'empereur Maximilien II qui somma l'Électeur Palatin d'abandonner le calvinisme ne trouva de soutien qu'auprès des ducs de Württemberg, des Deux-Ponts et de Mecklembourg, tandis que l'électeur de Saxe (albertine), Auguste, décida les états protestants à déclarer Frédéric «fidèle à la Confession d'Augsbourg», sous réserve du seul article concernant la Sainte Cène, dont on parlerait plus tard[13]. La diète n'arrive à aucune décision qui aurait pu changer la politique pratique en matière de religion.

V. *Les résultats*

Les conséquences (et inconséquences) de la «Paix d'Augsbourg», mise à l'épreuve des intérêts disparates et des évolutions hétérogènes, se manifestent diversement, par domaines de la vie publique ou privée et selon les différents aspects, les «couches» de la problématique. Il est parfois difficile de faire le départ entre les raisons d'ordre théologique et les données politiques proprement dites. De même, les controverses doctrinales et théologiques entre luthériens et réformés, mais aussi au sein de chacun des deux partis, ainsi que les confrontations des confessionalismes protestants avec les nonconformistes, continuent à passionner les esprits, et non seulement ceux des théologiens. L'enjeu de la querelle était le besoin d'expériences spirituelles et la certitude de leur authenticité, à savoir de la communion avec le Christ dans la Cène et de l'union entre chrétiens. Il était admis pour principe que la vérité ne peut être qu'une[14].

Le but d'une concorde n'était même pas réalisé parmi les états luthériens, lorsque les théologiens brandebourgeois, saxons et souabes achevaient, en 1577, la «Formule de Concorde». Résultat de négociations laborieuses, elle suit une ligne médiatrice entre les positions philippistes et gnésioluthériennes, mais elle condamne les doctrines «calvinistes» en matière de sacrements et de christologie[15]. Cependant, ce document n'était pas reçu dans tous les territoires et villes luthériens. Le tableau d'un Luthéranisme homogène ne correspond point à la réalité historique. Dans la vie chrétienne, au niveau des paroisses et des individus, le procédé de «Réforme continue» consiste en l'intériorisation de la spiritualité et une certaine indifférence aux questions d'organisation. Le théories du territorialisme et du collégialisme remplacent les réflexions théologiques à ce sujet-là.

Entre-temps, les définitions et décrets du Concile de Trente ont déterminé l'attitude des catholiques, y compris des anciens «moyenneurs»[16].

Au plan de la politique pratique, l'équilibre provisoire, installé par la «Paix d'Augsbourg» et affirmé au cours des diètes suivantes, offre des possibilités de développement en plus de celui qui mènera à la guerre de Trente ans et à la Paix de Westphalie. Les états réformés de l'Empire concentrent leur intérêt sur la situation européenne et interviennent dans les conflits en France, aux Pays-Bas et entre Savoie et Genève. Parfois cet engagement dépasse leurs besoins, les moyens et les limites des petits territoires. La «Paix» ne fonctionne pas mal, d'autant qu'on se contente, en cas de conflit, d'employer le remède qui s'est avéré bon : on n'en parle pas. La «Paix» échoue au moment où le Comte Palatin Frédéric V, désireux de venir au secours des réformés dans un domaine des Habsbourg, aspire à la succession du royaume de Bohême et à la dignité impériale.

Les conséquences de la «Paix» à l'égard de la situation légale des confessions me semblent les plus intéressantes, à première vue contradictoires. Le compromis crée un type particulier de pensée et de réalisations juridiques : la dissimulation des antagonismes, la division du Droit en deux; il démontre l'énergie et la résignation. L'accord permet d'éviter un choix net, inévitable en théorie, mais impraticable entre la séparation et la tendance à se réunir. La «Paix» revient à la *suspensio actionum et iuris*, elle implique la dissimulation de ce qu'on croyait irrecevable : la situation légale étant inaltérée, l'exécution est suspendue. Cette distinction entre le droit et son exercice, entre le droit en tant que possession et procès, entre le matériel et le procédural, accuse la transformation bi-confessionnelle des notions du droit public. La juridiction spirituelle est supprimée, non seulement dans les territoires protestants, mais aussi sur le plan du Saint-Empire, ce qui revient à l'inobservance des lois contre les hérétiques alors que l'excommunication et le ban de l'Empire subsistent, quoique contestés [17].

Conclusion

Pour répondre à la question de ma communication, reste à constater que les Réformés n'étaient ni admis à la «Paix d'Augsbourg», ni formellement exclus de la protection légale. Effectivement, les «réformés» participent, de façon indirecte, à la «Paix», pour autant qu'ils sont considérés comme «luthériens», c'est-à-dire sous la protection des «tenants la Confession d'Augsbourg». C'est donc la frontière confessionnelle définie par la diète de 1555 qui les protège. Le conflit est transféré du niveau de l'Empire à celui des États légitimement protestants. Ce résultat se comprend à partir des données particulières de l'époque : ni concorde ni tolérance n'en étaient la condition, mais la dissimulation et le sursis. Le sursis fut durable.

Heinz LIEBING
Université de Marburg

NOTES

1. L'article de Heinz SCHILLING, « Die Konfessionalisierung im Reich. Religiöser und gesellschaftlicher Wandel in Deutschland zwischen 1555 und 1620 », in : *HZ* 246 (1988) 1-45, résume l'état actuel des discussions en Allemagne. Voir le recueil Die reformierte Konfessionalisierung in Deutschland – Das Problem der « Zweiten Reformation », éd. H. SCHILLING (Schriften des Vereins für Reformationsgeschichte, 195) Gütersloh 1986
2. Christophe Duc de Württemberg au Roi de Navarre, Antoine de Bourbon [Stuttgart, 27 février 1562; in : BSHPF 24 (1875) 122; cit. d'après Mario TURCHETTI, *Concordia o tolleranza? François Bauduin (1520-1573) e i « Moyenneurs »* (Travaux HR,200) Genève 1984, p.302] : « ...*si derechefz une conference se faysoit entre quelques gens savans, craignans dieu, et d'esprit tempéré, sus une certaine confession comme est la Confession d'Auguste, ou aultre semblable à icelle, auquel aussi aulcungs ministres de la Germanie fussent convocés, il en*

sortiroit quelque bon fruict, ou de moings les esglises seroient mises en tel estat
comme elles sont de present en Allemagne affinque ung chascun puisse auprès de
l'aultre vivre en bonne paix et union... »

3. Bullinger à Bèze, 28 juin 1569, in : Théodore de Bèze, Correspondance, t. X : 1569 (Travaux HR, 181) Genève 1981, n° 681 p. 126 et n. 6, ; cf. Zanchi à Bèze, février 1562, ibid. t. IV : 1562-63 (Travaux HR, 74) Genève 1965, n° 241 p. 60s et n. 2.

4. Diète de l'Empire à Augsbourg; résolution du 25 septembre 1555 (= « Paix d'Augsbourg »); extrait de Karl ZEUMER, *Quellensammlung zur Geschichte der deutschen Reichsverfassung in Mittelalter und Neuzeit*, Tübingen ˝1913, n°189, t. II p. 344 s. = §§ 14-17; trad. du texte allemand par H. LIEBING. Voir aussi l'édition critique : *Der Augsburger Religionsfriede vom 25. 9. 1555*. Kritische Ausgabe des Textes (mit den Entwürfen der königlichen Deklaration). Bearb. v. K. BRANDI ˝1927; plus récente, plus exacte et plus complète : *Religionsvergleiche des 16. Jh.* I (Qu. z. neueren Gesch., 7) bearb. Ernst WALDER, Bern/Frankfurt ³1975. [§ 14 : Proclamation de la paix publique] [§ 15] : « Et afin que cette paix – aussi pour cause de la religion divisée – soit fondée, établie et conservée entre la Majesté Romaine Impériale et Nous et les Princes Électeurs, les Princes et les États du Saint-Empire, en plus grande permanence telle que les raisons citées ci-dessus et les besoins du Saint-Empire l'exigent : la Majesté Impériale, Nous ainsi que les Électeurs, les Princes et les États du Saint-Empire n'userons de force contre aucun état de l'Empire, ni lui porterons préjudice, ni le violerons à cause de la Confession d'Augsbourg, sa doctrine, religion, et non plus le repousserons d'autre manière – contre sa conscience et volonté – de cette Religion et Confession d'Augsbourg, de sa foi, discipline, ordonnances et cérémonies ecclésiastiques qu'ils ont instituées ou qu'ils institueront dans leurs principautés, territoires et domaines, ni les incommoderons et mépriserons, soit par mandat soit sous une autre forme, mais les laisserons tranquillement et paisiblement demeurer dans leur religion, foi, coutumes, disciplines et cérémonies, et dans la possession de leurs biens immobiliers et mobiliers, de leurs terres, gens, domaines, magistratures, seigneuries et privilèges; et la religion disputée ne sera menée à l'entendement chrétien unanime et à la concorde que grâce aux moyens chrétiens, amicaux et pacifiques – tout par la dignité Impériale et Royale, par l'honneur et la bonne foi de la parole princière et sous les sanctions de la paix publique. » [§ 16] : « En revanche, les états adhérants à la CA. promettent ... » [§ 17] : « Pourtant, cette paix ne sera appliquée à tous les autres qui ne sont pas partisans des deux religions mentionnées, mais ils en seront entièrement exclus. »

5. Les résolutions de la Diète ne parlent ni de « confessions » ni d'« églises », et non plus du « protestantisme », Luthéranisme ou Zwinglianisme, mais de la religion catholique d'une part et des « tenants » la Confession d'Augsbourg (ses « partisans », appartenant, adhérants à elle) d'autre part. La notion allemande « Augsburgische Confessions-Verwandte » se traduit de différentes manières; le verbe transitif « tenir » me semble le choix le plus heureux.

6. Le droit des princes sur la confession de leurs sujets sera exprimé par la formule « *cuius regio,eius religio* » pour la première fois par le juriste luthérien Joachim Stephani, *Institutionesiuriscanonici*, 1599, lib. I cap. 7 n. 52

7. Le père Jacques V. POLLET O. P. fournit d'excellents renseignements en français dans les commentaires et introductions de son édition de Julius Pflug,

Correspondance, t. IV, juillet 1553-sept. 1564. Leiden 1979; introduction : 1-18; 205-344 : 1556-1557 (Ratisbonne, Worms); t. V, Supplément, 2ᵉ partie 1982, 215-222 (Augsburg 1555) 237-258 (Worms 1557) 268-297 (« Fürstentag » à Naumburg, 1561).

8. Une petite table synoptique des versions consécutives permettra de retrouver les termes cruciaux (en italiques et caractères gras) : L'Article « De coena Domini » 1530-1540 [Die Bekenntnisschriften der ev. -luth. Kirche, Göttingen ″1952, p. 64s.]

[CA 1530] X. De coena domini. *De coena Domini docent, quod corpus et sanguis Christi vere adsint et distribuantur vescentibus in coena Domini; et improbant secus docentes.*

[Witt. Konk 1536] *...Itaque sentiunt et docent, cumpane et vino vereet substantialiter adesse, exhiberiet sumi corpus Christi et sanguinem.*

[CA variata 1540] *De coena domini docent, quod cum pane et vino vere exhibeantur corpus et sanguis Christi vescentibus in coena domini.*

9. Rodolphi Hospiniani Tigurini Concordia discors, hoc est de origine et progressu Formulae Concordiae Bergensis, liber unus. (1607), Genève 1678, p. 13-20; voir Th. de Bèze à Calvin, 17 juillet 1557, Corr. t. II n°99 p. 77 n. 3 : Calvin avait souscrit à la fois la CA et le Consensus Tigurinus; à Dudith, 18 juin 1570, Corr. t. XI n°780 p. 172, qui définit « nos églises » à partir des trois « confessiones universales », la CA, la Confessio helvética posterior et la Confessio Gallicana.

10. J. Pflug, *Corr.*, éd. POLLET, (voir supra n. 7); Th. de Bèze aux pasteurs de Zurich, 24 déc. 1557 Corr. t. II passim, les lettres autour du Colloque de Worms, surtout n°114. 120. 124; p. 115-152. – *De pace religionis acta publica et originalia.* Das ist : Reichshandlungen, Schrifften und Protocollen uber die Constitutionen deß Religion-Friedens in drey Büchern abgetheilet. Publ. durch Christoph Lehenmann (=LEHMANN) Frankfurt 1631. Nouvelle édition en 3 volumes 1707-1710; Christian August SALIG, Vollständige Historie der Augspurgischen Confession und derselben zugethanen Kirchen, II. III Halle/Saale 1733. 1735

11. Bullinger à Calvin et Bèze 29 mai 1561, in : Théodore de Bèze, Corr. t. III n°173 p. 105-107; à Bèze 25 juin 1561 n°176 p. 117; à propos des répercussions au plan de la politique religieuse « gallo-germanique » en 1561, y compris le rôle des « Moyenneurs » (Michel de L'Hospital, chancelier de la reine, Charles de Guise, cardinal de Lorraine, Jean de Montluc, évêque de Valence) et l'arrivée tardive des théologiens wurttembergeois à Poissy, voir TURCHETTI (supra n. 2), surtout le chapitre VII : « La Confessione Augustana dietro le quinte del colloquio di Poissy », p. 233-275, et les travaux sur le Colloque de Poissy, e. g. Alain DUFOUR, « Le colloque de Poissy », in : *Meylanges d'histoire du XVIᵉ siècle offerts à Henri Meylan*, Genève 1970, p. 127-137.

12. Volker PRESS, *Calvinismus und Territorialstaat. Regierung und Zentralbehörden der Kurpfalz 1559-1619*, Stuttgart 1970 (Kieler hist. Studien, 7) ; pour les motifs voir A. GILLET, « Friedrich III., Kurfürst von der Pfalz, und der Reichstag zu Augsburg im Jahre 1566», in : HZ 19 (1868) 38-102; en particulier p. 48 s. La notion de « Freistellung », qu'on peut traduire approximativement par « autonomie » ou « libre option » reste tout de même quelque peu ambiguë parce que les revendications particulières des protestants n'étaient pas unanimes; voir LEH(EN)MANN, II. II. p. 221, les éclaircissements de HOLLWEG (voir n. 13), p. 315 s. et HECKEL, Autonomia (voir n. 17), p. 145 s.

13. Walter HOLLWEG, Der Augsburger Reichstag von 1566 und seine Bedeutung für die Entstehung der Reformierten Kirche und ihres Bekenntnisses (Beiträge z. Gesch. u. Lehre d. Ref. Kirche, 17). Neukirchen 1964; voir les sources dans la collection de LEHMANN (n. 10).

14. Voir *Correspondance* de Th. de Bèze, t. II (1556-1558), Genève 1962, p. 7 (préface) sur « l'espoir d'établir une concorde »; Confessio Augustana art. VII De ecclesia : « *Et ad veram unitatem ecclesiae satis est consentire de doctrina evangelii et de administratione sacramentorum* », in : Bekenntnisschriften (voir n. 8), p. 61)

15. Les « *Negativa* » dans l'Épitomé de la FC, art. VII et VIII, in : Bekenntnisschriften (voir n. 8), p. 800-803; 809-812

16. E. g. du Cardinal de Lorraine, « oublieux maintenant de la Confession d'Augsbourg qu'il avait un temps aimée », Th. de Bèze, *Correspondance*, t. 9, p. 7 (préface)

17. Pour la terminologie voir Martin HECKEL, « Autonomia und Pacis compositio » in : ZSav 76 (kan. 45) 1959 141-248; id. , Parität, ibid. 80 (kan. 49) 1963, 261-420; id., Die reichsrechtliche Bedeutung der Bekenntnisse, in : *Bekenntnis und Einheit der Kirche. Studien zum Konkordienbuch*, éd. M. BRECHT /R. SCHWARZ, Stuttgart 1980, p. 57-88

LA FONDATION D'UNE NOUVELLE ÉGLISE
LES PROTESTANTS DU CONTINENT ET L'ÉGLISE
ANGLAISE (1547-1553)

En avril 1547 Charles V mit en déroute l'armée de la ligue de Schmalkalde à la bataille de Muhlberg : plusieurs défenseurs de la cause luthérienne, y compris Jean Frédéric de Saxe et Philippe de Hesse, furent emprisonnés. L'empereur convoqua une diète à Augsbourg, et en juillet 1548 cette diète promulgua l'Interim d'Augsbourg, qui interdisait effectivement le luthéranisme dans tout l'Empire. La plupart des villes et des états germaniques s'y soumirent de gré ou de force. Les prédicateurs et théologiens protestants s'enfuirent : comme Martin Bucer le déplorait, en 1548, ils « s'échappaient comme l'eau qui coule »[1].

Ailleurs en Europe il n'y avait guère de quoi se réjouir. Le protestantisme était rigoureusement réprimé dans les Pays-Bas, alors qu'en France l'avènement de Henri II fut suivi rapidement par l'institution des chambres ardentes, et par l'envoi d'une armée en Ecosse pour maîtriser les protestants qui s'y trouvaient ; Knox et ses collègues furent emmenés aux galères.

En Angleterre seulement, l'avenir du protestantisme semblait prometteur. La mort de Henri VIII en janvier 1547 avait été suivie à Londres et dans certaines parties du sud-est par les manifestations d'enthousiasme populaire pour l'innovation religieuse, enthousiasme encouragé par l'approche radicale dans la prédication d'hommes tels que William Barlow et Thomas Hancock[2]. Peu à peu, l'archevêque Cranmer lui-même encouragea la reconnaissance publique de certaines doctrines protestantes ; dans son sermon à l'occasion du couronnement du jeune roi Edouard VI, il dénonça toute image,[3] et dans une de ses homélies publiée en juillet 1547 il défendit la justification par la foi seule[4]. Les services à l'église furent faits de plus en plus couramment en langue vernaculaire, et à partir de décembre 1547 les laïcs purent communier sous les deux espèces.

L'Angleterre offrait donc « un asile très sûr », et « une arche » aux protestants étrangers[5]. On vit donc affluer vers l'Angleterre des protestants des Pays-Bas qui fuyaient les commissions d'enquête dans les Flandres, des protestants allemands qui fuyaient l'Interim, ainsi qu'un petit nombre de Français et d'Italiens. Parmi eux se trouvaient quelques uns des penseurs protestants les plus influents du seizième siècle, y compris les Italiens Peter Martyr Vermigli et Bernardino Ochino, le polonais Jean Laski, et Martin Bucer.

Beaucoup de théologiens répondirent expressément à l'invitation de Cranmer; il écrivit personnellement, par exemple, à Laski, à Bucer, et à Melanchthon – ce dernier, cependant, resta à Wittenberg [6]. Il offrit de payer leurs dépenses de voyages, et logea une grande partie d'entre eux dans sa propre maison [7]. Comme le juif de Ferrare, John Tremellius, l'écrivit plus tard: « son palais était une auberge ouverte à toute personne érudite et pieuse. Hôte, mécène et père, il possédait l'art d'accueillir les étrangers et parlait leur langue » [8]. Le but de Cranmer était en partie purement charitable, mais il caressait aussi le projet d'une conférence protestante internationale, une pieuse alternative au concile de Trente. Il espérait que « les hommes cultivés et pieux » selon l'exemple des apôtres », formuleraient une déclaration concernant « les sujets principaux de la doctrine ecclésiastiques », qui serait à même de faire passer à la postérité un modèle qu'elle serait encouragée à égaler [9].

Le degré d'influence que ces étrangers eurent sur le développement de l'église protestante anglaise est une question qui pendant des siècles souleva beaucoup de controverses. Parmi les intéressés, beaucoup désiraient suivre le premier historien du mouvement, John Foxe, dont les *Actes et Monuments* furent publiées en 1563, en faisant reculer les origines du protestantisme anglais jusqu'aux mouvements hérétiques « lollards » des quatorzième et quinzième siècles. Ils cherchaient à maintenir l'indépendance théologique des principaux protagonistes anglais, minimisant l'importance de l'influence étrangère [10]. D'autres désiraient proclamer que l'église anglaise était l'église du luthéranisme, alors que d'autres insistaient sur l'importance de la pensée calviniste. Une chose qu'il me semble difficile de nier actuellement est que, doctrinalement, l'Eglise anglaise fut affectée temporairement par les étrangers éminents qui s'y trouvaient intégrés: le *Prayer book* de 1552, par exemple, était, clairement, remanié en fonction des critiques que Martin Bucer avait émises sur la première édition de 1549 [11]. De même, la contribution de Peter Martyr au développement de la théologie sacramentale selon Cranmer ne devrait pas être sous-estimée [12]. Cependant, les étrangers n'eurent pratiquement aucune influence sur la structure et l'organisation de l'Eglise anglaise [13]. Ni l'église étrangère née en 1550 à « Austin Friars » à Londres pour accueillir les assemblées allemande et hollandaise, ni l'église française de Threadneedle Street, sans compter la beaucoup plus petite église italienne, n'eurent une influence substantielle. Pas plus que les critiques des théologiens étrangers à l'égard des évêques anglais.

Des évêques: voici donc peut-être une frontière religieuse? Tant d'exilés venaient de régions qui avaient abandonné leurs évêques. Dès le début, les étrangers montrèrent une hostilité considérable à l'égard des évêques. En janvier 1550, par exemple, Peter Martyr rapporta que « la perversité des évêques est incroyable; ils s'opposent à nous de toute leur force », alors que Jan Utenhove rapportait l'année suivante que les évêques étaient « beaucoup plus soucieux de leur propre gloire que de celle du seigneur Jésus » [14].

Est-il donc possible de distinguer une frontière entre les protestants étrangers qui n'aimaient pas les évêques et des protestants anglais qui les aimaient? Non: c'est beaucoup plus compliqué.

Il y avait, bien sûr, des évêques conservateurs en Angleterre, qui étaient extrêmement critiques à l'égard des réalisations du gouvernement d'Edouard. Les plus remarquables parmi ceux-ci étaient Stephen Gardiner, évêque du plus riche diocèse du royaume, Winchester, et Cuthbert Tunstall, évêque du plus riche après lui, Durham, ainsi que Nicolas Heath, évêque de Worcester, et Edmund Bonner, évêque de Londres. Mais ces évêques furent plus tard, tous les quatre, destitués, ainsi que George Day, évêque de Chichester. Leurs successeurs étaient bien différents.

Bien plus, beaucoup d'Anglais avaient toujours sévèrement critiqué la manière avec laquelle les évêques remplissaient leurs fonctions. De telles critiques avaient été courantes du temps de la prédication lollarde, et elles se ranimèrent avec vigueur dans les années 1520 et 1530[15]. Robert Barnes et William Tyndale affirmèrent alors qu'il n'existait pas d'autorité scripturale permettant la possession de vastes biens temporels par les ecclésiastiques et que, selon la loi divine, les évêques n'avaient pas l'autorité séculière; ils déclarèrent que les évêques étaient aussi avides que l'avait été Judas, recevant du diable les richesses et le faste que le Christ avait refusé. Des pamphlets tels que *The practyse of prelates* and *The images of a very chrysten bysshop and of a counterfayte bysshop* furent mis en circulation de façon étendue, ainsi que les attaques licencieuses de John Bale.

De plus il n'y avait pas à cette époque d'insistance du côté anglais sur l'épiscopat *de jure divino*, ce qui aurait pu constituer une frontière. Les penseurs anglais de l'époque semblent en général avoir considéré l'épiscopat en premier lieu comme une chose administrativement pratique, et la division entre les évêques et le clergé inférieur « comme une distinction de rang plutôt que d'ordre »[16]; les évêques allaient être considérés, selon les dires de John Jewel, évêque de Salisbury, au début du règne d'Elizabeth, comme des « pastores operosos, vigiles »[17]. La plupart des hommes d'église anglais auraient accepté l'enseignement de Bucer qui pensait que « presbyterorum atque episcoporum unum idemque officium ac munus esse »[18].

Non, il n'existait pas de frontière entre anglais et étrangers à cause des évêques. Même, on peut dire qu'à partir de la seconde moitié du règne d'Edouard VI la situation en Angleterre était telle qu'une attaque sur une grande échelle de l'institution de l'épiscopat n'aurait pas été surprenante, attaque dans laquelle les étrangers auraient joué un rôle vital. Le gouvernement avait un très grand besoin d'argent: en 1552, il ne pouvait simplement pas payer ses dettes. Les richesses des monastères avaient déjà été saisies, et dépensées. Les oratoires avaient été dissous, l'argenterie appartenant aux églises, et leurs cloches, avaient été confisquées, et même le plomb des toits avait été enlevé. On jetait des regards avides sur les terres épiscopales[19]. Quand de nouveaux évêques étaient élus pour occuper les sièges des conservateurs qui avaient été expulsés, ils se trouvaient alors obligés de rendre à l'état une partie importante de leurs richesses terriennes. Ce qu'ils ne firent pas sans protestations : Nicholas Ridley, le successeur de Bonner à Londres, par exemple, se plaignit que sa situation était si déplorable que si la nation entière devait en entendre parler chacun « se lamenterait et se désolerait à l'idée d'une chute si déplorable »[20]. Cranmer jugea nécessaire de se défendre ainsi que tous ses collègues contre l'accusation d'excessive convoitise[21], et un traité en latin sur l'illégalité du transfert de la propriété de l'église à des usages séculiers fut préparé[22].

L'abolition de l'épiscopat aurait évidemment facilité la confiscation des terres des évêques. L'abolition aurait été plus acceptable si elle avait pu être justifiée en termes de doctrine. Les protestants du continent étaient bien placés pour fournir une telle justification. Pourquoi donc cela ne s'est-il pas passé ?

Les liens existant entre ceux du gouvernement qui voulaient mettre la main sur les richesses épiscopales et les étrangers qui auraient justifié cette action en faisant appel à une doctrine n'étaient pas forts. Comme beaucoup d'exilés, les étrangers avaient tendance à se replier sur eux-mêmes, se plaignant constamment de la nourriture et du temps anglais[23] – Edouard VI donna à Bucer de l'argent pour s'acheter un fourneau[24] – ils se pelotonnaient les uns contre les autres pour s'encourager. La mort, à Cambridge, de Paul Fagius suivie de celle de Bucer lui-même augmenta leur impression d'isolement. Peter Martyr se lamentait : « tant que Bucer était en Angleterre je ne me suis jamais senti en exil » ; maintenant, il se sentait seul[25]. Ils se mirent à se quereller avec amertume entre eux, et écrivirent des lettres venimeuses à ceux de leurs collègues qui étaient restés au pays[26].

S'ils formaient un groupe compact c'était en partie parce qu'ils trouvaient difficile de communiquer avec les Anglais autour d'eux. Peu d'Anglais parlaient l'italien, le français ou l'allemand, et peu d'exilés parlaient l'anglais. Cela ne posait pas un gros problème à ceux d'entre eux qui tenaient des postes à l'université, où ils prêchaient et donnaient des conférences en latin[27], mais dans cette situation, tout de même, cela signifiait que les possibilités de contacts sans formalité ne pouvaient qu'être limitées. Peter Martyr, comme nous le savons, donnait des conférences privées en italien dans sa maison à Oxford auxquelles assistaient des membres de l'université sympathisants, mais le nombre de ceux qui pouvaient en bénéficier ainsi, était petit[28]. De plus, comme le faisait remarquer Martyr, le manque de bons prédicateurs populaires en Angleterre ne pouvait pas être compensé « par l'aide des étrangers, en raison de leur manque de familiarité avec la langue anglaise »[29].

La barrière linguistique limitait aussi la portée des contacts que les étrangers avaient avec ceux qui exerçaient un pouvoir politique. Certains membres de la noblesse regardaient les étrangers d'un œil favorable et essayaient de leur venir en aide et de leur offrir leur appui, mais ils étaient peu nombreux. Les même noms nous réapparaissaient constamment – Henry Grey, marquis de Dorset et plus tard Duc de Suffolk, avec le reste de sa famille ; William Parr, marquis de Northampton ; John Cheke, le secrétaire du conseil. Le Protecteur Somerset était obligeant, mais il avait perdu son pouvoir réel en octobre 1549. John Dudley, le Duc de Northumberland, qui le remplaça effectivement à la tête du gouvernement, était aussi un sympathisant pour commencer – et fut même décrit comme «ce soldat du Christ des plus fidèles et intrépides!»[30]. Cette sympathie, toutefois, semble n'avoir rien produit de remarquable. Et pourquoi donc? C'est une question qu'il vaut la peine d'approfondir, car Northumberland aurait bien pu mener l'offensive contre l'épiscopat.

En tant que président du conseil du roi, Northumberland était bien au courant de la situation financière désespérés du gouvernement. Ce fut lui qui mit fin à la grande liberté médiévale de l'évêque de Durham, donnant une partie de ses biens à la couronne, et en gardant une part pour lui-même[31]. Il semble avoir été en mauvais termes avec l'archevêque Cranmer, et au cours du dernier parlement de règne d'Edouard VI il lança, à la Chambre des Lords, une attaque cinglante contre les évêques qui, disait-il, désiraient accroître la puissance avec laquelle ils pouvaient châtier les laïcs sans pourtant être disposés à remettre de l'ordre dans leurs affaires[32]. Pourquoi Northumberland n'a-t-il pas utilisé quelqu'un comme Jean Laski, directeur de l'église des étrangers allemands, et fervent adversaires des évêques anglais, pour lui fournir un appui théorique en vue de la suppression de l'épiscopat?

Une partie de la réponse est que, comme nous l'avons vu, il était très difficile pour Northumberland de communiquer avec les étrangers sans intermédiaire. Mais de toute façon les relations entre le conseil dont Northumberland était président et Laski et l'église des étrangers avaient été désespérément endommagées par l'affaire de Hooper et des vêtements sacerdotaux[33]. John Hooper avait passé de nombreuse années en Allemagne, et de 1547 a 1549, quand il revint en Angleterre, avait vécu à Zurich. Quand il fut nommé évêque de Gloucester en 1550, il réalisa que sa consécration l'engagerait à prendre part à des cérémonies qu'il considérait comme papistes et il refusa l'évêché. Une tempête de protestations s'ensuivit. Le jeune roi, à qui on avait fait appel personnellement, consentit à ce que Hooper ne soit pas obligé de prêter serment en mentionnant les noms des sains, et effaça le passage en question de sa propre main. Mais, en ce qui concernait les vêtements sacerdotaux prescrits, «Ces habits et vêtements aroniques et anti-chrétiens», selon Hooper, il était impossible de se mettre d'accord.

L'un de ceux qui tenaient le plus fermement à ce que Hooper porte les vêtements dont l'usage avait été prescrit par le parlement avait été Nicholas Ridley, évêque de Londres, que Cranmer avait nommé responsable de la consécration de Hooper. Ridley était un protestant convaincu, qui devait mourir au bûcher pour défendre sa foi cinq ans plus tard, mais à cette époque en particulier il semble avoir été très préoccupé par l'idée que la discipline religieuse risquait de se désintégrer, et que l'anabaptisme et d'autres idées plus radicales pourraient prendre trop d'envergure. Son diocèse comprenait un petit nombre de groupes dissidents de ce genre, ainsi que les églises étrangères. Extrêmement anxieux de ne pas perdre le contrôle, Ridley fit appel au conseil, en maintenant que la permission d'infractions à la loi telles que Hooper le désirait serait «la racine même et la source profonde de beaucoup d'entêtement et d'obstinations, de sédition et de désobéissance de la part des plus jeunes à l'égard de leurs ainés »[34]. Le conseil, après les insurrections de 1549 constamment inquiété par des désordres populaires, lui donna son appui. Hooper fut emprisonné quelque temps[35]. Finalement, en février 1551, il se soumit. Il fut donc consacré dans la forme prescrite.

Tout cet épisode avait profondément divisé la communauté protestante étrangère. Hooper fit appel aux théologiens étrangers, mais tous ne furent pas d'accord avec lui; Bucer et Peter Martyr l'exhortèrent tous deux à se soumettre[36]. Cependant, Jean Laski et Martin Micron, les pasteurs de l'église étrangère allemande, ainsi que d'autres tels que John Stumphius, lui donnèrent un soutien ardent[37]. Momentanément le soutien qu'ils prêtaient à Hooper menaça l'existence même des églises étrangères; Micron dit à Bullinger, en octobre 1550, que: «grâce à toutes leurs démarches et à leurs persuasions les évêques ont obtenu du conseil du roi que nous n'ayons plus de libre accès aux sacrements, mais que nous soyons enchaînés par les cérémonies anglaises, qui sont intolérables à toute personne pieuse »[38].

Bien qu'en fin de compte Hooper se soit soumis, et que Ridley et les églises étrangères aient fini par s'entendre et aient décidé de travailler en collaboration, la controverse des vêtements sacerdotaux eut des répercussions à grande portée. A partir de ce moment beaucoup de membres du conseil durent considérer Hooper et ses sympathisants comme des exaltés pleins de zèle qui plaçaient les scrupules de la conscience individuelle avant les lois du pays. Les conséquence du tort fait par cet épisode au «commonwealth chretien» furent aussi importantes. Bien que Cranmer semble avoir continué à croire à la conférence qu'il souhaitait convoquer et qui serait le contre-pied du concile de Trente – il avait demandé à Calvin et à Bullinger de lui venir en aide[39]– les dissensions amères que la contro-verse des vêtements sacerdotaux avait engendrées révélèrent combien il était peu probable que les différentes factions protestantes en conflit pussent parvenir à un accord[40]. Cependant, l'épisode eut peut-être pour effet de sauver cet épiscopat auquel Cranmer croyait si fermement. Si Northumberland et les protestants étrangers avaient fait cause commune au début des années 1550, toute la forme de l'Eglise anglaise à partir de cette période aurait été différente. Mais l'épiscopat a survécu en Angleterre, et il a même survécu avec une succession apostolique intacte.

Et pourquoi? Parce qu'il y avait à cette époque une frontière à l'intérieur de la frontière religieuse: la barrière linguistique. En Angleterre – et peut-être aussi dans quelques autres pays – la barrière linguistique et culturelle entre les gens du pays et les étrangers était très forte. Nous avons entendu hier qu'il était interdit à des jeunes gens catholiques de parler aux jeunes gens protestants, mais en Angleterre à cette époque les difficultés de langue étaient telles que les protestants ne pouvaient pas parler à d'autres protestants.

Jennifer LOACH
(Université d'Oxford)

NOTES

1. *Original Letters Relative to the English Reformation*, ed. H. Robinson (Parker Society, 1846-7), 531. (Hereafter OL).
2. C. WRIOTHESLEY, *A Chronicle of England* ed. W. D. Hamilton (Camden Society, 1875-7), II, 1; J. G. Nichols, *Narratives of the Days of the Reformation* (Camden Society, 1859), 71-80.
3. T. CRANMER, *Miscellaneous Writings and Letters*, ed. J. E. Cox (Parker Society, 1846), 126-7.
4. *Certayne homilies* (London, 1547), III.
5. OL, 20, 21.
6. *Ibid.*, 16-22.
7. *Ibid.*, 337.
8. J. STRYPE, *Memorials of Thomas Cranmer*, (Oxford, 1812), II, XIII, XXII.
9. OL, 24-6.
10. C. W. DUGMORE, *The Mass and the English Reformers* (London, 1958).
11. C. HOPF, *Martin Bucer and the English Reformation* (Oxford, 1946), 55-94.
12. See, for example, J.C. MCCLELLAND, *The Visible Words of God* (London, 1957), 270-1.
13. A. PETTEGREE, *Foreign Protestant Communities in Sixteenth Century London* (Oxford, 1986), 74-6.
14. OL, 479, 585.
15. W. CLEBSCH, *England's Earliest Protestants* (New Haven and London, 1964), 45-6.
16. P. COLLINSON, *Godly People* (London, 1983), 157-8, 164-5.
17. *Epistolae Tigurinae*, ed. H. Robinson (Parker Society, 1842), 29.
18. Quoted by Collinson, *op. cit.*, 27.
19. F. HEAL, *Of Prelates and Princes* (Cambridge, 1980), 141-8.
20. Public Record Office, S. P. 10/18/44.
21. CRANMER, *op. cit.*, 437.
22. State Papers 10/15/77.
23. OL, 550-1, 723.
24. C. HOPF, *op. cit.*, 16.
25. OL, 491.
26. *Ibid.*, 575.
27. G. C. GORHAM, *Gleanings of a few Scattered Ears* (London, 1857), 124.

28. T. HARDING, *A Reiondre to M. Iewels Replie* (Antwerp, 1566), sig CCC3. See also J. LOACH, «Reformation Controversies», in *The History of the University of Oxford*, III, ed. J. MC CONICA (Oxford, 1986), 369.

29. OL, 485.

30. *Ibid.*, 82.

31. H. R. TREVOR-ROPER, «The bishopric of Durham and the capitalist Revolution», *Durham University Journal*, 1946.

32. J. Gairdner, *Lollardy and the Reformation*, (London, 1908-13), IV, 400-1.

33. OL, 566-8. See also the account in Pettegree, *op. cit.*, 37-43.

34. *The Writings of John Bradford* ed. A. TOWNSEND (Parker Society, 1848-53), II, 390-408. See also C. HOPF, «Bishop Hooper's notes to the king's council», *Journal of Theological Studies*, XLIV (1943), 194-9.

35. *Acts of the Privy Council*, ed. J. DASENT (London, 1890-1907), III, 199.

36. OL, 486-8 ; C. HOPF, book cited, 131-70 ; C. GORHAM, *op. cit.*, 187-206.

37. OL, 559-60, 466-7.

38. *Ibid.*, 573.

39. *Ibid.*, 24, 22.

40. *Ibid.*, 23.

LES RELATIONS ENTRE BYZANCE ET L'ÉGYPTE (1259-1453) : DES RELATIONS SUPRARELIGIEUSES

Il n'y a pas de sociologie du seul présent, non plus que d'histoire du seul passé... Non qu'il faille expliquer le passé par le présent comme le fait trop souvent l'histoire circonstancielle, qui reporte nos jugements actuels sur des périodes révolues. Mais l'histoire s'ouvre sur notre problématique contemporaine. C'est toujours la même humanité qui porte ses problèmes et qui essaye d'y répondre en éclairant son passé».

J. BERQUE « Culture et Islam » in *Aujourd'hui l'histoire*, éd. Sociales, Paris, 1974, p. 107-108.

Parler des frontières religieuses, ce n'est pas une tâche facile. On ne sait pas où elles commencent exactement ni où elles finissent réellement. On peut toujours se poser la question sur les fonctions d'une frontière; était-elle seulement un obstacle, une barrière infranchissable? Ou bien était-elle aussi une zone de contacts et d'échanges?

Bien plus, le phénomène religieux, qui est un phénomène culturel, est difficile à mesurer, et même impossible à contenir à l'intérieur de frontières même si celles-ci sont fortifiées et gardées par la force des armes. On ajouterait encore que les frontières religieuses ont été par moments, des obstacles entre les hommes, d'où l'incompréhension et le préjugé. Mais, aussi, ces obstacles ont dû, à plusieurs reprises, s'effacer pour céder la place à d'autres formes de relations caractérisées plus par la concorde que par le conflit, et que les circonstances de l'histoire ont imposées. Et il me semble que parler des relations entre Byzance sous les Paléologues et l'Egypte sous les Mamluks est une vive illustration de la levée de l'hypothèque religieuse dans un contexte où l'on ne parlait que de l'ennemi de la foi : le *sarrazin* ou *l'agarène* pour le monde Chrétien, et *l'infidèle* ou le *Kafir* pour le monde Musulman. C'est dans le contexte de la Croisade que les relations entre les Byzantins et les Mamluks ont repris en dépit du conflit général qui opposait Chrétiens et Musulmans[1]. Et nous devons au Professeur P. Lemerle la remarquable démonstration de l'absence de l'esprit de croisade chez les Byzantins[2], et son idée se trouve confortée par les textes arabes où l'on trouve une tendance à innocenter les Byzantins des attaques perpétrées par les Croisés contre la terre d'Islam[3]. Seulement cette tendance chez les Byzantins d'une part et chez les Musulmans d'autre part s'explique par les circonstances économico-politiques qui sévissaient dans le bassin oriental de la Méditerranée[4]. Ce qui nous mène à nous poser la question de la nature de ces circonstances et de celle des relations qui en ont découlé.

I. CONDITIONS DU RAPPROCHEMENT BYZANTINO-MAMLUK

Les chroniqueurs de l'époque mamluke en Egypte ont écrit leurs histoires par rapport aux sultans et par rapport au sultanat avec une certaine vision «égypto-centriste»[5]. Et cette position est dûe à la victoire que les Mamluks ont remportée sur leurs adversaires, les Mongols en 1260 à Ain-Galut[6]. Et depuis, les ambassades au Caire sont perçues comme le résultat du rayonnement de l'Egypte et la conséquence de la crainte qu'elle aurait suscitée chez ses voisins[7]. Certes, le rayonnement de l'Egypte était un rayonnement effectif, surtout au sein du monde musulman et dans une moindre mesure par rapport à l'Occident :
– Pour le monde musulman, elle commandait le passage aux Lieux Saints de l'Islam qui étaient sous sa tutelle, ce qui rend le pélerinage des Musulmans soumis à l'agrément préalable des sultans Mamluks[8]. Bien plus, le combat que menaient les Mamluks à la fois contre les Croisés et les Mongols était un combat au nom de l'Islam en danger[9]. Ainsi, la restauration du Califat abbasside, délogé de Bagdad par les Mongols en 1258, s'est faite au nom du même principe[10]. De par ces actes, les Mamluks ont réussi à imposer leur prééminence au sein du monde musulman[11]. Plusieurs rois nouvellement convertis à l'Islam en Asie-Mineure ou parmi les Khans de la Horde d'Or, reconnaissant cette prééminence, se précipitaient pour recevoir la reconnaissance du sultan et du Calife en leur envoyant présents et lettres pour leur demander un signe de reconnaissance qui devrait les aider à vaincre les ennemis de la foi[12].
Alors que pour l'Occident, l'Egypte détenait une importante place dans les relations économiques entre le monde chrétien et le domaine des épices dont les produits passaient obligatoirement la plupart du temps par la mer Rouge et le Nil pour parvenir à la ville-port d'Alexandrie où s'approvisionnaient les commerçants occidentaux[13]. Et cette importance n'a pas cessé de se renforcer après l'obstruction de ce qu'on a appelé «les routes mongoles» qui liaient la mer Noire à travers l'Arménie au domaine des épices et des produits asiatiques, vers la fin du XIVe siècle[14]. Il n'y a pas uniquement cet intérêt commercial qui explique l'importance de l'Egypte pour l'Occident, mais aussi la présence d'une importante communauté chrétienne sous la domination des Mamluks[15], qui était l'objet d'une lutte d'influence entre Catholiques et Orthodoxes[16]. Ajoutons à cela la dépendance du pouvoir Mamluk des Lieux-Saints de la Chrétienté à Jérusalem.
Dans ce contexte les souverains Paléologue se sont distingués par leur inlassable lutte pour la défense des Chrétiens d'Egypte, ce qui a permis aux chroniqueurs arabes de cette époque d'être plus ou moins informés de ce qui se passait à Constantinople, et les souverains les mieux connus étaient sans conteste, Michel VIII Paléologue, fondateur de la dernière dynastie régnante à Constantinople et Andronic II, son fils et successeur à la tête de l'Empire[17]. Mais aussi ces contacts étaient à l'origine d'une meilleure connaissance des situations réciproques, ce qui

a facilité l'établissement de relations cordiales dictées par les circonstances de l'époque :

Les relations entre Byzance et l'Occident chrétien était marquées par un conflit, religieux dans son apparence, le schisme[18]. Et ce conflit n'a cessé d'être alimenté par les surenchères relatives à la IVe croisade détournée sur Constantinople en 1204 et qui a créé, chez les Byzantins, en plus du sentiment d'être colonisés par des Chrétiens douteux, une haine à l'égard de l'Occident qui persistera, malgré le temps, jusqu'à la prise de Constantinople par les Turcs en 1453[19]. Puis, la reprise de Constantinople en 1261, par Michel VIII Paléologue et son œuvre de restauration de l'Empire n'ont pas été admises par les Occidentaux. Et ceux-ci n'ont jamais pu admettre cet événement, au point de s'ancrer dans l'idée de la reconquête de Constantinople pour y refonder l'Empire Latin[20]. Une menace qui a fort influencé la politique extérieure de l'Empire byzantin qui n'a cessé de s'allier tantôt aux Occidentaux (son adhésion au concile de Lyon en 1274 aux termes duquel il a accepté l'idée de l'Union des deux Eglises), tantôt aux Turcs[21]. En plus, Byzance était sous la domination économique des communes marchandes de Gênes et de Venise. Celles-ci ont toujours essayé et ont réussi à réaliser des profits matériels aux dépens des Byzantins en signant avec leurs souverains des traités qui leurs assuraient certains privilèges douaniers[22]. Et par moments, les négociations ont cédé la place à la guerre pour convaincre un Jean VI Cantacuzène de la nécessité de revenir sur les réformes douanières entreprises au profit des commerçants grecs, ce qui fut fait en 1350[23].

Un autre élément qui poussait les Byzantins à outrepasser la différence religieuse, et à se rapprocher de l'Egypte Mamluke, c'est l'exposition de leur Empire aux menaces des Mongols et des Turcs. Les Byzantins étaient obligés de chercher alliance auprès des Mamluks, dont les relations étaient bonnes avec les Mongols de la Horde d'Or[24] et avec les Turcs d'Asie-Mineure, pour éviter de succomber à leur invasion, et par l'intermédiaire des Mamluks, ils pourraient éviter un désastre de leurs frontières orientales[25].

De son côté, l'Egypte ne manquait pas de raisons pour se rapprocher de Byzance, et ce, en dépit de la tâche essentielle qui incombait aux sultans mamluks depuis l'intronisation du premier grand sultan, Baibars en 1260, et qui consistait, d'après le serment d'investiture, à protéger la terre d'Islam, mais aussi à en agrandir la superficie aux dépens des Chrétiens infidèles, dont les Byzantins[26].

Ces raisons, tenaient au fait que l'Egypte était en conflit avec les Occidentaux qui tentaient de reconquérir la Terre-Sainte et la délivrer de la domination des Sarrazins infidèles[27]. Une position semblable à celle de Byzance par rapport à l'Occident. D'un autre côté, l'Egypte était aussi en conflit avec les Mongols de Perse qui, malgré la défaite de Ain-Galut devant les Mamluks, n'avaient jamais renoncé à leurs visées expansionnistes vers les territoires sous domination égyptienne. En plus et malgré leur conversion à l'Islam[28], fait qui aurait pu apaiser la guerre entre coreligionnaires-ce fait n'est pas toujours vrai, les exemples qui le démontrent ne manquent pas dans notre réalité quotidienne – au contraire, les Mongols ont pris cet argument pour combattre les Mamluks «parce qu'esclaves, ils n'avaient pas le droit de rivaliser avec les rois de la terre »[29]. Les Mamluks se trouvaient dans une situation de guerre permanente qui necessitait un renforcement renouvelé de l'armée dont la seule composante était les esclaves[30]. Or le seul pays dont dépendait le passage de ces esclaves recrutés auprès des Mongols de la Horde d'Or, était Byzance. Un chroniqueur mamluk écrivait avec une nette conscience que «l'Empereur byzantin était le chef de ces contrées et le seul maître des voies qui menaient au domaine des esclaves »[31]. Une telle réalité était en mesure d'atténuer les différends religieux au profit d'un certain pragmatisme imposé par la force des choses. La dégradation des rapports entre Byzance et l'Egypte était en rapport avec la baisse du poids de Byzance dans le contrôle des Détroits, poumon de l'Egypte. A partir du milieu du XIVe siècle, Byzance, économiquement dominée par les marchands occidentaux, politiquement menacée dans son existence par les Turcs, n'a cessé de perdre le contrôle sur la région des Détroits au profit des Génois et des Vénitiens. Ceux-ci apparaissent comme les seuls maîtres du commerce des esclaves dans la Méditerranée, et du coup les interlocuteurs valables des Mamluks[32]. Ils se sont liés à la fois au domaine de la Horde d'Or pour assurer le recrutement, mais aussi avec les Mamluks pour écouler la marchandise, même si ce commerce était à plusieurs reprises l'objet de prohibitions pontificales[33]. Ajoutons à cela le changement d'axe des voies de commerce des esclaves; en 1341, le Khan de la Horde d'Or décrétait l'interdiction de vente d'esclaves à l'Egypte[34]. Cette interdiction aurait coincidé avec l'effondrement de l'empire des Mongols de Perse qui s'était opéré vers 1335[35], ce qui a incité l'Egypte à chercher ses esclaves ailleurs : elle s'orientait vers le domaine de la Circassie à la place du domaine de la Horde d'Or.

A partir du milieu du XIVe siècle ou peu avant, l'Egypte commençait à s'approvisionner en esclaves circassiens. Et al-Maqrizi, parlant du règne du sultan an-Nasir Muhammad bin Qalawun[36]écrit : «Les Mongols – de Perse – vendaient leurs enfants aux commerçants qui les amenaient vers l'Egypte pour participer au bonheur de celle-ci »[37]. Ainsi la voie qui liait l'Egypte au domaine de la Horde d'Or commençait à perdre de son importance, une évolution qui s'est répercutée à la fois sur la composition ethnique des Mamluks, (on passe à la fin du XIVe siècle des Mamluks Qiptchaqi aux Mamluks Circassiens) et sur les relations byzantino-mamlukes : du temps du règne de Jean V Paléologue, on ne retient qu'une seule ambassade à la fin de son règne[38]. La diminution du commerce d'esclaves par l'intermédiaire de Byzance a entraîné un refroidissement dans les rapports entre les deux pays. Ensuite, l'entrée des Turcs sur la scène politique a bouleversé les rapports politiques entre les Etats du bassin oriental de la Méditerranée. les Turcs poussés par les Mongols à l'Est, ont compris que la seule possibilité pour réaliser leur expansion «vitale» était vers l'Ouest, aux dépens de l'Empire byzantin[39]. La poussée turque s'est faite suivant des étapes[40], et à chaque étape la politique extérieure des Paléologues subit des modifications : ils se sont alliés tour à tour aux Occidentaux et aux Turcs pour parer à la pression des uns ou des autres : vasselage ou hostilité étaient dictés par la pression des Turcs ou par les promesses de l'Occident.

Ce n'est qu'à partir du début du XVe siècle, après que Manuel II Paléologue eut visité l'Occident (Paris, Londres, Gênes et Venise)[41], et après que les Turcs eurent subi une lourde défaite devant les Mongols de Tamerlan, que la politique extérieure des Byzantins prit une orientation pro-occidentale qui aboutira au Concile de Florence (1438-1439)[42].

Dans le même contexte, les Mamluks sous la menace des mêmes Mongols, se rangeaient du côté des Turcs, ce qui précipita leurs relations avec les Byzantins vers la chute et ce bien avant 1453. La dernière correspondance attestée comme la dernière information se rapportant à une mission diplomatique au Caire en provenance de Constantinople datent de l'année 814H/1411[43]. La rupture finale coïncide avec la chute de Constantinople en 1453, événement célébré en Egypte avec beaucoup de magnificence, cette ville, tant assiégée par les armées de Musulmans à travers les siècles, vient de succomber et entrer dans la Terre d'Islam ; les Mamluks se sentirent unis aux Turcs Ottomans tout en sauvegardant leur indépendance. Mais tout cela n'a pas empêché les Ottomans de conquérir l'Egypte au nom du même Islam en 1517, quelques soixante quatre ans après la chute de Constantinople. Ironie du sort, Byzantins et Mamluks se trouvaient unis par le même conquérant.

II . ÉCHANGES ET PERCEPTIONS MUTUELLES

1. Les échanges :

Les échanges entre Byzance et l'Egypte ont été organisés par des traités signés entre les deux pays[43bis]. En vertu de ces traités toutes les formes d'échanges ont été signalées : les échanges commerciaux portaient pour l'Egypte sur *les hommes* comme une priorité à laquelle Byzance devait apporter son concours[44] ; *les produits alimentaires* surtout pendant les moments de crises[45] ; *les fourrures* qui étaient, au début du règne des Mamluks en Egypte, une matière première pour la confection des habits officiels pour les sultans et leur entourage, mais qui a connu une large diffusion jusqu'à devenir une distinction sociale et un vêtement de cérémonie[46]. En revanche, les Byzantins devaient, en vertu des traités, avoir droit aux *chevaux de race*[47], à la gamme des *épices* que les marchands égyptiens importaient de l'Extrême-Orient[48] et d'autres produits locaux tel que *le sucre*[49] *et le sel*[50]. A noter que ni les Byzantins ni les Egyptions n'étaient mêlés directement à ce commerce mais ce sont les Génois et les Vénitiens qui assuraient le transport de ces marchandises d'Alexandrie à Constantinople et vice-versa[51].

Les échanges diplomatiques consistaient en l'échange *d'ambassades*[52] de *présents*[53] et *d'informations* quant aux divers mouvements des armées ennemies[54].

2. Perceptions mutuelles :

Ces diverses formes de contacts ont permis aux deux parties de se «connaître», de se représenter mentalement et de se faire une image mutuelle, même s'il est difficile de dire de nos jours quelle était l'image réelle et représentative de toutes les couches sociales de part et d'autre[55].

Du côté byzantin, cette perception mentale est dans la plupart des cas a-religieuse, elle se fonde essentiellement sur l'héritage gréco-romain. Les peuples voisins dans l'Antiquité n'étaient que des «barbares» à civiliser, et au Moyen Age on continue à considérer ainsi les peuples voisins, dont les arabo-musulmans, mais avec une évolution qui consiste à coexister, à s'entraider face à l'ennemi commun[56], et on leur reconnaissait certaines vertus humaines[57]. Mieux encore on préférait les Musulmans aux Chrétiens occidentaux qui avaient osé envahir et profaner, en 1204, *la Ville De Dieu*[58]. On aurait même préféré la domination des Turcs à celle des Occidentaux ce qui aurait été l'une des conditions qui facilitèrent la prise de Constantinople par Mehmet Le Conquérant en 1453[59].

Du côté musulman, les chroniqueurs arabes, depuis le temps des Croisades ne faisaient pas d'amalgame, ils observaient une nette distinction entre les différents Chrétiens; les Rums (les Byzantins), les Francs, les Génois, les Vénitiens et autres. Et au moment où ils écrivaient avec virulence contre les Chrétiens d'Occident, ils tenaient un discours plutôt amical à l'égard des Byzantins: On les considère comme étant les véritables Chrétiens[60], et on n'employait pas le terme *Kafir*(infidèle) à leur égard, alors qu'il était presque le synonyme du Chrétien occidental[61]. On leur attribuait l'assiduité[62], les sciences et la philosophie[63]. Mais aussi on les jugeait mal quant à la moralité: ils manquaient de jalousie, de générosité, ils étaient des vaniteux et on regrettait que leurs voisins les Musulmans de Syrie eussent été influencés par ces mauvais comportements[64].

Bref, ces jugements portés contre les Byzantins n'avaient rien de spécifiquement Musulman, puisqu'il n'a jamais été question ni d'incitation à la jalousie, ni d'appel à la générosité. Ce ne sont là que des résidus de la période anté-Islamique.

* * *

Les relations byzantino-mamlukes ont touché à plusieurs domaines en dépit des différences religieuses profondes, et malgré le conflit des Croisades qui ont opposé Musulmans et Chrétiens dans des guerres sanglantes. Le pragmatisme des Byzantins conjugué avec celui des Mamluks a outrepassé ces différences religieuses qui étaient parfois plus nocives dans le cadre d'une même religion. Faut-il alors dire que les différences religieuses étaient toujours des barrières infranchissables?

Mohamed Tahar MANSOURI
Université de Tunis I

NOTES

Le système de translitteration des mots arabes est celui de R. Blachère et J. SAUVAGET : *Règles pour éditions et traductions de textes arabes*, Les Belles Lettres, Paris 1945, p. 7.

1. Ibn WASIL, *Mufarrig al-Kurub fi Ahbari bani Ayyub* (Histoire des Ayyubides) éd. G. as-Sayyal, Le Caire, 1957, II, p. 328-329 ; al-Maqrizi, *Kitab as-Suluk li macrifat duwal al-Muluk*(Histoire des Sultans Mamluks) éd. M. M. Ziada, Le Caire 1941, I[1], p. 72, 104, 120, sera cité *Suluk* ; M. Izeddin, Quelques voyageurs musulmans à Constantinople au Moyen-âge, Revue *Orient*, n° 34, 1965, p. 86-87 et note 45.

2. P. LEMERLE, «Byzance et la Croisade», *Relazioni del Xe Congresso Internazionale di Scienze storiche, III, Storia del Medioevo*, Firenze, 1955, p. 595-620.

3. Cf. note 1.

4. Cf. A.G.C. SAVVIDES, *Byzantium in the Near East : Its relations with the Seljuk sultanate of Rum in Asia Minor, the Armenians of Cilicia and the Mongols*, Byzantina, Thessalonique, 1981.

5. Il faut noter que la plupart des chroniqueurs de l'époque mamluk étaient d'abord des fonctionnaires de la chancellerie, ce qui leur avait certainement permis de puiser dans les archives à défaut d'être des témoins des faits qu'ils rapportaient. Mais cela a influencé leur façon d'écrire l'histoire : ils ont écrit de l'Egypte, par rapport à l'Egypte et pour l'Egypte. cf. M.T. Mansouri, *Recherches sur les relations entre Byzance et l'Egypte (1259-1453) d'après les sources arabes*, Thèse de Doctorat soutenue sous la direction de A. Ducellier à Toulouse Le Mirail, Juin 1987, p. 3-4, sera cité, *Thèse* ; cf. D. Little, *An Introduction to mamluk historiography*, Wiesbaden, 1970, p. 4.

6. Cf. R. GALIB, Min ma[c]arik al-[c]arab al-fasila al-kubra : Ma[c]rakat Ain-Galut, *al-Mawrid*, X[3-4], Bagdad, 1981 p. 169-174.

7. A. ACHOUR, Adwa gadida [c]ala al-Mu arrih Ahmad b. [c]Ali al-Maqrizi wa kitabatihi (A propos de Maqrizi et son œuvre) [c]*Alim al-Fikr*, XIV[2], Kowait, 1983, p. 165-166.

8. M.T MANSOURI, *Thèse*, op. cit, p. 26-27.

9. QALQASANDI, *Subhal-A[c]sa fisina[c]at al-Insa* (Manuel de chancellerie) XIII, Le Caire, non daté, p. 240-241.

10. BAIBARS AL-MANSOURI, *Zubdat al-Fikra fi tarih al-Higra*(histoire de l'Islam), MS British Museum, 23325, folio 8v°-9r°.

11. H. LAOUST, *Les schismes dans l'Islam*, Payot, 1983.

12. Al-YUNINI, *Dayl Mirat az-Zaman* (Histoire des Mamluks), I, Hayderabad, 1954, p. 534 ; Mufaddal, *an-Nahg as-Sadid wa'ddurr al-Farid fi ma ba[c]d tarih Ibn al-Camid* (Histoire des sultans mamluks), éd. traduction E. Blochet, *Patrologia Orientalis*, XII[3]p. 452-453.

13. A. UDOVITCH, L'énigme d'Alexandrie : sa position au Moyen Age d'après les doucments de la Geniza du Caire, *Revue de l'Occident Musulman et de la Méditerranée*, 46, 1987, p. 76.

14. M. BALARD, «Gênes et la mer Noire (XIII-XVᵉ siècles)», *Revue historique*, 547, Juillet-Septembre 1983, p. 33-34.

15. La situation de cette communauté a fait l'objet d'une communication à l'occasion de la réunion annuelle de l'Association Française des Etudes sur le Monde Arabe et Musulman à Lyon, Juillet 1988 : M.T. Mansouri, *Les Dhimmis en Egypte sous les Mamluks : statut légal et perceptions populaires* (à paraître in Ibla, 1989).

16. AL-MAQRIZI, *Suluk*, I[1], p. 17, 471; BAIBARS AL-MANSURI, *Zubdatal-Fikra*, op. cit. folio 246r°-247v°; MUFADDAL, *an-Nahg as-Sadid, op. cit. P.O*, XX[1], p. 252-253.

17. Th. PAPADOPULOS, *Versuch einer Genealogie der Palaiologen*, Munich, 1938, p. 3, n° 1; p. 35, n° 58; BAIBARS AL-MANSURI, *Zubdat al-Fikra*,op. cit, folio 146v°, IBN ABD AZ-ZAHIR, *Tasrif al-ayyami wal Usur fi sirat al-Malik al-Mansur*(Biographie du sultan Qalawun) éd. M. Kamil et A. Najjar Le Caire, 1961, p. 54.

18. F. DVORNIK, *Byzance et la primauté romaine*, Paris, 1964, D.J. GEANAKOPLOS, *Byzantine East and Latin West : Two worlds of christendom in Middle-ages and renaissance*, Studies inecclesiastical and cultural history, Oxford, 1966; A. Ducellier, *Byzance et le monde orthodoxe*, Paris, 1986.

19. P. TOUBERT, «Les déviations de la croisade au milieu du XIIIᵉ siècle : Alexandre IV contre Manfred», *Le Moyen-âge*, 69, 1963, p. 391-399 A. DUCELLIER, *Le drame de Byzance, idéal et échec d'une société chrétienne*, Hachette, Paris, 1976, p. 110-111.

20. P. LEMERLE, «Saint Louis et Byzance», *Journal Asiatique*, 1970, p. 16-17; D.J. GEANAKOPLOS, *Emperor Michael Palaeologus and the West (1258-1282)*, Harvard University Press, Massachusetts, 1959, p. 229 et ss.

21. *Ibidem*, p. 258 et ss; J.W. BARKER, *Manuel II Palaeologus (1391-1425) : A study in late byzantine statesmanship*, New-Jersey, 1969, p. 18-22; 33-35; D.M. NICOL, *The last centuries of Byzantium (1261-1453)*, London, 1972, p. 87-88.

22. Cf. W. HEYD, *Histoire du commerce du Levant*, I-II, 1923; H. ANTONIADIS-BIBICOU, *Recherches sur les douanes à Byzance*, Paris, 1963, p. 97-98; N. OIKONOMIDÈS, *Hommes d'affaires grecs et latins à Constantinople (XIII-XVᵉ siècles)*, Montréal-Paris, 1979, p. 43-44.

23. N. OIKONOMIDÈS, *Hommes d'affaires, op.cit.*, p. 41,51-52.

24. M.T. MANSOURI, *Thèse, op.cit.*, p. 139 et ss.

25. *Ibidem.*, p. 144-145.

26. IBN ABD AZ-ZAHIR, *Sirat az-Zahir Baibars*, éd. traduction anglaise de F. Sadeque, *Baybars I of Egypt*, Dacca, Pakistan, 1956, p. 38-39 (texte arabe).

27. M.T. MANSOURI, *Thèse, op.cit.*, p. 125; A. LAIOU, «Marino Sanudo Torsello, Byzantium and the Turks. The background of the anti-turkish league of 1332-1334», *Speculum*, XLV, 3, 1970, pp. 376-377.

28. IBN HAGAR AL-ASQALANI, *Inba al-Gumr bi anba al-ᶜumur*, éd. H. Habchi p. 133.

29. AL-YUNINI, *Mirat az-Zaman, op.cit.*, II, p. 407.

30. Cf. D. AYALON, «L'esclavage du Mamluk», *Oriental Notes and Studies*, I, Jérusalem, 1951, p. 37-65; M.T. MANSOURI, *Thèse, op.cit.*, p. 218-220.

31. IBN CABD AZ-ZAHIR, *Tasrif, op. cit*, p. 54.

32. A. LAIOU-THOMADAKIS, «The Greek merchants of Palaeologan period : a collective portrait», *Praktika de l'Académie d'Athènes*, 57, 1982, p. 96-132; N. Oikonomidès, *Hommes d'affaires, op.cit.*, p. 41.

33. E. Ashtor, *Levant trade in the later Middle-Ages*, Princeton University, 1983, pp.

34. AS-SUGACI, *Tarih an-Nasir Muhammad bin Qalawun*, éd. traduction allemande par Barbara Schäfer, *Islamikundlische Untersuschungen*, 15, Freiburg, 1971, p. 98 (texte arabe). La formulation d'interdiction semblait être prise à l'encontre des Génois beaucoup plus que contre l'Egypte.

35. C. CAHEN, *Orient et Occident au temps des Croisades*, Paris, 1983, p. 199-200.

36. Le règne du sultan an-Nasir Muhammad bin Qalawun fut un règne mouvementé, destitué à deux reprises en 1293, en 1308, il mourut au pouvoir en 1341, cf. BOSWORTH, *The Islamic dynasties ; a chronological and genealogical handbook*, Edinburgh, 1967.

37. AL-MAQRIZI, *Suluk, op.cit.* II^2, p. 525.

38. *Ibidem*. III1, p. 179; E. ASHTOR, *Levant trade, op.cit.*, p. 105.

39. Cf. A.S. SAVVIDES, *Byzantium in the Near East, op. cit.*

40. D.E. PITCHER, *An Historical and genealogical Atlas of the Ottoman Empire*, Leyde-Brill, 1972, p. 260-265.

41. G. SCHLUMBERGER, *Un empereur byzantin à Paris et à Londres*, Paris, 1916.

42. Cf. à propos du concile de Florence l'ouvrage de J. GILL, *Le concile de Florence*, traduction française de M. Jossua, New-York-Paris-Rome, 1963.

43. QALQASANDI, *Subh, op. cit*, VIII, p. 121-122.

43bis. M.T. MANSOURI, *Thèse, Documents annexes*, n°V; cf. les travaux de M. CANARD, «Le traité de 1281 entre Michel Paléologue et le sultan Qalawum», *Byzantion*, X,2,1935, p. 671-680, *Idem*, Un traité entre Byzance et l'Egypte au XIIIe siècle, *Mélanges Gaudefroy-Demombynes*, Le Caire 1937, p. 197-224.

44. E. ASHTOR, *Les métaux précieux et la balance des paiements du Proche-Orient à la basse époque*, Paris, 1971, p. 89-90.

45. BAIBARS AL-MANSURI, *Zubdat al-Fikra, op. cit.* folio 178 r°.

46. AL-MAQRIZI, *KHITAT*, Bulaq, 1853, II, p. 103.

47. Cf. MULLER-WIENER, *Bildlexikon zur topographie Istanbuls*, Munich 1977, où l'on peut trouver l'importance de l'hippodrome, signalée aussi par les voyageurs arabes qui ont visité Constantinople, ce qui necessitait une présence accrue de chevaux de race, cf. M. IZEDDIN, *Quelques voyageurs musulmans à Constantinople, op. cit.*

48. Cf. E. ASHTOR, «The Karimi merchants», *J.R.A.S.*, London, 1976, p. 45-56.

49. A. DARRAG, *L'Egypte sous le règne de Barsbay (825-841/1422-1438)*, Damas, 1961, pp.68-70.

50. J-C. HOCQUET, *Le sel et la fortune de Venise*, Publication de l'Université de Lille III, 1978-1979, I, p. 100, 205-206.

51. E. ASHTOR, *Levant trade, op. cit.*, p. 536-541.

52. Cf. M. T. MANSOURI, Thèse, *op. cit.*, p. 361 et 362 : Tableau : Les ambassadeurs byzantino-mamluks.

53. Cf. ID. *Ibid.*, Tableau : les Cadeaux échangés entre Byzance et l'Egypte.

54. AL-MAQRIZI, *Suluk, op.cit.* I1, p. 470; IBN ABD AZ-ZAHIR, *Sirataz-Zahir Baibars, op. cit.*, p. 52.

55. A. DUCELLIER, «Mentalités historiques et réalités politiques : l'Islam et les Musulmans vus par les Byzantins du XIIIᵉ siècle», *Byzantinische Forschungen*, Amsterdam, 1972, p. 31.

56. Nicétas CHONIATES, *Histoire*, Ed. de Bonn, p. 731.

57. Nicéphore GRÉGORAS, *Histoire Romaine*, XXIV, 4, Patrologie, t. 148, col. 1448 (Je dois la traduction des textes des notes 56 et 57 à Mr. Ducellier, lors de la préparation de ma thèse sous sa direction, et je profite de l'occasion pour le remercier) cf. A. DUCELLIER, «L'Islam et les Musulmans vus de Byzance au XIVᵉ siècle, *Byzantina*, Thessalonique, 1983, p. 132-133.

58. ID., *Le drame de Byzance, op. cit.*, p. 110.

59. D.J. GEANAKOPLOS, «Byzantium and the Crusades (1261-1453)» in *History of the Crusades, XIVᵗʰ and XVᵗʰ Centuries,* éd. W. Hazard, University of Wisconsin, 1975, p. 42-43, 89,93.

60. Cf. Le texte du traité de 1281, cité ci-dessus.

61. D'après une enquête volontaire faite à propos du terme *Kafir* nous ne l'avons jamais rencontré dans les textes parlant des Byzantins, cf. M.T. MANSOURI, *Thèse*, Bibliographie (sources).

62. AN-NUWAYRI, *Nihayat al-Arab fi Funun al-Adab*, Le Caire, non daté, I, p. 293.

63. AL-GAHIZ, *Kitab at-Tabassur bi'Tigara*, éd. H.H. Abdulwahab, Damas, 1932, p. 33.

64. aN-NUWAYRI, *Nihayat al-Arab, op. cit*, I, p. 293-294-295.

LES CHRÉTIENS OCCIDENTAUX ET ORIENTAUX EN POLOGNE (XVe-XVIIe SIÈCLES)

Rappelons tout d'abord que la vaste étendue frontalière entre la chrétienté occidentale et orientale, entre l'Eglise romaine et orthodoxe, entre la culture latine et byzantino-ruthéne qui est objet de ma communication commença à se préciser il y a mille ans exactement. Vingt-deux ans après le baptême de la Pologne, reçu de l'Occident, la Ruthénie de Kiev reçut en 988 le baptême de Byzance. Aux différences entre les Polonais et les Ruthènes, réelles malgré une proximité ethnique et linguistique, se superposèrent des différences religieuses et culturelles de plus en plus accentuées.

Je ne vais pas m'occuper ici de l'époque antérieure au XVe s., marquée à la fois par les contacts frontaliers entre les deux pays et deux confessions. Il est pourtant important de mentionner les changements sur les territoires en question dans la deuxième moitié du XIVe s. Notamment, dans les années 1344-1366, la Ruthénie de Halicz (la Ruthénie Rouge) orthodoxe fut incorporée au Royaume de Pologne, jusqu'alors homogène sur le plan ethnique et religieux. Peu après, en 1387, la Lithuanie païenne, à laquelle appartenaient de vastes terres ruthènes, reçut le christianisme romain. Les deux états se retrouvèrent sous le règne de la dynastie Jagellonne. En conséquence la frontière entre la chrétienté occidentale et orientale s'étendit considérablement et traversa les territoires des états polonais et lithuanien. Ceci changea la situation des Ruthènes orthodoxes dépourvus de leurs états et celle de l'Eglise orientale par rapport à l'Eglise romaine implantée en Pologne et en Lithuanie, soutenue par l'état, bien plus forte, et plus dynamique.

Pourtant, on ne peut pas réduire les Ruthènes habitant le Royaume de Pologne et surtout le Grand Duché de Lithuanie au rang d'une simple minorité nationale et confessionnelle. Même plus tard, lors de l'Union de Lublin (1569), quand les deux états fusionnèrent en une seule « République de deux nations », les terres ruthènes, partagées entre la Couronne et le Grand Duché, en constituèrent la troisième composante, malgré son inégalité politique. La coexistence des confessions et de leurs fidèles fut en grande partie le résultat de la politique de l'état multinational. Ce qui importait dans le système politique polonais en vigueur alors, c'était l'unité et l'égalité de la noblesse, indépendamment de la nationalité et des différences confessionnelles.

Les deux premières centaines d'années de la période en question se caractérisèrent par d'importants changements. Tout d'abord, la frontière linéaire se tranforma en une zone comprenant presque tous les territoires ruthènes, zone de contacts diversifiés des chrétiens occidentaux et orientaux. Celà fut dû à la colonisation polonaise grandissante qui affectait les élites de la société ruthène et qui entraînait l'expansion de l'Eglise latine. Désormais, des clivages se dessinaient entre les communautés locales et même à l'intérieur de celles-ci, voire à l'intérieur de certaines familles. Il s'ensuivit toutes sortes de différents et antagonismes, mais aussi diverses formes de coexistence des fidèles des deux confessions, d'interférences où tout de même la culture polonaise jouait le rôle primordial, surtout dans le milieu noble.

Le processus en question s'accomplit de façon différente en Pologne et en Lithuanie. Celle-ci surtout, catholique depuis peu de temps, n'arrivait pas à se montrer expansionniste en conséquence de son bas niveau démographique et des effectifs ecclésiastiques réduits. Les deux états conférèrent aux orthodoxes la liberté totale du culte, misant sur les résultats des missions et, plus tard surtout, sur l'union imminente avec l'Eglise de Rome.

La christianisation de la Lithuanie se réduisait pratiquement au baptême des Lithuaniens païens, tandis que les Ruthènes orthodoxes constituaient la majorité écrasante de la population (80%). Leur langue fut la langue officielle du Grand Duché, parlée même par les élites, ce qui témoigne la domination de la culture ruthène. Pourtant, celle-ci ne put concurrencer à long terme la culture polonaise, plus attirante pour les Lithuaniens, et l'Eglise orthodoxe, plus faible et réduite à la défensive, perdit les chances de s'imposer malgré la supériorité numérique de ses fidèles. C'est justement grâce à cette supériorité ainsi qu'à l'influence des princes ruthènes puissants et l'appui de la noblesse en général qu'elle put, quand même, résister de manière efficace à la discrimination au début.

Ayant fondé l'évêché de Vilno, Ladislas Jagellon publia des édits interdisant les mariages mixtes et la construction des nouvelles églises orthodoxes. Les Ruthènes orthodoxes ne pouvaient pas bénéficier des privilèges accordés aux nobles lithuaniens. Ils n'avaient pas non plus accès aux dignités d'Etat. Cette discrimination suscita des antagonismes et des conflits tout le long des XVe et XVIe siècles, dont je ne parlerai pas ici. Néanmoins, ces tensions provoquèrent un mouvement de recul, et peu à peu, toutes ces restitutions furent abolies au nom de la paix intérieure et les deux Eglises devinrent égales. Cette tendance trouva sa confirmation définitive dans le Deuxième Statut Lithuanien, ensemble de lois proclamées peu avant l'Union de Lublin (1566). L'égalité des fidèles des deux confessions devait concerner non seulement la noblesse, mais aussi la bourgeoisie orthodoxe dans les villes.

Les conflits avec la noblesse orthodoxe étaient presque insignifiants sur les terres ruthènes incorporées à la Pologne. L'Eglise orientale jouissait de la liberté totale de fonctionnement, les privilèges polonais s'étendaient à tous les nobles ruthènes indépendamment de leur confession. Ainsi, ils purent jouer – comme les nobles polonais de nationalité ruthène – un rôle important dans l'union de ces terres au reste du pays. Il faut souligner ici l'impact qu'eut cette expérience dans la formation de la future République nobiliaire, multinationale et multireligieuse et dans l'esprit de tolérance, si caractéristique de la Pologne de cette époque.

Cependant, par opposition à la Lithuanie, les conflits sévissaient dans les villes dont les citoyens ruthènes étaient victimes d'une discrimination.

Grâce au nombre élevé de sa population, le catholicisme ancré depuis long-temps sur ses terres ethniques, les attraits de sa culture et surtout de ses institutions politiques, la Pologne assurait mieux que la Lithuanie une possibilité d'expansion culturelle et religieuse dans les terres ruthènes appartenant au Royaume. Ainsi, la chrétienté occidentale s'épanouissait de plus en plus dans l'espace géographique et social. Cette situation stimulait l'implantation des institutions de l'Eglise latine, la fondation de la métropole à Halicz avec son archevêché transféré ensuite à Lvov, et le développement du réseau des paroisses latines complété par la fondation des monastères. La faiblesse de l'Eglise orthodoxe, l'infériorité de ses évêques, le bas niveau de son clergé soumis aux magnats et à la noblesse qui en se polonisant, changeait de confession, renforcèrent cette tendance. Elle se voyait surtout dans les régions les plus proches des terres ethniquement polonaises. Au début du XVIe siècle pratique-ment toute la noblesse ruthène de ces territoires se convertit au catholicisme. Peu à peu, et aussi dans la conscience des gens, l'Eglise latine devenait l'église des nobles, tandis que l'Eglise ruthène, inférieure, était celle des sujets. Le clivages se fixait de plus en plus entre la résidence nobiliaire et le village.

La noblesse ruthène qui changea de religion n'avait pas, semble-t-il, de grandes ambitions de se faire imiter par ses sujets ni de les forcer à suivre l'exemple des maîtres. Elle ne manifestait pas non plus d'hostilité envers la confession abandonnée. La compréhension des besoins religieux des sujets de la part des patrons catholiques ruthènes et aussi polonais se manifestait dans la construction de nouvelles églises orthodoxes et la reconstitution des églises détruite, dans les legs dont bénéficiaient non seulement les églises et les monas-tères catholiques mais aussi les églises et les monastères orthodoxes. Il faut ajouter la solidarité des nobles, les mariages et amitiés avec ceux qui demeuraient fidèles à l'ancienne confession. Ces relations furent possibles grâce à la conviction généralement répandue de l'inexistence de différences importantes entre les deux confessions et à l'espoir de l'union imminente avec Rome.

Ce n'est pas, pour autant, qu'il n'y avait pas du tout d'antagonismes ou conflits. L'une de leurs sources fut la question du baptême des Ruthènes désirant se convertir au catholicisme. Les défenseurs de la validité du baptême orthodoxe, dont les franciscains observants, s'appuyèrent sur la bulle du pape Alexandre VI (1501). Par contre, l'épiscopat polonais, dont les positions s'expliquent par le respect de la bulle de Léon X (1517), exigea le rebaptême. Les évêques polonais obligeaient le clergé à rebaptiser les Ruthènes encore en 1542, malgré la décision du légat de pape, Zacharie Ferrari, de suivre la bulle d'Alexandre VI. La question ne fut définitivement tranchée qu'en 1564 après l'entrée en vigueur dans la province de Lvov de la résolution du Concile de Trente reconnaissant comme valable le baptême administré en dehors de l'Eglise catholique, mais au nom de la Sainte Trinité. Les théologiens et évêques catholiques remettaient en question également d'autres sacrements administrés par l'Eglise orthodoxe et les deux parties opposées considéraient le changement de confession comme reniement de la foi.

Dans les années quatre-vingt du XVIe siècle, c'est la réforme du calendrier qui devint source de tension. L'ordre du roi Etienne Batory, imposant le calendrier grégorien, provoqua non seulement des troubles en Livonie luthérienne, mais aussi les protestations des Ruthènes et des émeutes dans quelques villes. L'opposition s'avéra efficace parce que le roi décida enfin de ne pas contrarier ceux qui voulaient respecter l'ancien calendrier, malgré les suggestions du nonce du pape de retirer ses privilèges au clergé ruthène récalcitrant. Il n'en reste pas moins que les différences dans l'année liturgique suscitaient toujours des tensions.

L'impact des influences polonaises et celui de la chrétienté occidentale grandit à partir de la deuxième moitié du XVIe siècle. Par suite de l'union de 1569, l'Ukraine, appartenant jusqu'alors au Grand Duché de Lithuanie, fut incorporée toute entière à la Couronne de Pologne. L'union assura l'égalité des nobles de toutes les nationalités et acheva l'homogénisation de la noblesse polonaise. Le processus de polonisation et d'occidentalisation de la noblesse se poursuivit presque tout le long du siècle suivant. Pendant tout ce temps, l'Eglise orthodoxe perdait progressivement ses défenseurs et ses protecteurs puissants alors qu'avant cette période, ils constituaient pour elle un soutien considérable. Le rôle éminent revient ici au duc Constantin Ostrogski, protecteur et initiateur de la Réforme de l'Eglise orthodoxe ruthène en crise. Durant les dernières décennies du XVIe siècle, cette fonction fut assumée aussi par les nouvelles confréries orthodoxes laïques, et au début du XVIIe siècle, les cosaques devinrent le bras armé de l'orthodoxie. Le sort de ces trois forces détermina le sort de l'Eglise ruthène sur le territoire de la République et le caractère durable de l'union de Brest conclue en 1596.

L'union réelle de Lublin, commençant une nouvelle étape dans l'histoire de la Pologne et de la Lithuanie fit de ces deux pays un état puissant. Plus de 800 000 km² de superficie dans la deuxième moitié du XVIe siècle et presque un million de kilomètres carrés dans la première moitié du XVIIe siècle lui conféra la deuxième place en Europe (après la Russie) et 8-9 millions d'habitants – la quatrième (après la France, la Russie et l'Empire). Les Polonais ne constituaient qu'à peu près la moitié des habitants, les Ruthènes et les Lithuaniens – environ 40%. Les dix pour cent restants comprenaient : des Allemands, des Russes, des Lettoniens, des Juifs et aussi des Arméniens, des Tatars ainsi que d'autres minorités, moins nombreuses.

L'union de Lublin fut conclue en pleine période du développement de la Réforme en Pologne et du déchirement de la chrétienté occidentale. Après le luthéranisme, adopté comme religion d'état dans la Prusse ducale et fort populaire dans la minorité allemande surtout dans les villes au nord et à l'ouest de la Pologne et en Livonie, le calvinisme attira beaucoup de magnats et nobles polonais et lithuaniens. Se distinguait l'activité des frères polonais, anti-trinitaires, malgré leur nombre relativement restreint, et des frères tchèques à l'ouest du pays. La frontière entre la chrétienté occidentale et orientale, relativement homogène, devint fort complexe en tant qu'espace d'intersection de plusieurs frontières.

L'union de Lublin advint juste avant la mort du dernier roi Jagellon, Sigismond Auguste (1572) et le changement du caractère du pouvoir royal. Parmi les lois et privilèges dont devait bénéficier la noblesse, figurait la liberté de religion, garantie par le célèbre acte de la confédération de Varsovie (1573). Plus tard, les orthodoxes se référèrent souvent à cet acte, bien qu'originairement il ne concerna probablement que la paix entre les catholiques et les protestants, vu l'absence de conflits sérieux entre les catholiques et l'Eglise orthodoxe en crise. Quoique l'initiative de son renouveau revînt avant tout à des milieux laïques, la hiérarchie ruthène, sous l'influence de la culture latine, était encline à chercher la solution dans l'union avec l'Eglise catholique.

La fin du Concile de Trente (1563), l'arrivée des jésuites en Pologne (1564) et leur activité, le retour massif des nobles au sein de l'Eglise latine, le désir de cimenter le lien entre la République et ses terres ruthènes d'une part, et l'espoir de relever l'Eglise orientale de la crise, de renforcer le rôle de sa hiérarchie (sièges au sénat), créèrent le climat favorable à l'union. Pourtant une partie de l'épiscopat orthodoxe, la majorité des religieux et le puissant duc Ostrogski s'opposèrent à l'union. Ainsi, au lieu d'un seul synode unificateur de Brest en 1596, il y en eut en réalité deux : uniate et orthodoxe. Les deux adversaires s'excommunièrent l'un l'autre. Par conséquence, dans la zone frontalière, face à la chrétienté occidentale déchirée se trouva la chrétienté orientale toute aussi déchirée. Si l'on ajoute à cela la présence des Arméniens au sud des terres ruthènes, unis à Rome définitivement seulement dans la deuxième moitié du XVIIe siècle, des petites sectes protestantes (mennonites) et orthodoxes, ainsi que celle d'autres religions : Juifs, caraïtes, musulmans (Tatars), on aura l'image de la complexité de la mosaïque confessionnnelle que représentait la région en question. Les chrétiens occidentaux et orientaux devaient d'ailleurs faire l'expérience de la coexistence de près de trente ans sous la domination turque sur une partie de terres ruthènes perdues par suite de la défaite de 1672.

Après l'union de Brest, c'est l'Eglise uniate qui devint dominante. Elle fut la seule église ruthène légale dans la République. Les orthodoxes ne bénéficièrent que de tolérance, tout comme les fidèles d'autres religions non-catholiques. Face à l'épuisement de la Réforme qui n'avait d'ailleurs pas fait de grandes conquêtes dans la société ruthène, le nombre d'acteurs des évènements relatifs à la coexistence de la chrétienté occidentale et orientale se réduisit à trois : Eglise latine, Eglise uniate et Eglise orthodoxe.

Les deux premières étaient soutenues par l'état, la troisième bénéficiait de l'appui des trois forces déjà mentionnées : magnats et noblesse orthodoxe, confréries laïques, cosaques. C'est à la lutte obstinée de ces trois forces que l'Eglise orthodoxe dut la restitution de ses droits, de la hiérarchie avec le métropolite de Kiev à côté du métropolite uniate ainsi que la reconstruction partielle de structures diocésaines. Les décisions du roi Ladislas IV instaurant cet ordre de choses (1633) furent approuvées par la diète (1635) malgré l'opposition des évêques latins et uniates et sans l'accord de Rome, encore que le pape ne les condamnât pas officiellement. La lutte contre l'union finit par un succès mitigé. Dans les années vingt et trente, elle prit forme de troubles liés aux révoltes cosaques. Le controverse autour de la reconstitution clandestine de la hiérarchie orthodoxe en 1620 déclancha également des troubles. En 1623, à Vitebsk, la foule excitée assassina l'archevêque uniate de Polock, Josephat Kuncewicz, ce qui provoqua une très grande tension. La prompte béatification de l'archevêque (1643) fournit un saint martyre à l'Eglise uniate lui attirant ainsi de nouveaux fidèles au détriment de l'Eglise orthodoxe.

La guerre civile en Ukraine suivant le soulèvement des cosaques de 1648 et la guerre avec la Russie (1654-1667) déterminèrent en grande partie le sort de l'Eglise orthodoxe dans la République. Le roi Jean Casimir promit à deux reprises d'amener la diète à abolir l'union (1649-1658), mais celà échoua. La perte de l'Ukraine de la rive gauche de Dniepr et de Kiev, conséquence de la guerre avec la Russie, la dispersion des cosaques, la chute des confréries dans les villes tombées en ruines, les nombreuses conversions au catholicisme de la noblesse ruthène, affaiblirent définitivement l'Eglise orthodoxe. Par conséquent, l'union gagna du terrain et se répandit considérablement à la fin du XVIIᵉ et au début du XVIIIᵉ siècle.

La noblesse ruthène abandonnant l'Eglise orthodoxe tout comme celle convertie au calvinisme adoptait tout de même le rite latin. L'Eglise uniate, tout comme l'Eglise orthodoxe auparavant, devenait, au regard de l'opinion courante, église paysanne, inférieure. Les évêques latins l'envisageaient comme une étape transitoire sur le chemin de la conversion entière. Plusieurs d'entre eux considéraient l'adoption du rite ruthène comme reniement de la foi. Il n'en reste pas moins que la coexistence avec l'Eglise uniate et ses fidèles était bien plus facile qu'avec l'Eglise orthodoxe.

Wiestaw MÜLLER
Université catholique de Lublin

LES ASSEMBLÉES DU CLERGÉ DE FRANCE (1560-1625) FIXATIONS DES FRONTIÈRES D'UN ESPACE INSTITUTIONNEL

Les assemblées du clergé de France sont des assemblées périodiques, réunissant les députés des provinces ecclésiastiques pour exercer la liberté du don et d'administration reconnu à l'ordre clérical. La Préface de la *Collection des Procès-verbaux des Assemblées du Clergé de France* souligne « l'importance des procès-verbaux... qui appartiennent également à l'histoire de la Monarchie et à l'histoire de l'Église. D'un côté c'est le premier ordre de la nation qui est dans l'usage constant de faire ses remontrances à son illustre et son auguste monarque, de lui présenter des cahiers de doléances, de lui offrir ses dons... d'en faire la levée, reste précieux des États-Généraux. D'un autre côté ce sont les pontifes de l'Église gallicane qui forment les décisions les plus respectables tant sur les dogmes que sur la morale évangélique... qui rédigent [...] des règlements sur la réformation et la discipline ecclésiastique, qui établissent les maximes sur lesquelles sont formées nos libertés et fixent les principes de notre droit public ecclésiastique, principal apanage des conciles »[1].

Si l'on y prend garde on peut constater que cette préface de 1765 définit un espace de pouvoir « celui du premier ordre de la Nation » et celui des « pontifes de l'Église gallicane » : cet espace de pouvoir est lié aux structures de pouvoir de la Monarchie d'une part et de l'Église catholique d'autre part.

Un espace se définit par sa surface et par ses limites, ses frontières ; c'est à cette création d'un espace d'autorité par la pratique des Assemblées du clergé et à la définition des limites dans lequel s'inscrit cet espace que se consacrent les premières assemblées du clergé qui se réunissent dans les années 1560-1625. L'institution peut être considérée comme stable après le règlement de Melun (1581) et comme fermement établi après l'assemblée de 1625. Cette assemblée est par ailleurs la première dont le procès-verbal des séances est imprimé ce qui ajoute à l'institution un caractère public.

Pendant cette période 1560-1625 la nouvelle institution s'affirme et se régularise et par cette normalisation s'insère dans les institutions monarchiques créant par là son espace d'autorité et les limites de cet espace.

Au début du XVIe siècle le Roi de France signe avec le Pape le *Concordat de 1516* qui règle les rapports entre les deux puissances. Le Roi de France obtient le droit de présenter au Pape les candidats de son choix pour occuper les bénéfices importants du royaume dit «bénéfices consistoriaux» c'est-à-dire les archevêchés et évêchés ainsi que les abbayes d'hommes et de femmes. Ce système de recrutement prend la place d'un autre fondé sur l'élection par les chapitres de chanoines ou de religieux et religieuses.

Le mot *bénéfice* est important à définir nettement : il désigne la portion des biens possédés de façon indivise par l'église chrétienne, affectée à l'exercice d'une fonction ecclésiastique selon l'adage *beneficium datur propter officium*. Peu à peu cette portion affectée à une fonction a été déterminée de façon fixe et ainsi ce sont constituées les menses épiscopales, les menses abbatiales et les menses canoniales. Ce mot *bénéfice* en arrive au XVIe siècle à désigner à la fois la fonction et la rétribution de la fonction. L'Église possède soit des terres, soit des domaines, soit des seigneuries, soit des fiefs dont elle perçoit les revenus ; depuis le règne de Charlemagne, elle a aussi le droit de prélever en nature une partie du produit brut de l'ensemble du territoire de Chrétienté. Ce prélèvement, généralement de un dixième, a reçu le nom de *dîme*.

Les besoins fiscaux de la monarchie française créent les conditions favorables à la mise en place d'une institution permettant d'établir un échange régulier entre le souverain et le clergé ordre structuré le plus riche du royaume mais protégé par son statut dans l'Église catholique qui met ses biens hors de toute fiscalité du pouvoir temporel. L'organisation de l'état monarchique autour d'une armée permanente, d'une administration permanente et d'une justice permanente a entraîné la permanence de l'impôt. Dès 1450 les États Généraux ont autorisé le Roi à percevoir, hors de toute nouvelle approbation, un impôt régulier destiné à l'armée : la taille. La noblesse qui effectue le service militaire en est dispensée, le clergé qui est exempt de service militaire en est lui aussi dispensé. François I, puis Henri II en sont arrivés, avec approbation pontificale à percevoir régulièrement des décimes, un dixième du revenu annuel, sur les bénéfices ecclésiastiques. François I en trente-deux ans de règne a reçu cinquante décimes, Henri II en douze ans, cinquante et une décimes. La valeur d'un décime prélevé sur les revenus du clergé de France est de l'ordre de 360.000 livres tournois. En 1552 une taxe dite des «clochers» a frappé les fabriques et a rapporté 10.000.000 de livres. L'ordre du clergé est durement taxé, les décimes sont perçus par les officiers du roi, les comptes des décimes examinés en Cour des comptes[2].

Le clergé jouit d'un droit de réunion fondé sur le droit canon. L'évêque diocésain réunit les prêtres du diocèse en synode. L'archevêque peut réunir les évêques suffragants en concile provincial. Les archevêques et évêques de la chrétienté peuvent se réunir en concile œcuménique et on a vu, naguère, des tentatives de réunion d'évêques en concile national au temps de Louis XII. Le clergé en tant qu'ordre politique est convoqué par le Roi aux Etats Généraux. La députation du clergé aux Etats d'Orléans est consultée sur le problème fiscal par le Roi. Cette chambre ecclésiastique des Etats d'Orléans a beau avoir les honneurs de la première place dans la *Collection des Procès-verbaux* elle ne peut être tenue pour une assemblée du clergé. Les élections, en effet, se sont faites par circonscription civile : le baillage alors que dans une assemblée ecclésiastique les élections doivent se faire dans le cadre des diocèses et des provinces. Les députés ainsi élus n'ont aucun pouvoir religieux ils ne peuvent que « représenter l'état ecclésiastique pour les affaires temporelles. »[3]

L'assemblée de Poissy est considérée comme la suite de la chambre ecclésiastique des États d'Orléans renforcée par la convocation de tous les prélats, par le Roi. Cette convocation tend à faire de cette assemblée un concile national. Le 30 juillet 1561 le chancelier précise, « ce concile national est réuni pour la réformation des abus et pour apaiser les tumultes et séditions... ». Le 14 octobre le texte des « canons et conclusions faites à Poissy touchant la réformation, la subvention et l'apaisement des tumultes » est adopté par l'assemblée après deux mois de discussion[4].

Le 21 octobre 1561 un contrat entre le Roi et le clergé est signé à Saint-Germain, il est « appelé néanmoins le contrat de Poissy ». « M. l'Archevêque de Bordeaux, MM les évêques d'Uzès, Glandeve, Vence, Cornouailles signèrent au contrat comme députés des gouvernements ». Ce contrat prévoit une levée de 1.600.000 livres par an pendant six ans à compter du 1 janvier 1561 pour « employer au rachat des domaines du Roi engagés à l'Hôtel de Ville de Paris... les rendre au Roi quittes et déchargés dans dix ans après les dites six années expirées... et cependant de continuer le paiement des rentes constituées sur iceux ». Ce contrat, le premier d'une longue série, est la base juridique sur laquelle se crée un espace fiscal et s'organisent les rapports entre le clergé et le Roi: il prévoit une réunion à l'expiration du délai d'exécution[5].

L'assemblée de Poissy se poursuit par un colloque de controverse avec les « calvinistes » ou encore « les dévoyés de l'église appelés huguenots » qui n'aboutit pas comme l'on sait mais qui précise le pouvoir religieux, doctrinal et disciplinaire, de cette assemblée[6].

En 1567, en exécution du contrat de 1561, se réunit une assemblée qui a maintenant quelques caractères des assemblées du clergé. L'initiative vient des provinces ecclésiastiques qui refusent de continuer à payer la subvention prévue pour six ans et que l'on continue pourtant à percevoir. Pour la première fois les circonscriptions ecclésiastiques sont employées pour servir de cadre électoral. Les membres du clergé d'un diocèse se réunissent sous la présidence de l'évêque, élisent des députés à l'assemblée provinciale et rédigent un cahier de doléances. Sous la présidence de l'archevêque l'assemblée provinciale élit les députés à l'assemblée générale et fond les cahiers diocésains en un cahier provincial. Ces réunions se font « suivant le mandement et ordonnance du Roi qui leur avait été signifiés par les sieurs syndics généraux ». Chaque député est muni d'une procuration de l'assemblée provinciale dont la validité est vérifiée par l'assemblée générale. La procuration précise que le député représente la province et engage entièrement le clergé de la province par ses votes. Le caractère original de l'institution apparaît dans les querelles de préséances entre archevêques prétendant tous à une primatie. L'archevêque de Sens précise « que la présente congrégation n'étant point par forme de synode, ni de concile provincial, ni national... il ne serait point acquis de droits sur le regard des prérogatives et prééminence... »[7].

L'ordre du jour de l'assemblée comprend l'examen des comptes des receveurs généraux du clergé et de l'administration des syndics généraux touchant les aliénations. L'assemblée demande au Roi d'entretenir et ratifier le contrat de Poissy et ce n'est qu'après avoir l'assurance de la ratification du contrat que l'assemblée accepte de verser une subvention de 700.000 livres.

L'assemblée de 1567 précise les fonctions du receveur général et pose ainsi les bases de l'autonomie fiscale du clergé. Le receveur général passe contrat avec le clergé et présente à l'assemblée « ceux qu'il entendait commettre en chaque généralité du royaume pour le maniement des deniers et affaires du clergé ».

En subordonnant la subvention de 1567 à l'observation des clauses du contrat de Poissy l'assemblée commence à affirmer sa liberté du don fondé sur un contrat synallagmatique ; en développant une administration fiscale autonome elle précise la liberté d'administration. Deux des privilèges les plus importants de l'ordre du clergé, la liberté de don, la liberté d'administration se mettent en place. L'assemblée avant de se séparer « ordonne que de cinq en cinq ans il serait fait l'assemblée du clergé de l'église gallicane »[8].

Réunis depuis le 20 juin 1579 les députés commencent par rédiger un cahier de doléances contenant des « propositions de bons et sains moyens de procéder à la réformation de l'état et ordre ecclésiastique »[9] dénonçant la simonie et la confidence, dressant une liste des évêchés tenus de façon illicite et précisant « que dans tout le Languedoc il n'y a pas un seul évêque qui eut fait le carême et les dernières pâques, n'y ayant dans tous les évêchés quasi que des économes »[10]. Le cahier est remis au Roi, puis renvoyé par ce dernier à l'assemblée. Il est représenté au Roi accompagné de remontrances (20 juillet), puis d'itératives remontrances (11 août). Le clergé demande en effet l'enregistrement au Parlement de lettres patentes du Roi publiant pour le royaume les décisions du Concile de Trente. Le Roi suivi en cela par le Parlement refuse aux décisions conciliaires sa sanction pour certains articles empiétant sur ses droits régaliens.

Le 1er juillet l'examen des comptes révèle que l'Hotel de Ville de Paris n'a pas été remboursé de ses rentes gagées sur le domaine du Roi bien que le clergé ait régulièrement versé les sommes destinées à ce poste. Ainsi on comprend mieux le discours de l'archevêque de Lyon en réponse à celui du chancelier le 23 juillet et devant l'assemblée le 24 juillet ; dans les deux cas le propos est le même : « le clergé aurait avisé de ne traiter rien de ce qui touche le temporel d'icelui ainsi que le sieur chancelier a proposé que le reste ne fut vidé et arrêté le premier... ce qui empêche la compagnie à se résoudre plus promptement sur la demande sa Majesté est la conservation des immunités de l'Eglise qui leur est plus chère que leur propre vie. » On voit apparaître ici une des constantes de l'attitude du clergé face au roi : les intérêts religieux de l'état ecclésiastique, les intérêts temporels et les privilèges de l'ordre du clergé, sont mis en avant et l'octroi d'un secours au Roi est subordonné à son adhésion à ces intérêts spirituels et temporels.

Couronnant le système le contrat entre le roi et le clergé est renouvelé, le contrat prévoit que les ecclésiastiques affectent 1.300.000 livres par an au paiement des rentes de l'hôtel de ville. Cette somme représente le paiement des rentes constituées par le Roi sur l'hôtel de ville de Paris avant 1560 : le contrat de 1561 mettait le paiement de la rente à la charge du clergé. Le capital gagé sur le domaine royal devait être remboursé par le clergé en dix ans[11]. Le remboursement ne se fit jamais, les sommes versées à cet effet par le clergé ayant été employées par le Roi à d'autres destinations. Le clergé assemblé après quelques protestations, désaveux, refus de paiement qui mènent son receveur général dans les prisons de l'hôtel de ville de Paris, finit par accepter la situation ainsi créée et régler l'intérêt des rentes «prétendument constituées sur le clergé». A partir du contrat du 20 février 1580 la somme de 1.300.000 livres de «décimes ordinaires» est affectée à ce poste. Ces rentes constituées sur l'hôtel de ville de Paris sont jusqu'au contrat de 1785 la base des contrats passés tous les dix ans entre le clergé assemblé et le Roi.

L'abrégé des actes, titres, mémoires du clergé de France publié en 1675 à Paris précise le «recueil des principaux privilèges renouvelés par les Rois en faveur du clergé au renouvellement des contrats entre le dit clergé et sa majesté : ... il ne sera demandé aucunes décimes, francs fiefs, nouveaux acquêts, emprunts et autres impôts quelconques... ecclésiastiques seront déchargés de l'impôt au sel... déchargé... des réparations... »[12].

Le clergé durant cette période réussit à faire reconnaître sa liberté de don. A l'origine, le contrat de Poissy stipulait qu'il y s'agissait d'un don gratuit, extraordinaire. En 1580 puis en 1586 le contrat stipule que les décimes ordinaires sont affectées à ce poste. Ces décimes levées sur le clergé par les officiers du Roi depuis François I sont maintenant levées par le clergé et affectée aux rentes de l'hôtel de Ville par contrat décennal : «le contrat de Poissy n'a plus été considéré comme don gratuit... et a été placé... en tête des contrats passés pour le renouvellement des décimes »[13].

Le clergé assemblé proteste contre les aliénations de biens qui lui sont imposées par des bulles du Pape afin de fournir des rentes au Roi : il le fait en 1577 par l'intermédiaire des députés du clergé aux États de Blois, puis en 1579 par l'Assemblée de Melun et enfin par l'assemblée de 1586. En 1582, 1585, 1586 «des mémoires et instructions sont dressés pendant l'assemblée du clergé contre les nouvelles impositions, aliénations et autres entreprises sur le clergé »[14]. L'Assemblée de 1587 transforme l'aliénation de biens en une subvention extraordinaire de 500.000 écus[15].

On peut considérer que cette assemblée de 1579-1580 marque l'affirmation d'une institution qui est née vingt ans auparavant et qui a délimité son espace de pouvoir. Outre l'organisation d'une administration autonome, la confirmation royale des franchises et immunités du clergé, le principe de la liberté des dons, les bases de l'échange entre le Roi et le clergé, l'Assemblée de 1579-1580 inaugure la régularité des convocations «en vertu du règlement de l'assemblée de Melun et du contrat »[16]. En 1582, 1584, les provinces envoient des députés pour entendre les comptes du receveur général. En 1585 une assemblée générale est tenue en vertu du contrat du 20 février 1580.

L'archevêque de Bourges en 1584 porte la parole devant le Roi, au nom du clergé assemblé, dans la séance de réception royale devenue traditionnelle. L'archevêque définit les espaces de pouvoir et établit des frontières : il rappelle les bases de la concorde entre les deux puissances et ajoute que «...s'établit le mutuel secours que se doivent la dignité sacerdotale et la puissance royale et que l'autorité royale elle-même ne peut être bien assurée sans l'appui de la dignité sacerdotale, laquelle étant affaiblie il est nécessaire que la royale, reçoive quelque diminution »[17].

Le clergé français, les évêques députés du clergé aux assemblées du clergé, s'exprime sur les problèmes religieux du temps. L'assemblée de 1585 notamment reçoit l'édit d'union qui révoque « l'édit de liberté de conscience ». « Cette révocation, dit l'évêque de Noyon, met fin à vingt cinq ou vingt six ans... de calamités » attribuées à « la permission qu'a chacun de croire ce que bon lui semblait sans être inquiété ni recherché... »[18]. On peut constater dans ce passage l'attachement du clergé aux lois d'obligation religieuse catholiques prises par des Rois « décorés du plus excellent titre qui puisse être celui de très chrétien »[19].

L'archevêque de Bourges dans la harangue finale au Roi à la fin de cette même assemblée ajoute: « Français et chrétien... dans l'union et l'unité de l'Église... nous étions d'une même foi, d'une même loi et créance sous un même maître et sauveur, en même église, en même nation... ». L'archevêque poursuit sa harangue par « c'est Dieu qui plante les royaumes et qui les arrache quand il lui plaît, c'est lui qui inspire les cœurs des Rois... L'église catholique est le fondement de tous les estats du royaume... ». La conclusion est caractéristique d'une théorie politique déjà esquissée dans les siècles précédents mais précisée en 1585 de façon nette: « le royaume sera en repos quand Votre Majesté aura rétabli l'honneur de Dieu, quand la cause de nos divisions qui est l'hérésie, sera exterminée, quand vos sujets ne réconduiront qu'un Dieu, une religion catholique et un Roi... »[20].

L'obligation religieuse catholique dérive des institutions de la *res publica christiana*. En France saint Louis légifère en matière de répression du blasphème et du sacrilège. L'union des deux puissances dans l'unité religieuse se conforte sous François I et Henri II durant les règnes desquels se prennent les principales dispositions de cette obligation. L'édit de Chateaubriand, 27 juin 1551, résume des dispositions prises depuis 1523 date d'un édit contre les blasphémateurs. L'infraction est définie tant pour les fidèles que pour le clergé. Les sujets du Roi doivent « fréquenter le service divin... avec révérence et démonstration... a genoux, dévotement, adorant le saint sacrement de l'autel... et il est défendu de se promener en églises... durant le service... mais de se tenir prosterné en dévotion »[21]. Le corpus doctrinal de 1543 élaboré par la Sorbonne est diffusé par édit royal[22]. En ce qui concerne le clergé, l'édit précise: « il doit enseigner et résider ». La législation ne cesse de s'enrichir. Le jugement des infractions à l'obligation religieuse catholique est attribuée aux tribunaux royaux. L'échelle des peines présentée aux juges va de l'admonestation à la peine de mort. L'obligation religieuse catholique est du domaine du droit public et du droit pénal. Là un espace juridique se crée, des frontières se précisent entre les deux puissances[23].

Le partage entre l'espace royal et l'espace religieux apparaît clairement en 1585. L'édit d'union en effet, était accompagné d'une profession de foi adressée au clergé, le dispositif législatif précise: « Nous entendons que vous fassiez faire à nos sujets de l'opinion nouvelle qui se retourneront et réduiront à l'église catholique, apostolique et romaine... une profession de foi. » Les députés de 1585 font immédiatement des remontrances au Roi sur ce point précis: il n'appartient pas au pouvoir civil de publier de son propre mouvement un texte de profession de foi spécialement quand une profession de foi vient d'être publiée par un Pape, par Pie IV, le 13 novembre et que le texte du Roi en diffère sur certains points[24].

Le Roi reste maître de l'organisation politique du royaume et les prélats ne peuvent que conserver une attitude de réserve face à l'édit de Nantes qui apparait comme un texte dérogatoire aux prescriptions d'obligation religieuse en faveur du groupe protestant. Dès 1605 les Cahiers de doléances du clergé entament une lutte contre les clauses de l'édit par des «plaintes contre les huguenots» dans lesquelles se formule clairement une prise de position épiscopale face à l'édit: tout ce qui n'est pas expressément permis est interdit. Dans le domaine de la construction des temples, par exemple, les prélats obtiennent l'application des termes de l'édit et les temples, construits en contravention aux conditions fixées, sont détruits[25].

L'assemblée du clergé de 1610 est l'occasion pour les prélats de préciser leur doctrine politique. L'assassinat du roi de France est la manifestation de la colère de Dieu contre le royaume et il appartient à son successeur d'apaiser Dieu en «portant la réformation dans tous les ordres du royaume... afin d'assurer la religion, qui est aux royaumes ce que le premier mobile est aux cieux, ce que l'âme est au corps, et la forme à la matière.». Le prélat, l'évêque d'Avranches, qui porte la parole au nom de l'ordre du clergé poursuit: «Les Rois sont l'image de Dieu en terre... sur ce modèle... ils [les Rois] forment leurs actions. Comme le Roi a Dieu pour père il a aussi l'Eglise pour mère étant son fils aîné très chrétien, et partout obligé de la maintenir et supporter, de même qu'elle est obligée de prier Dieu sans cesse pour sa grandeur et prospérité...»[26].

Les assemblées ultérieures jusqu'en 1625 se préoccupent aussi de définir l'espace occupé par l'épiscopat en tant que corps dans l'Eglise. Ce sont d'abord les chanoines qui affrontent les évêques, plus spécialement les chanoines de Senlis qui soutiennent que les prêtres et les évêques ont reçu le même sacrement de l'*ordre* et que, de ce fait, les prêtres ont les mêmes pouvoirs que les évêques. La justification de l'argumentation est trouvée dans l'histoire des conciles anciens dans lesquels l'action d'évêques «mus par l'avarice et l'ambition» a contribué à disjoindre de plus en plus l'ordination des prêtres et celles des évêques et à établir ainsi la subordination des uns aux autres. Cette remise en cause de la *plenitudo potestas* conférée aux évêques par le sacrement de l'ordre revient périodiquement étancher la soif d'égalité du bas clergé: c'est comme on le sait la doctrine connue sous le nom de richerisme[27]. On a, en l'assemblée de 1605 et l'apparition et la condamnation de cette position qui renforce les fonctions internes de l'Eglise universelle et plus spécialement délimite l'espace occupé dans cette Eglise par l'épiscopat qui tend à devenir «le premier corps du premier ordre».

Les assemblées du clergé sont aussi amenées à définir des limites internes à l'ordre de clergé entre l'espace d'autorité des évêques et celui des réguliers. Présenté par l'évêque de Chartres, le texte retenu par la postérité sous le nom de «Règlement des réguliers» eut des fortunes diverses: discuté dans l'assemblée de 1625, il est finalement repoussé à cause des traces de doctrine d'infaillibilité pontificale, en revanche il est diffusé sous forme d'une circulaire aux évêques par l'assemblée de 1645 qui le présente alors comme un texte normatif.

Les réguliers, hors de leur couvent, sont soumis à l'autorité épiscopale, ils doivent recevoir d'elle les pouvoirs de célébrer la messe, confesser, absoudre et de prêcher. L'episcopat se méfie aussi du rayonnement possible d'un monastère et il faut l'approbation épiscopale pour «publier des indulgences, établir des confréries... exposer de nouvelles reliques et des images... publier au peuple des miracles.» Ainsi les réguliers, exempts de l'autorité épiscopale par tradition d'église, sont confinés dans leur maison religieuse et ne peuvent exercer d'influence au dehors que sous l'autorité de l'évêque.

Le règlement des réguliers fait apparaître, en négatif, l'idéal religieux que les évêques veulent transformer en réalité quotidienne. Le clergé séculier encadre dans l'espace de la paroisse et du diocèse la vie religieuse des fidèles. L'église paroissiale est le lieu d'élection des manifestations religieuses. Là le fidèle participe à la messe «au moins de trois dimanche l'un», doit se confesser et communier à Pâques, doit célébrer les fêtes solennelles d'église : «Avent, Carême, octave du Saint Sacrement», et les fêtes locales inscrites au *Propre des Saints* du diocèse. L'église paroissiale est aussi le lieu où le fidèle reçoit l'enseignement directement par le curé, dans le sermon, ou indirectement par l'évêque, dans la lecture des mandements et instructions pastorales de l'évêque[28]. C'est là que le chrétien reçoit le baptême, se marie, et meurt.

A travers ce «Règlement des religieux» de 1625 s'exprime l'idéal séculier de la vie religieuse centrée sur la paroisse et encadrée par la hiérarchie séculière. Ce qui amène les séculiers à définir l'espace religieux séculier et à tracer des limites avec les réguliers qui apparaissent comme indépendants confinés dans leurs maisons religieuses exemptes de l'autorité séculière mais comme dépendant de l'approbation de la hiérarchie séculière dès qu'ils sortent de ces maisons ou entendent encadrer la vie des fidèles autour de leurs maisons.

En bien des aspects de son action, l'assemblée de 1625 peut apparaître comme une assemblée mettant fin à la période d'organisation de l'institution et de délimitation de l'espace de pouvoir. Elle est la première assemblée dont le procès verbal est publié. Parallèlement l'assemblée de 1625 ordonne la compilation et la publication des *Mémoires, actes et titres du clergé*. On y trouve tous les textes fondateurs et aussi les textes de pratique. La 8ème partie est constituée par les «remontrances, harangues faites au Roi et cahiers de doléances» fixant les limites du spirituel et du temporel ; la 9ème partie est aussi génératrice de frontières : «Ce qui s'est fait contre les hérétiques et les autres dévoyés de la religion apostolique et romaine», marque les frontières de catholicité franchies par les dévoyés qui, par abjuration, peuvent revenir sur le territoire initial.

Entre 1560 et 1625, dans les assemblées, le clergé de France, encadré par l'épiscopat, délimite peu à peu un espace de pouvoir et en précise peu à peu les frontières.

D'entrée, les assemblées définissent l'espace religieux en fixant les frontières de catholicité dans les *Decreta synodi apud Pissiacum habitae* ou encore dans le débat avec le Roi pour la réception pure et simple, sans changement, de la profession de foi catholique diffusée par la bulle de Pie IV. D'un autre côté, ils dénoncent au pouvoir temporel toutes les manifestations des hérésies.

Les assemblées définissent un espace politique en établissant les frontières entre l'exercice du pouvoir spirituel, réservé à l'Eglise, et les interventions du pouvoir temporel que l'on s'efforce de contenir à l'observation de l'obligation religieuse catholique par les fidèles et au respect des libertés, franchises et privilèges de l'Eglise de France garanti par le renouvellement d'un contrat décennal entre le Roi et le Clergé.

Peu à peu se fixent aussi les limites de l'ordre du clergé de France et de l'épiscopat comme représentant né de l'ordre. Le corps épiscopal français, dont les conditions de recrutement se régularisent peu à peu, devient, grâce aux assemblée du clergé, le représentant exclusif de l'ordre tout entier dans des frontières de pouvoir qu'il a pratiquement lui-même délimitées. Toute l'histoire des rapports entre le « clergé » et les autres pouvoirs religieux ou temporels se fait à travers l'histoire des assemblées du clergé. Ces assemblées permettent à épiscopat, parlant au nom du clergé de France, de donner vie à ce qui n'est quelquefois qu'une abstraction, un ordre dans la société d'ordres. Le clergé existe, les assemblées du clergé sont le lieu de sa réunion.

Michel PERONNET
Université Montpellier III

NOTES

1. *Collection des procès-verbaux des assemblées du Clergé de France.* 1er volume, in-folio, 1765-1785. Collection constituée sur ordre de l'assemblée du clergé de 1765 afin de réunir en une même collection et selon des principes communs d'édition tous les procès-verbaux publiés séparément à la fin de chaque assemblée depuis 1625. Les procès-verbaux d'assemblée sont classés par ordre chronologique, les procès-verbaux de la collection par ordre thématique. Les premiers sont utiles dans l'analyse d'une assemblée particulière, les seconds dans la recherche du discours ecclésial dans la durée longue.

2. Collect. P.V.A.d.C. 1582. CLOULAS (Y.), « Les aliénations de temporel ecclésiastique », *R.H.E.F.*, 1958. MICHAUD (C.) « Finances et guerres de religion », *R.H.M.C.*, 1981; « Fiscalité et diocèses méridionaux », *Etudes sur l'Hérault*, 1983. PERONNET (M.), « Naissance d'une institution: les assemblées du clergé », *Pouvoir et institution*, actes recueillis par A. Stegman, 1986. DOUCET (R.), *Les institutions de la France au XVIe siècle*, 2 vol., Paris, 1948 (II, p. 830).

3. Collect. P.V.A.d.C., 17 décembre 1560.

4. *Id. Ibid*, 17 janvier 1561 (n.s.)

5. *Id. Ibid.*

6. *Id. Ibid.* Pièces justificatives. *Decreta apud Pissiacum habitae synodi.* Voir notamment: *de episcopis, de excommunicatione, de canonicis, de presbyteris, de monasteriis, de commendis, de cutu.*

7. Collect. P.V.A.d.C. 1567. § I. Procurations.

8. *Id. Ibid.*§ III. Temporel.

9. Collect. P.V.A.d.C. § V. Affaires spirituelles (26 juin 1579).

10. *Id. Ibid.*

11. Collect. P.V.A.d.C. Assemblée 1579-1580.

12. *Recueil en abrégé des actes, titres et mémoires concernant les affaires du clergé de France* contenus en six grands tomes et réduits en un seul volume par maître Thomas Regnoulet, Paris, 1677.

13. BLET (P.), *Clergé de France et monarchie*, 2 vol., Rome, 1959. Tome I, p. 254, 456, 539, 540.

14. *Recueil en abrégé....Ibid*, p. 548.

15. *Id. Ibid.*, p. 550.

16. Collect. P.V.A.d.C., 1582.

17. *Id.*, 1584, Tome I, p. 141.

18. *Id. Ibid.*, Tome I, p. 293.

19. *Id. Ibid.*, Tome I, p. 289.

20. *Id. Ibid.*, Tome I, pièces justificatives, p. 104.

21. DONNADIEU (J.-P.), «L'obligation religieuse catholique au XVIe siècle», *Etudes sur l'Hérault*, 1984.

22. *Id. Ibid.*

23. PERONNET (M.), «L'obligation religieuse catholique». *Les Rabaut* (colloque de Nimes), Presses du Languedoc, Montpellier, 1988.

24. Collect. P.V.A.d.C.., Tome I, pièces justificatives, p. 71.

PERONNET (M.), «Les assemblées du clergé de France et la révocation des édits de religion» (1560-1685), *B.S.H.P.F.*, 131e année, T. CXXXI-N° 4, 1985.

25. PERONNET (M.), «Les assemblées...», *Ibid*.

26. Collect. P.V.A.d.C., 1610, II, p. 18.

27. *Id. Ibid.*, Chanoines de Senlis, I, pièces justificatives;

28. PERONNET (M.), *Les évêques de l'ancienne France (1516-1790)*, 2 vol., Paris-Lille, 1976, Tome II, p. 738 suiv.

RELIGIOUS FRONTIERS AND CO-EXISTENCE IN PARIS
IN THE AGE OF RICHELIEU AND MAZARIN (1624-1661)

René Pintard in his masterly work on the intellectual climate in France in the first half of the seventeenth century wrote of « l'étrange et savoureuse complexité d'une époque qui va de l'Edit de Nantes à la mort de Mazarin »[1]. Yet at first encounter the period presents few complexities in a success-story which runs from the establishment of absolutism under Henri IV to the political and cultural achievements under Richelieu. But the sixteenth-century Wars of Religion bequeathed a legacy of religious antipathy and tension. The fanatical Catholicism of the Paris League, fuelled by mob frenzy, went underground when Henri of Navarre abjured, but re-surfaced in *dévot* movement which concentrated on conversion, drawing upon the missionary zeal of the new orders and fraternities. For the *dévots* the Huguenots were still the enemy, for it was they who had possessed the political and military leverage to wrest from Henri IV the Edict of Nantes in 1598.

The Edict of Nantes was not based upon any theoretical belief in toleration, but the grant of liberty of conscience and full civil rights to Calvinists established the preconditions of co-existence. However, freedom of public worship was restricted to those places where temples existed in 1597, though Huguenot strength in the Midi was reinforced by the grant of over a hundred fortified strongholds. The Edict was in effect an armistice and as such liable to be broken[2]. Between 1621 and 1629 the Huguenots fought with tenacity the last of the Wars of Religion to preserve the concessions they had been granted under the Edict of Nantes.

Richelieu enjoyed the triumph of victory at La Rochelle and in the Midi, as did the *dévots*, but their delight turned sour when instead of revoking the Edict of Nantes Richelieu accorded the Huguenots the Grace of Alès. By this the religious and civil rights clauses of the Edict were confirmed, but the Huguenots lost their fortresses. It remained to be seen how far the Edict would continue to be observed, for the Huguenots had lost their bargaining power while the *dévots* remained militant. In 1630, Richelieu triumphed in a palace revolution over a section of the *dévots*, but this entailed no slackening in the pressures they continued to bring to bear upon the Huguenots. In the same year the duc de Ventadour, *lieutenant-général* in Languedoc, though mainly residing in Paris, saw his cherished scheme, brooded over during the campaigns in the Midi, materializing. The *Compagnie du Saint-Sacrement* was a secret society, consisting of secular clergy, members of religious orders and laymen, these latter drawn from the nobility, professional classes, merchants and town notables. According to its statutes the society was to concern itself not only with the customary pursuits of charity and piety, but also was to work for « la conversion des hérétiques » and to proceed against « tous les scandales, toutes les impiétés, tous les blasphèmes » [3].

Internal frontiers were thus being erected, impeding the co-existence with had been initially a possibility under the Edict of Nantes. But what was the nature of these internal frontiers ? A religious frontier imposes a barrier between two forms of belief, whereas co-existence implies mutual tolerance and even amity between those of different races, faiths or cultures. Two models for the frontiers Catholics and Protestants in this period can be considered. The first is the ideological frontier, unbridgeable because it marked the divide between different religious and intellectual beliefs, different cultures and different economic attitudes. When E. G. Léonard summed up Calvin's achievements, he considered the greatest of these to have been the creation in Geneva of « un nouveau type d'homme, le « réformé » », whose rigorous faith was nourished more on the Old Testament than on the New. Herbert Lüthy also stressed how Calvinists identified themselves with the Chosen People and how the central pillar of Calvinist social teaching was « the ethical pre-eminence of work ». *L'Homme Protestant* was the product of Calvin's education of mind, character and will, ruthlessly forged together [4]. The differences between Catholics and Huguenots were therefore on this analysis not merely matters of religious observance, but of morality, dress, conduct and social attitudes. Besides, the Huguenot consistory was associated with republicanism, while suspicion of a Calvinist International, heightened by the siege of La Rochelle, tainted the Huguenots with disloyalty. Yet was there in practice an impassable ideological barrier, one behind which the Protestants sought strength through solidarity and one which the Catholic clergy and the *dévots* sought to destroy ?

The second frontier to consider is the purely confessional one, a frontier confined to religious observances, but not separating the two confessions in political outlook and loyalties, in foreign policy, in social intercourse and in cultural tastes in this *siècle classique*. Was the confessional frontier regarded in some quarters as bridgeable, easily crossed and even temporary ? There were those who abjured, denounced by Pierre du Moulin, the unflinching Calvinist divine, as doing so « pour servir à leur vanité ou à leur ventre », while Jean Daillé, a Charenton pastor, wrote acidly of « cette douce communion de Rome, si pompeuse et si avantageuse » [5]. Apart from the lure of preferments and pensions, there was also the urge to adopt the religion of the king, a step the easier to take when Huguenot ministers in the 1630's preached of the affinity between God and kingship.

A steady trickle across the confessional frontier, some Catholics becoming Protestant while not all converts to Catholicism were actuated by material gains, was a feature of the reign of Louis XIII. This raises the question of whether there was a real possibility of the frontier barriers being lowered or even abolished by an oecumenical reunion of the churches under a Gallican umbrella with Richelieu enjoying the title of Legate of *Patriarche des Gaules*. The Huguenots were Gallican in sympathy, even hyper-Gallican, hating the Pope more than the Catholic church, a sentiment which might lead conceivably to a redrawing or even obliteration of the confessional frontier. Pierre du Moulin indeed wrote to Guez de Balzac, a fashionable and leading man of letters in Paris, that the Huguenots were detested by the *dévots* not because of their religion but because of their alignment with the Gallicans [6].

The nature of the confessional frontiers varied according to regions and localities, but the most striking differences lay between Protestantism north and south of the Loire. The consistory of Charenton in 1625 formally disavowed the rebellion in the Midi, and, in general, the wars there were deplored by the peaceable communities of the north. There was too a marked contrast between the poor rural Huguenot communities with a low level of literacy in the Midi and the affluent communities in towns such as Lyon, Caen and above all, Paris, where the congregation of the great temple of Charenton was distinguished for the wealth, social status and talents of its members. Paris is a special case, so special that it has sometimes been treated as wholly atypical. Thus E. G. Léonard considered that the « notabilité mondaine » which characterized the Parisian Huguenots should not be presented as a source of Protestant strength [7]. The pastors of Charenton would have dissented, and indeed the son of Jean Daillé, a minister there from 1626 to 1670, wrote in the biography of his father that Charenton in the time of the two cardinals enjoyed « la belle saison, les années de bénédiction et de prospérité », and shone with such lustre that it was a beacon for the temples of France [8].

The choice of Paris for examination is justified on several grounds. Paris was the centre of government, and the Charenton congregation was distinguished by the number of its members in royal administration and in government finance. Secondly, Paris was the great centre of patronage, acting as a magnet for Huguenots, who in the fields of architecture, painting and literary activity played their part in what was in the age of Richelieu a second French Renaissance. Thirdly, Paris was a very lively intellectual centre. The Huguenots had at Saumur their own famous academy, where Moïse Amyraut was engaged in sweetening the pill of pre-destination, but Paris had a variety of intellectual and social delights to offer. Paris was the centre of *l'humanisme érudit* under the auspices of the Dupuy brothers, both Gallican Catholics, who welcomed to their renowned library all those, irrespective of creed, who shared their love of learning and enjoyed the atmosphere of cool and ironic scepticism. The Dupuy circle had contacts with scholars abroad, such as the Calvinist emigré, André Rivet, professor at Leyden, and so was linked to the European *République des*

Lettres. The Dupuy group illustrates the existence of a purely confessional frontier, which set no barriers to social intercourse. Thus among the many friends of the Dupuys there were, for example, the minim, Mersenne, a renowned mathematician and scientist, and the Calvinist minister and distinguished Hebrew scholar, Samuel Petit from Nîmes[9].

The number of Huguenots in Paris was small, about 10 to 12,000, out of a total population of around 400,000. There were no geographical frontiers in Paris, for the Huguenots were not enclosed in ghettoes, though they favoured the St. Germain and St. Sulpice *quartiers*, while their main cemetery was in the rue des Saints-Pères. Their geographical focus was the temple at Charenton, a few miles outside the capital, in accordance with the provisions of the Edict of Nantes, and accessible by road and river. The temple, reconstructed in 1623, had seating for up to 4,000[10]. In the reign of Henri IV the *hauts et puissants seigneurs* had occupied the front pews, but abjurations in the 1620s thinned their ranks. Nevertheless the Charenton church drew distinction from the attendance of prestigious *Parlement* families, *conseillers du roi*, *secrétaires du roi*, barristers and doctors, together with opulent bankers, *financiers* and tax-farmers, manufacturers and merchants. The Charenton community also included eminent men of letters, architects, artists and engravers, as well as skilled craftsmen in the luxury trades of jewellery, tapestries and upholstery. The Charenton congregation, joined on Sundays by foreign ambassadors with pews reserved for them and by travellers on the Grand Tour, illustrates the élitiste quality of Calvinism in Paris, with its brilliant façade[11].

Yet for the Parisian Calvinists the frontier behind which they sought to shelter could seem insecure. The Paris mob nursed atavistic memories of the League, while the massacre of St. Bartholomew was a recurrent nightmare for the Huguenots. In 1621, coincident with rebellion in the Midi and the siege of Montauban, a Paris mob burned down the temple of Charenton. The pastors went into exile, while there was a general stampede of Huguenots from Paris. In 1627, Protestants again hurriedly left Paris, fearful lest the siege of La Rochelle would spark off violence. In 1643, panic again surfaced, and Drelincourt, one of the five Charenton ministers, described how the temple was « tout brillant d'épées et le retentissement des cris... comme un sac d'une ville », the result of a rumour that a mob was surging out of Paris intent on murder and destruction. Drelincourt controlled the hysteria by continuing with his sermon and within hours there clattered in an escort of cavalry sent to conduct the congregation back to Paris. In 1648 the capricious Paris mob seemed again about to turn its attention to the Huguenots, leading Valentin Conrart, a distinguished literary figure in Paris and an elder of Charenton to write that « we heard from all sides that the bargees, thieves and other scum were to assemble at the Porte St. Jacques to massacre us on our return from the service, which forced our magistrates to send officers of the watch and armed soldiers to escort us ». Incidents were not confined to Charenton, for in 1652 when Edmé Aubertin, a Charenton pastor, lay dying in his house in the faubourg St. Germain, M. Olier, the curé of St.

Sulpice, the centre of the *dévot* movement, arrived to extract an abjuration. He was followed by an enthusiastic crowd of some forty people, who rushed into the house after him. The noise revived the dying Aubertin, who refused to abjure and the crowd eventually dispersed disconsolately[12].

An element of economic jealousy is apparent in these crowd incidents but whether the attacks were spontaneous or orchestrated, especially by pulpit oratory, is an open question. It is however clear that the Charenton congregation was both wealthy and linked by endogamy. As was general in Calvinist churches, the elders were elected from the notables of the congregation, their offices were renewable and co-option was normal. Being an elder was analogous to holding an office, and elderships remained in some families from the foundation of Charenton until the Revocation[13]. But did the members of Charenton keep aloof from the Paris social scene, or did they subscribe to a strictly confessional frontier which permitted co-existence and a shared culture?

Moreover, what were the views of Catholics concerning the frontier? Peiresc, a close friend of the Dupuy brothers, lived in Provence but visited Paris frequently. He wrote in 1627 that he would like to see reconciliation between the two religions or at least a readiness for reconciliation, and deplored the use of sharp words in controversy which provoked offensive rejoinders[14]. But violent pamphlet war was a feature of the period and a leading combatant was Père Véron, a Jesuit but also curé of the village of Charenton. He hurled abuse at the Charenton ministers, who for their part called the Pope « Anti-Christ », and when not writing pamphlets enjoyed cornering Protestants going to and from the temple. The conversion campaign obtained some success, for in 1634 two houses were built in Paris for converts[15]. A new edict against blasphemy was enlarged to include Calvinists, while decrees issued by the *Parlement* of Paris signposted the frontier, instructing that Protestants must kneel in the street when the Sacrament was carried past, that their shops must open on feast days, and that their taverns must close when mass was being said in nearby Catholic churches. Yet under Richelieu and Mazarin there was a reluctant tolerance in Paris, best expressed by Omer Talon, the *avocat-général* of the *Parlement*, who wrote in 1634 that « les réformés ne sont soufferts que par tolérance et dissimulation, comme on souffre une chose qu'on voudrait bien qui ne fût pas »[16].

Matters were made easier, since the Parisian Huguenots showed a marked preference for the confessional rather than the ideological frontier and for co-existence. They had enjoyed easy access to court and government office under Henri IV, but the tensions of the 1620s closed office in the royal household to them and accelerated conversions. Thus Pierre II de Beringhen, who had been granted the office of *premier valet de chambre* in 1619 in succession to his father, abjured in 1628 in spite of the reproaches made by his family. By virtue of his office he lived at the court, but Protestantism presented no impediment to the fortunes of his relatives in Paris. Jean de Beringhen was an elder of Charenton, a *secrétaire du roi*, and his daughter married the duc de la Force, a Protestant. Jean de Beringhen, too, was important on the financial scene, becoming farmer-general of the *gabelles* in 1656. He was heavily fined in the *Chambre de Justice* of 1661, but he suffered as a client of Fouquet and his Protestantism was irrelevant. The Beringhens lived in the highly fashionable Place Royale, now the Place des Vosges, encountering no discrimination on religious grounds until 1685 when they had to choose between conversion or exile[17].

The Edict of Nantes had granted full civil rights to Huguenots, but the *Parlement* of Paris nevertheless refused to admit them to the posts of judges. But Protestants enjoyed positions as *conseillers d'Etat, maîtres des requêtes, conseillers au Parlement, maîtres de la chambre des comptes, secrétaires du roi,* all offices which carried ennoblement. Like their Catholic colleagues, Protestants established administrative dynasties and bought estates. The number of Protestants holding financial offices, *intendants des finances, trésoriers de France* and *receveurs-généraux*, was particularly marked, following the tradition started by Sully when *surintendant des Finances*.

Some of these Protestants were gifted administrators. Much is heard of the Jansenist Arnaulds, but little of the Protestant Arnaulds, important in the administration. In the late sixteenth century Antoine Arnauld deserted his father's faith and became a Catholic, but his nine brothers and sisters remained Protestant. Isaac Arnauld enjoyed the patronage of Sully and became *intendant des Finances*, acquiring estates and a hôtel in the Place Royale. He was succeeded in his office by his son, Isaac II, while his three younger brothers were secretaries to Sully, afterwards holding important financial offices, buying estates, including Château Gaillard in Normandy[18]. These Arnaulds were Protestant, but otherwise they were indistinguishable from the rest of the *haute robe*, and in so far as austerity is taken to be a mark of the Huguenots, it is the Catholic Arnaulds who stand out as the more obviously virtuous in this respect.

By the terms of the Edict of Nantes six judgeships in the newly created *Chambre de l'Edit* were allocated to Protestants, but the *Parlement* claimed that this was the maximum number and even made difficulties over appointing Protestants at all. In 1615, the conversion to Calvinism of two *conseillers* in the *Parlement*, François le Coq and Jean de Villemereau, raised the question as to whether they could retain their offices. The rights of property triumphed and the Le Coq family remained staunchly Protestant, going into exile at the Revocation. Le Coq's eldest son, Aymer, educated in Geneva, was a *conseiller* in the *Parlement* and held one of the six judgeships in the *Chambre de l'Edit*. The social summit for him was reached when in 1662 his daughter married a marquis, the wedding taking place in Charenton. His younger brother, François, was a *conseiller du roi*, a *secrétaire du roi*, and *contrôleur-général de l'extraordinaire des guerres*, offices bought for him by his father. In 1595, François le Coq had purchased the Hotel de Ventadour in the rue de Seine which had thirty-six rooms on three floors, and there the family lived until 1685. An inventory made on Aymer's death specified rich tapestries, quantities of silver plate, and jewellery, including pearl collars, bracelets, a diamond necklace and also a magnificent library.

The Sarraus were another leading Protestant *robe* family, linked by mariage with the Le Coqs. Jean Sarrau, a lawyer and a *secrétaire du roi*, became a convert in 1618 when his daughter married in Charenton Nicolas Bigot, destined to succeed his father as *contrôleur-général des gabelles*. The five Sarrau children dutifully became Protestant. The younger son gave distinction to the family. Claude Sarrau acquired the office of *conseiller* in the *parlement* of Rouen in 1627, moving to Paris in 1635 when he succeeded his brother-in-law as a *conseiller* in the *Parlement* there. He was a learned and urbane humanist, friendly with Corneille from his Rouen days and a friend of the Dupuys. He corresponded with Rivet in Holland and edited the letters of Grotius, while his own letters, including those written to Queen Christina of Sweden, were published by his son, Isaac. It is hardly surprising to find Claude Sarrau among the Parisians interested in a lowering of the barriers of the confessional frontier [19].

The tight Protestant cousinhood of the *robe* reappears in the world of the bankers, tax-farmers and financiers. The Tallemant brothers came from La Rochelle; both married into the Rambouillet family originating from Rouen, and the two families combined to establish a great financial house. They became receivers of Richelieu's huge income, a business they handled until his death, and in 1633 achieved their greatest coup when theyt took over the lease of the *Cinq Grosses Fermes*. Nicolas Rambouillet flaunted his wealth with such ostentation that he headed the list of delinquent financiers stigmatized in the *Catalogue des Partisans*, the Fronde pamphlet of 1649. But he was too a pious elder of Charenton to whom Drelincourt dedicated his catechism in 1642, writing in the preface « Vous êtes l'un des principaux ornements de cette église. La bonne odeur de votre charité est répandue partout ». He built a spectacular house in Montmartre and a country residence close to the Charenton road, complete with landscaped gardens leading down to the Seine. He liked to show off his possessions, and the gardens were open to visitors, with a guide, entertainments and refreshments laid on [20]. His daughter, Elisabeth, married her cousin, Gédéon Tallemant des Réaux, who refused to become a banker, but with a handsome allowance cut a figure on the Paris social and literary scene, which he described with vivacity, wit and malice in his *Historiettes*. He was splendidly placed to depict in his often salacious character sketches the ostentation of Huguenot bankers and tax-farmers. Yet, like them, Tallemant des Réaux punctiliously journeyed to Charenton on Sundays.

The Protestants financial network remained intact until the fall of Fouquet in 1661. Jacques Amproux de Lorme was married to Marie de Beringhen, whose brother, Jean, landed the *gabelles* contract in 1656. Amproux was a *secrétaire du roi* and an *intendant des finances*, while he was also Fouquet's man of buisiness and thus at the centre of the web of tax-farms and contracts in this period of notorious laxity when lenders enjoyed swollen profits. Towering over this scene was Barthélemy Hervart, the financial colossus from Lyon, whose loans made possible the French acquisition of Alsace, and who became an *intendant des finances* in 1650 and *contrôleur-général* in 1655. Like Sully under Henri IV, he had his Protestant clientèle in the Treasury, and the Protestant moneyed interest in his day anticipated the legendary *haute société protestante* of the Third Republic. Hervart lived sumptuously in his hôtel in the *quartier* St. Honoré and in his country house, Bois-le-Vicomte, which had belonged to Richelieu and afterwards to Gaston d'Orléans. Hervart fits awkwardly into the model of *L'Homme Protestant*, since not only was he expert at smart dealing, but he loved cards and gambling, and was a great patron of the arts. Yet Hervart had firm Calvinist convictions. He gave generously to a fund for under paid Calvinist ministers, while on his son becoming a Catholic he forbade him entrance to the house, until on his death-bed he sent for him to remonstrate for the last time[21].

When the temple of Charenton was reconstructed in 1623 the Protestants could call upon the most distinguished architect of the time, Salomon de Brosse, a Calvinist from a dynasty of Calvinist architects. De Brosse, who derived his inspiration from Italy, played a key role in the development of French classicism, reaching the apex of his career when he built for the Regent, Marie de Médicis, the Luxembourg, an audacious modern building in a Paris which was still predominently Gothic. He worked in association with Jacques Boyceau, a minor Calvinist noble, who as *intendant des jardins du roi* was landscape gardener for the Luxembourg, the Tuileries and St. Germain-en-Laye. De Brosse again showed originality at Charenton, which he designed as a Vitruvian basilica, enabling him to place the pulpit in the centre and to avoid the Latin cross plan. As an architect de Brosse found confessional frontiers easy to cross. Thus he designed a classical façade for St. Gervais and was commissioned by the canons of Orléans in preference to the Jesuit architect, Martellange, to give a similar treatment to their cathedral. The firm of de Brosse dominated the Paris architectural scene until his death in 1626. His cousin, Androuet de Cerceau, made *intendant des bâtiments du roi* in 1619, remained much in demand, and was selected by Chancellor Séguier, not normally a patron of Protestants, to build his hôtel for him. The du Rys, close relatives of de Brosse, were leading architects in Paris until the Revocation when they emigrated to Germany.

Protestant artists formed a highly talented group in Paris, who, like the architects, illustrate that although Calvinism was a minority movement in France and had a separate ethos, this did not spell a separate culture. In 1648 when the *Académie Royale de Peinture* was founded, seven out of the twenty-three members were Protestants. The permanent secretary from 1650 was Henri Testelin, who had a flair for murals and was a close friend of Le Brun. His Protestant credentials were impeccable, and, in 1684, this artist who designed for the Gobelins factory refused to abjure and went into exile. The inspiration of Paris painters was Rome where they looked to the new techniques of Caravaggio. The most distinguished Protestant member of the Academy was Sébastien Bourdon, a prolific painter, who, although immensely talented, has never been accorded an unquestioned place in the first rank. In 1634 he made his way to

Rome, where the French colony of artists was dominated by Poussin and Claude, whom he knew but copied only too well. He acquired an influential patron, Louis Hesselin, who was the impresario of the court. He took Bourdon back to Paris in 1637 and launched his Calvinist protégé there. Bourdon painted religious pictures for churches, landscapes and murals, while his skill as a portrait painter earned him the commission of painting St. Vincent de Paul. Bourdon's Calvinism was never in doubt; he married in 1641 the daughter of the miniaturist, Louis Guernier, at Charenton, and in 1686 his own daughter with her Guernier relatives made her way to England[22].

Marriages and christenings at Charenton linked together the Protestant artists in the same way as endogamy did the members of the *robe*, the bankers and the financiers. Yet this close community in Paris affords a good example of the opening of the Confessional frontiers. The Protestant Mme des Loges who reigned over a Paris salon in the 1620's, had as friends Malherbe, Vaugelas and Guez de Balzac, who made light-hearted attempts to get this «céleste, divine, dixième Muse» to tell her rosary. She was exiled to her estates in the Limousin by Richelieu, not for her religion but for intrigues at the court. She kept in touch with her Paris friends and gave her opinion on the Protestant position when she wrote in 1636 that «even amongst our greatest adversaries, we no longer pass for monsters and savages. We are regarded not only as reasonable persons, but also as Christians». She was saying that Calvinism was becoming an acceptable religion[23].

Co-existence was made easier in Paris where St. François de Sales was the advocate of urbanity in social life and wished to soften the harsh tones of controversy. Meanwhile, Moïse Amyraut, professor at Saumur, moved in fashionable Protestant circles in Paris, urging Calvinists not to set themselves apart as being of the Elect, but to practice «une affabilité qui nous rend facilement accessibles les uns aux autres»[24]. Further, Huguenot recantation of resistance theories obliterated the political frontier when the Charenton ministers put their imprimatur on the doctrines of divine right and passive obedience. From the other side of the frontier, Richelieu, conscious of the slow progress of conversion, showed an alert interest in a Gallican solution to the Huguenot problem and in a possible reunion of the two confessions. He called upon Pierre Dupuy, known as «the Pope of Paris», to help with Gallican propaganda, while in 1640 a two-hour meeting with Mestrezat, the senior Charenton pastor, brought reports that Richelieu was prepared to renounce Purgatory, a relatively recent doctrine, to have churches stripped of «images inconvénients»; and to issue a declaration that the Pope had no power over the king. There still remained very substantial grounds for difference, but when Richelieu died in 1642 it is interesting that a Rouen pastor could write that «le grand conciliateur des Religions est mort»[25].

The Paris literary scene sheds light upon the confessional frontier. The Protestant, Valentin Conrart, a friend of Mme des Loges and of Guez de Balzac, was an habitué of the Dupuy circle and accepted in the most fashionable salon of all, that of Mme de Rambouillet. He was wealthy, a *secrétaire du roi*, and much given to entertaining. It was from the literary evenings in his house that, under pressure from Richelieu, the *Académie Française* emerged in 1634. Conrart was elected permanent secretary, and had as long a reign as Testelin in the *Académie de Peinture*. The *Académie* was meant to be primarily dedicated to the perfecting of the French language. Conrard was himself especially interested in translation, and undertook, a fitting task for an elder of Charenton, a translation of Marot's psalms into classical French. He introduced into the *Académie* his co-religionist, Perrot d'Ablancourt, a country gentleman from Champagne, whom he encountered at Charenton and whose translations from the Classics were to be entitled *Les Belles Infidèles*. He also secured the election of another Protestant, Paul Pellisson from Castres, who combined literary activities, including an elegant history of the *Académie*, with becoming chief clerk to Fouquet, a post which offered golden opportunities for perquisites and profits[26].

Conrart can be regarded as the outstanding example of how a convinced Protestant and a fashionable man of letters could bridge the confessional frontier. That frontier in this sector of Parisian society even became a matter of jest when a courtly abbé told the comtesse de Maure that the Huguenot, Conrart, had been made churchwarden of parish church of St. Merry. The countesse swallowed the story, commenting that she could well understand how Conrart's great reputation and probity had made it possible to overlook his religion[27]. Conrart considered that true piety was not consonant with theological wrangles, and told Guez de Balzac that he wished the word «Huguenot» could be dropped. The confessional frontier still could not be ignored, for when Conrart dined out he studiously took no part in religious discussions, and Boileau remarked upon his «silence prudent»[28], which calls to mind John Locke. When in 1684 a royal order was given that Locke should be deprived of his post at Christ Church and appropriate excuses found, Dr. Fell, the head of the college, had to reply that «there is not anyone in the college who has heard him speak a word either against or so much as concerning the government»[29]. But by then Locke had left Oxford and prudently crossed a geographical frontier, having sailed for Holland.

Prudent silence was cultivated by Parisian Protestants, especially by those in literary and artistic circles. Thus Sébastien Bourdon, who loved convivial evenings but was known for his quick temper, controlled this and maintained studied discretion on religious matters, as did the Testelin brothers. The colourful and even eccentric Jean Ogier de Gombauld formed an exception. He had court contacts, was a member of the *Académie* and a friend of Mme de Rambouillet, who considered him highly amusing, though he criticized her for being too good a Catholic. Gombauld prided himself on his ceremonious manners and particularly on his dancing, though, as Tallemant des Réaux put it, he was «huguenot à brusler», never missing Charenton services and deliberately asking teasing questions in Catholic company[30].

But prudent silence could bring a sense of not belonging, of separateness, and even isolation, leading some to defect. This happened to D'Ablancourt, who in

1627 aged twenty, wanted to be fully accepted on the Paris scene and abjured, but under Conrart's influence he later recrossed the frontier, coming to Paris every winter to bask in Conrart's luxurious hospitality[31]. A different case of defection was that of Théophile Brachet de la Milletière, the Rochelle lawyer imprisoned in 1627 for his pamphlets advocating resistance, whose release coincided with a pension from Richelieu and a new role as apologist for reunion. He was the friend of Grotius, of the Dupuy brothers and of Sarrau, but also was regarded as a renegade. His ambivalent position was impossible to retain after Richelieu's death, and he publicly crossed the frontier, earning excommunication from Charenton[32].

What then was the nature of the religious frontier in Paris in this period? To many of the most distinguished and most civilized in both communities the frontier was purely confessional, permitting not only co-existence but co-operation in the spheres of administration, finance, the army, literature and the arts. Léonard, however, held that for Protestants this was an indefensible frontier, perhaps on the grounds that la *haute société* cannot, by definition, be *Protestante*. He considered discretion not the better part of valour but an expression of weakness, and could point to the number of Protestants who defected. But many did not defect, and when the frontier, whether ideological or confessional, became under Louis XIV a combatant front they and their descendants put their faith above material interests and social ties. With hindsight it is easy to recognize the fragility of the frontier, but at the time it was not unreasonable to think that it was possible to be a good Frenchman and a good Protestant.

This was the view of Amyraut, persuasively argued in his *Apologie pour ceux de la Religion sur les sujets d'aversion que plusieurs pensent avoir contre leurs personnes et leur religion*, published in 1647, dedicated to Claude Sarrau and judged by Guez de Balzac to be both « très bon et très raisonnable ». Amyraut, in effect, maintained that there was no ideological frontier between the two religions. He conceded that Huguenots had practised a more austere life-style, though less so than formerly, especially since mixed marriages involved a network of connexions, while Protestant frankness, integrity and sincerity counted for much. He firmly distanced French Protestants from pernicious Presbyterian rebels in England, for the former believed in obedience and waiting upon God to change the hearts of monarchs. But while denying an ideological frontier and advocating a confessional frontier, Amyraut clearly defined a theological frontier. He explained that « la glorieuse mère de notre Seigneur » was held in admiration by Protestants, who also esteemed the saints for their virtues. But Amyraut deplored worship of the saints and belief in intercession by them, condemning all superstitious practices. Finally, he repudiated transubstantiation and the sacrifice of the mass. The theological frontier was also clear to Claude Saumaise, the highly distinguished Protestant scholar in voluntary exile in Holland, who held a chair at Leyden and was known as Salmasius. He visited Burgundy twice on family affairs and Richelieu tried to lure him back to Paris. His armoury of erudition on the early Church was formidable. Among his blandishments Richelieu offered Salmasius, notorious for his crabbed disposition, a visit to the theatre, while Mazarin offered him a large pension. But Salmasius was not tempted, holding that intellectual independence was « le plus honneste, le plus glorieux et le plus expédient pour moi »[33].

Menna PRESTWICH †
St. Hilda's College, Oxford

NOTES

1. *Le Libertinage Erudit* (2 vols., Paris, 1943), i, 37.

2. Elisabeth LABROUSSE, *Essai sur la Révocation de L'Edit de Nantes* (Geneva/Paris, 1985), 27-8.

3. R. PILLORGET, *Paris sous les premiers Bourbons 1594-1661* (Paris, 1988), 527-8.

4. *Histoire Générale du Protestantisme* (2 vols., Paris, 1961), i, 307; « Variations on a Theme by Max Weber» in Menna Prestwich (ed.), *International Calvinism 1541-1715* (Oxford, 1985), 384, 390.

5. J. PANNIER, *L'Eglise Réformée de Paris sous Louix XIII* (Paris, 1932), 555.

6. E. LABROUSSE, *La Révocation*, 36-7; E. LABROUSSE, «La Doctrine Politique des Huguenots: 1630-1685», *Etudes théologiques et religieuses* (Montpellier, 1972, n° 4), 423-4; J. ORCIBAL, *Louis XIV et les Protestants* (Paris, 1951), 31.

7. «Le Protestantisme Français au XVIIe siècle», *Revue Historique*, (1948), 165.

8. J. PANNIER, *L'Eglise Réformée de Paris sous Henri IV* (Paris, 1911), 5-6; O. DOUEN, *La Révocation de l'Edit de Nantes à Paris* (2 vols., Paris, 1894), i, 195.

9. R. PINTARD, 92-7.

10. E. G. LÉONARD, ii, 313; S. MOURS, *Le Protestantisme en France au XVIIe siècle* (Paris, 1967), 62; Douen, i, 158.

11. E. G. LÉONARD, ii, 333-5; J. PANNIER, *Louis XIII*, 324-436.

12. R. KERVILLER, *Valentin Conrart* (Paris, 1881), 482; O. DOUEN, i, 167, 185, 189-90, 194.

13. Pannier, *Louis XIII*, i, 289-93.

14. *Ibid.*, 549.

15. *Ibid.*, 544, 560; O. DOUEN, i, 175, 246-7, 266.

16. O. DOUEN, i, 174-5; E. G. LÉONARD, ii, 331.

17. J. PANNIER, *Louis XIII* 84; E. G. LÉONARD, ii, 378; E. LABROUSSE, *Pierre Bayle* (2 vols., 2nd ed., D, 1985), i, 125; D. DESSERT, *Argent, pouvoir et société au Grand Siècle* (Paris, 1984), 531.

18. R. MOUSNIER, *Paris Capitale au temps de Richelieu et de Mazarin* (Paris, 1978), 78-81.

19. Béatrice GOGUEL, «François le Coq, conseiller au Parlement de Paris, 1594-1626 et son entourage protestant» (Thesis, 1969, in the Bibliothèque de

l'Histoire du Protestantisme français, 54 rue des Saints-Pères, Paris); H. BOTS et P. LE ROY, « La mort de Richelieu vue par les Protestants », *Lias* iv (1977), 86.

20. J. PANNIER, *Louis XIII*, 394-400; J. BERGIN, *Cardinal Richelieu: Power and the pursuit of wealth* (New Haven & London, 1985), 61-4; E. MAGNE, *La Joyeuse Jeunesse de Tallemant des Réaux* (Paris, 1924), 280-1.

21. G. DEPPING, « Un banquier protestant en France au XVIIe siècle », *Rev. Hist.*, X (1879) 285-355; C. BADALOT-DULONG, *Banquier du Roi: Barthélemy Hervart 1606-1676* (Paris, 1951).

22. For a more detailed treatment of Protestant architects and artists, see Menna PRESTWICH, « Patronage and the Protestants in France, 1598-1661 » in R. MOUSNIER et J. MESNARD (eds.), *L'Age d'Or du Mécénat 1598-1661* (Paris, 1985), 77-88.

23. E. G. LÉONARD, II, 333; R. ZUBER, « Le « Cabinet d'Oradour »: Mme des Loges en Limousin 1629-1641 », *Travaux et Mémoires de l'Université de Limoges* (1976), 230-253.

24. E. G. LÉONARD, ii, 336-7.

25. P. BLET, « Le plan de Richelieu pour la réunion des protestants », *Gregorianum*, xlv (1967); H. BOTS et P. LE ROY, *Lias* IV; R. PINTARD, 93.

26. R. KERVILLER, 20-53, 108-12, 128-30; Pannier, *Louis XIII*, 355-367; R. Zuber, *Les « Belles Infidèles » et la formation du goût classique; Perrot d'Ablancourt et Guez de Balzac* (Paris, 1968), 215-28, 249-55. Pellisson suffered four years' imprisonment from 1661 on Fouquet's fall. His abjuration following shortly on his release brought him court favour. He deployed his financial talents and earned notoriety among Huguenots when he was put in charge of the *Caisse des Economats*, ridiculed by Bayle as *unr foire d'âmes*.

27. G. TALLEMANT DES RÉAUX, *Historiettes*, ed. A. Adam (2 vols., Paris, 1960-1), i, 524.

28. R. KERVILLER, 99-100; J. PANNIER, *Louis XIII*, 366.

29. H. R. FOX BOURNE, *The Life of John Locke* (2 vols., London, 1876), I, 484.

30. G. TALLEMANT DES RÉAUX, i, 552-67.

31. R. ZUBER, *Belles Infidèles*, 227-8, 258-69; J. PANNIER, *Louis XIII*, 366.

32. H. BOTS & P. E. LEROY, « Conversion politique ou conversion sincère? Le cas de Théophile Brachet de la Milletière », *La Conversion au XVIIe siècle, Actes du XIIe colloque du C.M.R. 17* (Marseille, 1982). For a succint and more sceptical account, see E. GLÉONARD, II, 352-3.

33. R. ZUBER, « De Scaliger à Saumaise », *Bulletin de la Société de l'Histoire du Protestantisme Français* (1980), 462-486.

DU CONTACT PACIFIQUE AUX CONTACTS VIOLENTS ENTRE CATHOLIQUES ET RÉFORMÉS EN BASSE-NORMANDIE

Les débuts de la diffusion des idées réformées en Basse-Normandie sont mal connus et de nombreuses zones d'ombre subsistent, notamment pour tout ce qui concerne la vie des communautés qui se sont peu à peu constituées, essentiellement après la généralisation des idées de Calvin[1]. Les historiens se sont surtout intéressés aux opérations de guerre qui se sont déroulées sous le prétexte des dissenssions religieuses. Nous ne tiendrons compte des opérations de guerre, prises de villes, que dans la mesure où cela peut influer sur les relations entre les communautés de chaque confession.

On sait notamment que, dès 1521, à Caen s'était manifestée la propagande luthérienne et, avec les doctrines de Calvin, cette ville devint un centre d'idées réformées autour de l'Université ; cet aspect a d'ailleurs déjà fait l'objet de travaux importants. Un autre centre qu'on peut citer à propos de la Basse-Normandie, bien qu'il doive être considéré à part, est le duché d'Alençon dont la duchesse est Marguerite d'Angoulême dont le rôle dans l'histoire littéraire et pour la diffusion de thèses humanistes est connu. Les quelques mentions que l'on possède de condamnations pour hérésie ne sont pas probantes car on ne sait si les idées alors condamnées se rattachent à la Réforme. Ce sont là les deux seules villes qui figurent sur la carte des lieux touchés par la propagande réformée.

On peut remarquer qu'en 1532 Robert Ceneau (Cenalis) a été nommé évêque d'Avranches ; en 1534 il écrit des œuvres polémiques contre Bucer et Luther et ne fait aucune allusion à des faits qui se seraient produits dans son diocèse dans lequel il a résidé[2] ; il avait vraisemblablement connu les œuvres des Réformateurs par ses relations à la Cour, et ses fonctions d'aumônier de Louise de Savoie ; ses statuts synodaux de 1550 ne contiennent aucune mention de l'hérésie.

La période importante est celle de la première guerre de religion qui se marque par des pillages et des destructions importantes aux églises de Caen, de Bayeux et à des abbayes de la région[3]. Les témoignages sont alors plus nombreux : Le premier synode national des églises réformées a lieu à Paris en 1559[4]. et on voit figurer parmi les participants un délégué de l'église de Saint Lo ; le « frère » de cette église (faits particuliers n° XVI) intervient et dit « qu'encore que les Prêtres usurpent injustement les dîmes pour raison de leur administration, néanmoins elles doivent être paiées, eu égard au commandement

du roi, comme des choses indifférentes et pour éviter sédition et scandale». Ce
témoignage reflète une coexistence pacifique dans cette ville et permet de penser
qu'il y avait des litiges à ce sujet; le même frère de Saint Lo indique que des
fidèles de Saint-Lo assistent à des repas de noces catholiques (faits particuliers
n° XVIII).

Une situation de fait s'établit à Caen[5], capitale de la Basse-Normandie, qui en
cela se différencie nettement de la Haute-Normandie. Les historiens ont noté
l'hégémonie protestante entre 1560 et 1570. On voit la contradiction qui peut
être constatée entre cette coexistence et les destructions et pillages qui se
produisent dans cette période. L'édit de Saint Germain de 1562 et la paix
d'Amboise de 1563 ont établi un régime qui correspond dans l'ensemble aux
souhaits des habitants, même si certains meneurs des deux partis n'admettent pas
cette coexistence.

Quelques témoignages peuvent être relevés : le Journal de Gilles de Gouberville[6] ne contient pas d'indication sur la diffusion de la Réforme avant les
événements de 1562 et nous ne savons pas à quel moment les membres de sa
famille qui abjureront après la Saint Barthélémy ont adopté la Réforme.

Gabriel de Montgomery[7] s'est converti à la Réforme après le massacre de
Vassy en 1562 et il institue un prêche à Ducey dont il est seigneur; sous sa
protection et celle de ses fidèles, naissent des églises non seulement à Ducey mais
aussi à Pontorson, à Fontenay, à Brécey, cette dernière église se rattachant à la
famille d'Auteville.

L'Histoire ecclésiastique des Eglises réformées[8] ne contient pas, pour cette
région, une histoire des communautés comme pourrait faire croire le titre de
l'ouvrage; elle relate par exemple les actions de Sainte Marie d'Agneaux sur
Avranches en mars 1563 en notant : «il y fut reçu sans contredit bien que les
habitants jusqu'alors eussent tenu bon pour la religion romaine»; le texte
mentionne ensuite que le même capitaine se rend vers Vire puis que Montgomery
conduit des opérations dans la région d'Avranches, Pontorson. Les diverses
tentatives sur le Mont Saint Michel témoignent plus d'une volonté d'opération
psychologique que d'une action anticatholique.

La réaction des dirigeants des églises de Saint Lo et de Bayeux[10] à la suite des
violences qui se sont produites dans ces villes est très importante à noter : alors
que les églises réformées du royaume ont voulu manifester leur accord sur la
doctrine par l'adoption d'une confession de foi et sur un certain nombre de règles
applicables aux communautés et notamment à leurs rapports avec les autorités
civiles dans les matières dites «politiques», ces deux églises adoptent chacune
une discipline. Celle de Saint Lo commence par un préambule ainsi conçu :
«Deux choses nous ont induit à remettre sus l'ordre et police que nous avons
tousiours désiré estre gardé entre ceux qui font profession de la Religion
Chrestienne avec nous. Car nous n'entendons pas de prescrire loy à ceux qui
n'ont aucune affection de se ranger en l'obéissance de Jésus-Christ. La première
est que nous souhaitons par ce moyen de ramener au droit chemin ceux qui s'en
estans desvoyez voudroyent mener les autres avec soy à toute dissolution et leur
persuader de ne s'assuiettir à aucun ordre et discipline. Car nous congnoissons
assez que Satan père de confusion ne tasche que d'esteindre et renverser tout

ordre. Il a ses soufflets pour soliciter tous ceux qu'ils peuvent, de leur estre complices en leur desbauche. Ce que nous ne pouvons dire qu'à nostre grand regret et le tairions volontiers, veu la place qu'ils tenoyent dans l'Eglise, n'estoit que leurs faits parlent davant tous et craignons qu'enfin ils ne crient si haut à Dieu, qu'il n'avance sa vengeance sur eux plus tost qu'ils ne pensent. Maintenant que Dieu nous donne quelque paix et repos, nous les prions au nom de son Fils qu'ils aient à se mieux réformer, et réduire au troupeau de nostre Seigneur Jésus-Christ, se soumettant paisiblement à la correction de son Eglise, cependant que la porte de salut leur est ouverte. La seconde est pour aller au devant des calomnies et fausses accusations desquelles nous avons esté chargez à tort, comme si nous voulions vivre en toute confusion et désordre à la façon des bestes sauvages. Mais nous espérons enfin que nostre vie tesmoignera du contraire...» Ce texte marque nettement la volonté de remise en ordre de la communauté sans élément polémique, même si la conversion des non membres de l'Eglise est souhaitée. De la même période datent les deux lettres envoyées par la communauté de Saint Lo l'une au roi de Navarre, l'autre à l'amiral de Coligny.

De son côté la Discipline de l'église de Bayeux prévoit la prestation d'une promesse entre les mains du magistrat «de procurer le bien et honneur du roy et de tout ce royaume, de ne consentir à aucune chose tendante à rompre la paix ou à altérer l'estat du royaume, ny en général, ny en particulier».

De telles dispositions se comprennent d'autant mieux que ces villes comportaient une nette majorité d'habitants catholiques.

Nous ne faisons que rappeler la situation à Caen qui a été clairement étudiée à propos de l'Université [11] dont le corps professoral a joué un rôle important pour la diffusion de la Réforme et à propos des imprimeurs de cette ville qui ont dans cette période constitué la majorité des ateliers.

En dehors des villes la situation est dominée par les seigneurs qui, sous couvert de la religion se livrent à des opérations de brigandage, qui constituent l'élément le plus visible des rapports entre habitants des deux confessions, alors qu'à l'intérieur des localités il semble qu'une entente, au moins tacite, existe. Ce sont souvent les autorités, religieuses et royales qui amorcent des mesures de répression alors que les autorités subalternes ne font preuve d'aucun zèle.

Un exemple curieux nous est fourni pour le comté de Mortain [12] dont était titulaire le duc de Montpensier : le secrétaire du comte, le sieur Panzoust est commis pour visiter le comté et on possède son rapport :

> «Le dimanche ensuivant lesd. officiers et Panzoust s'assemblèrent pour deviser et parler des affaires de mondit seigneur. Il s'enquist auprès desd. officiers comment ceux de la relligion nouvelle vivent. Ils assurent que c'estoit doucement et paisiblement, que les messes se disoient par toutes les églises de lad. comté et principalement aux paroisses appartenant aux gentilshommes de la nouvelle relligion ; mais qu'ils faisoient faire prêche et exercice de leur relligion en une paroisse nommée Milly qui est fort prest dud. Mortain, toutesfois n'en est de la jurisdiction estant sur le territoire d'Alençon. Ledit Panzoust s'informa si Mgr de Matignon estoit près dud. Mortain pour luy escripre et supplier de la part de mond. seigneur de faire cesser led. presche et exercice de ladite nouvelle relligion et comander aux

gentilshommes qui l'entretiennent et appuient d'obéir aux edicts du roy et aller pour faire le leur au lieu où il leur a esté étably. Led. Panzoust ne luy fist poinct cette depesche d'aultant qu'il ne peult estre adverty où estoit mond. sr de Matignon. Il est fort requis que mond. seigneur luy en escripve car led. presche se faict fort près dud. lieu de Mortain au grand regret et déplaisir des gens de bien qui y sont.

Led. Panzoust est adverty que la femme d'un nommé Michel Féron, tanneur, demoutrant aud. Mortain tenoit des petites filles qu'elle instruisait au catéchisme de Genesve. Il manda son mary auquel il feist entendre que la volonté de Monseigneur estoit que en toutes ses terres et seigneuryes il n'y eut sujet qui fust d'aultre créance et relligion que la sienne, et que, oultre qu'il estoit de la nouvelle, sa femme tenoit escolle aux petites filles à la forme et instruction de Genesve, qui estoit expressément deffendu. Il feist responce qu'il estoit de lad. nouvelle relligion, prest d'obéir au commandement de mond. seigneur, et que pour le regard de sa femme elle n'avoit que deux petites filles à qui elle monstroit à faire des ouvrages et quelquefois à lire, mais que ce n'estoit que livres imprimés et venus de Paris et non de Genesve. Toutefois led. Panzoust luy dist que s'il ne voulloit vivre de la façon qu'il luy avoit faict entendre qu'il eut à aller ailleurs et que mond. seigneur ne voulloit poinct avoir de tels sujets. Il n'y a aud. Mortain que luy des habitans dud. lieu de son oppinion et quelques artisans venus d'estranges pays qui s'en sentent, mais le plus dangereux est que beaucoup de gentilshommes dud. comté sont fort touchés et opiniâtrés en lad. nouvelle relligion, à qui l'on ne sauroit contredire quand ils vouldroient aller contre les édicts du roy et volonté de mond. seigneur, parce qu'ils sont craings et que l'on ne peut rien faire qui leur deplaise sur peine d'être menassés et batus.

Le curé de Bion fut tué dans le cimetière de sa paroisse pour avoir empesché que ung huguenot n'y fust enterré, dont l'on ne faict pas grande justice, d'autant que l'homicidaire se fortifie et appuye de certains gentilshommes huguenots dont l'on ne sait faire poursuite. Lesdits de la relligion ont pris telle autorité que quand d'aucuns de leur secte décèdent ils les font enterrer dedans les églises comme ils ont fait des corps de feux... Les officiers n'en font pas beaucoup de cas par la crainte desd. huguenots et de pœur de leur déplaire. Led. Secrétaire leur a bien commandé d'estre en cela et aultres choses qui despend de leurs estats plus vertueux qu'ils ont esté; aultrement que mond. seigneur s'en prendra à leurs propres personnes. Ils s'excusent pour ce regard de ne sçavoir pas bien la forme et manière de procéder en tel faict, car de faire desenterrer lesdits corps ils disent que c'est de la charge de l'evesque. Toutefoys ils ont depesché à Rouen vers Messrs les gens du roy pour avoir leur advis de ce qu'ils devront faire afin de l'ensuivre».

La période qui va jusqu'à la Saint Barthélemy connaît encore des moments de violence tant vis à vis des localités (Avranches en mars 1562, Saint James en juillet 1562). L'autorité de Matignon arrive à éviter leur progression de sorte que l'édit d'Amboise est bien reçu. Mais à partir de la Saint Barthélemy et du ralliement du roi à la religion catholique beaucoup de nobles, assise de la Réforme comme nous l'indiquait le texte reproduit ci-dessus, abjurent et reviennent au catholicisme. Cependant les opérations de pillage, de violences se main-tiennent : ainsi la tentative de prise du Mont Saint Michel en 1577 qui était surtout destinée à produire des effets psychologiques en raison de la réputation du Mont issue de la guerre de Cent ans ; mais cela ne change pas grand chose à la vie des communautés. On connait néanmoins l'importance de la prise de Saint Lo qui amena de nombreux morts dans les deux partis et surtout parmi les réformés.

La période de la Ligue[13] est très dommageable pour la Basse-Normandie. La défense de la religion qui avait était la justification des prises d'armes n'aboutissait qu'à des luttes entre partis groupés autour de seigneurs féodaux assistés de fidèles. On connait l'application des dispositions de l'édît de Nemours et des textes pris pour son application. Nous pensons que les éléments que l'on possède pour la vicomté de Coutances et celle de Saint Lo montrent que dans cette région les autorités ont cherché à user de procédures régulières et nous pensons même que les fréquents partages des familles entre les deux confessions ont amené des résultats réduisant à peu de chose l'effet des mesures de confiscation.

La réclamation formulée en 1588 par les députés de l'Avranchin aux Etats généraux de Blois[14] indique comme pertes causées dans le diocèse d'Avranches de 1549 à 1580 : Gentilshommes de la Religion occis : 180 ; Gentilshommes catholiques 151 ; soldats de la religion, 6700 ; soldats catholiques, 7100. Cette statistique n'a pas grande signification pour apprécier les rapports des deux sortes de fidèles, catholiques et protestants.

Avec l'abjuration de nombreux seigneurs, les communautés réformées qui étaient sous la protection du fief de ceux-ci se dissolvent. Il est très difficile d'apprécier le nombre des églises car les localités rurales qui comptent quelques réformés sont rattachées à une église et ce rattachement varie selon les époques, par exemple selon l'endroit où réside le pasteur[15]. Dans la région de Mortain beaucoup de châteaux ont été démolis pendant la période envisagée et, à la suite de la révolte des Nu-Pieds[16] les autorités royales n'ont pas été favorables à des remises en état.

Un aspect particulier de la coexistence des deux confessions en Basse-Normandie est celui des controverses. Cette question a été examinée avec pertinence par Madame Françoise Lamotte[17]. Deux périodes peuvent être distin-guées : la première comprend la fin du XVIe siècle et le début du XVIIe, la seconde dans la période qui précède la Révocation. Nous ne tenons compte ici que de la première période ; Généralement les controverses ont lieu oralement entre représentants des deux confessions : ainsi en 1612 Benjamin Basnage et Jean-Marie Lescrivain s'affrontent en la chambre de Madame de Longaunay au château de Sainte Marie du Mont ; en 1624 la controverse entre le père Archange et Joachim Soler a lieu à Canisy en présence d'un nombre égal de catholiques et de réformés ; enfin en 1628 le père François Véron d'une part et Bochart avec Baillehache d'autre part se rencontrent au château de Caen pendant neuf jours. Ce sont donc des disputes entre personnes de qualité qui sont choisies comme représentatives des deux confessions et sont issues de la noblesse ou du milieu des officiers royaux. L'autorité royale intervient pour permettre la controverse et assurer la régularité de son déroulement. Rappelons d'ailleurs que les relations intellectuelles entre les deux confessions à Caen sont continuelles comme le montre la fondation de l'Académie de Caen en 1652; en font partie aussi bien des réformés que des catholiques.

Les thèmes de ces controverses portent sur des matières théologiques : présence réelle, église visible ou invisible, baptême.

L'emploi de termes injurieux ou violents semble exceptionnel : citons cependant le titre de la dispute entre le père Archange et le ministre Soler : « Sur la prétendue saincteté a salut des enfans des Fidelles devant le baptême ou dès le ventre de la mère. Ou le ministre paroist le plus furieux en injures et le plus chetif logicien qui ait de long temps entré en conférence. Et le premier qui ait abandonné plus franchement l'expresse parole de Dieu en preuve de sa doctrine pour recourir à une conséquence qui n'a fondement qu'en son cerveau ». Le père Archange attaque Soler comme ancien dominicain.

Cette dispute donne lieu à une publication par le père Archange à laquelle répond Soler. Par cette publication le père Archange s'adresse aux catholiques de Saint Lo, ce qui est destiné à justifier les mesures prises dans cette ville à l'égard du collège créé par les protestants, comme le dit la dédicace. Il semble qui, par sa virulence, le père Archange veuille exciter l'ardeur de catholiques de Saint Lo contre les protestants, qui n'était pas, comme on l'a vu pour une époque peu antérieure, évidente. Madame F. La motte donne un relevé des publications en soulignant dans sa conclusion que ces controverses apparaissent souvent comme un aspect de la vie littéraire et qu'il s'agit par là de convertir des indécis et surtout les rallier à la cause catholique. Les thèmes sont généraux et ne visent pas les communautés comme telles, comme c'est le cas pour les missions.

Monsieur Alain R. Girard, étudiant les imprimeurs et la production imprimée à Caen que nous avons cité plus haut souligne au début du XVIIe siècle que l'édit de Nantes fut favorablement accueilli à Caen et ouvre une période de compromis et de paix. Sur l'introduction de congrégations nouvelles, les élites locales sont rétives à la venue des Jésuites craignant que ceux-ci ne troublent les bonnes relations entre catholiques et réformés.

La province ne bougera pas lors des révoltes des Nu-Pieds[17] et la crainte de débarquements en vue de soutenir les protestants ne se réalisera pas. De là la survivance de petites communautés protestantes au XVIIe siècle qui se maintiendront malgré les mesures prises par les intendants, car elles sont dans un milieu sans agressivité; seuls les curés protestent contre des réunions de réformés. Cependant l'émigration sera très forte lors de la Révocation.

On voit que la Basse-Normandie se distingue par des traits particuliers des autres régions françaises; l'importance de la Noblesse dans l'adoption, la diffusion et le déclin de la Réforme est un élément particulier, mais il faut tenir compte de la fidélité monarchique qui a entrainé les abjurations à la suite du ralliement catégorique du roi à la religion traditionnelle. Enfin on peut noter que la Réforme catholique s'est clairement manifestée dans la région et a en général évité les conflits trop brutaux : les Eudistes n'ont pas eu la même agressivité[18] que les Jésuites et des évêques réformateurs ont joué un rôle certain.

Michel REULOS

NOTES

1. Des indications très générales peuvent être trouvées dans S. MOURS, *Le Protestantisme en France au seizième siècle*, Paris, 1959 p. 142-144 ; une bonne esquisse est donnée par N. WEISS, « Note sommaire sur les débuts de la Réforme en Normandie (1523-1549) » dans *Congrès du Millénaire de Normandie*, Rouen 1911, p. 193 et s. Pour la région du Cotentin un bon exposé est celui de A. DUPONT, *Histoire du département de la Manche* fasc. 5 ; voir aussi le début de l'étude de Daniel ROBERT, « Notes sur le protestantisme dans le Cotentin » dans *La France au XIXᵉ siècle, Mélanges offerts à Charles-Hippolyte Pouthas*, Paris 1973 p. 67-73.

Pour une étude plus détaillée : Michel REULOS, « Les débuts des Communautés réformées dans l'actuel département de la Manche (Cotentin et Avranchin) » dans *Réforme et Contre-Réforme en Normandie, Revue du département de la Manche* tome 24, 1982, p. 31-61 comportant en annexe l'édition de *Discipline de l'Eglise de Saint Lo* de 1563. Abbé CANU, « Les guerres de religion dans la Manche », *Revue du département de la Manche* t. 14, 1972 fascicules 55 et 56 ; cet auteur décrit largement les opérations de guerre dans cette région.

Sur Alençon, Benjamin ROBERT, *Les débuts du protestantisme à Alençon*, Alençon 1937 et *Alençon protestant en 1562*, Alençon 1937 ; et Philip BENEDICT « Les transformations sociales d'une communauté réformée Alençon 1620-1685 » dans *Les Réformes, enracinements socio-culturel*, XXVᵉ Colloque international d'études humanistes, Tours 1982, Paris 1985 p. 95-109.

2. Thierry WANEGFFELEN, *Robert Ceneau, un scolastique contre Bucer. Un aspect de la controverse sur l'Eucharisti*e. Mémoire de maîtrise présenté à l'Université Paris I (1986-1987). Nous remercions l'auteur de nous avoir communiqué son Mémoire.

Les statuts synodaux de 1550 sont publiés dans Dom BESSIN, *Concilia rotomagensis provinciae*, Rouen 1717, 2ème partie p. 263-295.

3. Les destructions et pillages sont racontés par Charles DE BOURGUEVILLE DE BRAS, *Recherches et Antiquités de Neustrie*.

4. AYMON, *Tous les synodes nationaux des églises réformées de France...* La Haye 1710 tome premier p. 11.

5. Nous renvoyons aux excellentes remarques de Alain R. GIRARD *De la Renaissance à la Contre-Réforme : imprimeurs et production imprimée de Caen 1550-1620*, voir notamment le paragraphe I. Le second XVIᵉ siècle : de l'hégémonie réformée au renouveau catholique p. 145 et l'Imprimerie protestante p. 150 et paragraphe à Changement de climat : vers la Contre-Réforme 1600-1620 dans *Le livre dans l'Europe de la Renaissance*, Actes du XXVIIIᵉ Colloque international d'Etudes humanistes de Tours, Paris 1988, p. 143-158.

6. Madeleine FOISIL, *Le Sire de Gouberville*, Paris 1981, p. 99-103.

Les abjurations à Bayeux ont été publiées par G. DU BOSCQ DE BEAUMONT, Paris, 1903 dans *Les conséquences de la Saint Barthélémy dans le diocèse de Bayeux*, p. 169-182. Il s'agit de François de Gouberville dit Picot, escuyer, seigneur de Sourdeval, à Sainte Honorine des Pertes et d'Antoine de Russy, escuyer, seigneur de Sainte Honorine, p. 174.

7. Marcel CAUVIN, «Les Montgomery et le protestantisme en Avranchin» *Revue de l'Avranchin* tome LXVII 1969 p. 217; Françoise LAMOTTE, «Le Protestantisme dans l'Avranchin au XVIIᵉ siècle d'après deux contrats de mariage», *Bull. Soc. hist. Protest.* 119ᵉ année 1973, p. 556-565.

8. *Histoire ecclesiastique des églises réformées,* éd. Baum et Cunitz t. II p. 329 et s.

9. Sur les tentatives contre le Mont Saint Michel, Michel REULOS, «Le Mont Saint Michel à l'époque des guerres de religion et de la Ligue», *Bull. des Amis du Mont Saint Michel* n° 77 1972 p. 14-17.

10. Nous avons édité la discipline de Saint Lo en annexe de l'article cité note 1, et celle de Bayeux dans *Disciplines réformées du XVIᵉ siècle français* en collaboration avec Robert M. Kingdon, *Bull. Soc. hist. prot. français,* t. CXXX 1984, p. 72-86.

11. Henri PRENTOUT, «L'Université au XVIᵉ siècle» dans *L'Université de Caen, son passé, son présent,* Caen 1932, p. 86-113 not. p. 91.

12. Le document cité a été publié par V. GASTEBOIS, *Rev. Avranchin* t. XIV 1908, p. 121 notamment p. 126-127; nous l'avons étudié dans l'article cité note 1. p. 36-38.

13. Michel REULOS, «Les mesures antiprotestantes à Saint Lo pendant la Ligue (1585-1589)», *Bull. hist. prot. français* t. CXXXIV 1988 p. 41-57 et les références bibliographiques. TOUSTAIN DE BILLY, *Mémoires sur l'histoire du Cotentin, villes de Saint Lo et Carentan,* Saint Lo 1912, rééd. Bruxelles 1978, notamment p. 119 décrit la procédure suivie et donne de nombreux noms; à propos de l'abjuration de Pierre Le Soudain il indique, «monnoyer, bourgeois de Saint Lo administrateur de l'Hotel-Dieu de Saint Lo, son huguenotisme ne l'empêchait point d'avoir cette charge». Ce fait témoigne d'une bonne entente des communautés. Le même auteur certes écrit au XVIIIᵉ siècle mais travaille sur les documents de l'époque et en conclusion de son développement à propos de l'édit de Nemours ajoute : «Au reste cet édit ne fut pas d'une grande utilité, on voyait bien que le Roi ne l'avait fait que par politique et pour plaire à ses plus grands ennemis, les Ligueurs» p. 124; le caractère des habitants de Saint Lo décrit p. 159 explique bien la bonne entente qui régnait, semble-t-il.

14. Ces chiffres sont cités par Henri BOURDE DE LA ROGERIE, «Le château du Jardin à Saint Hilaire du Harcouët (Manche)», *Revue de l'Avranchin* t. XVI, 1910 p. 41-53.

15. Marcel Cauvin a publié une série d'articles sur les communautés réformées de l'actuel département de la Manche dans le *Bull. Soc. hist. protest. français,* 1965, p. 53-62 Le Chefresne; 1966, pp. 364-388 sur la diffusion de la Réforme dans le Cotentin; 1968, p. 114-118, 433-444, Bricqueville de Blouette; 1970, p. 57-84; 268-283; 428-436; 598-613 Communautés du Nord-Est du département; 1971, p. 69-84 éléments complémentaires sur Saint Lo du même auteur, «Le protestantisme dans le Mortainais», *Rev. Avranchin* t. XLVII, 1970 p. 219-228, article consacré principalement à Fontenay (Chasseguey).

1. Françoise LAMOTTE, « Autour des controverses religieuses en Normandie » dans *Réforme et Contre-Réforme en Normandie, Revue Dept de la Manche* tome 24, 1982 p. 167-189.

17. Madeleine Foisil La révolte des Nu-Pieds et les révoltes Normandes de 1639 Paris 1970.

GALLAND, *Essai sur l'histoire du protestantisme à Caen et en Basse-Normandie (1598-1791)*, Paris 1898.

18. On trouvera des indications très pertinentes dans l'article de Jean-Marie GOUESSE, « Ad Utilitatem Populi. Catéchisme et remaniement des églises, deux augmentations du culte divin dans le diocèse de Coutances au XVIIIe siècle », dans *Réforme et Contre Réforme en Normandie*, recueil cité note 16. Sur Saint Jean Eudes, v. Ch. BERTHELOT DU CHESNAY, *Les missions de saint Jean Eudes*, Paris, 1967.

UNE EXPÉRIENCE ORIGINALE DE COHABITATION RELIGIEUSE : LE COLLÈGE MI-PARTI DE NIMES AU XVIIᵉ SIÈCLE

Comme La Rochelle ou Montauban, la ville de Nîmes constituait une exception assez notable dans l'ensemble religieux français au début du XVIIᵉ siècle : les protestants y constituaient non seulement le *sanior pars* mais également la *major pars* de la population : 12000 habitants sur 15000[1]. Tous les phénomènes de coexistence religieuse dans cette ville ne peuvent être compris sans tenir compte de cette donnée fondamentale : encore au début du gouvernement personnel de Louis XIV, malgré l'immigration d'artisans papistes, les réformés constituaient près des deux tiers de la population. Ils sont les plus nombreux, les plus riches, aspirent à contrôler la cité sur laquelle ils avaient jusqu'à 1629 régné sans partage et souvent d'une manière oppressive. L'enseignement avait été le véhicule de la Réforme protestante : dès 1537, la municipalité avait protégé des professeurs du collège « mal sentants de la foi » et, dès ses débuts, en 1561, le consistoire avait adjoint au collège un enseignement théologique pour la formation des futurs ministres[2]. Par la suite, la qualité de l'enseignement au collège fut l'objet de la sollicitude des pères consistoriaux et des consuls, d'autant plus que, depuis la fin du XVIᵉ siècle, se précisait la concurrence redoutable des collèges jésuites d'Avignon, Tournon ou Béziers dont la valeur intellectuelle séduisit souvent le patriciat urbain. Ces adversaires inquiétants pénétrèrent eux-mêmes dans le collège à la faveur d'une décision royale de 1633 imposant le mi-partiment des chaires de cet établissement. Dès lors, pendant trente ans, son histoire est celle d'une cohabitation souvent conflictuelle mais, pour cette frontière comme pour les autres, les historiens ont abusivement majoré les phénomènes d'affrontement. Pour ma part, l'étude du Bas-Languedoc au XVIIᵉ siècle m'a amené, comme Elisabeth Labrousse pour le sud-ouest, à constater que, à côté des antagonismes évidents, il existait une osmose entre les communautés qu'il s'agisse de mariages, de liens économiques, de réjouissances ou de liens intellectuels[3]. C'est toute l'ambiguïté de la situation du collège mi-parti, vécue *simultanément* comme un pis-aller, une situation provisoire, une confrontation et une occasion de rencontre pacifique et amicale. J'envisagerai successivement le fait du mi-partiment et son histoire. Utilisant notamment le témoignage des jésuites eux-mêmes les – *litterae annuae* rapports adressés tous les ans à Rome par le provincial de Lyon dont dépendait le collège[4] – il m'a semblé que le partage tout en se situant dans la lutte confessionnelle, entraîna une coexistence bien souvent paisible.

* *
*

Après les guerres de Rohan, une déclaration royale d'octobre 1631 avait imposé le mi-partiment des consulats. Cette mesure fut appliquée à Nîmes en 1632. L'année suivante, un arrêt du conseil ordonna le partage des chaires des collèges, jusque là monopolisées par les calvinistes à Montauban et Nîmes à l'instar de ce qui avait été déjà réalisé à Castres[5]. La chambre de l'édit enregistra, en décembre 1633, la décision royale et donna commission à deux conseillers l'un catholique l'autre protestant[6] de l'appliquer en installant des professeurs catholiques aux postes de principal et de régents de physique, première, troisième et cinquième – les protestants conservant la logique, la seconde la quatrième et la sixième. L'académie protestante de Nîmes qui n'était pas de fondation royale échappa au mi-partiment et perdura jusqu'en 1664.

Arrivés à Nîmes en janvier 1634, les deux commissaires demandèrent aux consuls catholiques de «pourvoir de personnes capables pour remplir les places qu'ils ont assignées à M.M. les catholiques». Le conseil de ville ordinaire qui s'ensuivit fut précédé d'une réunion extraordinaire du chapitre cathédral qui, «ayant une plus parfaite cognoissance qu'aulcung du méritte, capassitté et probitté (sic) des révérends pères de la compagnie de Jésus» qui avaient «depuis quarante ans ou davantage occuppé et remply dignement» la chaire de la cathédrale, exprima le vœu de les établir au collège et décida d'écrire à Cohon qui venait d'être nommé à l'évêché de Nîmes «pour le prier très humblement de vouloir promouvoir et agréer l'estallation (sic) des dits pères jésuites». Le précenteur du chapitre ajouta que « bien qu'il ait la faculté... d'instituer les régens soubs la nomination des sieurs consuls », il était prêt à «se départir de ce droit et faculté en faveur des Pères jésuites »[7]. Le conseil de ville qui réunit le même jour consuls et conseillers de ville catholiques prit une décision analogue : «N'ayant peu treuver de personnes suffisantes et capables pour faire ladite fonction, attendu que la jeunesse n'avoit pas moings besoin d'être eslevée aux bonnes mœurs qu'en l'estude des lettres (qu')on ne sauroit faire un choix plus avantageux », les consuls renonçant à leur droit de «recteurs, gouverneurs et administrateurs» du collège en faveur des jésuites de la province de Lyon[8]. La relation du provincial de la compagnie qui fait état de ces deux délibérations marque cependant une opinion réservée du premier consul devant la perte du droit traditionnel du consulat[9] mais c'est au conseil ordinaire, tenu le 18 janvier, que se manifesta vainement une opposition résolue, par la voix du second consul, le protestant Tinellis. Les commissaires imposèrent cependant l'exécution de l'ordonnance qu'ils avaient promulguée le 15 janvier en application de l'arrêt du conseil royal ; elle précisait en particulier que les professeurs devraient rendre «honneur et respect» au principal et «lire à leurs escolliers les libvres quy leur seront par luy prescripts concernant l'estude des lettres et bonnes mœurs et heures quy seront par luy destinées afin que les ungs ne viennent point à s'entremettre et ingérer à lire et enseigner la doctrine appartenant à la faculté et fonction des autres »[10].

Cette ordonnance nous introduit (la doctrine mise entre parenthèse) à un commun possible aux écoliers et maîtres papistes et huguenots. Ce commun est fondé – sous la houlette du Père principal – sur « l'étude des lettres et des bonnes mœurs ». Morale et littérature pouvaient ainsi réconcilier... mais le nécessaire arrière-plan théologique restait lourd d'affrontements potentiels. Ces luttes ont scandé la vie du collège.

* *
*

En effet, le mi-partiment et la pénétration des jésuites dans le collège ont été ressentis comme une victoire pour les catholiques, comme un lourd échec pour les protestants nîmois qui avaient un long contentieux avec les jésuites : concurrence, nous l'avons vu, des collèges de la compagnie dans la région, dynamisme des prédicateurs de cet ordre employés depuis 1584 par le chapitre cathédral, notamment, en 1600, du célèbre Père Coton, présence permanente d'une mission jésuite à Nîmes. En 1609, le conseil de ville avait empêché les fils de saint Ignace de créer un collège concurrent. En 1610, peu après l'assassinat d'Henri IV « à la mariane » le prédicateur de la cathédrale avait eu la fâcheuse idée de distribuer des images de son confrère anglais Garnett exécuté après la conjuration des poudres, saint et martyr pour les uns, coupable de lèse majesté pour les autres. Cette propagande intempestive avait suscité les réserves des gallicans et l'indignation des réformés. Au moment des guerres de Rohan (où le prédicateur jésuite avait été expulsé de la ville dès septembre 1621) une supplique de l'évêque Pierre de Valernod au roi avait rappelé que les consuls ne voulaient « permettre qu'il y ait dans le collège aulcung précepteur ou régent catholique bien que la nomination des régents ne leur appartienne poinct ains au sieur précempteur de l'église cathédrale » tandis qu'un mémoire pour les ecclésiastiques et catholiques de Nîmes préconisait de confier l'entier collège à la compagnie, moyen souverain pour « avancer la conversion des desvoyés... et l'entière obéissance au Roy »[11].

Même si la décision royale de 1633 ne donnait pas entièrement satisfaction aux demandes des catholiques, elle fut ressentie par eux comme un grand succès. La relation jésuite de 1634 la célèbre comme un véritable miracle : « la seule providence de Dieu nous a gratifiés d'un établissement fixe et perpétuel et dans une ville calviniste (Calviniana in urbe) nous a placés à la tête du collège huguenot (Hugonotico praeficeremus gymnasio) ». En effet ils voyaient bien la puissance et l'hostilité des religionnaires : « tam potentes Hugonotos, tam aversos a nostro nomine »[12]. Le provincial décrit la première messe célébrée au collège lors de l'entrée des jésuites comme une cérémonie de triomphe : procession, musique, chants, prédication accompagnée de larmes – « perpetua collacrymatio inter concionem » (il s'agit du sermon dans lequel le principal Alexandre Fichet avait, selon Ménard, comparé Louis XIII à Judas Macchabée vainqueur d'Antiochus Epiphane)[13]. L'ouverture solennelle des classes en présence des magistrats est aussi décrite comme une victoire, le ciel dont il s'agissait de défendre la cause ayant visiblement inspiré les maîtres, palliant l'insuffisance du temps dont ils disposaient – «supplente coelo cujus agebatur causa, concessi temporis angustias»[14]. La relation de 1635 exprime la satisfaction des jésuites de détenir le pouvoir administratif et pédagogique («summa porro administrationis et disciplinae litterariae est universa nostri juris») et aussi conscience de leur supériorité à l'égard des professeurs protestants : «leur pédagogie est moins soigneuse. Par suite leurs auditeurs ne font pas les mêmes progrès ce qui serait pourtant souhaitable. Il semble qu'on peut espérer que – si on accepte maintenant ce qu'ils font – ils seront ensuite exhortés plus librement à pratiquer une méthode pédagogique plus efficace». Le même texte formule l'espérance qu'à la première opportunité (capta occasione), le roi et l'évêque accorderont aux jésuites la pleine possession du collège[15]. Les textes des autres années insistent sur la prédication, sur les conversions «ab infami haereticorum grege» et – au début du gouvernement personnel de Louis XIV – sur la mainmise totale enfin obtenue sur le collège[16].

Quant aux protestants, les registres des délibérations du consistoire témoignent d'une extrême vigilance. En même temps, la réitération des injonctions faites aux parents de retirer leurs enfants quand leur cursus les conduirait aux classes des jésuites montre le peu d'efficacité de ces remontrances. Je ne reviendrai pas sur ce point que j'ai traité par ailleurs me contentant d'évoquer les mots qui reviennent comme un leitmotiv : «obvier à la perte de la jeunesse», lutter contre «la séduction des jésuites». Lorsque, en 1650, cette «séduction» aboutit à la conversion au papisme d'un jeune orphelin protestant, âgé de 12 ans, Pierre Coutelle, la frontière scolaire devint pour un jour sanglante avec l'invasion de l'évêché où s'était réfugié le néophyte, arraché du palais épiscopal par une foule guidée par un pasteur qui tua sur sa route trois serviteurs de l'évêque. J'ai étudié longuement par ailleurs cet épisode du temps de Fronde où – bien loin d'adopter l'attitude de sagesse exemplaire que l'on ne cesse de prêter au «petit troupeau» – les protestants profitèrent de l'affaiblissement du pouvoir royal pour reprendre une partie du terrain perdu. Il s'agit bien pour eux de repousser la frontière et notamment dans le domaine scolaire. Les relations jésuites manquent malheureusement pour cette période où, en 1652, les protestants récupérèrent leur autonomie scolaire, imposant aux consuls catholiques une transaction qui dégageait totalement les maîtres calvinistes de toute dépendance à l'égard du principal jésuite. Pour dix ans le dédoublement remplaçait le partage[17]. Mais, à l'arrière-plan de cette partie de bras de fer finalement gagnée par les catholiques grâce à l'appui royal, il existe des signes nombreux de rapports pacifiques entraînés par la cohabitation.

* *
*

La relation jésuite 1634 notait par exemple : «c'est un fait que nous nous conduisons à l'égard des maîtres du collège et des élèves calvinistes de façon à ce que notre compagnie ne leur suscite aucune contrariété mais les satisfasse à tous égards... Les élèves huguenots (discipuli hugonoti) nous étaient hostiles, il y a quelques jours, suivant l'inspiration des ministres ou de leurs parents. Par la suite ils se sont spontanément apprivoisés de telle manière qu'ils s'entretiennent avec nous volontiers et avec confiance». Tactique? Bien sûr mais il y a autre chose dans cette relation que ce que les greffiers consistoriaux appelaient «séduction» des jésuites. Le texte précise en effet et l'aveu me paraît important si nous nous rappelons qui est le destinataire du rapport. Il s'agit d'un document adressé au général de la compagnie : «jusqu'à aujourd'hui une *concorde* mutuelle et un *respect* constant aura existé» (ut in hanc diem, partes inter utrasque mutua concordia et veneratio perpetua intercesserit) [18]. L'extraordinaire succès de cette cohabitation retient encore l'attention du rédacteur de l'année 1635 qui éprouve presque le besoin de se justifier en précisant, certes, que ce système est fort fâcheux et étranger aux usages de la compagnie (alienior et importunior) mais écrit «nous gérons conjointement avec les hérétiques les huit classes et celà avec une telle *concorde* et un tel *calme* (ea concordia et tranquillitate) parmi les factions antagonistes de cette nation (inter adversas istius generis partes) qu'avant que ce commerce n'ait commencé il n'aurait paru croyable à personne et que, depuis son commencement jusqu'à ce jour, il suscite une *admiration* continuelle aux deux partis eux-mêmes et assure *l'amitié*» [19]. «Concorde», «respect», «calme», «admiration», «amitié»... il y a là tout un vocabulaire irénique qui échappe presque à la plume militante du provincial jésuite. Combattants, mais humanistes ou héritiers quelque peu bâtards de l'Humanisme – à l'instar de leur principal, Alexandre Fichet, chantre de Louis XIII / Judas Macchabée mais aussi auteur d'une édition «ab omni obscenitate expurgata» du *Corpus poetarum latinarum* [20] les jésuites ont contribué *nolens volens* à ce commerce pacifique. Cette même relation se louait «de la docilité et de la bonne volonté des élèves protestants».

Le témoignage de l'un de ces derniers à travers le livre de raison de Jacques de Beauvoir du Roure, gentilhomme de l'Uzège (1633-1707) qui fut élève du collège de Nîmes nous donne un éclairage fort différent de celui des sévères membres du consistoire. Jacques de Beauvoir du Roure est un calviniste convaincu qui se dit attaché à sa religion «plus qu'à tous les biens et considé- rations du monde» et n'abjura qu'à l'automne 1685. Celà ne l'empêche pas de déplorer l'exclusivisme religieux en matière d'éducation et, par exemple, il déplore que son grand-père ait dû obéir à une injonction du consistoire de Barjac de congédier un prêtre précepteur de son fils : «mon père en eut tant de déplaisir aimant fort son précepteur qu'il en quitta l'étude et passa une jeunesse assez désœuvrée». Lui-même avait été envoyé avec un de ses cousins en 1649 au collège de Nîmes : «mon père nous mena, mon cousin de Cornet et moi, à Nîmes, avec notre précepteur qui nous était nécessaire pour notre répétition et le soin de notre conduite, et qui pouvait par ce moyen continuer ses études en nous conduisant au collège où après que mon père nous eut établi en pension chez la veuve de Pelet procureur, nous fûmes présentés aux Pères jésuites qui nous reçurent en cinquième classe où le Père Bec régentait». Par la suite, il poursuit ses études à Bagnols et Orange son père ayant encouru «quelques manières de censure» de la part du consistoire. Enfin, il revint à Nîmes où il fit sa seconde, rhétorique et philosophie au collège alors dédoublé de 1652 à 1655. Il eut alors des maîtres protestants notamment le philosophe De Rodon, auteur à succès et à scandale du *Tombeau de la Messe* mais, entre sa première et sa seconde période nîmoise, il avait eu un précepteur ecclésiastique. Soulignons le fait que le père de Jacques de Beauvoir qui le confie ainsi à des jésuites et à un prêtre, est un protestant convaincu. A son lit de mort, âgé de 82 ans, en 1683, en pleine époque de persécution, il devait résister aux sirènes du papisme disant que «comme il comptait pour la plus grande grâce d'être né chrétien réformé il demandait à Dieu d'y persévérer jusqu'à son dernier soupir»[21].

* * *

Ainsi, au-delà des injures, de «l'infâme troupeau hérétique» ou de «la séduction des jésuites» du «venin de l'hérésie» ou de celui de «la doctrine» (romaine)[22] il y avait place pour des relations amicales. La République des lettres supprime pour ses citoyens la frontière religieuse. Des érasmiens du siècle précédent à Samuel Petit, Mersenne ou Peiresc il y a un fil conducteur : «pour les hommes de scavoir la religion ne doit pas être d'empêchement» écrivait à la mi-siècle un érudit nîmois[23]. Serviteurs ambigus de la Contre-Réforme, les jésuites ont, sans l'avoir véritablement voulu, contribué à ce commerce intellectuel et amical. La fonction irénique du collège semble avoir survécu à la révocation de l'édit de Nantes sur laquelle les jésuites étaient sans illusions[24]. En 1764, après la suppression de la compagnie de Jésus, un mémoire anonyme tout imprégné d'esprit des Lumières mettait en avant cette fonction : «la diversité de sentimens et de croyance divise notre ville. Au commencement de ce siècle, le collège réunissait les disciples de l'un et l'autre parti. Quelques particuliers à qui l'on confie actuellement la jeunesse ont abandonné des règlements aussi sages, et, en éludant l'esprit des loix, ils nous privent de quantité de jeunes gens qui, élevés séparément, sont livrés à des maîtres du goût des parens»[25]. Au pays des frères ennemis, le collège, théâtre d'un combat constant pour le contrôle de l'éducation de la jeunesse, c'est à dire de l'avenir, avait été aussi lieu d'amitié selon les deux directions indiquées par les commissaires mi-partis de 1634 : l'étude des lettres et des bonnes mœurs.

Robert SAUZET
Université de Tours

NOTES

1. Je me permets de renvoyer à ma thèse : R. SAUZET, *Contre Réforme et Réforme catholique en Bas-Languedoc. Le diocèse de Nîmes au XVIIe siècle*, Paris-Louvain, 1979, p. 149 sq et 360. Excellente mise au point de P. BENEDICT sur «la population réformée française de 1600 à 1685» in *Annales ESC*, novembre 1987, 1433-1465.

2. Cf. R. SAUZET, «Religion et pouvoir municipal : le consulat de Nîmes aux XVIe et XVIIe s.», *Ethno-psychologie – Revue de psychologie des peuples*, avril 1977, p. 277-285.

3. Excellentes mises au point sur cette question in *International calvinism (1541-1715)*, edited by Menna PRESTWICH, Oxford, Clarendon Press, 1985, p. 100 sq. (M. PRESTWICH) et 293 sq. (E. LABROUSSE).

4. Archives romaines de la compagnie de Jésus – *Litterae annuae* (Lugdunum), tome 29 (1634, 1635, 1639), tome 30 (années1648,1657,1661-62, 1663, 1665, 1666, 1667, 1669, 1671, 1673, 1675, 1678-82, 1696-1700).

5. Sur le partage, cf. L. MENARD, *Histoire civile, ecclésiastique et littéraire de la ville de Nîmes*, op.cit., p. 276 sq. P. AZAIS, *Le collège de Nîmes*, Nîmes 1879. E. GOIFFON, *L'instruction publique à Nîmes*, Nîmes 1876. M.BRUYERE, «Nîmes – Collège 1634-1762» in P. DELATTRE, *Les établissements des jésuites en France depuis quatre siècles*, t. III, Enghien (Belgique), 1955, col. 915-960. H. FOUQUERAY, *Histoire de la Compagnie de Jésus en France des origines à la suppression (1528-1762)*, tome V, 1925, p. 133.

6. André de Forest seigneur de Carlencas et Hercule de Latgier seigneur de Massuguière. La relation jésuite de 1634 les qualifie d'arbitres («disceptatores duo, catholicus alter, alter hereticus ex Castrensi curia»), Arch. de la Compagnie de Jésus, Lugdunum, 29, fol. 387.

7. A.D. Gard G. 1344.

8. Arch. communales Nîmes, LL 20, repris par L. Ménard, P. Azaïs et E. Goiffon.

9. La relation note l'opposition du reste des catholiques à cette opinion «ad hanc relationem, exclamavit omnis populus, Jesuitas solos seligere ac velle», Arch. de la Compagnie de Jésus, *ibid.*

10. Arch. communales Nîmes, *loc.cit.*

11. Supplique et mémoire se trouvent aux arch. dép. du Gard, G 447 (dossiers, troubles des religionnaires). Sur les passions suscitées par les jésuites cf. R. SAUZET, *op.cit.*, p. 131-139.

12. Relation de 1634, *loc.cit.*, fol. 386.

13. *Ibid.* fol. 387 v°. Sur la prédication de Fichet, cf. L. MENARD, *op.cit.*, t. V, p. 637.

14. *Ibid.*

15. «Illis ratio docendi est minus accurata unde auditores illorum et nostri non proficiunt ex-aequo quod optandum fuerit tamen. Videtur posse sperari si quod faciunt modo patiuntur deinceps se de utilioris disciplinae genere liberius admoneri...», Relation de 1635, *loc.cit.*, fol. 413. La même relation indique l'effectif des élèves : 200 environ, la moitié de chaque religion.

16. ...«iisque (les maîtres protestants) ita collegii nostri rectoris obnoxiis aut ipsos ad nutum officio gymnasioque amovendi potestas illi ab rege facta sit» Relation de 1665, Arch. de la Compagnie de Jésus, Lugdunum, 30, fol.100 v°. Sur l'élimination des derniers enseignants protestants cf. relations de 1666, *loc. cit.*, fol. 113 v°, de 1669, *ibid.*, fol. 133.

17. Cf. R. SAUZET, *op.cit.*, p. 300-303, 305-310, 381. et P. CHAREYRE, *Le consistoire de Nîmes 1561-1685*, Montpellier III, 1987, thèse dactyl., p. 714 sq. Les relations jésuites manquent pour la période 1648-57.

18. Relation de 1634, *Lugdunum* 29, fol. 387 v°.

19. Relation de 1635, *Lugdunum* 29, fol. 413 et 413 v°.

20. Parue à Lyon en 1615, cf. C. SOMMERVOGEL, *Bibliothèque de la Compagnie de Jésus*, t. III, 1892.

21. *Journal de Jacques de Beauvoir du Roure* (archives du Gard, fonds Merle de la Gorce n°15), public partielle par G. PAYSAN, éd. Cercle de l'Amitié, Banne, 1985, p. 15, 41-46, 67, 93.

22. A la veille de la Révocation le père du futur pasteur du Refuge Jacques Cabrit se charge de l'éducation de son fils pour ne pas l'envoyer dans un collège « de peur que je ne suçasse le *venin de la doctrine* », *Bulletin de la société de l'histoire du Protestantisme français*, 1890, p. 537. Sur le « venin de l'hérésie », cf. l'ouvrage du même nom de B. DOMPNIER, Paris, Centurion, 1985.

23. R. SAUZET, *op.cit.*, p. 271.

24. Cf. *Relation 1696-1700* « Quod ad Religionem attinet, cum plerique Calvinistarum, magno bonorum dolore, haeresim verbis ejurarint, mente factis que retinuerint... », Lugdunum 30, fol. 366.

25. *Mémoire en supplément de ceux que la ville de Nîmes a présentés à nos seigneurs de la souveraine cour de parlement de Toulouse pour la conservation de son collège*, sept. 1764, imprimé, p. 3, Arch. Dép. Gard, 00104.

IL RUOLO MEDIATORE DELL'UNGHERIA NELLA MISSIONE PROTESTANTE ORIENTALE

L'opera tuttora fondamentale di Ernst Benz esamina la missione orientale del protestantesimo quale tentativo di gettare un ponte in quello direzione[1]. La problematica è stata affrontata, prima e dopo Benz, da vari aspetti[2]. Mi limitero in questa sede all'esame di un solo aspetto del problema: cioè, in che misura il ceto intellettuale ungherese dava il proprio contributo attivo all'opera missionaria protestante, rivolta verso l'oriente, del XVI^{mo} secolo. Essa costitui veramente un tentativo di gettare un ponte destinato a sormontare un abisso plurisecolare. A metà strada, tale ponte poggiava su un pilastro che era l'Ungheria. Cio risultava in modo inevitabile dalla posizione geografica del paese. Gli stati confinanti all'est e al sud erano infatti di fede ortodossa. I contatti, le relazioni commerciali fra le due aree erano frequenti, malgrado le notevoli differenze tra le rispettive culture. In secondo luogo, come è noto, la borghesia cittadina dell'Ungheria connobbe molto presto, negli anni trenta del XVI^{mo} secolo, l'insegnamento di Lutero. Il terzo motivo, era la concezione secondo cui bisognava porre rimedio al problema turco, sempre più minaccioso. Si credè infatti che il grande conquistatore, una volta illuminato dalla dottrina cristiana, si sarebbe convertito al cristianesimo, e avrebbe quindi volontariamente rinunciato alle ulteriori conquiste in Europa. In tal senso si sperava molto dalla chiesa orientale, la quale, sicura dell'appoggio fraterno dei protestanti europei, e forte della sua posizione geografica, avrebbe potuto giovare alla causa.

La missione, nella sua motivazione, si rifece alla parola apostolica secondo la quale era un obbligo far conoscere il Vangelo tutti gli uomini. Cio sarebbe stato possibile solo se le genti avessero potuto ascoltare e leggere la parola divina nelle loro rispettive lingue. La responsabilità in tal senso apparteneva in primo luogo a coloro che stavano alla guida dei popoli, cioè ai regnanti, ai grandi feudatari, ai magistrati cittadini, che avevano l'obbligo di far parvenire al popolo loro affidato gli insegnamenti fondamentali, tramite la Bibbia.

L'arco dei Carpazi abbracciava uno Stato multinazionale. I romeni della Transilvania costituivano un gruppo etnico assai cospicuo. La maggior parte di loro esercitava la pastorizzia nomade, e non aveva quindi la dimora fissa. Solo alcuni latifondi comprendevano villaggi abitati da romeni insediati. I più valorosi di costoro poterono, entrando in servizio militare o di corte, elevarsi al di sopra dei loro connazionali, dopodichè si assimilarono sia nel loro modo di vivere, sia nella loro cultura al ceto sociale fino al quale riuscirono ad arrivare. Colui che giunse forse in più alto, era Istvan Maylad, pervenuto al rango di voivoda reggente della Transilvania. Fu anche il primo, per quel che ne sappiamo ora, ad aver cura dei propri connazionali di basso stato, e a ordinare quindi nel 1541 la diffusione della dottrina protestante nelle proprie terre. Per vedere nella luce giusta il valore di tal gesto, dobbiamo prima connoscere le condizioni in cui i romeni esercitavano la propria religione in quel periodo. Abbiamo come fonti gli scritti dei viaggiatori contemporanei, i quali intendevano anche la lingua romena. I pastori romeni, in continuo movimento, non potevano avere che relazioni scarsissime con la chiesa come istituzione. Al massimo due volte all'anno, Natale e Pasqua, potevano recarsi alle chiesette costruite in legno dei correligionari insediati. Le funzioni sacre si svolgevano in base ad antichi ceremoniali slavo-cirillici. I fedeli non capivano una sola parola dei testi, e gli stessi sacerdoti ne capivano pochissimo. Essi di solito erano stati consacrati givanissimi, appena alfabetizzati, ma in grado di versare una somma in cambio. La pochissima dottrina veniva trasmessa di padre in figlio. Le pochissime fonti scritte che ci sono pervenute, presentano il mondo religioso dei romeni come un miscuglio assai confuso di fantasiose credenze popolari e di un ancestrale sapere di origine biblica[3].

Sono queste le premesse necessarie per poter valutare l'iniziativa della magistratura di Hermannstadt/Nagyszeben/per la diffusione del protestantesimo tra i romeni abitanti sotto la loro giurisdizione. Nel 1544 fu tradotto in romeno e stampato il *catechismo* di Lutero. Esso fu seguito, dopo due anni, dall'edizione in lingua romena dei quattro Vangeli. La città di Hermannstadt aveva un ruolo di guida fra le città transilvane sia sul piano culturale, sia su quello amministrativo. Nel periodo di cui parliamo, sia i magistrati, sia i cittadini erano gia di religione protestante. C'e un opinione secondo la quale l'iniziativa di dare alle stampe testi in lingua romena sarebbe servita solo ad ampliare la cernita delle merci, destinate anche alla Moldavia, con la quale la vitta aveva intensi rapporti commerciali. Ma le pubblicazioni in questione scarsamente avrebbero trovato mercato nelle communità religiose, dalla liturgia rigorosamente determinata a chiusa, della Moldavia. Esse erano destinate decisamente ad uso degli abitanti romeni intorno a hermannstadt, e ce lo conferma una testimonianza contemporanea. Il curato della città si affretto a dare notizia al collega di Breslavia del catechismo stampato di fresco, che circolava già tra i sacerdoti romeni della zona, e che era accettata da una parte di essi, da altri veniva invece respinto.

Dopo un decennio e mezzo la magistratura di/Brasso/Kronstadt gia portava deliberazioni molto precise, allo scopo di far accettare la Riforma ai villaggi romeni sotto la loro giurisdizione. Per sollecitare l'impresa furono ristampati sia il catechismo, sia i Vangeli. Fecero compilare anche un cerimoniale e una raccolta di prediche in lingua romena. Dall'analisi accuratissima di Istvan Juhasz sappiamo che tali opere tradotte, o più precisamente rifatte in lingua romena pur risalendo on ultima analisi a Lutero, ebbero come fonte diretta i testi in lingua ungherese, almeno nel caso del catechismo. Chi trascriveva i testi non sapeva il tedesco, conosceva invece benissimo l'ungherese, ed era inoltre esperto del mondo della chiesa orientale. Traducendo i vangeli, cito come grandi predecessori Basileo, Gregorio, il Crisostomo e Cirillo. L'elenco in se stesso basta per dimonstrare che in rielaboratore non aveva intenzione di rompere con la tradizione orientale. Sia il cerimoniale, sia la raccolta delle prediche introduce solo le innovazione piu strettamente necessarie. Ha particolare riguardo alla sensibilità dei fedeli. Non vuole convertirli a nessuna deelle religioni occidentali, il suo scopo esclusivo è veramente quello dell'evagelizzazione. Ma è altrettanto indubbio il suo orientamento protestante. Tutte le pubblicazioni fanno riferimento nella loro introduzione al 14 : 19 della I lettera ai Corinzi dove l'apostolo dice che, parlando nella comunità, preferisce pronunciare cinque parole che siano comprensibili e quindi atte ad insegnare, che pronunciarne diecimila « in lingue », e quindi incomprensibili. Merita altrettanta attenzione il carattere cautamente graduale del programma editoriale, il quale procede dalla nozioni elementari verso l'ipotesi di una comunità ormai in possesso di una liturgia riorganizzata.

E abbiamo dati anche riguardo all'organizzazione istituzionale, contemporanea all'apparizione dei menzionati, della chiesa riformata romena. Come capo, venne nominato vescovo Georgius de Szentgyörgy, ritenuto da alcuni studiosi anche l'autore dei libri di Kronstadt/Brasso/. Georgius convoco un concilio dove cercava di orientare i sacerdoti nella direzione da lui ritenuta valida. Fu un compito quantomai difficile. Nel 1566 la stessa Dieta del Transilvania mise all'ordine del giorno la causa della chiesa romena. Nacque una decisione contro coloro che s'ostinanavano nell'esercizio della religione antica, non accettando la nuova, per loro era prevista una severa punizione. Nel 1567, lo stesso principe emise un decreto contro i sacerdoti romeni disubbidienti che non vollero fare il servizio divino nella lingua del popolo, ma persistevano nell'uso della lingua « slava », straniera. Un altro concilio fu convocato l'anno seguente. Le deliberazioni, o meglio i divieti, offrono ulteriori testimonianze sul persistere del rituale antico. Fu reso obbligatorio l'insegnamento in lingua romena del Credo e del Paternoster, e di nient'altro. Ben poco, rispetto al programma previsto dai libri pubblicati non molti anni prima. Dal 1569 la chiesa romena ebbe un nuovo vescovo, il quale l'anno seguente contribuiva alla pubblicazione, in Brasso, di un salterio e di testi liturgici i quali seguivano il rituale della chiesa orientale, nella forma stabilita da S. Giovanni Crisostomo. A partire da tale data, la tipografia di Brasso non diede alla luce altri testi che quelli destinati a soddisfare le richieste da parte della chiesa orientale. Quei testi costituivano davvero una « merce » richiesta da parte delle comunità religiose romene al di qua e al di là dei Carpazi. Quanto alle pubblicazione testi romeni di ispirazione protestante, essi sarebbero ancora apparse sporadicamente qua e là nella Transilvania, ma senza più avere un sfondo religioso istitituzionale.

Considerando attentamente la componente transilvana della missione protestante, appare chiaro che in un arco di tempo che abbracciava meno di trent'anni, sono stati fatti validi sforzi dai magnati e della magistrature per gettare le basi di una missione, valendosi di un programma editoriale di buon livello che teneva conto anche della sensibiltà dei fedeli. La stessa chiesa romena ricevette un'organizzazione istituzionale. Ciononostante l'iniziativa era destinata a fallire a partire dal momento in cui la Dieta e il principe fecero ricorso alla coercizione, invece di procedere lentamente e pazientemente con un lavorio propagandistico molto tollerante. Il principe e la Dieta credettero di poter esigere dalla popolazione romena la stessa conversione, lo stesso cambiamento ideologico, basata sull'intellezione e sulla convinzione che aveva avuto luogo nella borghesia tedesca e ungherese della Transilvania in quel periodo. Nella storia delle religioni in Transilvania un nuovo capitolo sara aperto dal principe cattolico Bathory. Il suo regno pero non tochera più i germi appena nati ma gia appassiti del protestantesimo romeno. Esso sara venuto meno senza clamore. Bathory patrocinera una chiesa romena ormai organicamente inseritasi nella chiesa orientale[4].

Parallelamente a tali iniziative, ce n'era un'altra, mirante pure essa alla missione orientale. Nacque al di fuori dei confini dell'Ungheria, ma vi erano anche dei contributi ungheresi. Si tratta dell'officina conosciuta come il gruppo missionario della tipografia Tubinga-Urach. Il personaggio guida ne era il feudatario austriaco Hans Ungnad, attivo anche nelle guerre contro il turco in territorio ungherese[5]. Era desideroso sopratutto di procurare agli abitanti dei suoi ex feudi, i quali parlavano varie lingue slave meridionali, testi religiosi scritti nella loro lingua e ispirati della riforma. Insieme ai suoi collaboratori si mise all'opera nella tipografia di Tubinga-Urach, e in breve tempo diede alla luce tutta una serie di pubblicazioni cirilliche e glagolitiche Il gruppo missionario, gia a partire dal 1560, si prefisse l'obiettivo di far arrivare il Vangelo anche all'impero turco. L'impresa aveva un'équipe filologicamente qualificata, il collaboratori venivano assunti in base a prove di traduzione. La diffusione dei libri era affidata ad una rete bene organizzata. Le risorse finanziarie provenivano da donazioni. Uno dei principali sostenitori dell'iniziativa fu il principe ereditario Massimiliano, noto per le sue simpatie protestanti. Per deviare i sospetti delle autorità doganali, sulle cassette dei libri venne messo appunto il suo nome. Era desiderio espresso di Ungnad di vendere i libri a prezzi bassi, e di darli addirittura gratis ai più bisognosi.

Sul territorio ungherese sono documentate le vendite effettuate ai magnati che avevano sudditi serbi e croati. Con l'allargamento del raggio d'azione dell'impresa, si associarono alla diffusione anche i commercianti ungheresi. Debrecen era uno dei principali centri di diffusione. La città, situata nel centro del paese, si trovava all'incrocio di importanti vie commerciali, ed era in buoni rapporti sia con i paesi orientali, sia con quelli meridionali. I libri spediti venivano regolarmente inoltrati, ma l'agente viennese nei suoi rapporti annuali riferiva le difficoltà che incontrava la diffusione delle pubblicazioni cirilliche[6]. Dato quantomai interessante, specie alla luce del fatto che nello stesso periodo s'importavano stampati cirillici provenienti da Venezia, destinati a soddisfare le richieste della chiesa ortodossa. Essi erano prodotti nella tipgrafia Vukovic, ed erano conformi alla tradizionale liturgia ortodossa[7]. E abbastanza eloquente il fatto che le notizie sulla scarsa popolarità degli stampati cirillici di Tubinga sono identiche a quelle giamenzionate a proposito delle iniziative protestanti di Transilvania.

Le segnalazioni negative non valsero pero a scoraggiare gli stampatori, anche se l'officina aveva sempre difficolta di trovare o il tipografo, o il traduttore. All'occasione della fiera di Francoforte del 1563 riuscirono finalmente a stipulare un contratto con Johannes Ludovicus, oriundo della Transilvania, spezzializzata anche nella stampa con caratteri cirillici[8].

La scarsezza degli esperti si fece sentire anche nella categoria dei traduttori. Abbiamo dati per accertare in che modo la rete internazionale cercava di aiutare l'impresa. Nella cerchia dei discepoli ungheresi di Melantone apparve il diacono Demetrio, di origine slavo o serba. Proveniva da qualche zona della Pannonia inferiore. L'unico fatto sicuro è che veramente doveva avere qualche familiarità con le lingue slave meridionali, con il romeno e col greco. Lo vediamo apparire per la prima volta a Brasso nella cerchia di Valentin Wagner, portatore dello spirito filellenico di Wittemberga. In seguito sara un altro allievo di Melantone, Zsigmond Torda, (a raccomandarlo) al Maestro. A Wittemberga ebbe accoglienza calorosa, fu ospite di Melantone, il quale vide in lui un rappresentante del veneratissimo mondo greco. Melantone gli affido il compito di portare la traduzione greca del catechismo al patriarca di Costantinopoli. Durante quel viaggio Demetrio entrava in contatto a Venezia con gli amministratori di casa Fugger, i quali erano contemporaneamente agenti del gruppo di Ungnad, impegnati nell'orgaizzazione dei preparativi riguardanti i progetti di Costantinopoli. La seppe che il gruppo di Tubinga cercava un traduttore, cosi, invece di partire per Costantinopoli, volse i passi verso l'Ungheria. La di nuovo ricorse a Torda come mediatore. Stavolta era lui ad accompagnare Demetrio a Vienna, dal professore Georg Tanner, fautore entusiasta di Melantone e di Ungnad. Nel corso del colloquio si convinsero della preparazione di Demetrio, ed ascoltarono anche la sua opinione sulle possibilità di andare oltre con la missione. Demetrio sconsigliava un allargamento prematuro del cerchio d'azione verso i russi. Sconsigliava anche una nuova traduzione dei testi liturgici o addirittura biblici, siccome tale atto, a suo parere avrebbe provocato reazioni sfavorevoli da parte del cristianesimo orintale. La commissione lo apprezzo, e benchè il gruppo di Tubinga non fosse soddisfatto della sua prova di traduzione, sarebbero stati inclini ad assumerlo. Ma Demetrio volle cambiar rotta un'altra volta, e aderi al seguito del pretendente di piu fresca data al trono della Moldavia[9].

L'avventuriero greco che si chiamo Jacobus Heraclides Despota apparve sulla scena verso la metà del XVI^{mo} secolo. Si dichiarava erede legittimo dei regnanti dell'isola di Samo. Aquisto le simpatie dell'imperatore Carlo con la sua conoscenza delle arti belliche, a Melantone basto la sua origine greca per accoglierlo con entusiasmo. A Wittemberga fece professione di fede protestante e promise, in cambio degli appoggi, protezione e asilo nella sua futura corte a tutti i giusti perseguitati per la loro fede. Fu ospite di quasi tutte le corti europee e, passando per la Polonia, si spinse fino alla Moldavia. Là pero, appena rivelatosi quale era, pretendente anzichè parente, si trovo costretto a fuggire. Riprese quindi a seguire la linea melantoniana: a Brasso con l'aiuto di Valentin Wagner. Ma quando divenne persona non grata a Transilvania ansiosa di mantenersi in buoni rapporti commerciali con la Moldavia, Heraclides cerco rifugio nell'Ungheria Superiore. Volle ottenere la mediazione dei Laski, da lui conosciuti nella Polonia, e di Zsigmond Torda. Quest'ultimo infatti, come personaggio chiave dell'amministrazione finanziaria, era considerato personaggio influente anche presso la corte viennese, particolarmente nella cerchia di Massimiliano. La corte avrebbe visto volontieri regnare una propria creatura nella zona fra il principato transilvano e l'impero turco. Sia il Massimiliano sia il Torda erano convinti che Heraclides avrebbe dato via libera alla diffusione del protestantesimo. E infatti, appena conquistato, con molto spargimento di sangue, il trono moldavo, il Despota si accinse a promuovere la diffusione della nuova fede. Chiamo un vescovo dalla Polonia. Presso la propria residenza volle instaurare una scuola superiore secondo il modello di Wittemberga. Il suo exmaestro, chiamato dalla Grecia, divenne professore. Riusci ad ottenere la collaborazione di Johann Sommer di Sassonia in qualità di rettore. Divenne segretario lo svizzero Orazio Curione, figlio di Celio Curione di Basilea. Nel contesto della società feudale orientale pero gli intellettuali occidentali rimasero un gruppo isolato. I loro rapporti si limitarono a quelli stabiliti con le colonie commercianti ungheresi e tedeschi. Il Despota inoltre, avendo bisogno di molto denaro per la riorganizzazione dello stato, mise mano ai tesori delle antiche comunità religiose, facendone coniare monete d'oro e d'argento con la propria imagine. La Chiesa che in Oriente era tradizionalmente ed organicamente legata alla persona del monarca, aveva quindi motivi per sentirsi profondamente offesa dalla nuova ideologia importata insieme con gli stranieri, e dal esproprio di oggetti sacri utilizzati per scopi profani[10].

Intanto l'impresa di Tubinga, fiduciosa delle promesse del Despota, si preparava alla nuova impresa. Nell autunno del 1562 fecero partire, con un carico cospicuo di libri cirillici, Wolfgang Schreiber per la corte di Moldavia. L'impresa era nota anche a Massimiliano. Schreiber aveva l'incarico di trovare tra i romeni della Moldavia una persona non solo alfabetizzata, ma specializzzata per assumerla come aiuto per la stampa dei testi tradotti nella loro lingua. Invece di percorrere l'itinerario tradizionale per la Polonia, Schreiber si reco prima a Hermannstadt, conformamente alle istruzioni dategli a Tubinga. Tra le due offizine esisteva dunque un rapporto. Ma quando giunse a Moldavia, ebbe dal Despota un'accoglienza tutt'altro che amichevole. Il Despota dichiaro di non aver bisogno di aiuto editorial estero, siccome anche là era conosciuta l'arte tipografica. A Tirgoviste effettivamente operava una tipografia, a servizio della chiesa ortodossa. Dopo essere stato torturato, Wolfgang Schreiber fu estradato, come persona sospetta, alla Sublime Porta[11]. Tutto cio accade pochi giorni prima dell'Epifania, quando il Despota ebbe un sogno, reso solennemente pubblico nel paese. Avrebbe visto degli angeli portargli una corona dal cielo. Il giorno della festa si reco in pellegrinaggio, scalzo, al fiume: vi immerse, prese un altro nome e, con la corona in capo e scettro in mano, fece solenne ingresso, a cavallo, nella sua residenza. La dimostrazione avenne pero troppo tardi. Non moltoto dopo il Despota venne trucidato dai sudditi. Tra le angosce sarebbe arrivato a rinnegare e a maledire le «sette nuove».

Negli studi che trattano la questione dei rapporti fra ortodossia e riforma, questo episodio viene sempre citato. Io in questa sede richiamerei l'attenzione su due particolari, cui finora non si è prestato attenzine. L'uno è il rapporto Tubinga-Hermannstadt. Scheiber fu'infatti consegnato ai turchi dal Despota, perchè trovato in possesso di scritti destinati ai turchi, consegnatigli a Hermann-stadt. Il gruppo Ungnad era dunque deciso a cogliere l'occasione offerta dal viaggio in Moldavia, per estendere finalmente l'opera missinaria anche ai turchi. L'altra serie di avvenimenti degni di attenzione possono essere solo un'ipotesi. Si tratta infatti di ricostruire il processo di trasformazione svoltosi nell'anima di Despota. Egli, pur cresciuto in ambiente e nella fede ortodossa, aveva l'anima vivace ed aperta, atta ad accogliere la nuova dottrina e la nuova fede. Finchè si trovo nell'Europa centrale, credette sinceramente nella giustezza della causa cui volle servire. Appena tornato nel nativo ambiente arientale, esso lo risucchiava. Avenne cosi non solo perchè era minacciato/anche se era uno dei motivi/, ma anche perchè doveva sentirsi quasi calamitato dai riti antichi. Con la corona recato dagli angeli, alla feşta dell'Epifania rinacque come monarca autocefalo.

Ridotta la problematica al minimo essenziale, questo e quanto abbiamo potuto dire della missione protestante ungherese del XVI^{mo} secolo. La realta e assai più complessa. Il problema della missione era legato parecche volte alle aspirazioni delle grandi potenze, e dipendeva non solo dalle manovre Vienna-Costantinopoli ma persino dal commercio del bestiame. Tali elementi pero costituivano solo un possibile contesto, un filone concreto a cui legare la diffu-sione di un'ideologia o di qualcosa di più: una profonda convinzione religiosa.

Alla meta del secolo XV^{mo} anche Giovanni Capistrano era andat tra i romeni della Transilvania per farli aderire alla chiesa occidentale. Fu costretto a combattere su due fronti, tra Scilla e Cariddi. I grandi feudatari infatti ostacolavano in tutti i modi l'opera missionaria. Vollero evitare che i loro sudditi dovessero pagare tributi alla chiesa. Nella nostra era le missioni partivano sempre dai ceti e dai personaggi dirigenti. Una comune convinzione protestante muoveva i feudatari e i magistrati cittadini. E in tale questione non troviamo nel XVI^{mo} secolo un'ombra di contrasti nazionali.

La riforma, fatta penetrare tra i romeni con molta cautela e sensibilità dal ceto dirigente, non operava nel senso voluto dai suoi fautori. Infatti, appena i sacerdoti divennero piu addotrinati e il gregge, fino ad allora smarrito, fu organizzato in modo da formare una Chiesa vera e propria, essi subito sembra-rono riconoscere la propria vera appartenenza. Un processo analogo si svolse nell'anima del singolo, come testimonia il caso di Heraclides Despota.

Il pensiero della missione turca fu proposto per la prima volta da Erasmo nel XVI^{mo} secolo. Egli asseriva che sarebbe stato necessario andare da loro, assimilandosi a loro nella lingua e nei costumi, e cercando allora di convincerli ad accettare l'insegnamento del Vangelo, tradotto nella loro lingua. Di questa idea fu propugnatore anche il Melantone. I suoi allievi, il professore viennese Georg Tanner, l'ungherese Zsigmond Torda, il sassone Valentin Wagner, i curati di Hermannstadt e di Debrecen s'impegnarono di metterla in atto. La cooperazione si svolse in modo esemplare, e loro continuarono a seguire le orme del maestro quando si trovarono con i piedi in aria, non poggiati saldamente sul suolo della realta. Chi invece ne teneva il conto dovuto, fu Hans Ungnad, perche lui aveva rapporti concreti con i propri servi slavi, e per necessità anche con i turchi. Divenne infatti chiaro proprio in relazione alla sua iniziativa che la diffusione delle stampe cirilliche andava avanti con grandi difficolta. Un analogo impaccio si era verificato, come e stato detto, nella Transilvania. Il diacono Demetrio conosceva benne la situazione, e a ragione avverti i collaboratori dell'impresa che sarebbe stato prematuro progettare qualsiasi mossa verso i russi, e che i fedeli orientali non avrebbero tollerato mutazione alcuna nella forma tradizonale dei testi liturgici.

Il pensiero della missione nacque in occidente, là dove Erasmo e Melantone, nei loro studi, fra le teche dei libri si erano formati un'idea della chiesa orientale che si basava sugli scritti dei padri della chiesa. Non sapevano che la chiesa ortodossa, da secoli irrigidita, porgesse ai fedeli la profonda commozione mistica, priva di individualita quindi anche di partezipazione intellettuale. Come da quella chiesa non avrebbe potuto scaturire la riforma, cosi non pote guadagnarsi terrena in essa.

Agnès RITOOK-SZALAY
Université de Budapest

NOTES

1. Ernst BENZ: *Wittenberg und Byzanz*. Marburg/L 1949.
2. Rudolf PFISTER: «Reformation Türken und Islam», in: *Zwingliana* 10/ 1956/ 345-375. Andre OTETEA: «Wittenberg et la Moldavie», in: *Renaissance und Humanismus in Mittel – und Osteuropa*. Ed. Johannes Irmscher. 1. Bd. Berlin 1932. 302-321. Serban PAPACOSTEA: «Nochmals Wittemberg und Byzanz», in: *Archiv für Reformationsgeschichte* 61/ 1970/ 248-262. Krista ZACH: *Orthodoxe Kirche und rumänisches Volzsbewustsein im 15. bis 18. Jahrhundert*. Wiesbaden 1977. Christoph WEISMANN: «Der Winden, Crabataen und Türken Bekehrung», in: *Kirche in Osten* 29/1986/9-37.
3. Istvan JUHASZ: *A reformacio az erdélyi romanok között*. Kolozsvar, 1940.
4. Imre RÉVÉSZ; *La réforme et les roumains de Transylvanie*. /*Etudes sur l'Europe Centre-Orientale*, 10/Budapest, 1937. Juhasz *op. cit.* Ferenc HERVAY: «L'imprimerie du maitre Philippe de Nagyszeben et les premiers livres en langue

roumaine», in: *Magyar Könyvszemle* 81/ 1965/ 119-127. IDEM: «L'imprimerie cyrillique de Transylvanie au XVIᵉ siècle», in: *Magyar Könyvszemle* 81/ 1965/ 201-216.

5. Ivan KOSTRENCIC: *Urkundliche Beiträge zur Geschichte der protestantischen Literatur der Südslaven in den Jahren 1559-1565.* Wien 1874. Bernhard Hans ZIMMERMANN: «Hans Ungnad Freiherr von Sonneck, als Förderer reformatorischer Bestrebungen bei den Südslaven», in: *Südostdeutsche Forschungen* 2/ 1937/ 36-58. Ernst BENZ: «Hans von Ungnad und die Reformation unter den Südslaven», in: *Zeitschrift für Kirchengeschichte* 58/ 1939/ 387-475. Günther STÖKL: *Die deutsch-slavische Südostgrenze des Reiches im 16. Jahrhundert.* Breslau 1940. Rolf VORNDRAN: «Kurzer Uberblick über die Drucke des südslavischen Bibelanstalt in Urach», in: *Gutenberg Jahrbuch* 1976/ 291-297.

6. KOSTRENCIC: *op. cit.* 62. sqq.

7. C. MARCIANI: «I Vukovic tipografi-librai slavi a Venezia nel XVI secolo», in: *Economia e Storia* 19/1972/358.

8. STÖKL: *op. cit.* 190.

9. KOSTRENCIC: *op. cit.* passim.

10. Hans PETRI: «Jakobus Basilikos Heraklides, Fürst der Moldau, seine Beziehungen zu den Häuptern der Reformation in Deutschland wie in Polen sowie seine eigene reformatorische Tätigkeit in der Moldau», in: *Zeitschrift für Kirchengeschichte* NF 9/ 1927/ 105-143.

11. Martin KRIEBEL: «Wolf Schreibers Mission im europäischen Südosten in der Mitte des 16. Jahrhunderts», in: *Südostdeutsches Archiv* 2/ 1959/ 18-42.

MOSAÏQUE POLITIQUE, CARREFOUR CULTUREL ET FRONTIÈRES CONFESSIONNELLES DANS LA PROVINCE ECCLÉSIASTIQUE D'AVIGNON AU XVIᵉ SIÈCLE

Naïvement peut-être, j'aborde le thème de ce colloque en prenant le mot frontière en son sens le plus obvie. Et voulant étudier le jeu des frontières en matière religieuse, j'ai pris pour terrain d'observation un espace centré sur Avignon, qui n'a pas de définition stricte sur le plan politique ni même géographique, mais qui correspond à la province ecclésiastique (érigée en 1475), quitte à y ajouter le diocèse d'Orange. Très grossièrement, cette province s'inscrit dans un rectangle de 80 km du nord au sud et de 60 km d'est en ouest, dont Carpentras serait le centre de gravité[1].

Contrairement à ce qu'on dit souvent, la frontière est, au XVIᵉ siècle, une notion très précise, car elle détermine quels sont les sujets d'une autorité, quelle est l'extension d'une juridiction, toutes choses sur lesquelles on se montre fort sourcilleux. Mais c'est l'enchevêtrement des frontières qui favorise la confusion qui souvent règne dans la pratique.

Ainsi, la province ecclésiastique d'Avignon se trouve découpée par des frontières de souveraineté politique. Une partie appartient au Royaume de France, auquel la Provence n'a été rattachée qu'en 1481 ; une autre constitue l'Etat pontifical, qui comprend le Comtat Venaissin et la ville d'Avignon ; une autre, enfin, constitue la principauté d'Orange. A l'intérieur de ces grandes divisions politiques, il faut tenir compte du partage des juridictions : l'Etat pontifical n'est pas simple, et l'on doit bien se garder de confondre Avignon et le Comtat (dont la capitale est Carpentras), sans oublier que plusieurs localités, principalement Bédarrides et Châteauneuf-du-Pape, sont sous la juridiction temporelle de l'archevêque d'Avignon *(in Comitatu sed non de Comitatu)*; dans le royaume, Languedoc, Dauphiné et Provence (celle-ci avec des « terres adjacentes » isolées dans le Dauphiné) relèvent chacun d'un parlement différent. Les juridictions ecclésiastiques ne sont pas moins complexes, puisque chacun des diocèses de la province est à cheval sur deux ou trois souverainetés différentes, ce qui oblige les évêques à entretenir des « vicaires forains » dans chaque portion de leur diocèse, et à tenir compte de la législation locale quand ils en font la visite.

Cependant, aucune frontière, à cette époque, n'empêche la circulation des hommes ni des idées. C'est pourquoi Avignon, corsetée de frontières dont certaines sont littéralement à sa porte (puisque le pont du Rhône appartient au roi de

France), est un étonnant carrefour culturel, surtout depuis qu'elle a été la
résidence des papes. Sur un fond de langue et de tradition provençales sont venus
se mêler les apports méditerranéens, avec notamment les marchands et les prélats
italiens, et les apports nordiques, principalement la civilisation de la cour de
France, qui séduit la noblesse, et l'attraction commerciale de Lyon ; outre le
ferment que représente une importante minorité juive, la seule qui subsiste en
deçà des monts.

Cette ouverture se traduit, sur le plan religieux, par l'introduction de «nouveautés». Des Alpes est descendue, vers la fin du XVe siècle, l'immigration
vaudoise qui a repeuplé une grande partie de la Provence : la limite occidentale
de cette aire de peuplement passe par Murs (en Provence, diocèse de Carpentras),
par Cabrières (dans le Comtat, diocèse de Carpentras) et par Mérindol (en
Provence, diocèse de Cavaillon)[2]. Par la Méditerranée ont abordé les compagnies de pénitents, dont les plus anciennement attestées sont les pénitents noirs
d'Avignon, en 1488, d'origine florentine, et les pénitents blancs de Marseille, en
1499, sous l'influence de Gênes ; suivent les noirs de Carpentras en 1511, ceux
d'Aix et d'Arles en 1520, et les blancs d'Avignon en 1522, dont le rayonnement
sera considérable[3]. Si le modèle des pénitents vient de l'Est, la réforme des
couvents de Mendiants d'Avignon (Dominicains et Clarisses), dans le même
temps, vient de l'ouest, du Languedoc. Quant à la réforme de l'abbaye bénédic-
tine de Lérins, elle gagne le monastère féminin de St-Honorat de Tarascon. En
outre, la province d'Avignon subit l'influence du renouveau pastoral d'Italie, soit
de façon diffuse, dans la pratique des visites pastorales, soit de façon plus précise
au temps du concile Latran V : l'esprit qui a présidé à celui-ci se reconnaît dans
les statuts synodaux d'Avignon (1512) et dans la manière dont Sadolet prend en
charge son diocèse, à partir de 1523 ; encore que chez ce prélat s'exerce simultanément une influence d'Erasme, avec qui Sadolet a été mis en rapport par
Boniface Amerbach.

Du Nord, enfin, par la voie rhodanienne que Le Roy Ladurie a si bien baptisée «les chemins de l'Ecriture», descendent vers Avignon la langue française
et l'humanisme, celui-ci bientôt vecteur de la Réformation luthérienne et suisse.
Ce courant s'observe parfaitement à travers la correspondance de Boniface
Amerbach, cet étudiant bâlois venu étudier à Avignon à partir de 1519. Mais le
protestantisme est également importé par des marchands venant d'«Allemagne», via la place de Lyon.

Concluons cette première partie : les frontières, quelles qu'elles soient,
n'arrêtent rien, notamment en matière religieuse.

Au contraire, les frontières protègent les dissidents, car elles sont un obstacle
à la répression. Dans ce pays morcelé, aux juridictions enchevêtrées, qu'est la
province d'Avignon, il n'est pas besoin de faire beaucoup de chemin pour
échapper aux poursuites.

Les vaudois n'avaient sans doute pas calculé leur implantation, mais ils ont
profité des avantages d'une position de frontière. C'est ainsi que la persécution
déclenchée contre eux, en 1530, par Jean de Roma, dominicain du couvent
d'Avignon, inquisiteur au service de l'évêque d'Apt qui agit avec l'approbation
du parlement de Provence, cette persécution est bloquée net quand il s'avère que

Roma a transféré un prisonnier à Cavaillon, c'est-à-dire dans l'Etat pontifical. En 1543, les vaudois de Cabrières peuvent faire la nique aux médiocres troupes du vice-légat d'Avignon car ils ont le soutien, derrière la frontière toute proche, de leurs frères de Provence. Mais inversement, les vaudois de Provence et du Comtat ne sauraient tenir devant la conjonction du parlement de Provence et des troupes royales d'une part, et des forces papales de l'autre : c'est tout le drame de 1545. Encore cette conjonction funeste est-elle sans lendemain, ce qui permet bientôt aux communautés de Mérindol et d'ailleurs de se reconstituer, dans l'exercice de la confession calviniste qu'elles ont finalement adoptée. En sorte qu'à la fin du XVIᵉ siècle, on peut voir une communauté protestante vivre en paix dans la clairière de Saint-Phalès, au cœur du Luberon : elle est installée sur le territoire communal de Cavaillon, cité épiscopale et papale, mais hors des frontières du Comtat, donc sous la juridiction de la Provence royale.

La principauté d'Orange a longtemps servi de refuge aux protestants. Contrairement à ce qu'on croit souvent, ce n'est pas Guillaume le Taciturne qui a fait de sa principauté, récupérée en 1559, un îlot de protestantisme. La ville avait été gagnée subrepticement aux doctrines nouvelles entre 1540 et 1558, quand elle était sous domination française. En 1560, le parlement d'Orange prononce encore, au nom du prince, un édit interdisant le protestantisme et expulsant les étrangers. Mais cet édit est sans lendemain. Peu après, les protestants reviennent, dont beaucoup sont originaires de l'Etat pontifical : il y a parmi eux Gabriel Isnard et Jean Juliani, de Carpentras, Esprit Baussenc, de Bédarrides, qui entrent dans le parlement et en renversent la tendance. De sorte qu'en 1562, la principauté d'Orange est protestante, et elle le restera, malgré un effroyable massacre à l'été 1562, répété en 1571. Car, entre temps, le prince Guillaume est passé de la tolérance érasmienne à la sympathie pour le luthéranisme et finalement à la réforme calviniste ; et il nomme donc des gouverneurs du même esprit que lui. En 1573, la création d'un collège, pépinière de pasteurs, achève de faire d'Orange une seconde Genève qui, à 30 km de distance, défie la seconde Rome. Entre principauté d'Orange et Comtat Venaissin passe désormais une frontière très stricte et très agressive, d'autant que derrière elle, côté orangeois, se pressent et s'agitent les bannis de l'Etat pontifical, dont les biens ont été confisqués. Ce sont eux qui, par représaille, montent la prise de Ménerbes (1573), un village inexpugnable au milieu du Combat, dont la garnison hugue-note sèmera la terreur pendant cinq ans.

Du moins, l'abcès de fixation que représente Orange a permis de purger l'Etat pontifical de tout venin hérétique. La frontière a fonctionné ici comme pour l'Italie, d'où les dissidents avaient émigré en Suisse ou à Genève dès les années 1540-50. Le refuge protestant d'Orange est la contre-partie nécessaire de la pureté catholique de l'Etat pontifical, pureté qui se maintiendra entière au milieu d'une France bigarrée et parfois tolérante.

Mais peut-être que, dans l'autre sens, les frontières ont fait obstacle à la réforme catholique ? A l'époque qui suit le concile de Trente, les évêques de la province d'Avignon ont-ils été arrêtés dans leur action réformatrice ? S'agissant des visites pastorales, la réponse est non, sauf évidemment durant les périodes les plus chaudes des guerres religieuses : le prélat qui visite le diocèse d'Avignon au nom de l'archevêque parcourt sans difficulté la Provence et le Languedoc en 1578 ; de même l'évêque de Carpentras visite aussi bien la partie provençale que la partie comtadine de son diocèse ; mais l'évêque de Vaison, il est vrai, ne pourra s'aventurer qu'en 1596 dans le Dauphiné, où se trouve la moitié des paroisses de son diocèse ; et quand il recommence, plus complètement, en 1600, c'est en s'appuyant sur l'autorité de l'édit de Nantes.

Les évêques ont-ils le sentiment de se heurter à une frontière qui limite leur possibilité d'appliquer le concile de Trente, comme elle autorise la présence des protestants ? Interrogeons sur ce point les rapports de visite *ad limina* qu'ils adressent à Rome au tournant des XVIe et XVIIe siècles. Dans son rapport de 1592, l'archevêque d'Avignon est muet sur la question ; et de même l'évêque de Carpentras en 1596, alors qu'il expose longuement le conflit de juridiction qui l'oppose au Recteur du Comtat et au Légat d'Avignon. En revanche, l'évêque de Cavaillon, en 1597, note bien qu'avec la frontière du Comtat se confond la limite du pouvoir de l'inquisition, ce qui le rend impuissant vis-à-vis des protestants de Mérindol ; l'archevêque d'Avignon, en 1601, signale, lui aussi, les parties de son diocèse dans lesquelles les protestants bénéficient de la liberté de conscience ; pour Courthézon, sa remarque est acerbe : «Ce lieu appartient à la principauté d'Orange qui est la lie et la sentine (*fex et sentina*) des hérétiques ; ils y ont un ministre et un diacre et on y fait le prêche et la cène huguenote. Frontière de la coexistence avec les hérétiques, certes ; mais frontière de l'application du concile de Trente ? L'archevêque d'Avignon note, en 1601, qu'on célèbre en Provence les mariages «selon la forme du concile de Trente» ; cela, il est vrai, «en vertu de l'ordonnance du roi» (l'ordonnance de Blois, 1579). De son côté, l'évêque de Vaison note en 1608 qu'il ne peut venir à bout de la réforme d'un monastère de femmes situé dans la principauté d'Orange, parce que, dit-il, le concile de Trente n'est pas reçu dans cette principauté.

Au total, sur la difficulté d'appliquer le concile de Trente dans des parties de leur diocèse dont les souverains ne l'ont pas reçu, nous entendons beaucoup moins de récriminations de la part de l'archevêque d'Avignon et de ses suffragants que n'en font au même moment, également dans leurs rapports *ad limina*, les évêques de Lorraine [4]. En fait, nos évêques de la province d'Avignon tridentinisent, quand ils le veulent, aussi bien hors de l'Etat pontifical qu'au dedans.

Il nous reste maintenant à parler des frontières non tracées, frontières plus subtiles, mais souvent plus déterminantes, en matière religieuse, que les frontières politico-juridiques.

Entre catholicisme et protestantisme, au XVIe siècle, la carte des habitants du Comtat condamnés pour rébellion après les deux premières guerres de religion (1562-63 et 1567-68) semble dessiner une frontière est-ouest qui courrait du Mont Ventoux au Rhône, atteint en aval de Caderousse [5]. Au nord de cette frontière, les petites villes et les bourgs comptent chacun un nombre important de condamnés (la plupart, heureusement, le sont par contumace) ; au sud, on ne trouve plus que de petits groupes très minoritaires. Le contraste est particulièrement frappant quand on compare des localités d'importance semblable : Valréas au nord et L'Isle-sur-Sorgue au sud (deux villes d'environ 5000 habitants), la première a 114 condamnés, la seconde 21 ; Bollène au nord et Bonnieux au sud (environ 2000 habitants chacune), avec respectivement 66 et 6 condamnés. Il est vrai qu'on peut expliquer ce contraste par la présence armée des huguenots plus durable dans le nord que dans le sud du Comtat ; mais on peut aussi retourner l'argument : n'est-ce pas parce qu'ils y ont trouvé un milieu plus favorable que les huguenots se sont accrochés plus longtemps dans le nord ? En fait, ce que révèle cette frontière (pour autant que je ne l'exagère pas), ce serait plutôt le partage entre un Nord-Comtat très ouvert sur le Dauphiné protestant, et un Sud Comtat adossé à la Provence dont on sait que, à l'exception des localités d'immigration vaudoise, elle a massivement refusé la Réformation [6]. Moyennant quoi, nous n'avons rien expliqué du tout, mais seulement intégré la frontière religieuse qui s'ébauchait dans le Comtat des années 1560 au sein d'un problème de frontière beaucoup plus vaste qui partage le sud-est de la France, du Rhône aux Alpes.

En vérité, un problème semblable est posé de l'autre côté du Rhône, en direction de Nîmes. Comment s'est dessinée cette frontière, que connaît bien Robert Sauzet, qui court à travers le Languedoc oriental, cette fois-ci selon un tracé grossièrement nord-sud : après l'enclave catholique de Bourg-Saint-Andéol, cette frontière quitte le Rhône en aval de Pont-Saint-Esprit ; elle passe à quelques kilomètres à l'est de Nîmes (le gros bourg de Marguerittes est catholique), pour atteindre la mer sous les murs d'Aigues-Mortes [7]. Beaucoup plus proche de Nîmes et d'Uzès que d'Avignon, cette frontière ne correspond pas à la limite occidentale de ce diocèse. En fait, elle accole un large glacis languedocien au bastion provençal que nous évoquions plus haut.

Interférant avec ces « frontières » religieuses qui se situent à l'échelle de la province, on observe également des micro-frontières, tout à fait locales. J'en retiendrai deux exemples.

Voici tout d'abord Nyons et Le Buis, deux petites villes d'environ 1.500 habitants, séparées par quelque 15 km. Toutes deux sont dans le Dauphiné méridional et appartiennent au diocèse de Vaison. Elles ont fait, sur le plan confessionnel, un choix rigoureusement symétrique et contraire. Le Buis a opté pour le catholicisme, malgré une forte minorité protestante ; de sorte que celle-ci n'a plus de culte après 1568 ; au contraire la majorité catholique a institué une confrérie du Saint-Sacrement en 1575, puis une compagnie de pénitents, dans un esprit fortement anti-protestant. Nyons, elle, a opté pour le protestantisme, bien qu'elle ait une forte minorité catholique ; depuis une date que j'ignore, la messe est interdite, et d'ailleurs l'église a été détruite ; Nyons sert de base logistique aux troupes huguenotes du sieur de Gouvernet.

Quand la paix est enfin rétablie, les deux petites villes voient passer, en 1599, les commissaires de l'Edit (de Nantes) [8]. Au Buis, on discute ferme pour savoir si le culte protestant sera autorisé ; la question reste provisoirement indéterminée ; mais les commissaires imposent un régime municipal qui donne 2/3 des sièges aux catholiques et 1/3 aux protestants ; sur le plan scolaire, ils ordonnent l'ouverture d'un collège commun, qui serait rigoureusement « laïc », c'est-à-dire non confessionnel ; et ils autorisent le maintien de la compagnie des pénitents, malgré les griefs des protestants à leur encontre. Passant ensuite à Nyons, les mêmes commissaires y rétablissent le culte catholique et ils ordonnent la restitution des biens d'Eglise ; ils règlent le régime municipal sur la base de 2/3 pour les protestants et 1/3 pour les catholiques ; ils prévoient deux écoles, régies par des maîtres de chacune des deux confessions. A noter que dans les deux villes, préoccupés par l'ordre moral autant que par la paix publique, les commissaires de l'Edit ont interdit l'abbaye de Malgouvert (c'est-à-dire l'organisation festive de la jeunesse), les charivaris et les bals publics.

Deux villes sœurs ; deux villes au destin confessionnel opposé. Qui nous dira par quel faisceau de causes s'est dessinée la frontière qui les sépare ?

L'explication se devine peut-être mieux dans le cas de Courthézon et de Jonquières. Ces deux localités de la principauté d'Orange, dotées l'une et l'autre d'un statut communal, n'ont pas la même importance : Courthézon est un bourg muré d'environ 2.000 habitants, aux activités diversifiées ; Jonquières est un village exclusivement agricole, de population inconnue mais certainement très inférieure. Courthézon a été touché par la prédication réformée dès les années 1540 ; on y trouve bientôt une forte minorité protestante, qui regroupe presque toute l'élite sociale. Pendant ce temps, Jonquières reste obstinément catholique.

Interrogeons les testaments. Dans la première moitié du XVIe siècle, les testateurs de Jonquières veulent, après leur mort, des messes avec beaucoup de prêtres ; ils prévoient également une aumône rituelle de pain, de vin et de fèves ; l'un d'entre eux précise qu'il faudra donner à chaque pauvre un pain, une écuelle de fèves et une feuillette de vin. Pendant ce temps, rien de tel à Courthézon, où chaque testateur se contente de prévoir son *cantar* (messe chantée), neuvaine et *cantar* du bout-de-l'an, sans aucune aumône.

Quand, après 1560, les protestants de Courthézon commencent à déclarer ouvertement qu'ils veulent être enterrés comme « vrais chrétiens réformés », et qu'ils donnent quelque aumône « aux pauvres du consistoire », les gens de Jonquières, eux, persistent à distribuer des fèves et à vouloir de nombreux prêtres à leur enterrement.

Entre Courthézon et Jonquières, la frontière religieuse est avant tout une frontière de mentalité, une frontière entre une culture urbanisée et une culture agraire. Ce que confirme à sa manière le fait noté en 1594 par l'archevêque d'Avignon, au cours de la visite qu'il a mené à Courthézon. Là, on lui signale une chapelle rurale dédiée à Saint Laurent où, lui dit-on, on se rend le jour de la fête du saint, des villages voisins, en amenant un roi et un évêque de chaque village, portant mitre et surplis ; après la messe, on déjeune et on danse. Ainsi, sur le terroir même de Courthézon, ce bourg urbanisé dominé par les protestants (ils ne sont qu'un cinquième de la population, mais le cinquième qui compte, politiquement et socialement), les paysans des villages alentour (parmi lesquels, certainement, notre Jonquières) viennent joyeusement et catholiquement célébrer leur fête agraire.

Dans un espace géographique restreint, j'ai tenté de faire apparaître les divers aspects de la frontière sur le plan religieux. J'espère avoir montré que les frontières le plus fortement tracées ne sont pas les plus imperméables. Mais qu'en revanche l'historien ne cesse de se heurter à des frontières invisibles, morales, culturelles, qu'il est le plus souvent bien incapable d'expliquer. Celles-ci sont aussi les plus tenaces.

Marc VÉNARD
Université de Haute-Normandie

NOTES

1. Cet espace est celui que j'ai étudié dans ma thèse sur l'*Eglise d'Avignon au XVIᵉ siècle* (service de reproduction de l'université de Lille III, 1980), à laquelle je me permets de renvoyer une fois pour toutes.

2. Voir Gabriel AUDISIO, *Les vaudois du Luberon. Une minorité en Provence (1460-1560)*, Gap, 1984.

3. Bernard MONTAGNES, «Les origines historiques des compagnies de pénitents de Provence», *Provence historique*, 34 (1984), p. 125-146.

4. M. VENARD, «Les rapports de visite *ad limina* des évêques lorrains (1585-1620)», communication au colloque de Nancy, 1988, (dans *Revue d'histoire de l'Eglise de France*, t. 75 (1989), p. 61-75).

5. M. VENARD, «Les protestants du Comtat Venaissin au temps des premières guerres de religion», dans *L'amiral de Coligny et son temps* (colloque de Paris, 1972), Paris, 1974, p. 275-299.

6. M. VENARD, «Le comportement du peuple provençal face au fait protestant au XVIᵉ siècle», dans *Cinq siècles de protestantisme à Marseille et en Provence* (colloque de Marseille 1976), Marseille, 1978, p. 25-39.

7. Voir Robert SAUZET, *Contre-réforme et Réforme catholique en Bas-Languedoc. Le diocèse de Nîmes au XVIIᵉ siècle*, Paris-Louvain, 1979.

8. Elisabeth RABUT, *Le roi, l'église et le temple. L'exécution de l'édit de Nantes en Dauphiné*, s.l., 1987, p. 168-190.

LA NAISSANCE D'UNE FRONTIÈRE CONFESSIONNELLE
DANS LES PAYS RHÉNANS DE 1555 À 1618

La présente communication est un essai de mise au point à partir des études menées dans les années 1970[1] et du concept de frontière de catholicité.

La vallée du Rhin supérieur est une région politiquement très morcelée, appelée souvent Pfaffengasse (rue des prêtres), en raison de la présence de quatre évêchés et trois archevêchés qui constituent de Bâle à Cologne sept principautés ecclésiastiques qui sont autant de môles de résistance à l'introduction de la Réforme. Celle-ci ne pénètre, hormis quelques villes comme Strasbourg, Mulhouse et Bâle, qu'assez tardivement, parfois seulement dans les années 1550, voire en 1575 (Colmar). La conscience de la cassure ne se forme qu'assez lentement, sous l'influence de trois facteurs : la proximité géographique du duché de Lorraine et surtout des Pays-Bas espagnols où les troubles religieux et une Contre-Réforme vigoureuse suscitent une émigration importante en direction des pays rhénans dont les protestants prennent peu à peu conscience du danger espagnol. La Paix d'Augsbourg (1555) stabilise après une série de réformes princières (1556-1559) la géographie confessionnelle, qui est ensuite consolidée par la naissance des orthodoxies avec les décrets tridentins, la Formule de Concorde des luthériens (1580) et le catéchisme de Heidelberg chez les réformés (1563).

Après 1555 apparaît du côté protestant une nouvelle génération de princes - les *Betefürsten* comme Christophe de Wurtemberg et Frédéric III, électeur palatin- et de théologiens, souvent qualifiés d'épigones, qui sont plus rigoureux dans l'affirmation de la Réforme. Ces princes sont persuadés d'être à l'exemple des rois juifs de l'Ancien Testament responsables du bien-être temporel et du salut éternel de tous leurs sujets. Les Magistrats urbains ont également le souci de l'uniformité confessionnelle. Ainsi à Strasbourg il met fin en 1559 au culte catholique dans les trois églises où Charles Quint l'a imposé en 1549 pour une durée de dix ans, mais il tolère les établissements religieux maintenus en 1529.

Dans chaque territoire, quelque soit la confession, un seul culte est autorisé. Partout la Réforme interdit la célébration de la messe et des autres cérémonies « papistes » qualifiées « d'idolâtres », car elles risqueraient d'entraîner chez les participants la perte du salut. Il s'agit d'appliquer partout le principe *cujus regio ejus religio*, à quoi s'ajoute l'interdiction d'assister à des offices hors du terri- toire, un refus plus juridique du côté catholique, plus pastoral du côté protestant. On assiste ainsi à un processus d'élimination des vestiges catholiques sur le plan des cérémonies et des dévotions, ce qui ne va pas sans résistances, en partie sous la forme d'un passage dans la clandestinité. Encore après 1600 bien des pasteurs se plaignent de la survivance du « levain papiste ».

Mais peu à peu la sensibilité religieuse évolue de manière différente, ce qui entraîne un éloignement progressif dans les jeunes générations formées par le catéchisme et les pratiques liturgiques dominicales.

I. *La frontière avec les catholiques*

Région morcelée la vallée rhénane constitue une frontière de catholicité par excellence entre une bordure occidentale formée par des bastions de la Contre-Réforme (Lorraine, Pays-Bas) et une Allemagne centrale à large majorité luthérienne. Le phénomène de la frontière peut être cerné à partir de cinq aspects majeurs.

En premier lieu le vocabulaire. Au XVIe siècle celui-ci est souvent grossier et vexatoire. Le protestant est qualifié d'hérétique, à maudire et à éviter comme une épidémie funeste. Les catholiques sont qualifiés d'idolâtres, de papistes qui professent des erreurs terribles, alors que les régions papistes sont des lieux infectés d'erreurs et où règne l'obscurité. Ce sont des aveugles qui ne peuvent voir la clarté de l'Evangile. La formation et l'accentuation de la frontière sont encouragées par les autorités politiques et le clergé qui des deux côtés a un certain penchant à pratiquer la polémique en chaire, à quoi s'ajoute une importante littérature de controverse et de pamphlets.

La frontière se traduit ensuite par une certaine étanchéité confessionnelle. Les rares nouveaux venus dans une paroisse qui sont originaires d'une localité proche de confession différente sont l'objet de pressions plus ou moins amicales du pasteur et des anciens pour obtenir leur intégration. Les mariages mixtes, mal vus, sont une réalité, mais peu répandue et les enfants sont élevés dans la religion du lieu.

Après 1560 les conversions se raréfient : elles se limitent à quelques immigrés soucieux d'intégration sociale et de leur intérêt professionnel comme les artisans.

Néanmoins il semble que jusque vers 1610 la Réforme ait exercé un certain attrait sur des personnes demeurant au contact des régions protestantes. Il s'agit d'un halo diffus qui se manifeste par une fréquentation occasionnelle des offices, des rencontres en conventicules et des lectures bibliques à domicile. Mais en raison de leur caractère clandestin les documents demeurent rares.

En raison du morcellement politique il existe des exclaves ou isolats situés en territoire catholique. Pour ces paroisses exposées on manifeste une plus grande rigueur dans le contrôle moral du clergé, les visiteurs recommandent un zèle religieux plus grand des paroissiens et une plus grande modération dans le vocabulaire employé pour désigner la messe. En Alsace de tels isolats ont subsisté jusqu'en plein XXe siècle.

Une préoccupation spécifique à ces régions est la crainte du grignotage. Après 1560 on assiste au passage d'une mentalité missionnaire conquérante à une attitude conservatrice du statu quo, due à l'apparition d'une crainte de l'autre.

Celle-ci explique le rôle de la censure des livres et une présentation négative des dogmes catholiques.

Mais une telle attitude n'a qu'une efficacité limitée car il se produit des abjurations en général liées à l'installation dans une localité catholique limitrophe. Ces conversions suscitent une réprobation quasi unanime et les appréciations pastorales sont péjoratives et liées à un sentiment d'échec. Elles expriment un profond dépit et la conviction que la personne se jette dans le malheur.

En même temps apparaît une certaine hostilité sous l'effet d'un endoctrinement passionnel, de critiques et de calomnies. Elle se traduit par l'émergence de clichés au niveau populaire. Du côté catholique le baptême protestant est présenté comme un bain malpropre et irrégulier. En sens inverse le catholique serait un idolâtre qui adorerait de faux dieux (Vierge, saints). Des deux côtés on souligne les différences, en particulier du côté protestant, où on considère avec mépris les diverses dévotions, processions et autres pèlerinages. Lorsqu'en 1596 les autorités veulent rétablir la sonnerie des cloches du matin et du soir à Kastellaun, une bourgade située dans le Hunsruck, les fidèles s'y opposent par crainte que les catholiques des environs ne leur reprochent de se laisser diriger vers le papisme.

Les rapports confessionnels se caractérisent ainsi par une succession de coups d'épingle et de mesquineries dans la vie quotidienne entre collectivités. Chez les réformés on constate une agressivité plus vive, teintée de messianisme, d'images de guerres et de massacres, diffusées par les martyrologes entre 1610 et 1620.

La frontière est nourrie par le jubilé de 1617 à l'occasion du centenaire de l'apparition de Luther. Tous les territoires protestants rhénans célèbrent ce jubilé le dimanche 2 novembre pour intérioriser la frontière. Il a lieu dans une atmosphère de sérieux et d'allégresse, favorisant la prise de conscience de l'identité luthérienne ou réformée et son enracinement. Les principaux thèmes sont la reconnaissance pour la délivrance de l'obscurité romaine et de la servitude papiste. Les prières spécifiques, orientées vers le Christ et la Bible, insistent sur le thème de la Lumière synonyme de Vérité, et soulignent la solidité des Eglises protestantes, face aux menaces de l'obscurantisme papiste. A Strasbourg le jubilé donne aussi lieu à un certain nombre de festivités académiques.

Le jubilé sert à insuffler aux fidèles un esprit anti-catholique, à faire prendre conscience de la solidité des Eglises issues de la Réforme, à donner une fierté pour la doctrine enseignée et à encourager à vivre davantage en Christ. Il est à l'origine d'une série de jubilés qui ont été bien étudiés pour Augsbourg par E. François dans sa thèse de doctorat sous presse. De manière concrète il a donné dans mainte paroisse une impulsion nouvelle à la pratique sacramentelle et suscité une polémique entre les théologiens de Strasbourg et les jésuites de Molsheim qui fondent en 1618 une université avec beaucoup de faste.

II. *La frontière entre luthériens et réformés*

L'espace rhénan connaît également une seconde frontière qui par la suite s'atténuera plus vite sous l'effet de l'Aufklärung, puis des Eglises unies au début du XIXe siècle. C'est en effet la région de l'Empire où les réformés ont connu le plus de succès. Les changements confessionnels ont toujours été à sens unique, à savoir le passage du luthéranisme au calvinisme, accompagné de changements sensibles. Les plus visibles aux yeux des fidèles sont un nouveau catéchisme, le remplacement de l'autel par une table et surtout de l'hostie par du pain, ce qui désacralise la Cène et choque profondément une grande partie des fidèles. Cette mutation concerne principalement le Palatinat (1563), le duché de Deux-Ponts (1588) et le landgraviat de Hesse-Cassel (1604). A la suite de ces changements les luthériens adoptent une mentalité de possédants menacés par un adversaire habile et implacable.

Les résistances demeurent très vives. En 1577, soit 14 ans après l'introduction du calvinisme, une fraction importante de la population, ainsi que les nobles, les fonctionnaires et les magistrats urbains accueillent avec soulagement la restauration (limitée à 7 ans) luthérienne. Par la suite des noyaux hostiles au calvinisme subsistent jusqu'à l'occupation espagnole (1621) dans des bourgades, où ils constituent parfois des groupes de plusieurs centaines de personnes. Sur le plan géographique on peut noter que ces luthériens se localisent plus dans la plaine rhénane que dans les régions montagneuses et forestières de l'ouest.

Cette opposition se manifeste par les faits suivants. Le refus du catéchisme de Heidelberg, car le petit catéchisme de Luther est très populaire, de plus il est rédigé dans une langue facile à retenir et les questions sont simples et claires, alors que le contenu du catéchisme réformé est beaucoup trop complexe pour des enfants de l'école paroissiale. Plus visible est le refus de la Cène, signe d'intégration par excellence dans une confession. Jusqu'en 1619 on rencontre régulièrement la mention d'adultes qui communient pour la première fois dans des registres de consistoires. Un certain nombre de personnes vont communier à l'extérieur – en raison du morcellement politique il existe en général une paroisse luthérienne située à moins de 10 à 15 km. Ces communions sont d'ailleurs confirmées par les visites des seigneuries luthériennes de la région. Malgré l'importance attachée à la préparation à la mort, certaines personnes préfèrent renoncer à l'assistance pastorale, phénomène accusé aussi chez des réformés en milieu luthérien par esprit anticlérical. Dans ce contexte le prestige pastoral est parfois battu en brèche, car on n'admet pas un ministre du culte de l'autre confession, qui est selon les cas ignoré, méprisé ou l'objet d'une hostilité.

La frontière se traduit ensuite dans le domaine sémantique, où chacun attribue à l'autre des épithètes à connotation péjorative. Les réformés sont désignés par les termes de zwingliens, de calvinistes et de sacramentaires. Leur conception de la Cène est qualifiée de doctrine maudite, dangereuse et séductrice. De plus ils se voient parfois soupçonnés de sympathies anabaptistes ou musulmanes. La doctrine réformée est qualifiée de poison, de malédiction, de spiritualisme et on lui attribue des épithètes destinées à susciter le rejet : horrible, séductrice et blasphématoire.

De leur côté, les luthériens se voient qualifiés d'ubiquistes, adversaires de la Vérité, fourvoyés et obstinés dans l'erreur, des personnes impies, des obstinés qui s'accrochent au levain papiste. La présence réelle serait une idolâtrie papiste. Enfin les pasteurs seraient des *Clamanten*, des *pfaffen* (terme péjoratif de prêtre), des crieurs de mensonges, des hommes orgueilleux et querelleurs.

Enfin cette frontière se traduit par des manifestations d'hostilité. Celle-ci est portée par de petits notables urbains et ruraux, dont l'exaspération débouche sur des comportements passionnels. L'autre devient un ennemi, un malveillant et un obstiné. Sa doctrine, censée répandre des calomnies, est l'objet de mépris et de moqueries. Les luthériens s'en prennent aux pasteurs réformés faciles à reconnaître par leur barbichette à la Zwingli par opposition à la vénérable barbe des pasteurs luthériens. On leur reproche leur doctrine, leur comportement et leur habillement, car ils ne portent pas de vêtements sacerdotaux lors des cérémonies. Ainsi lorsque le pasteur réformé de Bischwiller circule dans la luthérienne Strasbourg il subit des avanies. En 1597 Johann Gottfridi se fait désigner du doigt lors de ses déplacements. Son successeur Anton Faber en appelle à son prince pour se plaindre de paroles injurieuses et de gestes indécents. Le sacristain de la cathédrale le traite de «petit barbu», d'autres lui adressent des paroles infamantes (chien calviniste, Judas Iscariot) et des crachats, et menacent de le frapper, au point que ses déplacements à Strasbourg deviennent des expéditions périlleuses.

La genèse de cette double frontière est la conséquence d'une partition en trois confessions et trois sensibilités religieuses, séparées par le clergé – qui se distingue même par son habillement –, les offices, les rites, l'aménagement des lieux de culte et en partie les prénoms. Mais cette conscience confessionnelle, qui n'exclut pas une certaine tolérance dans le domaine des contacts économiques et humains (domesticité) suscite un désarroi chez une partie des simples et parfois un début d'indifférence religieuse.

L'Alsace est particulièrement concernée par cette frontière. Jusqu'en 1620 subsiste une certaine tolérance, qui recule lors de la Guerre de Trente Ans et surtout face aux pressions de Louis XIV. Désormais si luthériens et réformés se rapprochent, l'Alsace connaît deux sociétés parallèles, séparées par la sensibilité, la culture avec des établissements scolaires distincts et certaines valeurs. Le cloisonnement ne s'atténuera qu'au XXe siècle.

Bernard VOGLER
Université de Strasbourg II

NOTES

1. Cf. notre thèse *Vie religieuse en pays rhénan dans la seconde moitié du XVIe siècle (1556-1619)*, Lille, 1974, T. II et id., «Die Ausbildung des Konfessionsbewusstseins in den pfälzischen Territorien zwischen 1555 und 1619», in Mélanges E.W. ZEEDEN, Munster, 1976, p. 281-288.

L'INTOLÉRANCE DES PACIFIQUES :
RÉFLEXIONS SUR LE MONDE ORTHODOXE

De quoi se nourrit, en définitive, une minorité religieuse, une de celles, il s'entend, qui vient de se dégager d'une culture et de structures jusque-là communément reconnues ? Est-ce la complicité dogmatique qui, en dernière analyse, l'amènerait à se sentir cohérente avec elle-même et, par voie de conséquence, à se fermer à l'environnement majoritaire avant de ne plus le voir que sous des jours hostiles,tandis que les anciens «frères», resserrant les rangs autour du contenu et des formes de leur foi contestée, répondraient, comme par réflexe, par une hostilité d'une égale violence ? La foi serait alors en elle-même et quasi-substantiellement intolérante : nous répugnons à l'admettre. Ne vaut-il pas mieux, au contraire, prendre en compte la longue expérience vécue préalablement par les futurs adversaires pour mieux comprendre comment, d'un giron commun, ils en sont venus au refus de communiquer, à la persécution du plus faible par le plus fort, enfin à un pur et simple déni d'existence imposé à ceux qui n'ont pas eu les moyens de l'opposer les premiers aux autres ? Nombre de pièces versées au dossier au cours de ces journées montrent que, en ce point du parcours, l'affrontement a depuis longtemps cessé d'être purement religieux et qu'il s'agit bien d'un conflit dont le but avoué est la prise de pouvoir, faire triompher sa foi sur celle des autres n'étant plus désormais que la modalité apparente et honorable d'une victoire bien réellement conçue comme politique, du moins par ceux qui mènent sciemment le jeu. Ainsi une guerre de religion est-elle d'abord une guerre, fait politique, la locution qualifiante «de religion» n'intervenant au fond que pour la distinguer de toutes les autres guerres avec lesquelles, faute de cette précision, elle n'aurait que trop tendance à se confondre en une même et sinistre uniformité. C'est alors la complicité presque organique de la foi avec le pouvoir qu'il faudrait mettre en cause, constatation moralement inacceptable mais dont l'histoire universelle administre malheureusement trop d'exemples.Un tel point de vue ne réduit pas tout au politique, exemptant par là-même foi et hiérarques de toute responsabilité dans les chocs souvent atroces qui ont marqué, pour nous en tenir au monde chrétien, l'émergence et l'affirmation des différentes Eglises : pour qu'on en arrive à une telle cristallisation, à une telle impossibilité de reconversion vers l'autre, encore faut-il, au moins à titre d'argument, que chaque partenaire-adversaire se soit donné une armature doctrinale suffisamment individualisée, et donc clairement discernable par celui qui la brandit comme par ceux qui la combattent, et il est évident que la radicalisation progressive des doctrines, qui n'est à peu près jamais inscrite dans leur projet initial, est due au moins autant à la rage de contrer l'adversaire qu'au nécessaire souci de mieux définir leurs contours. Nous croyons cependant que, à ce degré d'évolution, telle ou telle modalité de foi est alors moins une motivation profonde qu'un signal adressé à soi et aux autres et dont l'émission déclenche inéluctablement en face une réaction violente que chacun souhaite au fond de lui-même afin de pouvoir récupérer le statut confortable d'innocent agressé.On dira que ce sont là des évidences pompeuses, peu aptes à faire progresser la réflexion : elles peuvent avoir au moins le mérite de rappeler à chacun de nous, en un temps où beaucoup cherchent,avec une sincérité évidente mais trop souvent « désarmante », de nouvelles raisons et surtout de nouveaux moyens de vivre ensemble, que l'on peut à peu près aussi sûrement manquer le but à s'aveugler d'irénisme inconditionnel qu'à camper sur de farouches positions rigoristes.Le retour périodique, au sein des Eglises chrétiennes comme parmi ceux qui se réclament du Judaïsme ou de l'Islam, d'une sainte alliance de la foi et de la force n'est pas seulement le fait d'un passé sur lequel nous aurions le devoir de jeter un voile pieux : vivre ensemble sans être tous les mêmes implique qu'on admette des autres qu'ils soient fondamentalement différents de nous et toute tentative d'« ouverture » sur eux qui se réduirait à souligner d'heureuses convergences exposerait d'abord son candide initiateur à de cruelles désillusions, tandis que ceux qui en seraient les objets pourraient fort mal percevoir une démarche qui, en fin de compte, consisterait à gommer en eux ce qui les fait différents, ce à quoi donc ils attachent le plus de prix.

On aura compris qu'il s'agit là de réflexions nées d'une vieille complicité avec un christianisme oriental qui,partant lui-même du principe qu'il est toujours et partout resté fidèle à la « foi droite » (*Orthodoxia*), n'a que trop tendance à voir dans l'histoire des chrétientés d'Occident un monstrueux amalgame de reniement des sources communes, d'indifférence au choix des moyens, d'intolérance sanglante mise au service de soucis temporels aussi envahissants dans le camp romain que dans ceux de Luther ou de Calvin.Pour son compte, face à son propre troupeau, où les déviances ne furent évidemment pas rares, comme dans ses confrontations avec ces occidentaux confus et violents, l'Orthodoxie ne se serait jamais départie d'une non-violence dont elle rappelle, à juste titre, qu'elle est inhérente au Christianisme lui-même.

Ce faisant, les Eglises d'Orient, et plus particulièrement l'orthodoxie de tradition byzantine, versent, elles aussi, volontiers dans l'amnésie de tout ce qui, dans leur histoire, peut desservir un réel irénisme, auquel elles ont cependant été plus contraintes que naturellement portées. On se doit en effet de rappeler que, aux origines de la déconfiture byzantine devant l'Islam, en Syrie, en Egypte, en Arménie au VIIe siècle, il faut inscrire un régime quasi-colonial, où les couches dominantes, grecques pour l'essentiel, se caractérisaient à la fois par une situation économique et politique très privilégiée et par leur appartenance à un courant religieux minoritaire, mais soutenu par le pouvoir central constantino-politain, l'orthodoxie melkite : contre le grec orthodoxe oppresseur, la haine des coptes, des syriens jacobites, des arméniens monophysites est telle et si durable qu'un même langage d'exécration se retrouve tant dans les chroniques contemporaines des conquêtes arabes que dans les textes rédigés sous le coup de la deuxième grande poussée musulmane, celle des Turcs Seldjukides au XIe siècle[1].

A vrai dire, c'est précisément la conquête arabe, parce qu'elle lui ôte tout pouvoir réel sur ses anciens sujets, qui donne occasion à l'orthodoxie de se refaire une virginité : niant les anciennes oppressions, elle peut dès lors se poser en libératrice potentielle, même si, nous l'avons dit, les chrétiens «déviants» ne s'abusent à peu près jamais sur le compte des «faux défenseurs» que demeurent pour eux les Grecs[2]. A cet égard, deux modes de les juger sont bien caractéristiques chez un Matthieu d'Edesse : les Grecs s'opposent aux «fidèles du Christ» et sont donc des infidèles, ce qui a pour conséquence de les faire se comporter très exactement comme le font les Musulmans, qu'ils peuvent même dépasser encore en perversité. On aura compris qu'ils visent cette fois les tentatives grecques pour desserrer l'étau seldjukide, entre 1060 et 1092, moment où, pour les Arméniens, les Byzantins ne sont plus seulement de faux défenseurs : comme l'empereur Romain IV Diogène, circonvenu par son entourage, qui «*jure avec menaces qu'au retour de son expédition de Perse, il anéantira la foi arménienne*», ils sont bien des ennemis inexpiables contre lesquels les moines arméniens profèrent «*de terribles malédictions*» et «*font des vœux pour qu'il ne revienne pas de cette guerre et que le Seigneur le fasse périr comme l'impie Julien, qui fut maudit par saint Basile*»[3]. Face à une orthodoxie dont ils contestent à la fois l'irénisme et l'efficacité contre les négateurs de la foi chrétienne, les «hérétiques» orientaux ne se départiront désormais plus de l'attitude naturelle aux communautés qui ont bien réellement à choisir entre «le choléra et la peste» : chez eux, la répulsion essentielle envers les tenants de l'orthodoxie grecque entraîne une sympathie non dissimulée pour des souverains musulmans dont ils apprécient comparativement la modération et même la tolérance, au point d'admettre la validité de leur domination sur les peuples chrétiens. C'est ce que fait, sous Malik-Shâh, sultan «*dont le cœur était rempli de mansuétude et d'affection pour les Chrétiens et qui se montrait comme un tendre père pour les habitants des pays qu'il traversait*», le patriarche arménien Basile qui» *conçoit l'idée d'aller trouver le bon et clément souverain des Perses et de tous les fidèles du Christ*»[4]. La leçon est claire, même si elle nous vient de sources à la fois monastiques et élitistes qui ne laissent guère percevoir les sentiments des peuples eux-mêmes : on souffrira certes sous les Turcs, car les sultans ne sont pas tous aussi tolérants que Malik-Shâh, mais, outre que cette souffrance est évidemment génératrice de gratifications spirituelles et morales, il est hors de question d'appeler de ses vœux un retour du pouvoir grec orthodoxe, gage d'une oppression incomparablement plus lourde.

Allons même plus loin : être soumis aux Musulmans est une situation qu'on peut qualifier, un peu cyniquement, d'idéologiquement confortable, puisqu'elle n'autorise, face aux chrétiens qui leur échappent encore, qu'une attitude rigoureusement pacifique. Dès le XIe siècle, c'est dans leur impuissance même que les chrétiens d'Orient, en nombre toujours accru par les progrès turcs, puisent l'appréciable faculté de se pouvoir poser en modèles d'un christianisme que les autres adultèrent par leurs divisions. A l'épreuve des temps modernes qui, en

Europe du Sud-Est, correspondent à l'époque de ce que les peuples balkaniques nomment généralement le « joug ottoman » ou, à s'en tenir à l'expression grecque, pour une fois plus pondérée, la *Tourkokratia*, risquons donc une hypothèse qui a toutes chances de se vérifier : le statut global de victimes du Turc oppresseur, proclamé et même réclamé comme consubstantiel au christianisme lui-même, offre l'énorme avantage, par là même qu'il interdit, en principe, aux chrétiens soumis à l'Islam de s'ériger en bourreaux les uns des autres, de pouvoir se poser en communauté volontairement et *originellement* pacifique pour ne pas dire pacifiste en regard des autres chrétiens, et même de transcender, afin d'affronter ensemble le maître ottoman, les délicates limites qui séparent bien réellement orthodoxie et christianisme romain : ainsi Nicola Mecainsi (Mekajshi), évêque albanais de Stefania (l'ancien Stephaniakon), peut-il écrire à Paul V, en 1610, que reconquérir les « *royaumes d'Albanie et de Macédoine* « est entreprise facile, du fait que, « *dans l'espace si étroit de ces royaumes, on peut trouver 50000 hommes d'armes qui, bien que de rites différents, c'est-à-dire grec et latin, n'en sont pas moins d'une seule langue et parents par le sang et par les mariages* » [5].

Pieux mensonges que tout cela, contre lesquels s'élève, au moins depuis le IXe siècle, la part la plus « glorieuse » de l'histoire orthodoxe. Qui peut en effet oublier que, lorsque l'Empire byzantin redevient conquérant, aux IXe et Xe siècles, il ait recouvré toutes les attitudes dominatrices et même persécutrices de celui qui, s'identifiant comme détenteur de la vérité, retrouve enfin les moyens de l'imposer ? Que Basile Ier traite les Pauliciens avec une extrême brutalité, passant du massacre pur et simple à la déportation de ce qui en reste vers la Bulgarie peut encore se justifier aux yeux des chrétiens : on est ici sur une frontière culturelle où l'orthodoxie affronte une communauté dualiste extrêmement hostile à la vraie foi et, au surplus, notoirement alliée aux infidèles musulmans . Il est déjà plus inquiétant de voir les soldats byzantins, au moment de la reconquête de la Crète en 961, se proposer le massacre généralisé des musulmans vaincus, ce dont leur général, le grand Nicéphore Phôkas, parvient à grand peine à les dissuader [6]. Mais bien plus grave est encore le comportement orthodoxe face aux chrétiens hérétiques dont, par suite de ses victoires sur l'Islam en Syrie et en Mésopotamie, l'Empire s'assure à nouveau la sujétion : surtout pour des raisons stratégiques, un Basile II n'hésite pas alors à pratiquer une politique d'expulsion des musulmans et de déportation des populations syriaques, dont on suspectait les relations avec leurs frères de foi restés sous domination islamique. Dès lors commence, pour les Jacobites syriens, un long siècle où alternent périodes de tolérance et de persécutions, d'autant plus insupportables que cette communauté est alors en pleine expansion numérique et culturelle [7]. Certes, les intéressés, comme leurs frères arméniens, ont sans doute tendance à grossir le trait, mais on peut raisonnablement croire Matthieu d'Edesse lorsque, à la faveur d'une anecdote, il nous montre comment s'enclenche, à Antioche, le parcours infernal de l'intolérance : tout d'abord, sans que les orthodoxes dérogent jamais à leur refus de principe de la conversion forcée, une sourde atmosphère de pression visant à convaincre les notables, souvent fort riches, de passer à la «foi droite», quitte à leur faire miroiter certains avantages matériels, ce qui entraîne évidemment un mouvement de conversions contre lequel les Syriens restés fidèles à leur foi réagissent par la controverse publique avec les tenants de l'Orthodoxie; ces derniers perdent alors leur sang-froid et vont même jusqu'à l'autodafé des livres saints jacobites[8]. Si l'on y ajoute les inévitables mesures vexatoires et les brimades stupides qu'une majorité victorieuse est toujours tentée d'appliquer aux minoritaires, on comprendra que les Syriens et les Arméniens, même s'ils se résolvent rarement à une conversion à l'Islam, n'hésitent guère à se servir des musulmans pour se venger de leurs persécuteurs : humiliés, certains nobles arméniens du XIe siècle vont jusqu'à rameuter les Turcs pour brûler les biens des Grecs, voire massacrer tous ceux qui leur tombent sous la main[9].

Au sommet de sa puissance retrouvée, au moment où les reconquêtes militaires de Byzance en Syrie, dans les îles, dans les Balkans, viennent de s'ajouter à une autre conquête, spirituelle mais aussi politique et sans doute plus considérable que les autres, la conversion des peuples slaves, qui culmine en 988 avec l'adhésion de la Rus' de Vladimir à l'Orthodoxie, l'Empire est donc à nouveau tenté de passer la mesure, à la fois géopolitique et doctrinale, que ses malheurs anciens l'avaient contraint d'inscrire dans son idéologie politico-religieuse comme une de ses principales valeurs morales[10]. Or, il ne s'agit plus d'une simple idéologie agencée et professée par le pouvoir dans des buts fonctionnels : le temps et les épreuves en ont depuis longtemps fait une des assises du programme de vie chrétien orthodoxe, relayés en cela par la renaissance «humaniste» qui, depuis surtout le IXe siècle, fait à son tour du «rien de trop» (l'*oikonomia*) une des catégories fondamentales de la spiritualité et de la culture[11]. Il n'est donc pas du tout sûr que l'intolérance et la brutalité dont font preuve certains souverains ou certains prélats des Xe-XIe siècles entraînent vraiment l'adhésion du peuple des fidèles, et il est en tout cas évident qu'elles conviennent mal à l'élite éclairée, qu'elle soit laïque ou ecclésiastique. Au cours des affrontements syriens, nous avons vu que les chroniqueurs monophysites mettent surtout en cause le pouvoir et l'Eglise établie (duc, patriarche), mais ils ne donnent jamais l'impression de conflits spontanément intercommunautaires : ce sont les intérêts des riches et des puissants qui ont poussé le peuple orthodoxe à l'intolérance, mais, lorsqu'il contemple ses morts du haut des remparts, il devient à son tour une victime. Quant aux Arméniens que les premières conquêtes turques et leurs mutations internes poussent vers l'Ouest, et plus particulièrement vers la Cappadoce au XIe siècle, il ne semble pas que leur foi monophysite ait posé un réel problème : le pouvoir voit en eux d'utiles colons qui repeupleront une région démographiquement et économiquement délabrée, et leur insertion en Anatolie orientale et centrale ne paraît pas avoir entraîné la moindre réaction de rejet de la part des populations grecques locales[12]. Le Xe siècle, surtout connu comme celui de l'«épopée byzantine», met donc parfaitement en lumière les deux courants qui ne vont cesser de partager l'histoire du christianisme oriental : l'un, s'appuyant sur un pouvoir politique redevenu fort, entend bien imposer sa foi aux «hérétiques», même au prix de persécutions, tandis que l'autre, qui a pris en compte le fait existentiel des différences interchrétiennes, juge «excessif» de vouloir plier les autres à un modèle auquel, pour son compte, il demeure scrupuleusement attaché.Mais comment les persécutés ne réprouveraient-ils pas globalement une communauté où progresse la tolérance mais dont les cadres ne répugnent plus devant l'excès ?

Pourtant, quand est fait le plein des reconquêtes, vers les années 1020-1035, il est aisé de discerner, même au sommet de l'Etat, un net retour à l'idéal de mesure un moment compromis. Conversion du pouvoir à une opinion publique majoritairement irénique ou pur et simple pragmatisme politique ? Pour un Psellos, l'Empire est assez grand, n'a que faire d'entreprises chimériques vers les territoires musulmans qui, au surplus, réintégreraient dans ses frontières de nouvelles communautés chrétiennes déviantes : bien plus, il se doit de respecter les traités qu'il a passés avec ses adversaires musulmans, et c'est pourquoi Psellos critique si durement l'empereur Romain III Argyre lorsque, en 1030, il combina, *« bien qu'il n'en existât point »* un prétexte de guerre contre les Sarrasins qui habitaient la Célésyrie [13]; plus loin, le même auteur ne se fait pas faute de montrer, après l'invasion grecque de la Syrie du Nord, les «Barbares» protestant de leur bonne foi en opposition à la perfidie impériale [14]. Tout naturellement, l'irénisme politique vient à maturité lorsque l'Empire, après 1055, connaît de nouvelles et graves difficultés, débuts de crise financière, ébranlements sociaux, menaces turques et normandes sur ses frontières : Byzance vient d'annexer les royaumes arméniens et le sentiment diffus domine qu'il embrasse trop pour bien étreindre, sentiment excellemment traduit par Psellos lorsqu'il nous montre l'empereur Isaac Ier Comnène, un grand souverain militaire au demeurant, repoussant les requêtes des peuples qui, volant au devant de la victoire grecque, lui offrent «force villes et bataillons de soldats et jusqu'à leurs patries». *«Il n'y consentait pas»*, écrit Psellos, *«et leur ordonnait de se tenir tranquilles, non qu'il vît d'un mauvais oeil un accroissement de territoire de l'empire romain, mais parce qu'il savait que, pour de telles annexions, il est besoin de beaucoup d'argent et de bras vaillants et d'une réserve suffisante, et que, hors de telles conditions, l'augmentation c'est la diminution »* [15]. Sans doute était-il déjà trop tard : le retour à la sagesse et à la mesure ne pouvait désormais plus stabiliser des ébranlements dont l'«arrogance» grecque avait sans doute contribué à accentuer les menaces. Quand vient donc la double catastrophe de 1071, qui se solde à la fois par la perte de l'Italie du sud et par celle d'une bonne partie de l'Anatolie, où s'installent Normands et Turcs Seldjukides, vient aussi le temps d'une récollection morale sur les excès et les crimes commis par les tenants de l'orthodoxie : désormais, écrit le Continuateur de Skylitzès, ce sont les terres orthodoxes qui sont envahies, et non plus celles de chrétiens hérétiques dont on pouvait, à bon droit, juger que l'ennemi musulman, fléau de Dieu, les avait punis de leurs erreurs en les soumettant à son pouvoir; Dieu châtie donc maintenant les vrais chrétiens qui se doivent de revenir en eux-mêmes afin de restaurer leur vie morale en conformité avec une vraie foi devenue pharisienne. *«Certes»*, souligne-t-il, *« la colère divine avait déjà auparavant provoqué un pareil assaut et un pareil déferlement des gentils, et la défection des peuples soumis aux Romains, mais cela avait atteint les hérétiques, ceux qui peuplent l'Ibérie, la Mésopotamie jusqu'à Lykandos et Mélitène et l'Arménie voisine, gens qui sont adeptes de l'hérésie judaïque de Nestorios et des Acéphales; en effet, ces régions sont entièrement infestées par cette fausse doctrine. Mais maintenant que le malheur atteignait aussi les orthodoxes, tous ceux qui partageaient la foi des Romains ne savaient que devenir : ils pensaient que leur sort était accompli comme l'avait été celui des Amoriens et croyaient que la foi droite (orthodoxia) ne suffisait pas, mais qu'il fallait aussi mener une vie conforme à cette foi. En sorte que, aussi bien celui qui se trompe sur la foi que celui qui trébuche et boite dans son mode de vie se trouvent soumis au même châtiment »* [16].

C'est donc à une véritable catharsis que les envahisseurs turcs et normands contraignent l'Empire orthodoxe en cette fin du XIe siècle, et ils lui facilitent même l'effort en lui arrachant à peu près toutes ces branches pourries hérétiques ou douteuses contre lesquelles il venait de se laisser aller à sévir : arméniens et syriens retrouvent le giron musulman, tandis que les sujets latins de Byzance, en Pouille, en Capitanate et en Calabre, viennent de passer sous la domination normande. Jamais l'Orthodoxie n'a constitué, depuis le temps des conquêtes arabes, un bloc aussi compact, jamais la déviance doctrinale n'y a été aussi rare de toute son histoire[17]. A vrai dire, au moment même où, en Occident, l'image de l'Orthodoxie devient toujours plus celle d'un monde faussement chrétien traversé d'hérésies absurdes[18], les chrétiens d'Europe orientale, slaves comme grecs, entrent dans une longue période qui les mènera, purs de toute véritable hérésie, jusqu'à l'époque contemporaine, si l'on veut bien admettre que ni les querelles d'obédience comme le schisme arsénite au XIIIe siècle, ni la rénovation spirituelle hésychaste au siècle suivant, ni cette querelle des Anciens et des Modernes que constitue le Raskol russe du XVIIe siècle n'ont jamais véritablement remis en cause un fonds doctrinal commun.Dans le cadre de ces divers épisodes, on maniera certes encore la vindicte et l'excommunication, mais, hormis les *Raskolniki,* aucun groupe minoritaire ne se définira plus durablement au sein de l'Orthodoxie.

N'était précisément l'Occident, qui vient, mais cette fois de l'extérieur, remettre en cause la sérénité retrouvée et qui, en définitive, réveille alors toutes les tentations d'exclusion, à la fois politiques et religieuses, que peut encore connaître le monde orthodoxe.

A vrai dire, l'Orthodoxie a longtemps dominé un assez grand nombre de sujets latins, catholiques romains, dont le groupe le plus compact peuplait ses provinces d'Italie du sud. Depuis la naissance même de l'Empire d'Orient,le rapport entre orthodoxie et romanité se posait pourtant beaucoup plus en termes d'obédience que de doctrine : en grossissant et simplifiant le trait, disons simplement que, pour Byzance, il va de soi que, révérence formelle étant conservée envers la *«Vieille Rome »* en tant que siège de Pierre, coryphée des Apôtres, le transfert de l'Empire sur le Bosphore y a aussi déplacé le centre de gravité de toute la Chrétienté, d'où les multiples malentendus, les innombrables crises qui ponctuent l'histoire des relations entre Rome et Constantinople entre IVe et IXe siècles[20]. Seule crise doctrinale grave à émerger de cette longue période, l'Iconoclasme établit avant tout une frontière religieuse à l'intérieur même de l'Orthodoxie [21], et ce n'est que par ricochet et en vertu du vieux contentieux entre les sièges romain et constantinopolitain qu'il accentue la fracture entre les deux chrétientés : on rappellera seulement ici que c'est sans doute Léon III l'Isaurien, le premier souverain iconoclaste qui, vers 730, rattache au siège de Constantinople les provinces balkaniques (l'*Illyricum*) qui continuaient à relever du patriarcat romain [22]. Dans les provinces italiennes elles-mêmes, on ne trouve pas d'ailleurs d'affrontement doctrinal particulier entre romains et orthodoxes ; ce sont, là encore, les querelles d'obédience qui aigrissent les rapports entre les deux sièges sans compromettre une coexistence relativement harmonieuse des deux rites : les évêques peuvent s'y mener la petite guerre, mais les fidèles savent vivre côte à côte et les rapports entre moines grecs et latins ne sont pas seulement formels, comme le montrent, encore au XIe siècle, les relations de Nil de Rossano avec le Mont Cassin [23] Pourtant, lorsque les problèmes d'obédience et de discipline débouchent, précisément aux Xe et XIe siècle, sur une vraie querelle doctrinale, dont le cœur est l'ajout latin du *filioque* au Credo de Nicée-Chalcédoine, c'est évidemment en Italie byzantine que se situe l'affrontement direct, et ce n'est pas pour rien qu'une des pièces qui déterminent l'épisode dramatique de 1054 soit une lettre polémique adressée par l'archevêque Basile d'Ochrida à l'évêque de Trani [24]. Quoi qu'il en soit, le problème est évacué après 1071, puisque la communauté catholique romaine d'Italie échappe au pouvoir byzantin.

Tout a été dit sur le traumatisme économique et social que la pénétration latine, sous les espèces du commerce italien, provoque, au XIIe siècle, dans un monde chrétien oriental désormais en perte de vitesse et qui se trouve peu à peu dépossédé des bases mêmes d'une prééminence jusque-là peu discutable [25]. Rappelons seulement à quel point, malgré des chocs politiques répétés, parmi lesquels les croisades ne sont évidemment pas des moindres [26], les deux Eglises ne cessèrent jamais d'entretenir des rapports souvent étroits au cours de ce même XIIe siècle [27]. Il n'en reste pas moins que le problème latin est alors l'occasion d'un nouveau débat où s'affrontent tolérance et intolérance, partisans de la vieille *oikonomia* et rigoristes qui manient allègrement l'exclusion : au tournant des XIIe et XIIIe siècles, c'est bien la place à assigner aux chrétiens latins par rapport à la saine orthodoxie qui fait ressurgir, chez les grands canonistes comme Théodore Balsamon, archevêque d'Antioche, et Démétrios Chomaténos, archevêque de Bulgarie, une véritable remise en question générale du caractère acceptable ou non de communautés déviantes au sein, ou plutôt à côté de celle des vrais fidèles. Dans ce débat, Balsamon tranche brutalement pour l'exclusion, allant jusqu'à refuser l'idée même qu'un évêque orthodoxe puisse entrer dans une église latine pour y prier : s'il est convié par des Latins à le faire, il devra refuser, comme il devra se garder de leur dispenser l'Eucharistie s'ils viennent la lui demander dans son église «catholique» (c'est à dire orthodoxe) [28]. Bien au contraire, Chomaténos, dans ses réponses à l'archevêque orthodoxe de Dyrrachion, Constantin Kabasilas, souligne la licéité de telles démarches, rappelle que les Latins ne sont pas de vrais hérétiques, tout au plus des chrétiens «équivoques» et que bien des fidèles orthodoxes ne se font pas faute de se rendre encore à Rome en pélerinage, cette Rome qu'il continue bel et bien à reconnaître comme siège du «coryphée des Apôtres»[29]. Une autre question permet au canoniste d'aller plus loin : à Kabasilas qui lui demande s'il est permis aux Arméniens «de construire librement des églises dans les villes qu'ils habitent», il rappelle que *«dans les pays et les villes chrétiens, il est anciennement permis d'habiter aux gens de langue différente et aux hétérodoxes, c'est-à-dire aux Juifs, aux Arméniens, aux Ismaélites, aux Agarènes et autres peuples du même genre»*, à condition bien sûr qu'ils y respectent le caractère «*resserré et circonscrit de leur habitat*», afin d'édifier les vrais chrétiens par le spectacle de leur erreur, mais assez près cependant des fidèles pour que, d'une part, ceux-ci puissent les mener éventuellement à la conversion et, d'autre part, ce qui n'est pas à dédaigner, «*afin que ceux qui tirent d'eux leurs moyens d'existence puissent jouir du produit de leurs travaux»*[30].

On aura pu juger de l'importance des *Responsa* de Chomaténos : même si ce grand prélat éclairé vit dans la mouvance de l'Epire, cet «Etat grec occidental» qui résulte de l'éclatement de l'Empire après 1204, et dont les relations avec le monde latin sont évidemment beaucoup plus étroites, ce qui imprime naturellement à sa doctrine une inflexion plus indulgente[31], il n'en est pas moins le témoin de l'existence, en terre orthodoxe, d'un courant pour lequel les catholiques romains, un siècle et demi après le prétendu Schisme, restent bien des Chrétiens, si imparfaits et barbares soient-ils. Il va de soi que, lorsqu'il rappelle que Juifs, Musulmans et Arméniens hérétiques ont de toute antiquité eu le droit d'habiter et de travailler dans les villes orthodoxes, il en accorde *a fortiori* la faculté aux chrétiens latins, ce qui introduit le problème, relativement nouveau dans la Chrétienté orthodoxe, de l'existence de minorités catholiques romaines.

Ce qui est assez ancien, puisque le fait remonte au moins au Xe siècle, c'est la présence de colonies marchandes italiennes dans les grands ports byzantins, et en premier lieu à Constantinople. Au XIIe siècle, la colonie vénitienne d'Almyros-Armiro, en Thessalie, avait déjà une cohérence, une importance et une organisation remarquables : son insertion en milieu orthodoxe ne semble pas avoir posé de problèmes particuliers[32]. Quant aux colons amalfitains et vénitiens de Dyrrachion-Durazzo, déjà bien perceptibles dès avant 1081, ils étaient numériquement assez présents pour connaître, à la veille de la quatrième croisade, une organisation ecclésiastique très autonome, au point de poser de gros problèmes, quand la ville devient officiellement vénitienne, à son premier archevêque catholique romain, Manfred[33].

En ces parages albanais, il est question, en fait, de beaucoup plus que de la simple présence de colonies marchandes relativement isolées dans des ports-comptoirs : nous sommes aux confins d'une zone dont les racines plongent, par-delà la Dalmatie et l'Istrie, au cœur même du christianisme latin le plus militant, dont l'épicentre est le patriarcat d'Aquilée. C'est à partir de la Dalmatie catholique que, dès le XIIe siècle, la papauté entreprend la reconquête de ces Balkans qu'elle ne se résigne pas à avoir perdus au VIIIe siècle et qui abritent peut-être encore quelques isolats romains insoupçonnés[34] : l'archevéché latin d'Antibari (Bar, Tivar), créé vers 1066-1067 et dont le plus illustre titulaire fut, au XIIIe siècle, Jean de Plan-Carpin, est dès lors le point de diffusion d'une latinité qui

gagne progressivement toute la partie septentrionale de l'actuelle Albanie, puis
bonne part de la Macédoine nord-occidentale, l'actuelle Kosova[35]; Rome peut
d'ailleurs croire avoir partie gagnée dès les débuts du XIIIe siècle, lorsque le
prince Dhimitër (Dimitri) d'Arbanon demande à Innocent III l'envoi d'un légat
qui l'instruise dans la foi catholique. Dans le même temps, et avec en outre le
prétexte de mieux lutter contre les patarins dualistes, l'Eglise romaine, à partir
de ces mêmes bases dalmates, exerce une forte poussée en Bosnie où, au XVe
siècle, elle se lance même dans ce qu'on a pu nommer « l'offensive catholique »[36]. Bientôt, les progrès latins en ces parages se font encore plus rapides,
lorsque le relais est pris par les ordres mendiants, franciscains et surtout
dominicains, qui disposent d'une importante infrastucture toute proche grâce à
leurs custodes dalmates : au XIIIe siècle, on se plaît à souligner le nombre
important des conversions qu'ils y opèrent, et il est évident que la longue
implantation franco-angevine sur des parcelles de côte, et surtout à Durazzo, a
favorisé le ralliement de nombreux « barons » dont la conversion n'est
évidemment ni désintéressée ni forcément durable[37].

Encore au XIVe siècle, les voyageurs, qui sont d'ailleurs souvent des moines
mendiants, donnent bien de l'Albanie et de ses confins macédoniens, jusqu'à une
profondeur qui reste pour nous inappréciable, l'image d'une véritable terre de
mission, où les fidèles demeurent, pour reprendre l'expression de Démétrios
Chomaténos, « équivoques », puisqu'ils ne sont « ni purement catholiques, ni
purement schismatiques », et que les conversions y sont bien fragiles, parfois
temporaires et, en tout cas insuffisámment soutenues par une instruction dogmatique plus que légère; les flux et reflux du pouvoir byzantin, épirote ou nicéen,
sans compter ceux de l'Etat serbe, font d'ailleurs passer et repasser des régions
entières, que chacun se croit assurées, d'une obédience à l'autre, comme c'est le
cas de Durazzo elle-même, qui récupère un siège orthodoxe entre 1214 et 1267,
ou même des diocèses montagnards de Polatum et Chounavia, que Jean de Plan
Carpin essaye vainement de ramener à l'obédience romaine vers le milieu du
siècle[38].

Ces marches et contre-marches se faisaient-elles dans une atmosphère de
violences réciproques? Vers 1332, le Pseudo-Brochard, dans son Directorium
ad Passagium Faciendum,se plaît à souligner l'atroce oppression que les serbes
font peser sur la communauté catholique romaine des Balkans et affirme en
conséquence, afin de décider le roi de France à entreprendre une croisade,que
ces bons chrétiens n'attendent qu'un geste de l'Occident pour procéder au
massacre généralisé de leurs maîtres orthodoxes : aussi considère-t-il la conversion de l'Albanie septentrionale et centrale comme un fait acquis, allant jusqu'à
conseiller aux éventuels croisés de débarquer à Durazzo d'où, à travers une
Albanie soumise au siège romain, ils pourront atteindre la « Blachie » (Thessalie)
et enfin Thessalonique[39]. Certes, il s'agit là d'un texte de propagande dont les
excès sont manifestes : il n'en illustre pas moins un regain de militantisme et
d'intolérance chez les souverains orthodoxes qui ont alors le vent en poupe, les
tsars serbes, et probablement aussi une réponse également violente de la part des
communautés désormais sincèrement passées au catholicisme romain.

Comme un coin, l'Orthodoxie porte donc désormais, enfoncée en elle, une Eglise latine militante et dont la progression ne semble plus pouvoir être arrêtée : missionnaire, elle surabonde en cadres ecclésiastiques instructeurs, surtout des mendiants, au point d'être le théâtre, selon l'expression de Milan Sufflay, d'une « *surproduction de clercs* »[40], et même d'en « exporter » en grand nombre vers des zones anciennement romaines, comme la République de Raguse, Zara, Spalato, Sebenico ou Traù : une étude des clercs émigrés montre d'ailleurs que, très naturellement, ils proviennent de l'Albanie montagnarde et des côtes septentrionales et centrales, les plus anciennement converties et où bien des clercs devaient, par conséquent, se trouver en surnombre. Leur disponibilité ne fait que croître au XVe siècle, quand guerres seigneuriales et conquête turque ruinent si bien le pays qu'il y reste peu de prébendes[41]. C'est alors que, au-delà de la Dalmatie, les clercs latins d'Albanie refluent jusqu'à Venise et dans les villes des Marches, Ancône, Pesaro, Fano, où se constituent d'importantes colonies d'Albanais émigrés[42].

On doit à la vérité d'avouer le pire : dans cette région que la cour romaine contrôle peu, au point d'en mal connaître les limites et de la situer parfois aux confins de la Hongrie, et où domine, au XVe siècle, une Venise qui se préoccupe traditionnellement plus des destins de son Empire que de la pureté de la foi, l'état moral de l'Eglise latine d'Albanie et de Macédoine est en tout point affligeant, et les archives vénitiennes sont un fidèle témoin de ses scandales, presque toujours provoqués par l'avidité des cadres cléricaux, comme de son peu d'attachement à des ouailles qu'elle n'hésite pas à spolier sans vergogne[43]. Au moment où les Ottomans assiègent la région de toutes parts, et où la résistance albanaise et bosniaque ne fait qu'ajouter aux ruines, la pire marque de désintérêt, de la part des cadres cléricaux, est précisément la facilité avec laquelle ils abandonnent apparemment leurs fidèles en proie aux pires angoisses : ce chanoine de Scutari qui, lors de la prise de la ville par les Turcs en 1479, s'enfuit en emportant jusqu'aux cloches de la cathédrale, est une triste image d'une désertion qu'on doit considérer comme massive. La principale conséquence d'un tel abandon est de livrer aux Turcs des communautés matériellement et spirituellement désarmées, alors que les Eglises orthodoxes, dont les cadres n'émigrent qu'exceptionnellement faute de trouver où se retirer, savent si bien lui résister : est-ce un hasard si les seules communautés balkaniques passées à l'Islam correspondent, d'une manière frappante, aux zones « catholicisées » de Bosnie, d'Herzégovine et d'Albanie ?[44].

Paradoxalement en apparence, cette Eglise latine des Balkans du Nord-Ouest doit peut-être à son manque de principes d'avoir été peu inquiétée par les pouvoirs orthodoxes lorsqu'ils reprennent pied en ces parages : si la Curie romaine cherche, nous l'avons dit, à donner de la domination serbe, au début du XIVe siècle, une image fortement tyrannique, elle est cependant obligée d'avouer que, même après le rétablissement d'une hiérarchie orthodoxe, les communautés catholiques semblent avoir subsisté sans grandes difficultés[45], et les relations de missionnaires, précédemment citées, sont avant tout destinées à réchauffer l'ardeur bien affaiblie de la croisade en Occident. Au reste, même au XVe siècle, il est frappant de constater qu'il est impossible de savoir si certains princes sont catholiques ou orthodoxes, en pleine zone d'expansion de l'Eglise romaine : le cas le plus frappant est celui des Kastrioti albanais, et même de son plus illustre représentant, le héros national Skanderbeg[46]. La situation est ici celle d'une coexistence en générale pacifique qui laisse aux populations la possibilité d'un choix ou même d'un non-choix, tant il est vrai qu'on peut, comme le fait Jon Kastrioti, le père de Skanderbeg, à la fois s'entourer d'une Eglise manifestement romaine et enrichir les monastères orthodoxes du Mont Athos[47] : sans qu'il soit question d'un quelconque «uniatisme», les chrétiens balkaniques semblent démontrer qu'on peut parfaitement se sentir et s'affirmer tout ensemble catholique romain et orthodoxe. Et l'on ne peut s'empêcher de songer à ces princes moldaves, comme les Movilesti qui, à la fin du XVIe siècle et dans une ambiance pourtant d'évident affrontement interrituel, manifestent encore leur fidélité conjointe aux deux communautés, comme l'a si bien montré Cesare Alzati[48].

Nous sommes au temps où, là où les Latins ne constituent qu'une minorité infime dont certains espèrent une aide contre les Turcs, à Constantinople et dans les pays slaves, la question de l'Union avec Rome déchaîne les passions de deux partis apparemment inconciliables.Ici, mise en demeure de choisir entre une capitulation devant le Pape et une soumission aux Turcs, l'Orthodoxie majoritaire réagit par un refus violent du rite, du dogme et de l'obédience de Rome. Pourtant, dans les zones où, comme c'est le cas des Balkans du Nord-Ouest, se pose un vrai problème de contact entre chrétientés, c'est plutôt vers une osmose, pour ne pas dire vers une ambivalence que les communautés semblent s'acheminer. Si l'on songe aux flux et aux reflux de l'intolérance orthodoxe, dont nous avons essayé de suivre les pulsations dans les siècles précédents, et qui sont évidemment en relation étroite avec l'alternance du triomphalisme et du recul politique de l'Empire et de ses émules slaves, on y trouvera confirmation d'un fait fondamental dans l'histoire de l'Orient européen : l'Orthodoxie s'est enfin dégagée de la tutelle politique impériale, en sorte que, sur les fronts où se vit la coexistence, les uns et les autres savent désormais ne se voir que sous leurs aspects religieux. L'époque s'ouvre où, aux XVIe et XVIIe siècles, et malgré les efforts, généralement vains, de l'Eglise romaine pour l' attirer à elle, il devient traditionnel, pour l'élite orthodoxe d'aller faire ses études à Padoue, voire à Rome, avant de venir prendre possession d'un siège octroyé par le sultan[49]. Que l'incommunicabilité et l'intolérance soient bien d'essence politique devient une évidence quand on constate, à la même époque, le nouvel affrontement des deux communautés là où l'orthodoxie retrouve la protection d'un vrai pouvoir temporel, comme c'est le cas des provinces roumaines et surtout des terres russes : c'est à nouveau la guerre sur les confins moldaves, polonais et ruthènes, tant il est vrai qu'une guerre «de religion» est avant tout un combat des chefs.

La tendance générale a plutôt été, au cours des journées que nous venons de vivre ensemble, à souligner les fréquentes et souvent sincères convergences qui se sont toujours manifestées entre chrétiens séparés et même entre chrétiens et non chrétiens. Elles nous ont cependant aussi constamment rappelé que, à partir du moment où elle a pris conscience d'elle-même, toute communauté religieuse, si épurée que soit sa foi, a évidemment pour but de faire prévaloir sa vérité sur ce qu'elle considère comme l'erreur des autres. Pour cela, et sous peine de disparaître purement et simplement, une telle communauté a aussi besoin de cadres, pour ne pas dire de chefs, ce qui la confronte, dès ses origines, au problème du pouvoir. Or, l'expérience historique prouve qu'il n'est guère dans la nature du pouvoir, dès lors qu'il est digne de ce nom, de promouvoir la tolérance qui, de son point de vue, ne peut être qu'une faiblesse en faveur de minorités qui ne reconnaissent pas vraiment sa légitimité. Dès lors, et c'est en quoi l'exemple de l'Empire grec orthodoxe nous paraît éclairant, il n'est pas de communauté humaine qui se puisse vanter de tolérance foncière et croire à l'abri de toute tendance persécutrice : sauf dans l'imagination des moralistes, on sait trop bien qu'il n'est pas de «règne philosophique» et que, pour près que l'on en soit, tout surcroît de puissance devient une menace pour ceux qui refusent la conformité au plus grand nombre. En d'autres termes, tolérance et intolérance ne sont guère qu'une question de moyens, évidence qu'il est peut-être bon de rappeler en un temps où l'on a trop tendance, à notre sens, à distribuer blâmes ou satisfecits aux religions et aux idéologies, vues comme tolérantes ou intolérantes en soi, plutôt qu'aux hommes qui les orientent momentanément dans un sens ou dans un autre.

C'est pourquoi toute prétention de principe au pacifisme ou, comme il est de plus en plus de mode aujourd'hui, à l'irénisme, nous paraît à la fois irréaliste et dangereuse, lorsqu'elle dépasse le programme de vie du simple individu[50].

L'historien doit évidemment y prendre garde plus qu'un autre, sous peine de manquer à ce qu'on osera appeler son devoir, qui est plus de rappeler ce qui a été et risque de se reproduire que de projeter des schémas, si généreux soient-ils, dans un avenir improbable. Certes, il se doit de mettre en relief les infinies possibilités, que les hommes ont toujours eues, de se rapprocher, si éloignés fussent-ils les uns des autres, mais il ne saurait évacuer ni même minimiser ce qui a, sans doute malheureusement, été le lot plus quotidien des relations interconfessionnelles, brimades, disqualifications, persécutions et massacres.S'il ne peut que récuser tout déterminisme socio-culturel qui priverait l'homme de sa faculté de changer, l'historien est le premier à savoir à quel point il est difficile d'échapper à un modèle confessionnel transmis par des siècles d'éducation : on ne peut faire l'impasse sur une culture héritée non plus que sur les grands traumatismes historiques dont elle est porteuse.L'empereur Manuel Paléologue peut converser longuement et paisiblement avec un 'alîm musulman, protestants et catholiques peuvent éventuellement participer aux mêmes fêtes, reconnaître le même pouvoir, se retrouver sur des projets communs : ils n'en effaceront pas pour autant la prise de Constantinople ou la Saint-Barthélémy.

Conclusion amère? Sans doute, mais aussi optimiste puisque, à moins de l'assimiler à soi, on se doit de reconnaître l'autre pour autre, jusque dans sa dimension éventuellement hostile. Révoquer l'unanimisme ou, pour employer un affreux néologisme aujourd'hui de rigueur, le consensualisme, ne mène pourtant pas à la défiance systématique devant ce que, à chaque pas, nous trouvons de différent chez les autres : on s'en prémunira en rappelant que tous les hommes, en tant qu'hommes, ont une très longue route commune à parcourir. Mais il faut que chacun, parvenu à son carrefour personnel, se garde de vouloir y entraîner tous les autres à sa suite : peut-être alors, en jetant un coup d'oeil sur les chemins qu'il n'a pas choisis, rencontrera-t-il l'émerveillement si enrichissant qu'on éprouve au plus profond de soi à découvrir qu'on peut donner un autre sens à la vie.[51]

Alain DUCELLIER
Université de Toulouse-Le Mirail

NOTES

1. Pour ne prendre que deux exemples, citons la *Chronique* du copte Jean de Nikious, contemporain de la conquête arabe de l'Egypte, et celle de l'arménien Matthieu d'Edesse, au XIIe siècle. On en trouvera des extraits significatifs dans A. DUCELLIER, *Le miroir de l'Islam, Musulmans et Chrétiens d'Orient au Moyen Age,* Paris, Julliard, 1971, part. p. 51 et 279-282.

2. « Au bout de deux ans, la puissante nation des Romains vint fondre en nombre considérable sur l'Arménie, et se précipitant sur les fidèles du Christ, les livra impitoyablement à l'extermination et à l'esclavage. Elle apportait partout la mort avec elle, comme un serpent venimeux, et remplit dans cette occasion le rôle des infidèles... Bien des fois, nous avons réfléchi à la tâche pénible de retracer les catastrophes des âges postérieurs et les châtiments terribles qu'a éprouvé l'Arménie de la part des Turcs et de leurs frères les Romains » (MATTHIEU D'EDESSE, in DUCELLIER, *op.cit.* p. 280).

3. MATTHIEU D'EDESSE, *Chronique,* trad. E. DULAURIER, p. 166; A. DUCELLIER, *op.cit.* p. 281. Pour le même auteur, c'est le temps où « *notre royaume avait perdu ses maîtres légitimes que lui avaient enlevés ses faux défenseurs, l'impuissante, l'efféminée, l'ignoble nation des Grecs* » et où, « *lorsque les Turcs eurent subjugué l'Arménie, elle cessa d'être victime des effets de la perversité des Grecs* » (MATTHIEU, p. 113 et DUCELLIER, p. 282).

4. MATTHIEU, op. cit. p. 196-197 et 201.

5. *Lettera del vescovo di Stefania, Nisola Mecainsi, diretta al papa Paolo V° in riferimento alla guerra di liberazione da svolgere in Albania,* in THEINER, *Vetera Monumenta Historica Hungariam sacram illustrantia,* t.II, Rome 1860, p. 111, repris dans I. ZAMPUTI, *Relacione mbi Gjendjen e Shqipërisë veriore dhe të mesme në shekullin XVII (Relations sur l'état de l'Albanie septentrionale et centrale au XVIIe siècle),* Tiranë, 1963, p.42.

6 Sur les Pauliciens, P. LEMERLE, « L'histoire des Pauliciens d'Asie Mineure d'après les sources grecques », *Travaux et Mémoires,* IV, Paris, 1970 (sources), et V, Paris, 1973 (commentaires). Sur la reconquête de la Crète, LEON LE DIACRE, *Chronique,* Migne, P.G. CX, col. 868-869.

7. A ce sujet, on lira la remarquable synthèse de Gilbert DAGRON, « Minorités ethniques et religieuses dans l'Orient byzantin à la fin du Xe et au XIe siècle », *Travaux et Mémoires du Centre de Recherche Byzantine de Paris,* VI, 1976.

8. « Les Syriens, qui étaient nombreux à Antioche, possédaient de grandes richesses et vivaient dans l'opulence et le faste... Les Romains, très jaloux des Syriens, leur avaient voué une haine implacable. Un des principaux Syriens avait un grand nombre de captifs : cela occasionna un procès considérable qui fut soumis au patriarche des Romains. Le Syrien, craignant les chances du jugement, céda aux instances pressantes qui lui furent faites d'abandonner sa foi, et les Romains, ayant obtenu son assentiment, le rebaptisèrent... Il en résulta de grands désagréments pour les Syriens : car, ayant entrepris de soutenir chaque jour des controverses contre les Romains, ceux-ci en vinrent à un tel degré d'impudence qu'ils perdirent même la conscience de leurs actions, et que leur patriarche donna l'ordre de brûler le Livre des Evangiles des Syriens » (MATTHIEU D'EDESSE, p. 95-96).

9. « Les Grecs poussaient si loin la méchanceté et la haine contre les Arméniens qu'ils saisissaient quelquefois un de nos compatriotes, lui coupaient la barbe et l'expulsaient de la ville. Un jour , ayant pris un homme d'Ani, d'un rang distingué, ils le rasèrent, le dépouillèrent de tout ce qu'il possédait et le chassèrent. Profondément blessé, il alla trouver les Turcs, en prit 500 avec lui et ravagea tout le pays. Il incendia douze villages, qui étaient la propriété du duc d'Antioche, et ayant conduit devant la porte de la ville une multitude de captifs qu'il avait enlevés, il les massacra et jeta leurs cadavres dans le fleuve. Puis, élevant la voix, il dit aux habitants : « C'est moi qui suis Kork Schagatsi, à qui vous avez coupé la barbe. Cette barbe a de la valeur, n'est-ce pas ? » (MATTHIEU D'EDESSE, p. 188-189).

10. Sur cet idéal et ses origines à la fois antiques et chrétiennes, cf. A. DUCELLIER, *Le Drame de Byzance. Idéal et Echec d'une société chrétienne*, Paris, Hachette, 1976, part. p. 267-272.

11. A ce sujet, il faut relire le grand livre de Paul LEMERLE, *Le Premier Humanisme Byzantin. Notes et remarques sur Enseignement et Culture à Byzance des origines au Xe siècle*, Paris, P.U.F. 1971, auquel on ajoutera, du même, ses *Cinq Etudes sur le XIe siècle*, Paris 1981.

12. Gérard DEDEYAN, « L'immigration arménienne en Cappadoce au XIe siècle », *Byzantion*, XLV/1, 1975. Sur le problème général des Arméniens dans l'Empire, cf. P. CHARANIS, *The Armenians in the Byzantine Empire*, Lisbonne, s.d.

13. PSELLOS, *Chronographie*, III, VII, éd. E. RENAULD, Paris, Les Belles Lettres, 1926, T. I, p. 36.

14. PSELLOS, *op. cit.* III, VIII, p. 336-37 : (Ils disaient)... « qu'ils ne désiraient pas la guerre, qu'ils n'ont donné au prince aucun prétexte à hostilités, qu'ils s'en tiennent aux traités de paix, qu'ils ne violent pas les stipulations conclues et qu'ils ne transgresssent pas leurs serments ».

15. PSELLOS, *Chronographie*, VII, L, éd. RENAULD, t. II, p. 114.

16. CONTINUATEUR DE SKYLITZES, MIGNE, *Patrologiae Graecae Cursus Completus*, t. CXXII, col.416-417.

17. Il va de soi qu'on laisse ici de côté le problème posé par les dualistes, pauliciens puis bogomiles, dont une nouvelle poussée se situe sous le règne d'Alexis Ier Comnène, mais qui, extérieurs au corps orthodoxe, n'entraînent aucune confrontation inter-chrétienne.

18. Cf Brigitte CRAYSSAC, *Recherches sur les origines du sentiment anti-grec en Occident de la 1ère à la 2ème croisade*, Mémoire de Maîtrise, Toulouse, 1985.

20. Contentons-nous de renvoyer à la remarquable synthèse de F. DVORNIK, *Byzance et la Primauté Romaine*, Paris, Cerf, 1964.

21 Sur l'Iconoclasme et son entière réappréciation depuis quelques années, on trouvera un commode résumé par son initiateur, S. GERÖ, «Notes on Byzantine Iconoclasm in the VIIIth Century», *Byzantion*, XLIV, 1974, qui donnera accès aux autres ouvrages du même auteur; sur les nuances à apporter à l'idée d'un iconoclasme comme fait essentiellement impérial et politique, *Iconoclasm, Papers given at the IXth Symposium of Byzantine Studies*, University of Birmingham, 1975 ; Oxford, 1976.

22. Pour une idée de l'importance du problème, cf. F. DVORNIK, *Byzance et la Primauté, op. cit.* p. 31,33,67-68; cf. aussi la publication des lettres du pape Grégoire II in E. CASPAR, Papst Gregor II und der Bilderstreit, *Zeitschrift für Kirchengeschichte*, 52, 1933, p. 72-89.

23. L'ouvrage de base est celui de Vera von FALKENHAUSEN, *Untersuchungen über die Byzantinische Herrschaft in Süditalien vom IX bis ins XI Jahrhundert*, Wiesbaden,1967.

24. Il va de soi qu'il n'y a pas de vrai schisme en 1054 ; on relira à ce sujet avec profit Y. M.-J CONGAR, «Neuf cents ans après», in *L'Eglise et les Eglises*, Chevetogne, 1954, t. I, p. 3-33. Sur les origines de l'«éloignement», F. DVORNIK, *Le Schisme de Phôtius*, Paris, Cerf, 1950, et V. LOSSKY, *La Procession du Saint-Esprit dans la doctrine trinitaire orthodoxe*, Paris, 1948.

25. R.J. LILLIE, *Handel und Politik zwischen dem Byzantinischen Reich und den Italienischen Kommunen Venedig, Pisa und Genua in der Epoche der Komnenen und der Angeloi (1081-1204)*, Amsterdam, 1983; pour une synthèse de cette question, A. DUCELLIER et Coll., *Byzance et le Monde Orthodoxe*, Paris, Armand Colin, 1986, p. 207-223.

26. La bibliographie sur Byzance et les croisades est énorme. Contentons-nous de renvoyer à Ch. M. BRAND, *Byzantium confronts the West (1180-1204)*, Cambridge Mass. 1968, et à la synthèse, toujours à relire, de P. LEMERLE, Byzance et la Croisade, *Relazioni del X Congresso Internazionale di Scienze Storiche*, III, Firenze, 1955, p. 595-620.

27. On en jugera à la lecture du dossier réuni par J. DARROUZES, Les documents byzantins du XIIe siècle sur la primauté romaine, *Revue des Etudes Byzantines*, XXIII, 1965.

28. Il s'agit d'une réponse faite par Théodore Balsamon au patriarche Marc d'Alexandrie, à la fin du XIIe siècle; écho dans Démétrios CHOMATENOS, Réponses à Constantin Kabasilas, archevêque de Dyrrachion, in MIGNE, *P.G.* t. CXIX, col. 958.

29. «On peut voir que certains latins ne sont pas absolument éloignés de nos coutumes, tant en matière dogmatique qu'en matière ecclésiastique : si l'on peut dire, il sont, à cet égard, équivoques... En outre, l'Italie est pleine de sanctuaires dédiés aux saints apôtres et aux martyrs, et le coryphée de ces sanctuaires est celui qui, à Rome, est dédié au coryphée des Apôtres, Pierre. Or, nos compatriotes, qu'ils soient ecclésiastiques ou laïcs, se rendent dans ces sanctuaires, y prient Dieu et y rendent aux saints qui y sont vénérés l'adoration et la révérence qui leur sont dues...» (CHOMATENOS, *Réponses*, P.G. CIX, col.958)

30. CHOMATENOS, P.G. CXIX col. 977. Ajoutons que, au moins jusqu'au XIIe siècle, l'existence de ces quartiers «resserrés» est elle-même douteuse, qu'il s'agisse des «hérétiques» ou des Juifs; cf. en particulier D. JACOBY, «Les quartiers

juifs de Constantinople à l'époque byzantine», *Byzantion*, XXXVII, 1967, 167-227.

31. Sur le rôle de Chomaténos, qui imposa du reste, en 1227-1228 à Thessalonique, la couronne impériale au prétendant épirote Théodore Ange Doukas, cf. A.D. KARPOZILOS, *The Ecclesiastical Controversy between the Kingdom of Nicaea and the Principality of Epiros (1217-1233)*, Thessalonique, 1973, part. p. 40-45. Cf. aussi D. NICOL, *The Despotate of Epirus*, t. I, Oxford, 1957, part. p. 11-15 et passim.

32 Fr. THIRIET, *La Romanie Vénitienne au Moyen Age*, Paris, 1959, p. 44-47 et 52.

33. A. DUCELLIER, *La Façade Maritime de l'Albanie au Moyen Age. Durazzo et Valona du XIe au XVe siècle*, Thessalonique, 1981, p. 145-149.

34. On notera en particulier, en plein cœur de l'Albanie centrale, la découverte, en 1966-1967, d'un ensemble conventuel indiscutablement latin, dont nous avons publié une inscription datable, à notre avis, du VIIe siècle; cf. A. DUCELLIER, «Dernières découvertes sur les sites archéologiques albanais», *Archéologia*, 78, janvier 1975, repris dans *L'Albanie entre Byzance et Venise*, Londres, Variorum, 1987.

35. A. DUCELLIER, Aux frontières de la Romanité, art. cit. p. 2-3.

36. A. DUCELLIER, *art. cit.*, p. 5. L'ouvrage de base reste, sur cette expansion catholique en Dalmatie-Albanie, l'article de M. SUFFLAY, «Die kirchenzustände im vortürkischen Albanien. Die orthodoxe Durchbruchszone im kattholischen Damme», in *Illyrische-Albanische Forschungen*, Vienne, 1916, t. I, p. 194 s. Sur la Bosnie, S. CIRKOVIC, *Istorija Srednjovekovne Bosanske Drzave (Histoire de l'Etat Bosniaque au Moyen Age)*, Beograd, 1964, part. le chap. VI, 6, Katolicka ofanziva, p. 282-288.

37. A. DUCELLIER, art. cit. p. 6 et *La Façade*, op.cit. p. 208-210 et 430-438. Sur les «néophytes» albanais, cf. en particulier J. LECLERCQ, Galvano di Levante e l'Oriente, in*Venezia e l'Oriente fra tardo Medioevo e Rinascimento*, Venezia, 1966, p. 403-416, d'où il résulte précisément que ces néophytes sont d'abord les «barons», qui entraînent derrière eux les autres fidèles.

38. Nec sunt pure catholici, nec pure scismatici; si tamen esset, qui eis verbum Dei proponeret, efficerentur puri catholici, quia naturaliter diligunt latinos ut dictum est (*Anonymi Descriptio*, op.cit. p. 28-29); A. DUCELLIER, *art. cit.* p.6-7, et *La Façade*, op.cit. p. 168-171; cf. M. SUFFLAY, Kirchenzustände, *art. cit.* p. 211.

39. «Et quia dicti, tam Latini quam Albanenses, sub jugo importabili et durissima servitute illis odiosi et abhominandi Sclauorum dominii sunt opressi... ipsi omnes et ipsorum singuli in predictorum Sclauorum sanguine manus suas crederent consecrare, quando viderent aliquem principem de Francorum (sic) eis partibus aparere, quem contra dictos Sclauos nefarios nostre veritatis et fidei inimicos facerent ducem belli... Alius progressus esse poterit per Brundusium, civitatem Apulie, et inde transire brachium unum maris, quod durat circa CL miliaria, in Duratium... et inde per Albaniam, que sunt gentes obedientes Romane Ecclesie et devote, inde per Blaquiam et ulterius in Thessalonicam procedendo» (PSEUDO-BROCHARD, *Historiens Arméniens des Croisades*, II, p. 484-485 et 415).

40. M. SUFFLAY, Kirchenzustände, p. 265-266; A. DUCELLIER, Aux Frontières, art. cit. p. 7.

41. A. DUCELLIER, Aux Frontières, p. 7-8.

42. A. DUCELLIER, « Les Albanais à Venise aux XIVe et XVe siècles », *Travaux et Mémoires,* II, 1967, p. 405-420, et « L'établissement des Albanais dans la région d'Ancône, aspects économiques, sociaux et culturels », *Atti del Convegno « Mercati e Mercanti nelle Marche »,* Ancône, 1980.

43. A. DUCELLIER, « Aux Frontières », *art. cit.,* p. 9, avec les références aux sources.

44. Presbyter Duca Beganus canonicus et vicarius ecclesie Sancti... de Scutaro et Lazarus de Francisco de Venetiis patronus barche... dixerunt quod se fregerunt supra Malontam, tamen recuperarunt omnia et de rebus que mittuntur Illustrissime Ducali Dominationi Venetiarum nihil desunt quia ipsas recuperarunt omnes et habent omnia apud sese, exceptis duabus campanis que remanserunt in mari, tamen sperant sese illas recuperaturos. (Historijski Arhiv u Dubrovniku (Raguse), *Diversa Notarie,* LXIV, f. 90v, 13 novembre 1479). A. DUCELLIER et coll. *Byzance et le monde orthodoxe, op. cit.,* p. 441-443. Cf. pour la Bosnie, S. CIRKOVIC, *Istorija Bosne,* op.cit. carte de la page 284.

45. A. DUCELLIER, *La Façade, op.cit.,* p. 428-430.

46. A. DUCELLIER, « Aux Frontières »s, *art. cit.,* p. 7.

47. A. DUCELLIER, *La Façade, op.cit.,* p. 514-515.

48. C. ALZATI, *Terra Romana tra Oriente e Occidente. Chiese ed Etnie nel tardo '500,* Milano Jaca, 1981, dont on relira surtout les conclusions, p. 319-326.

49. Pour de multiples exemples, on ne peut que renvoyer au grand livre de Sir St. RUNCIMAN, *The Great Church in Captivity,* Cambridge, 1968.

50. Le procès de l'antiracisme de principe, qui n'est qu'une modalité de l'irénisme ou du « consensualisme » a été récemment instruit par P.A. TAGUIEFF, *La Force du Préjugé. Essai sur le racisme et ses doubles,* Paris, 1988. L'obstacle du langage socio-philosophique une fois franchi, on aura intérêt à méditer particulièrement les pages 386-391.

51. Cédons au plaisir de rappeler l'épisode de *Belle du Seigneur* où Ariane, en compagnie de parents protestants, dit la « divine surprise » qu'elle éprouve à rouler en calèche à travers un canton suisse catholique, A. COHEN, *Belle du Seigneur,* Gallimard, Bibliothèque de la Pleiade, p. 15.

INDEX DES NOMS DE LIEUX ET DE PERSONNES

ABLANCOURT (Perrot d') : 268
Adriatique : 72
ADRIEN VI : 92
Afrique : 74
Agenais : 192
AGNEAUX (Marie) : 274
Aigues-Mortes : 30, 305
AIN-GALUT : 234, 235
Aix-en-Provence : 17, 21, 22, 23, 302
Aix-la-Chapelle : 179
Albanie : 318, 324, 325
ALBE (Fernando duc d') : 120
Alençon : 275
Alès : 11, 141, 191, 259
ALEXANDRE VI : 245
Alexandrie : 234, 237
Algarve : 71, 72, 74, 75
Alger : 71, 72, 73, 76, 77
Allan : 143
Allemagne : 10, 11, 17, 22, 23, 24,
    51, 52, 56, 57, 153, 160, 164, 171,
    173, 174, 177, 178, 181, 186, 196,
    201, 215, 216, 217, 229, 302, 310
Almyros-Armiro : 323
Alpes : 23, 199, 302, 305
Alsace : 11, 198, 265, 310, 313
ALTENSTETTER (David) : 55
ALZATI (Cesare) : 326
Amboise : 187, 188, 189
AMERBACH (Boniface) : 199, 302
Amérique : 62, 213
Amont : 119
AMPROUX DE LORME (Jacques) : 265
AMYRAUT (Moïse) : 210, 267, 269
Anatolie : 319, 320

ANCIER (Gauthiot d') : 123
Ancône : 325
ANDELOT : 189
ANDRONIC II : 234
Angleterre : 59, 64, 65, 147, 161,
    212, 213, 225, 227, 228, 229,230,
    231, 269
Anjou : 187
Antibari : 323
Antioche : 318, 322
ANTIOCHUS Epiphane : 285
ANTOINE de Navarre : 186
Appenzell : 195
Apt : 21, 22, 23, 24, 302
Aquilée : 323
Aquitaine : 185, 186, 187, 191
ARBANON (Dhimitër ou Dimitri) :
    324
ARCHANGE (Père) : 277, 278
ARISTOTE : 208
ARIUS : 40
Arles : 23, 302
Armagnac : 189
ARMENGUAL (Bartolomé) : 72
Arménie : 316, 321
ARNAULD (famille) : 261, 264
Arras : 124
Asie-Mineure : 234, 235
ASPER (Hans) : 202
Assier : 185
Athos (mont) : 326
AUBERTIN (Edmé) : 262, 263
Aubeterre : 187
AUDISIO (G.) : 53
Aufklärung : 311

Augsbourg (Paix d') : 215, 223, 309, 311

Augsbourg : 44, 52, 53, 54, 55, 56, 57, 172, 179, 181, 186, 192, 225

AUTHIER (Christophe) : 27, 29, 30, 32, 33

Autriche : 160

Avignon : 23, 30, 140, 283, 301, 302, 303, 304, 305, 306

Avila : 113

Avranches : 255, 273, 274, 276

Aymer : 264

AZAMBUJA (frère Jérôme d') : 76

BAAL : 212

Babylone : 93

BACH (Johann Sebastian) : 174

Bade : 218

Bagdad : 234

Bagnols : 287

BAILARS : 235

BAILLEHACHE : 277

BAIUS : 124

BALE (John) : 227

Baléares : 71, 76, 77

Bâle : 23, 121, 195, 196, 198, 199, 200, 201, 202, 296, 309

Balkans : 207, 319, 323, 324, 325, 326, 327

BALSAMON (Théodore) : 322

BARLOW (William) : 225

BARNES (Robert) : 227

Bar : 323

Bas-Quercy : 187

BASEMONT (Adrien de) : 143

BASILE (saint) : 293, 317, 318

BASNAGE (Benjamin) : 277

Basse-Rhénanie : 177, 183

BATHORY (Etienne) : 246, 294

BATHORY (famille) : 152, 153, 154

BATTHYANY (Orban) : 154

BAUSSENC (Esprit) : 303

Bautzen : 159, 173

Bavière : 173, 178, 179, 181

BAXTER (Richard) : 61

Bayeux : 273, 274, 275

BEARD (Thomas) : 62

BEAUJEU (Pierre de) : 120

BEAUVOIR DU ROURE (Jacques de) : 287, 288

BEC : 287

Bédarrides : 301, 303

BELIN Claude : 121

BELLARMIN (Robert) : 42

Bellefontaine : 124

BENOIT (René) : 40

BENZ (Ernst) : 291

Berbérie : 73, 78

BERCÉ (Yves-Marie) : 191

Beregszasz : 154

BERGLAND (Lausitzer) : 159

BERGUE (Jean) : 185

Berg : 177, 178, 180, 181

Bergerac : 187, 192

BERINGHEN (famille) : 263, 265

Berlin : 51, 147

BERNARD (Pierre) : 142

Berne : 120, 195, 196, 198

BERQUE (J.) : 233

Besançon : 120, 123, 124

Beuthen : 160

BEZE (Théodore de) : 196, 217, 218

Béziers : 283

BIANDRATA (Georgio) : 153, 154

Bienne : 195

Bigorre : 189

BIGOT (Nicolas) : 265

Bion : 276

Birse : 200

Bischwiller : 313

Blachie (Thessalie) : 323, 324

BLAIN : 141

BLANCHEROSE : 120

BLARER (Jakob Christoph) : 200

Blois : 253, 277

BOCHART : 277

BOEHME (Jacob) : 159-169

Bohême : 22, 159, 160, 162, 163, 164, 165, 171, 172, 219

BOILEAU (Nicolas) : 268

Bois-le-Vicomte : 266

Boissière : 192

Bollène : 304
Bologne : 201
Bompar : 140
BONNER (Edmund) : 227, 228
BONNIEUX (Suffren Carbonel de) : 22
Bonnieux : 304
Bordeaux : 90, 91, 146, 185, 187, 191, 190, 251
Born : 180
BORROMEO (Carlo) : 201
Bosnie : 324, 325
Bosphore : 321
Bouchard : 187
BOUCHEREAU (Jean) : 191
Boulogne : 188
BOURBON-ALBRET : 186, 187
BOURDOISE (Adrien) : 31
BOURDON (Sébastien) : 266, 267, 268
Bourg-Saint-Andéol : 141, 305
Bourges : 253, 254
BOYCEAU (Jacques) : 266
BOYER (Jean) : 24
BRACHET DE LA MILLETIERE (Théophile) : 269
Brandebourg : 52, 159, 160, 178, 181
BRANDT (W) : 57
Brasso : 292, 293, 295, 296
Brécey : 274
BRENZ (Jean) : 45
Brest (Union de) : 246, 247
BRIEG (Johann Christian de et Georg) : 164
BROISSIA : 124
BROSSE (Salomon de) : 266
Bruxelles : 181, 200
BUCER (Martin) : 99, 101, 103, 104, 105, 217, 225, 226, 227, 228, 230, 273
Budapest : 152
BUIRETTE (Thomas) : 120
Bulgarie : 322
BULLINGER (Heinrich) : 196, 215, 218, 230
BUNYAN (John) : 63
Burgos : 111, 112
BUS (R. Père César de) : 33

Byzance : 233, 235, 237, 243, 319, 320, 321

Cabrières : 302, 303
Cabrières-d'Avignon : 24
Caderousse : 304
Caen : 261, 273, 274, 275, 278
Caire (le) : 234, 237
Calabre : 71, 321
CALLEMARD (jésuite) : 143
CALVIN (Jean) : 41, 62, 137, 188, 195, 196, 199, 217, 230, 260, 273, 316
CAMBISE (voir Cola)
Cambridge : 228
Canaries : 71
CANDALE : 190
CANISIUS (Pierre) : 54
Canisy : 277
Canterbury : 63
CAPISTRANO (Giovanni) : 297
Capitanate : 321
Cappadoce : 319
Cappel : 123
Caraïbes : 109
CARAVAGGIO (Micheangelo) : 266
CARDONA (Pedro Aznar) : 20
Carmes : 122
Carnolès : 90, 93
CAROLSTADT (André) : 39, 41, 46
Carpentras : 301, 302, 303, 304
CARRANZA (Bartolomé de) : 81
CASIMIR (Jean) : 248
Cassin (mont) : 322
CASTELLION (Sébastien) : 199
Castille : 79, 81, 111, 112
Castres : 284
CASTRO (Alphonse de) : 37, 38, 39, 100
CATALAN (Laurent) : 201
Catalogne : 72
Cateau-Cambrésis (traité de) : 186
CATHERINE de Médicis : 187, 215
CAULES (Juan) : 77
CAUMONT : 187, 190
Cavaillon : 302, 303, 304

Célésyrie : 320

CENEAU (Robert) : 273

CERCEAU (Androuet de) : 266

Ceuta : 74, 75

Chablais : 28

CHALON (Michel-Ange de) : 28

CHAMIER (Antoine) : 146

CHAMIER (Daniel jeune) : 143

CHAMIER (Daniel) : 139, 141, 142, 145

CHARBONNIER (Aymar) : 144

Charenton : 143, 260, 261, 262, 263, 264, 265, 266, 267, 268, 269

CHARLEMAGNE : 250

CHARLES (duc de Gueldre) : 181

CHARLES BORROMEO (saint) : voir BORROMÉO

CHARLES DE GENÈVE (Père) : 29, 32, 33

CHARLES I (roi d'Angleterre): 63

CHARLES II (roi d'Angleterre) : 61, 110

CHARLES III (Duc de Savoie) : 92, 93, 94

CHARLES QUINT : 39, 76, 92, 93, 181, 186, 196, 217, 218, 225, 295, 309

Chartres : 255

Chateaubriand : 254

Château Gaillard : 264

Châteauneuf-du-Pape : 301

CHATILLON (famille) : 189

CHAUNU (Pierre) : 151

CHAUSIN (Amabile) : 146

CHEKE (John) : 228

CHÉRUBIN de Maurienne (Père) : 28

Chichester : 227

CHIFFLET (Laurent) : 124

Chiron : 146

CHOMATÉNOS (Démétrios) : 322, 323, 324

Chounavia : 324

CHRISTINE DE SUEDE : 265

CHRISTOPHE (Duc de Wurtemberg) : 215, 216, 218, 219, 309

CIMBRON (Gabriel) : 113

CISNEROS (Francisco Jimenez de : 115

Clauson en Dauphiné : 21

CLÉMENT VII : 22, 92, 93, 153

CLERMONT DE PILE (Elisabeth) : 192

Clèves : 177, 178, 181

CLICHTOVE (Josse) : 101

CLIFFORD (Lady Ann) : 61

COCHLAÜS (Johannes) : 101

COHON (Anthime) : 284, 285

Coire : 199

COLA (Maria de) : 71

COLAS (Jacques) : 138

COLIGNY (Gaspard de) : 188, 189, 275

Colmar : 309

Cologne : 52, 93, 177, 178, 179, 180, 181, 309

COLOMB (Christophe) : 109

Colonges : 33

Comtat Venaissin : 301, 302, 303, 304, 305

CONANT : 143

Concorde : 309

CONDÉ (famille) : 186, 187

Condomois : 192

CONDRIEU (Jérôme de) : 28

CONRART (Valentin) : 262, 267, 268, 269

Constance : 23, 196

Constantinople : 71, 234, 235, 237, 238, 295, 297, 321, 322, 323, 326

Corbigny : 29

CORNEILLE (Pierre) : 265

Cornouailles : 251

Corse : 71, 73

COSNAC (Daniel de) : 145, 146, 147

Cottbus : 159

Cours-de-Pile : 192

Courthézon : 304, 306

COUSIN (Gilbert) : 121

Coutances : 277

COUTELLE (Pierre) : 286

Coutras : 187

COVARRUBIAS (Diégo de) : 112

CRANMER (Thomas) : 225, 226, 228, 229, 230
CRÉGUT (pasteur) : 143
Crest : 28, 32
Crète : 318
Creysse : 192
CROMWELL (Oliver) : 62
CROSS (Claire) : 64
CROUZET (Denis) : 156
CURIONE (Celio Secondo) : 199, 296
CURIONE (Orazio) : 296
CYRILLE (Saint) : 293
CYSAT (Renward) : 202, 203

DAILLÉ (Jean) : 260
Dalmatie : 89, 323
DARENNES (Jean) : 141
Dauphiné : 21, 27, 90, 92, 93, 138, 145, 146, 190, 301, 304, 305
DAVID (Ferenc) : 153, 154, 155
DAVID : 144
DAY (George) : 227
DE BRY (Johann Theodore) : 161
DE RODON : 287
Debreczen : 155, 298
DEE (John) : 60, 162
DEGHAYE (Pierre) : 160
DEMETRIUS : 295, 298
DESPOTA (Jacobus Heraclides) 295, 296, 297
Deux-Ponts : 218, 219, 312
DEYON (Solange) : 188
Die : 30, 142, 143
Dieulefit : 146
Diois : 29, 30
DISNEY (Gervase) : 61
Dniepr : 248
Dole : 122
Dordogne : 185, 187
DOROZ (Jean) : 124
Dorset : 228
Dortmund (traité de) : 178
DREHLER (Georg Friedrich) : 54
DRELINCOURT (Charles) : 262, 265
Dremmen : 180
Dresde : 165, 166

DU MOULIN (Pierre) : 260, 261
DU PINET : 121
Ducey : 274
DUDLEY (John) : 229
Duisburg : 180
DUPUY (Pierre) : 261, 263, 265, 267, 269
DURAS (Symphorien de) : 187, 190
DURFORT (Jean Sylvestre de) : 192
Durham : 227, 229
Dyrrachion (Durazzo) : 322, 323, 324

ECK (Jean) : 42, 101
Ecosse, 11
EDESSE (Matthieu d') : 317, 318
EDIGHOFFER (Roland) : 161
EDOUARD VI : 225, 227, 228, 229
Egypte : 233, 234, 235, 236, 237, 316
Eichsfeld : 52
ELISABETH (femme de l'électeur palatin) : 161
ELISABETH I : 64, 162, 227, 265
EMSER : 99
Epire : 323
ERASME : 45, 92, 198, 199, 298, 302
Erfurt : 172
ERNEST de Bavière : 181
ESCLAVON (Jean) alias Ussain : 71
Espagne : 20, 72, 74, 75, 76, 79, 109, 110, 111, 113, 114, 115, 116, 123, 124, 196
ESPENCE (Claude d') : 40
Esztergom : 152
ETIENNE (saint) : 151
Etoile : 28
Europe : 11, 12, 20, 40, 64, 74, 113, 153, 161, 162, 166, 201, 207, 225, 246, 291, 318
EVELYN (John) : 65
EWES (Sir Simonds d') : 60
EYMERICH (Nicolas) : 18, 20, 24
Eymet : 187
EYRE (Adam) : 60

FAGIUS (Paul) : 228

Fano : 325
Far-West, 9
FAREL (Guillaume) : 121, 217
Farfan (Francisco) : 83
FAURE (prieur) : 146
Faverney : 121
FAVIER : 146
FEBVRE (Lucien) : 119
Felatnix : 72
FELL (Chr.) : 268
FERDINAND I : 151, 152, 156, 160, 217
FERDINAND II : 163, 164
FERNANDEZ (Baltasar) : 74, 75
FÉRON (Michel) : 276
Ferrare : 226
FERRARI (Zacharie) : 245
Ferté-sous-Jouarre : 124
Fez : 72, 76
FICHET (Alexandre) : 285, 287
FISHER (John) : 101
Flandres : 20, 124
Florence (Concile de) : 237
FLUDD (Robert) : 161, 163, 165
Foix : 90, 91, 189
Fontainebleau : 191
Fontenay : 274
Forêt-Noire : 199
FORMAN (Simon) : 60
FOUQUET (Nicolas) : 265, 268
Fox (George) : 62, 63
FOXE (John) : 64, 226
France : 9, 11, 12, 53, 122, 140, 143, 155, 187, 192, 207, 210, 211, 212, 215, 216, 218, 219, 225, 249, 253, 254, 255, 256, 257, 259, 261, 266, 301, 302, 303, 305, 324
Francfort : 52, 161, 295
Franche-Comté : 124, 196
FRANCKENBERG (Abraham von) : 159, 164, 166
FRANCOIS I : 93, 185, 250, 253, 254
FRANÇOIS (Etienne) : 311
FRANÇOIS DE SALES : 267
Franconie : 51, 172, 181

FRÉDÉRIC (comte de Montbéliard, duc de Wurtemberg): 120
FRÉDÉRIC III (électeur palatin) : 173, 218, 219, 309
FRÉDÉRIC le Sage (élécteur de Saxe) : 181
FRÉDÉRIC V (électeur palatin) : 161, 162, 163, 164, 166, 219
FRIARS (Austin) : 226
Fribourg-en-Brisgau : 195, 198
FROBEN : 199
FUGGER : 295
FUHRMANN (Augustin) : 164

GALIEN : 200
GALLEGO (Jacobo) : 74
GARDINER (Stephen) : 227
GARNETT : 285
Garonne : 187
GARRISSON (Janine) : 186, 187, 190
GASCA (Pedro) : 111
GAULTIER : 143
Gênes : 235, 237, 302
Genève : 11, 22, 24, 91, 94, 120, 121, 124, 195, 196, 198, 199, 210, 219, 276, 303
Gennep : 180
GENOUILLAC (Galiot de) : 185
GEORGES (frère) : 152, 153, 156
GEORGES III (duc de Brieg) : 164
GESSNER (Conrad) : 202
GINZBURG (Carlo) : 77
GIRARD (Alain R.) : 278
Glandeve : 251
GLARÉAN : 198, 199
Glaris : 195, 198
GLAUSER (Fritz) : 203
Gloucester : 229
Goch : 180
GOMBAULD (Jean Ogier de) : 268
GONCALVES (Ines) : 74
GONÇALVES (Simon) : 74, 75, 76
Görlitz : 159, 162, 163, 165
Goslar : 181
GOTTFRIDI (Johann) : 313
GOUBERVILLE (Gilles de) : 274

GOUDIMEL (Claude) : 121
Goult : 23
GOUVERNET : 305
GRANVELLE (famille) : 119, 133
Grasse : 93
Grèce : 296
GREGOIRE (saint) : 293
GRÉGOIRE VII : 210
GRÉGOIRE XIII : 123
Grenoble : 143, 144
GREY (Henry) : 228
GRIMALDI (Augustin) : 93, 94
GRIMAUDET : 147
GROPPER (Johannes) : 178, 179
GROTIUS (Ugo) : 265, 269
GRÜNHAGEN (C.) : 164
GRUNINGER : 102
Gueldre : 181
GUERNIER (Louis) : 267
GUEVARA (Nino de) : 112
GUEZ DE BALZAC (Jean-Louis) : 261, 267, 268, 269
GUHLER (Martin) : 164
GUI (Bernard) : 20
GUILLAUME IV (duc de Juliers) : 177, 178, 179
GUILLAUME LE TACITURNE : 303
GUISE (François de) : 215
GUNZBURG (Eberlin von) : 99
GUSTAVE-ADOLPHE : 121
Guyenne : 187, 188, 190
Gyulafehérvar : 154, 155

HABRECHT (Joachim) : 202
HABSBOURG : 152, 154, 162, 163, 177
Halicz : 243, 245
Hambourg : 52, 181
HANCOCK (Thomas) : 225
HANDEL (Georg Friedrich) : 174
HANNARD (Jean) : 122
HATON (Claude) : 20
HEATH (Nicolas) : 227
Heidelberg : 161, 173, 218, 309, 312
Heinsberg : 180
HENRI II : 186, 225, 250, 254

HENRI IV : 143, 145, 259, 262, 263, 266, 285
HENRI VIII : 102, 225
Hermannstadt : 292, 296, 297, 298
HERVART (Barthélemy) : 265, 266
Herzégovine : 325
HESSE (Philippe de) : 225
Hesse : 178, 181
Hesse-Cassel 312
HESSELIN (Louis) : 267
HESSUSIUS : 45
HEYWOOD (Oliver) : 61, 65
HICKMAN (Rose) : 63
HIPPOCRATE : 200
HITLER, 12
Hollande : 268, 269
Hongrie : 151-156, 160, 291, 299, 325
HONORÉ DE PARIS (Père) : 32
HOOPER (John) : 229, 230
HOSPITAL (Michel de l') : 47
HOTMAN (François) : 189
HOZIUS (Stanislas) : 40, 42
Hunsruck : 311
HUS (Jean) : 23
HUTCHINSON (Lucy) : 64
HUTTEN (Ulrich von) : 181

Ibiza : 72
IGNACE DE LOYOLA (saint) : 285
ILLYRICUS (Matthias Flacius) : 217
ILLYRICUS (Thomas) : 89, 96
INNNOCENT III : 324
IRÉNÉE (saint) : 42
Irlande, 11
ISAAC I COMNENE : 320
ISABELLE (reine de Hongrie) : 152, 156
ISCARIOT (Judas) : 313
Isère : 143
Isle-sur-Sorgue : 304
ISNARD (Gabriel) : 303
Israël : 64, 212
Istrie : 323
Italie : 17, 72, 76, 185, 186, 201, 320, 322

JACQUES 1er : 161
JEAN CHRYSOSTOME (saint) : 293
JEAN I (roi de Hongrie) : 151, 152, 153
JEAN II (roi de Hongrie) : 152, 153, 177
JEAN III (duc de Clèves) : 178, 181
JEAN VI (empereur d'Orient) : 235
JEAN-FRÉDÉRIC (duc de Saxe) : 217, 225
JEANNE d'Albret : 186, 187, 189, 192
Jean V (empereur d'Orient) : 236
Jérusalem : 24, 234
JEWEL (John) : 227
Jonquières : 306
JOSEPH (Père) : 32
Jovyac : 143
JUDAS : 44
JUHASZ (Istvan) : 292
JULIANI (Jean) : 303
JULIEN ('l'apostat'): 317
Juliers : 177, 178, 180, 181
Jura : 200

KABASILAS (Constantin) : 322, 323
KAEGI (Werner) : 199, 201
Kappel : 195
Karpathes : 291, 293
Kastellaun : 311
KASTRIOTI (Jon) : 326
Kempten : 51
Kiev : 243, 247, 248
KIFFIN (William) : 65
KLANICZAY (Tibor) : 151
KNOX (John) : 11, 225
Kolozsvar : 154, 155
Kosova : 324
KOTTER (Christoph) : 164
KOYRÉ (Alexandre) : 165
KUNCEWICZ (Josephat) : 248

LA BARRE (de) : 143
LA BAUME : 122
LA RENAUDIE : 187
LA ROCHEFOUCAULT (famille) : 187

LA TOUR MONTAUBAN (Hector de) : 145
LABROUSSE (Elisabeth) : 53, 283
LACHAISE : 143
LADISLAS II (roi de Pologne) : 244
LADISLAS IV (roi de Pologne) : 247
LADISLAS V (roi de Hongrie) : 156
LADISLAS VII (roi de Hongrie) : 156
LAFRERY : 123
LAMOTTE (Françoise) : 277, 278
LANGOIRAN : 187
LANNOY (bailli d'Amont) : 119
LASKI (Jean) : 45, 225, 226, 229, 230, 296
La Rochelle : 187, 259, 260, 262, 265, 269, 283
La Valona : 71, 72
Lagos : 74
Languedoc : 22, 141, 252, 259, 283, 301, 302, 304, 305
Latran V : 302
LAUD (William) : 63, 64
Lausanne : 120, 198
LAVAL (Charlotte de) : 189
LE BRUN (Charles) : 266
Le Buis : 305
LE COQ (François) : 264
LE FERON : 143
LE GRAND (Othon) : 159
Leipzig : 44
LEJEUNE (oratorien) : 121
Léman : 22, 195
LE MARRO : 23
LEMERLE (P.) : 233
LE ROY LADURIE (Emmanuel) : 302
LÉON (Luis de) : 112
LÉON (Père Pedro de) : 80
LÉON III (empereur d'Orient) : 322
LÉON X : 210, 245
LÉONARD (E.G.) : 260, 261
Lérins : 302
Lerma : 112
LESCRIVAIN (Jean Marie) : 277
LÉVIS (Henri de) : 144
Leyde : 143, 261, 269
LIEBING (Heinz) : 196

Liegnitz : 164
Ligans (Jean de) : 137
Limousin : 187
Lindanus (Guillaume) : 40, 42, 46, 47
Lindau : 51
Lipsius (Justus) : 123
Lisbonne : 74, 75
Lithuanie : 243, 244, 245, 246
Livonie : 246
Lluch-mayor : 72
Locke (John) : 268
Logau (Friedrich von) : 160
Loges (des) : 267
Londres : 65, 213, 225, 226, 227, 228, 229, 237
Longaunay (de) : 277
Longjumeau : 188
Lorraine (Jean de, évêque) : 92
Lorraine : 215, 304, 309, 310
Los Cobos : 123
Lottin (Alain) : 188
Lot : 187
Louis II (roi de Hongrie) : 156
Louis XII : 250
Louis XIII : 9, 12, 145, 261, 285, 287
Louis XIV : 65, 143, 144, 146, 191, 210, 269, 283, 286, 313
Louise de Savoie : 273
Louvain : 93
Lowe (Roger) : 60
Luberon : 21, 22, 23, 53, 303
Lublin : 243, 244, 246, 247
Lucca : 199
Lucerne : 120, 195, 201, 202, 203
Ludovicus (Johannes) : 295
Luisa (Ana) : 71
Lulle (Antoine) : 121
Lusace : 159-169, 172, 173
Luther (Martin) : 21, 37, 39, 40, 41, 42, 46, 47, 90, 91, 93, 97, 98, 99, 100, 101, 102, 103, 104, 122, 160, 171, 215, 217, 273, 291, 292, 311, 312, 316
Luthy (Herbert) : 260

Luxembourg (Bernard de) : 18, 19, 21, 37, 38, 39, 40, 42
Luxembourg : 266
Luxeuil : 120
Lvov : 245
Lykandos : 321
Lyn (Tilman von) : 100
Lyon : 20, 21, 23, 28, 33, 90, 91, 121, 235, 252, 261, 265, 283, 284, 302

Macchabée (Judas) : 285, 287
Macédoine : 318, 324, 325
Machiavel : 200
Madrid : 120, 125, 181
Maghreb : 72
Mahon : 77
Maier (Michael) : 161, 163
Malaga : 72
Malgouvert : 306
Malherbe (François) : 267
Malik-Shah : 317
Malines : 124
Malplaquet : 147
Mamoud : 76
Manfred : 323
Mansfeld : 45
Manuel Paleologue : 237, 327
Maqrizi (al-) : 236
Marcel (Jacques) : 33
Marcelo (Bartulo) : 73, 74
Marches : 325
Marguerite de Navarre : 185, 187, 273
Marie de Médicis : 266
Marie Tudor : 63, 155
Mark : 177
Maroc : 76
Marsala : 73
Marseille : 302
Martellange (Père) : 266
Martin (Gabriel) : 21
Martindale (Adam) : 63
Martyr (Peter) : 226, 228, 230
Massachusetts : 62
Mathias Corvin : 156
Matignon : 275, 276

MATTHIAS (empereur) : 160, 162
MAURE (de) : 268
Mauvezin : 53
MAXIMILIEN de BAVIÈRE : 161
MAXIMILIEN II : 218, 294, 296
MAYLAD (Istvan) : 292
MAZARIN : 259, 263, 270
MECAINSI (Nicolas) : 318
Mecklembourg : 219
MÉDICIS (Marie de) : 266
Méditerranée : 77, 302
MEHMET II : 238
MELANCHTHON (Philippe) : 39, 41,
    46, 198, 217, 218, 226, 295, 298
Melilla : 74, 75
Mélitène : 321
MELIUS (Peter) : 155
Melun : 249, 253
Memmingen : 51
MÉNARD (L.) : 285
Ménerbes : 303
Menton : 90, 93
MERMIER (Etienne) : 121
MERSENNE (Marin) : 262, 288
Mer Noire : 71
Mer Rouge : 234
Merey : 143
Merindol : 303, 304
Mésopotamie : 318, 320
Messine : 72
MESSOR (franciscain) : 120
MESTREZAT (Jean) : 267
Meysse : 143
MICHEL VIII (empereur d'Orient) :
    234, 235
MICRON (Martin) : 230
Milan : 196, 201
Millen : 180
Milly : 275
Minorque : 77
Misnie : 159
Mohacs : 151
MOINE (Claudine) : 121
Moldavie : 292, 295, 296, 297
Molsheim : 311
Monaco : 90, 93

MONLUC (Blaise de) : 187
MONTAIGNE (Michel de) : 199, 202,
    53
Montauban : 142, 262, 283, 284
Montbéliard : 119, 120
Montélimar : 137-147
Montfort l'Amaury : 143
MONTGOMERY (Gabriel de) : 274
MONTIGNY (capitaine des gardes) :
    145
Montmartre : 265
Montpellier : 146, 201
MONTPENSIER (duc de) : 275
Mont Pilate : 202
Mont Saint Michel : 274, 277
Mont Ventoux : 304
Moravie : 160
MORGANTI (Zacarias) : 71
Mortain : 275, 276, 277
Morteau (Val de) : 119
MOSER (Martin) : 201
Moyen Danube : 71
Muhlberg : 225
Mulhouse : 195, 309
MUMPELGART (Schwitzer von) : 121
Munich : 181
MUNSTER (Sebastian) : 199
Murcie : 111
MURNER (Thomas) : 97-107
Murs : 302

Nagybanya : 154
Nantes (Edit de) : 137, 139, 140, 143,
    144, 145, 146, 155, 190, 207, 208,
    209, 211, 255, 259, 260, 262, 264,
    278, 288, 304, 305
Naples : 72, 73, 74
NASIR Muhammad bin Qalawun :
    236
NASSAU-DILLENBURG (Magdalena
    de) : 179
Naumburg : 217
Navarre : 215, 259, 275
NECKER (Madame) : 147
Négrepont : 71
Neisse : 159

Nemours : 277
Nérac : 189
Nestorios : 321
Neuchâtel : 120
NEUENAHR (Guillaume de) : 179
NEVEUX (Jean-Baptiste) : 162
NEWCOME (Henry) : 62, 63, 64
NEWTON (Isaac) : 65
NICÉPHORE PHOKAS : 318
NICOLAS : 122
NIDER (Johannes) : 40
Nil : 234
Nîmes : 12, 53, 141, 143, 262, 283, 284, 285, 287, 305
Nordhausen : 172
Normandie : 264, 273, 278
Northampton : 228
Northumberland : 229, 230
Noyons : 254
NUNEZ (Joan) : 76
Nuremberg : 181
Nyons : 305
NYVETE (Margueryte) dite 'la Monge' : 137

OCHINO (Bernardino) : 225
OCHRIDA (Basile d') : 322
ODET : 189
OECOLAMPADE : 39, 41
OECOLAMPADIUS (Johannes) : 198
OLIER (Jean-Jacques) : 262
OLIVARES : 112, 113
OPORIUS (Jo.) : 200
Oppenheim : 54, 161
Orange : 23, 120, 146, 287, 301, 303, 304, 306
ORLÉANS (Gaston d') : 266
Orléans : 266
ORTIZ (Dominguez) : 111
ORTUNO (Ginés) : 111
Osnabrück : 52
OSTROGSKI (Constantin) : 246, 247
OSUNA (duc d') : 73
OTTHEINRICH : 173
Oxford : 143, 228, 268

PACIMONTANUS (Balthazar) : 39
Padoue : 200, 201
Palatinat : 52, 173, 178, 312
Palatinat-Neubourg : 178
Palencia : 122
Palerne : 71, 73, 74
PALLAVICINI : 210
Palma de Majorque : 72, 77, 78
Pannonie : 295
Panzoust : 275, 276
PARACELSE (Philippe) : 165
Paraguay, 12
PARDAILLAN : 187
Paris : 23, 93, 143, 215, 233, 237, 251, 252, 253, 259, 261, 262, 263, 264, 265, 266, 267, 269, 273, 276
PARME (Marguerite de) : 120, 125
PARR (William) : 228
PASQUIER (Etienne) : 37
PASTOR (Adam) : 43
PAUL D'EGINE : 200
PAUL IV : 216
PAUL V : 318
Pavie : 201
Pays de Vaud : 119
Pays-Bas : 11, 12, 121, 181, 219, 225, 309, 310
PEIRESC (Nicolas de) : 288
PELARGUS (Ambroise) : 101
PELLISSON (Paul) : 268
Penon de Velez : 74, 75
PEPYS (Samuel) : 60, 64, 65
Périgord : 187
PERNA (Pietro) : 199
PERRAT (Jean) : 23
PERRENOT (Antoine) : 119, 124
PERRENOT (Nicolas) : 119, 122, 123
PERRIN (Gaspard de) : 143
Perse : 235, 236
Pertuis : 23
Pesaro : 325
PETIT (Samuel) : 262, 288
PETRI (Heinrich) : 121, 199
PEUCKERT (Will-Erich) : 160, 161, 165
PFLUG (Julius) : 217

PFYFFER (Ludwig) : 202
PHILIPPE (landgrave de Hesse) : 181
PHILIPPE II : 39, 112, 119, 124
PHILIPPE III : 112
PHILIPPE IV : 113
PIAST (famille) : 164
PIE IV : 255, 257
Piémont : 20, 21, 22, 24
PIERRE (saint) : 321
PILE (Clermont de) : 187
PINOCHET (Augusto) : 12
PINTARD (René) : 259
PLAN CARPIN (Jean de) : 323, 324
PLANTIN (Christophe) : 124
PLATTER (Felix et Thomas) : 199, 201, 202, 203
Poissy : 47, 218, 251, 252, 253
Polatum : 324
POLIGNAC (Pons de) : 187
POLLIUS (Johann) : 180
Polock : 248
Pologne : 152, 154, 159, 243, 244, 245, 246, 247, 295, 296
PONS (famille) : 187
Pont-Saint-Esprit : 305
Pontorson : 274
Porrentruy : 198
PORTOCARRERO (Pedro) : 112
Portugal : 114
Pouille : 321
Prague : 159, 162, 164
PRÉAU (Gabriel du) : 37, 39, 41, 43, 44, 45, 46, 47
Privas : 28
Provence : 17, 20, 21, 22, 138, 263, 301, 302, 303, 304, 305
Prusse : 54, 246
PSELLOS : 320
PSEUDO-BROCHARD : 324

Quercy : 185
QUIROGA (Gaspar de) : 112

R.D.A. : 51
Rabastens : 91
RAEMOND (Florimond de) : 19, 40, 42

Raguse : 325
RAMBAUD (avocat) : 143
RAMBOUILLET (famille) : 265
RAMBOUILLET (Nicolas de) : 265, 268
Raskol : 321
Ratisbonne : 52
Ravensberg : 177
Reiden : 202
RÉVAH (I. S.) : 112
RHENANUS (Beatus) : 198
Rhin : 51, 180, 309
Rhône : 301, 304, 305
RICHELIEU (Armand cardinal de) : 12, 191, 259, 261, 263, 265, 266, 267, 268, 269, 270
RICHTER (Gregorius) : 165
RIDLEY (Nicholas) : 228, 229, 230
RIVET (André) : 261, 265
ROCHE : 142
RODOLPHE II : 155, 160, 162
ROECK (Bernd) : 57
ROEMOND (Florimond de) : 91
ROGERS (Richard) : 60, 64
ROHAN (Henri duc de) : 142, 284, 285
ROMA (Jean de) : 21, 22, 24, 302, 303
ROMAIN III ARGYRE (empereur d'Orient) : 320
ROMAIN IV DIOGENE (empereur d'Orient) : 317
Romans : 138
Rome : 21, 92, 93, 100, 113, 181, 195, 208, 244, 245, 247, 260, 266, 267, 283, 303, 304, 321, 323, 326
ROSSANO (Nil de) : 322
ROTHMANNUS (Bernardus) : 41, 46
Rouen : 265, 267, 276
ROUSSILLON (Martin de) : 22
Ruremonde : 40
Russie : 71, 246, 248, 319
Ruthénie : 243
RYE (Ferdinand de) : 121
RYS (de) : 266

SADE (Pierre de) : 23
SADOLET (Jacques) : 302

Saillans : 29
SAIM (voir Verdera)
SAINCTES (Claude de) : 40
SAINT-ANDRÉ (Jean de) : 121
Saint-Bernard de Romans : 143
Saint-Blasien : 199
Saint-Claude : 120
Saint-Gall : 195
Saint-Germain : 188, 189, 215, 251, 274
Saint-Germain-en-Laye : 262, 266
Saint-Jacques de Compostelle : 89
Saint-Jean-en-Royans : 28
Saint-Laurent du Pont : 143
Saint-Lo : 273, 274, 275, 277, 278
Saint-Marcel les Sauzet : 146
Saint-Maur : 188
Saint-Paul trois châteaux : 146
Saint-Phalès : 303
Saint-Ulrich : 172
Sainte-Marie du Mont : 277
Saintonge : 187
Salanque : 83
Salisbury : 227
Salonique : 71
SALUCIO (Agustin) : 112, 113
Samos : 295
SAN VICENTE (Isidoro de) : 83
Sardaigne : 71
SARRAU (Jean et Claude) : 265, 269
Sassari : 71
SAUMAISE (Claude) : 269, 270
Saumur : 143, 261, 267
SAUZET (Robert) : 53, 141
Saverne : 215
Savoie : 21, 22, 29, 32, 90, 92, 93, 195, 196, 213, 219
SAVONAROLE (Jérôme) : 91
Saxe : 159, 160, 163, 166, 171, 178, 181, 217, 218
Schaffhouse : 195, 202
SCHATZGEYER : 101
SCHERER (Sebald) : 55
Schmalkalden : 196
SCHREIBER (Wolfgang) : 296, 297
SCHUTZ (Heinrich) : 174

Schweinhaus : 166
SCHWEINICHEN (Hans Sigmund von) : 164, 166
SCHWEINITZ (David von) : 166
Schwytz : 195
Scutari : 325
Sebenico : 325
Ségovie : 112
SÉGUIER (Pierre) : 266
SÉGUR (Jean de) : 187
Seifersdorf : 166
Seine : 265
Selestat : 198
Senlis : 255
Serres : 32
SERVET (Michel) : 41, 199
Séville : 80, 111
Sicile : 71, 73, 76
SICKINGEN (Franz de) : 181
Siegburg : 180
SIGISMOND-AUGUSTE JAGELLON (roi de Pologne) : 247
Silésie : 51, 159, 160, 162, 163, 164, 165
SILICEO : 110, 114, 115
SIMLER (Josias) : 196, 198, 199, 203
Sion : 199
Sittard : 181
SKANDERBERG : 326
Skylitzès : 320
SLEIDAN (Jean) : 119
Smalkalde : 123, 218
SOLER (Joachim) : 277, 278
Soleure : 195, 202
Solingen : 180
SOMERSET (Edward, duc de) : 228
SOMMER DI SASSONIA (Johann) : 296
Souabe : 181
Spalato : 325
SPANHEIM : 143
SPENGLER : 97
SPINOLA (Ambroise) : 163
SPINOZA : 114
Spree : 159
STALINE, 12
STANCARO (Francesco) : 155

STAPHYLUS (Frédéric) : 40, 41, 46
STIMMER (Tobias) : 202
Strasbourg : 309, 311, 313
STUMPHIUS (John) : 230
STUPANUS (Nicolaus) : 199, 200
STURM (Jean) : 124
Stefania : 318
Strasbourg : 57, 97, 99, 100, 102, 103, 104, 105
SUFFLAY (Milan) : 325
Suffolk : 228
Suisse : 11, 17, 93, 100, 195, 198, 201, 202, 203, 303
SULLY : 265, 266
Syrie : 238, 316, 318, 319, 320
SZENTGYORGY (Georgius de) : 293

TALLEMANT DES RÉAUX (Gédéon) : 265, 268
TALON (Jacques) : 140
TALON (Omer) : 140, 263
TAMERLAN : 237
TANNER (Feorg) : 295, 298
Tarascon : 302
TELEGDI (Miklos) : 154
TEMPESTE (franciscain): 137
TESTELIN (Henri) : 266, 268
Teste : 91
Tétuan : 76
Thessalie (voir Blachie) : 323
Thessalonique : 324
THOMAS (Saint) : 39
THORNTON (Alice) : 61
TINELLIS : 284
Tirgoviste : 296
Tisza : 152, 153
Tivar : 323
TOCQUEVILLE (Alexis de) : 53
Tolède : 81, 82, 110, 112, 114, 115
TORDA (Szigmond) : 295, 296, 298
Toulouse : 90, 91
Tourkokratia : 318
Tournon : 283
TOUSSAIN : 119
Trani : 322

Transylvanie : 151, 152, 153, 154, 155, 156, 291, 299
Trapani : 73
Traù : 325
Treasury : 266
TRÉGER : 101
TREMELLIUS (John) : 226
Trente (Concile de) : 39, 40, 173, 226, 230, 245, 247, 252, 303
TREVOR-ROPER (Hugh) : 163
Troie : 160
TRUCHSESS (Gebhard) : 179
TSCHESCH (Johann Théodor von) : 163, 164
TUBINGEN : 295, 296, 297
Tübingen : 97
Tunis : 72, 73, 76
TUNSTALL (Cuthbert) : 227
Turin : 22, 90, 91, 92, 93
Turquie : 76
TYNDALE (William) : 227
U.R.S.S., 10

Ukraine : 246, 248
Ukraine Carpathique : 154
UNGNAD (Hans) : 294, 295, 297, 298
Unterwald : 195
Uri : 195
USSAIN (voir Esclavon)
UTENHOVE (Jan) : 226
Uzège : 287
Uzès : 251, 305

Vaison : 304, 305
Valais : 196, 201
VALBELLE (Honorat de) : 22, 23
VALDES : voir Vaudès
VALDO : voir Vaudès
Valence : 28, 72, 77, 92, 112, 137, 146
VALERNOD (Pierre de) : 285
Valréas : 304
Varad : 154, 155
Varsovie : 10, 247
Vassy : 274
VAUDES : Valdès ou Valdo, 20

Vaud : 94, 195
VAUGELAS : 267
VENCESLAS (saint) : 162
Vence : 251
Venise : 65, 200, 203, 235, 237, 294
Venlo (traité de) : 178, 181
VENTADOUR (duc de) : 259
VERDERA (Francisco) : 72, 73
VERMIGLI (Peter Martyr) : 225
VÉRON (François) : 30, 31, 277
VÉSALE (André) : 200, 201
VESC (Antoine de) : 143
VESC DE LALO (Samson de) : 147
VICTOR DE BEAUCAIRE (Père) :30
Vienne : 295, 297
VIGLIUS (président) : 124
VILLEMEREAU (Jean de) : 264
Vilno : 244
VINAY (pasteur) : 143
VINCENT DE PAUL (saint)) : 31
Vire : 274
VIRIVILLE : 145
Vitebsk : 248
Vivarais : 141, 143, 190
VLADIMIR : 319
VLADISLAS II : voir LADISLAS
VOGLER (Bernard) : 42, 196
Vrana : 89
VUKOVIC : 295

WAGNER (Valentin) : 295, 296, 298
WALDENBURG (Wilhelm von) : 178
WALLINGTON (Nehemiah) : 62
WARD (Samuel) : 60
WARTENSEE (Jakob Christoph Blarer von) : 199
Wassenberg : 180

Wassy : 215
WEGMANN (Hans Heinrich) : 202
WEIMAR (duc de) : 45
WERBOCZY (Istvan) : 154
Wesel : 179, 180
Westphalie (traités de) : 51, 52, 196, 219
WHARTON (Goodwin) : 60
WICLIFF : 40
WIED (Hermann de) : 178, 179, 181
Winchester : 227
WINTERTHOUR (Lorenz Liechti de) : 202
WINTHROP (John) : 62
WITTELSBACH : 179
Wittemberg : 45, 217, 226, 227, 295, 296
Wohlau : 164
Worcester : 227
WORDLY-WISEMAN : 63
Worms (Colloque de) : 123
Worms : 97, 217
Wurtemberg : 120

YATES (Frances) : 161, 164
Yorkshire : 61

Zadar : 89, 91
ZALÉE (Marian) : 71
Zamora : 111
Zara : 325
ZELL (Matthieu) : 101, 102, 104
Zoug : 195
Zurich : 195, 196, 198, 199, 202, 215, 229
ZWINGLI (Huldrych) : 195, 215

TABLE DES MATIÈRES

Avant-propos : R. SAUZET 7

Leçon inaugurale : J. GARRISSON 9

Première partie
NOMMER L'AUTRE

G. AUDISIO : Nommer l'hérétique en Provence au XVIe siècle 17

B. DOMPNIER : L'image du protestant
    chez les missionaires de l'intérieur 27

M-M. FRAGONARD : La détermination des Frontières Symboliques :
    Nommer et définir les groupes hérétiques 37

E. FRANÇOIS : La Frontière intériorisée :
    Identités et frontières confessionnelles
    dans l'Allemagne de la seconde moitié du XVIIe siècle 51

K. von GREYERZ : La vision de l'autre chez les auteurs
    autobiographiques anglais du XVIIe siècle 59

Deuxième partie
REFUSER L'AUTRE

B. BENNASSAR : Frontières religieuses entre Islam et chrétienté :
    l'expérience vécue par les « renégats » 71

J.-P. DEDIEU : L'Hérésie salvatrice. La pédagogie inquisitoriale
    en Nouvelle Castille au XVIe siècle 79

M.-F. GODFROY : Vers la frontière : Thomas Illyricus 89

M. LIENARD : Les pamphlets anti-luthériens de Thomas Murner 97

J. PEREZ : La pureté de sang dans l'Espagne du XVIe siècle 109

R. STAUFFENEGGER : Les Granvelle et la réforme en comté 119

Troisième partie
VIVRE AVEC L'AUTRE

M. AZEMA : Montelimar au XVIIe siècle :
une biconfessionnalité fragile 137

G. BARTA : L'intolérance dans un pays tolérant :
la principauté de Transylvanie au XVIe siècle 151

P. BEHAR : La lusace du début du XVIIe siècle
et la doctrine de Jacob Bœhme 159

K. BLASCHKE : Les frontières confessionnelles en Allemagne
à partir des Réformes : genèse, stabilisation, conséquences 171

G. CHAIX : La frontière introuvable : pratiques religieuses
et identites confessionnelles dans l'espace Bas-Rhenan 177

A.-M. COCULA : Châteaux et seigneuries :
des iles et ilots de réforme en terre aquitaine (XVIe-XVIIe siècles) ... 185

M. KOELBING : Frontières confessionnelles et échanges culturels :
le cas de la Suisse au XVIe siècle 195

E. LABROUSSE : Perspectives plurielles sur les frontières religieuses 205

H. LIEBING : Frontière infranchissable ?
L'accès des Réformés à la paix d'Augsbourg 1555-1577 215

J. LOACH : La fondation d'une nouvelle église :
les protestants du continent et l'église anglaise (1547-1553) 225

M. MANSOURI : Les relations entre Bysance et l'Egypte (1259-1453) :
Des relations suprareligieuses 233

W. MULLER : Les Chrétiens occidentaux et orientaux
en Pologne (XVe-XVIIe siècles) 243

M. PERONNET : Les assemblées du clergé de France (1560-1625) :
Fixations des frontières d'un espace institutionnel 249

M. PRESTWICH : Religious frontiers and co-existence
in Paris in the age of Richelieu and Mazarin, 1624-1661 259

M. REULOS : Du contact pacifique aux contacts violents
entre catholiques et Réformés en Basse-Normandie 273

R. SAUZET : Une expérience originale de cohabitation religieuse :
Le collège mi-parti de Nîmes au XVIIe siècle 283

A. SZALAY RITOOK : Il ruolo ediatore dell'ungheria
nella missione protestante orientale 291

M. VENARD : Mosaïque politique,
carrefour culturel et frontière confessionnelles
dans la province ecclésiastique d'Avignon au XVIe s. 301

B. VOGLER : La naissance d'une frontière confessionnelle
dans les pays rhénans de 1555 à 1618 309

Leçon finale : A. DUCELLIER : L'intolérance des pacifiques :
réflexions sur le monde orthodoxe 315

INDEX DES NOMS DE LIEUX ET DE PERSONNES....................................... 333

TABLE DES MATIÈRES 349

Imprimerie de la Manutention à Mayenne — avril 1992 — N° 133-92